全国高等院校物流专业“十三五”精品规划系列教材
安徽省“十二五”省级规划教材

物流案例教程
(第2版)

汪传雷　主编

中国财富出版社

图书在版编目（CIP）数据

物流案例教程/汪传雷主编．—2版．—北京：中国财富出版社，2017.4（2023.7重印）
（全国高等院校物流专业“十三五”精品规划系列教材）
安徽省“十二五”省级规划教材
ISBN 978-7-5047-6455-3

Ⅰ.①物…　Ⅱ.①汪…　Ⅲ.①物流-物资管理-案例-高等学校-教材　Ⅳ.①F252

中国版本图书馆CIP数据核字（2017）第096120号

策划编辑　张　茜　　**责任编辑**　于名珏
责任印制　梁　凡　　**责任校对**　孙丽丽　　**责任发行**　敬　东

出版发行　中国财富出版社
社　　址　北京市丰台区南四环西路188号5区20楼　　**邮政编码**　100070
电　　话　010-52227588转2098（发行部）　　010-52227588转321（总编室）
　　　　　010-52227566（24小时读者服务）　　010-52227588转305（质检部）
网　　址　http://www.cfpress.com.cn
经　　销　新华书店
印　　刷　北京九州迅驰传媒文化有限公司
书　　号　ISBN 978-7-5047-6455-3/F·2750
开　　本　787mm×1092mm　1/16　　**版　　次**　2017年6月第2版
印　　张　23.25　　**印　　次**　2023年7月第2次印刷
字　　数　551千字　　**定　　价**　49.00元

内容简介

案例教学是物流教育教学的重要组成部分。本书内容主要包括5章：第1章绪论；第2章物流活动基本职能案例，包括物流市场分析、采购、包装、装卸搬运、流通加工、运输管理、库存、配送、物流合同、物流成本、物流服务管理、物流招投标、物流质量管理、物流标准化、物流信息化、供应链物流、第三方物流、第四方物流、第五方物流、物流追溯；第3章物流活动规划与设计案例，包括物流预测、设施选址、设施设备布置、物料搬运系统设计、仓储系统设计、配送中心设计、物流园区规划、物流网络规划、虚拟物流设计、物流信息系统、物流地产、物流金融、物流保险、物流可行性分析、物流项目管理；第4章行业物流案例，包括IT企业物流、农产品物流、生鲜品物流、花卉物流、日用品物流、快速消费品物流、家电物流、汽车物流、冷链物流、服装物流、图书物流、烟草物流、医药物流、煤炭物流、商贸物流、电子商务物流、电子物流、危险品物流、特种物流；第5章物流发展案例，包括生产物流、销售物流、城市物流、农村物流、区域物流、全国物流、国际物流、绿色物流、废弃物物流和回收物流、物流战略、物流法律法规政策、物流公共信息平台、物流业与制造业联动、物流业与商贸业联动、物流科技、应急物流、物流创新。全书观念新颖、体系完整、内容全面、信息丰富、层次明晰。本书可供高等教育物流管理、物流工程、采购管理以及管理科学与工程类、工商管理类、工业工程类、电子商务类、交通运输类等相关专业本科院校作为教材使用，也可供相关高等职业学院和企事业单位人士、研究人员等的参考用书。

前 言

物流既是一个古老的行业，又是一个新生的行业。随着物流产业的新常态发展和物流教育教学的深化，2009年编写的安徽省高等学校“十一五”规划教材《物流案例教程》部分内容已经难以适应时代的需求，为此我们决定组织志同道合的人员进行修订，命名为《物流案例教程（第2版）》。经过8年时间的文献收集、实地考察、专家访谈、企业走访、课题研究、信息梳理，基本形成成果。参与本书撰写的人员主要有汪传雷、谢阳群、周保昌、张雯蕊、叶春森、刘宏伟、陈欣、张梦颖、汪涛等同志。具体分工如下：第1章由汪传雷、谢阳群编写；第2章2.1、2.11、2.12、2.13、2.14、2.15、2.16、2.17、2.18、2.19、2.20由汪传雷编写，2.2、2.3、2.4、2.5由叶春森编写，2.6、2.7、2.8、2.9由陈欣编写，2.10由周保昌编写；第3章3.1、3.2、3.3、3.4、3.5、3.8、3.9由汪传雷编写，3.6、3.7由叶春森编写，3.10、3.11由张雯蕊编写，3.12、3.13、3.14由刘宏伟编写，3.15由汪宁宁编写；第4章4.1、4.2、4.3、4.4、4.5、4.8、4.9、4.10、4.11、4.12、4.13、4.14、4.15由汪传雷编写，4.6、4.7由陈欣编写，4.16、4.17由刘宏伟编写，4.18、4.19由叶春森编写；第5章5.1、5.2、5.3、5.4、5.5、5.6、5.7、5.8、5.9、5.10、5.11、5.12由汪传雷编写，5.13、5.14、5.15由陈欣编写，5.16由汪涛编写、5.17由张梦颖编写。

本书是安徽省高等学校“十二五”省级规划教材（皖教高〔2013〕11号），同时是中国物流学会科研项目“物流企业信息化创新绩效实证研究（2013CSLKT059）”“物流类行业协会网站评价体系研究（2014CSLKT068）”“互联网+”背景下安徽省物流产业融合体研究（2016CSLKT3—233）、安徽省社会科学创新发展研究课题“合肥和沿江地区联手打造产业集群、共建国际物流大通道研究（2016CX016）”以及安徽省省级质量工程项目专业综合改革试点：物流管理（皖教高〔2012〕14号）、安徽省省级质量工程项目特色专业：物流管理（皖教高〔2010〕28号）、安徽省省级质量工程项目教学研究重大项目：以学科竞赛促进安徽省物流专业创新创业人才培养研究（皖教秘高〔2016〕189号）部分研究成果。

感谢中国物流学会戴定一先生和贺登才先生、天津大学杜纲教授、南京大学孙建军教授、合肥工业大学吴慈生教授、天津大学刘伟华教授、北京工商大学方德英教授、重庆邮电大学张毅教授、天津工业大学齐庆祝教授、天津理工大学吴绍燕博士、中国民航大学崔婷博士、河南财经政法大学王慧博士、中科大先研院孙兵先生提供的建议，同时感谢研究生张岩、朱绍平、陈娇、蒋孝成、万一荻、马嫚、秦琴、冯方媛、王静娟、苗青同学提供的资料收集、信息整理、文字校对等帮助。

感谢中华人民共和国商务部、安徽省发展与改革委员会、安徽省商务厅、安徽省交通运输厅、安徽省物流与采购联合会、安徽省物流协会、合肥市商务局、合肥市规划局、芜湖市商务局、铜陵市交通运输局、芜湖市物流协会、黄山市黟县商务局、合肥高新区管委会，中国科学技术大学、合肥工业大学、安徽大学、安徽农业大学、安徽财经大学、淮北师范大学、安徽工业大学、安徽工程大学、安徽师范大学、安庆师范大学、安徽科技学院、阜阳师范学院、蚌埠学院、皖西学院、安徽大学江淮学院、新华学院、三联学院、安徽外国语学院，皖江物流公司、中外运合肥物流公司、中外运苏州保税中心公司、合肥中外运物流发展公司、徽商物流公司、合肥华南城、合肥海尔日日顺物流公司、安徽迅捷物流公司、安徽益民物流公司、合肥徽运物流公司、合肥永春物流公司、靠谱供应链公司、芜湖共生物流科技公司、芜湖格勒托盘公司、安徽敏利物流咨询公司、安徽海晨综保物流有限公司、安徽海通医药物流公司、宝供物流企业集团有限公司合肥分公司、安徽邮政公司、合肥安得物流股份有限公司、百大周谷堆国际农产品公司、安徽迅捷物流有限责任公司、安徽光太物流公司、安徽国力物流有限公司、合肥市康健物流有限公司、合肥九州通医药集团股份有限公司、青松食品公司、联家超市、商之都、千百味、合肥浙商城、安德利百货股份有限公司、白马电子商务产业园、安徽青年电子商务产业园、《物流技术》杂志社、《物流工程与管理》杂志社等单位和个人给予的大力调研支持。

感谢2007级、2008级、2009级、2010级、2011级、2012级、2013级、2014级物流管理专业同学提供的部分资料和建议。

特别感谢中国财富出版社现代物流教材出版中心张茜主任的帮助和支持。

在编写过程中，我们参考了国内外专家、学者、企业家的大量研究成果，但由于时间紧迫且水平有限，难免有不当之处，谨请见谅并批评指正。

编　者

2017年2月28日

目 录

1 绪论

随着国民经济和社会的发展，物流业发展步入新的发展阶段。简言之，物流（Logistics）即物的流通。现代物流的“物”是广义的物，既包括传统认知的一般性物品，如农牧林渔产品、原材料、半成品、零配件、制成品以及邮件、包裹或废弃物等，又包括传统并不认同的特殊性物品，如电力、电子文件、信用卡、支票、纸币等，还包括一般性供应用品及专业服务，如办公室用品、流通容器、包装材料、物流服务、废弃物清理服务等①。

1.1 物流及物流活动

物流是物质资料从供给者到需求者的物理性运动和时间转换，主要是创造时间价值、场所价值或一定加工价值的经济活动。物流的概念经历了一个演变的过程。物流产生于美国，1901 年美国的 John F. Crowell 在《美国农产品流通产业委员会报告》中认为，物流是影响农产品流通的因素之一。1935 年，美国市场营销协会首次定义物流（Physical Distribution）是包含于销售之中的物质资料和服务从生产地到消费地流动过程中伴随的种种活动。

20 世纪第二次世界大战期间，美国从军事物资需求和供给角度出发，率先采用“Logistics Management”一词。战后，军事后勤管理被引入商业领域。但在 20 世纪 70 年代以前，对物流的研究主要采用 Physical Distribution，如 1963 年成立的全美实物分配管理协会（National Council of Physical Distribution Management，NCPDM）定义物流管理是 Physical Distribution Management。

20 世纪 80 年代，随着物流活动范围的日益拓展，Logistics 逐渐取代原先的 Physical Distribution。1985 年，NCPDM 与时俱进，更名为美国物流管理协会（The Council of Logistics Management，CLM）。物流管理是对原料、在制品及相关信息从供应地到消费地的有效率、有效益的流动和存储进行计划、执行和控制，以满足顾客要求的过程。

1998 年，美国物流管理协会（CLM，USA）定义：Logistics is that part of the supply chain process that plans，implements，and controls the efficient，effective flow and storage of goods，services and related information from the point of origin to the point of consumption in order to meet customers’ requirements. 即物流是供应链过程的一部分，它是对商品、服务及相关信息从起源地到消费地之间有效率和有效益的正

① 苏义雄．企业物流总论——新竞争力源泉［M］．北京：高等教育出版社，2003.

向和反向移动与储存进行的计划、执行与控制，目的是满足客户要求。

1999 年，联合国物流委员会定义：物流是为了满足消费者需要而进行的从起点到终点的原材料、中间过程库存、最终产品、相关信息的有效流动和存储及管理的过程。

2001 年，中华人民共和国国家标准《物流术语》定义：物流（Logistics）是物品从供应地向接收地的实体流动过程，并根据实际需要，将运输、储存、装卸、包装、流通加工、配送、信息处理等基本功能实施有机结合。

2005 年，美国物流管理协会（CLM）正式更名为美国供应链管理协会（Council of Supply Chain Management，CSCM)，强调供应链理念。

2006 年，中华人民共和国国家标准《物流术语》（GB/T 18354—2006）（修订版）定义：物流（Logistics）是物品从供应地向接收地的实体流动过程。根据实际需要，将运输、储存、装卸、搬运、包装、流通加工、配送、信息处理等基本功能实施有机结合。其中，物品（Goods）是货物经济与社会活动中实体流动的物质资料。可见，物流概念是与社会生产、市场营销、企业管理密切相关的，并随着时代发展不断演化。

物流作为物从供应地向接收地的实体流动过程，其主要功能包括运输、储存、装卸搬运、包装、流通加工、配送以及信息处理等。物流活动（Logistics Activity）是物流诸功能的实施与管理过程，具体包括运输、储存、装卸搬运、包装、流通加工、配送、信息处理等基本活动以及根据实际需要进行有机结合的物流市场分析、物流系统规划、物流方案优化、物流绩效评价、供应链管理等活动。物流管理（Logistics Management）是为以合适的物流成本达到用户满意的服务水平，对正向及反向的物流过程及相关信息进行的计划、组织、协调与控制。企业物流（Enterprise Logistics）是生产和流通企业在经营活动中所发生的物流活动。

1.2 案例方法

案例方法，是案例分析方法（Case Analysis Method）的简称，是 1870 年哈佛大学兰德尔院长开创的一种教育教学方法。1870 年，兰德尔出任哈佛大学法学院院长时，首次将案例分析方法引入法学教育；19 世纪 90 年代，案例分析方法被引入哈佛医学院医学教育；1908 年哈佛商学院正式成立时，案例分析方法又被引入商业教育领域。1909—1919 年，哈佛商学院邀请实际管理人员亲临课堂提出管理实践中遇到的问题，然后要求学生进行分析并提出对策建议。1921 年科波兰德博士出版了第一本案例集，由此奠定管理学教学领域中案例分析方法的基础。20 世纪 50 年代至 60 年代，哈佛商学院连续举办了 11 期 8 周制的案例分析方法教学研讨班，邀请诸多管理学院院长与资深教授参加讨论，进而逐步达成案例分析方法教学的意义、特点与有效性方面的共识；同时，哈佛大学创建“校际案例交流所”，为全美各院校提供方便且丰富的案例供应源。

现在，案例分析方法教学已成为哈佛大学最具特色的教学方式，教学组织和管理紧密围绕案例教学进行，哈佛大学的教学方式与培养目标密切相关，哈佛大学案例分析方法教学的理念体现培养目标的定位。哈佛大学的培养目标是为未来的政府和企业培养领导人，哈佛商学院则是培养公司 CEO（首席执行官）。作为未来的企业领导人，学习能力、创新能力和危机管理能力至关重要，案例分析教学是培育学生学习能力和创新能力以及磨炼学生决策能力的一种有效方法。

哈佛大学案例分析方法教学是一种启发式、讨论式、互动式的教学形式，主要特点是把实际工作中遇到的问题带到课堂，将教学双方带到矛盾的冲突之中，力图把枯燥单调的理论变成解决真实问题的公开讨论，变教师的单向传递信息为师生之间的教学相长，变个人思路为集体智慧，变战略性的理论框架为解决工商管理或公共管理现实问题的具体操作性实践。教师的讲授不再是仅仅提供问题的答案，而是为学生提供一个观察问题的视角，提供一种分析问题的方法。案例分析方法教学，针对性和实用性强，有利于调动每一个参与人员的积极性和创造性，老师与学生之间可以相互学习，同学之间也可以相互学习，力争将参与人员具备的理论知识和文化素养转变成一种解决真实问题的能力。

哈佛大学的案例分析方法教学的重要组成部分是一种无结论的课堂讨论，教学目的并非提供问题之答案，而是提出解决问题的各种可能性方案。案例分析方法教学不存在绝对正确的答案，只有不同的解决问题方案。案例分析方法教学有利于训练学生一种系统思考问题的方法和采取行动的勇气与决心，比如初始你只有一个问题，学习过程中可能会产生 10 个问题，同时解决问题的方法增加、思路开阔、自信增强以及决策和管理的能力提升。哈佛案例分析方法教学的最大特点是同学之间相互学习，教师不再仅仅是传统意义上的知识传授者，而是课堂讨论的引导者、组织者、帮助者，主要发挥启发、引导、归纳和总结群体智慧和经验的作用。

案例分析方法教学是开发学生潜能的一种教学方式，有利于调动每一个学生学习的主动性、积极性和创造性。案例分析方法教学需要按照一定程序进行：第一，课前的认真准备。学生必须利用课余时间认真阅读案例，包括记住案例中的关键数字，回答案例后面的提问，准备自己的建议方案等。第二，课堂的积极表现。案例分析的成绩评价相当部分在于课堂参与，如果某个学生不抢着发言，也许就始终没有发言的机会，自然就没有成绩，导致同学之间竞争非常激烈，课堂在一定程度上成为学生表现自我的战场。第三，课后教师列出一系列书单，以便学生寻找分析案例的理论基础和必备知识。

哈佛大学的案例分为不同的类型，常见的一种分法是教学型案例和研究型案例。教学型案例是根据教学目的专门收集资料编写而成，特点是简化和有选择性，通常是一个案例说明一个问题。研究型案例比教学型案例素材丰富且贴近现实，必须摆出现实问题，具有一定深度，易于引发争论，通常研究型案例设置有多个难题，头绪复杂且难以把握。一般地，好的教学型案例需要具备五方面因素：第一，具有教学用途。在选择案例时，最重要的问题是“它在教学方法上提出了什么问题”，这个问题可以使选择的案例更富效率，同时避免一个经常出现的错误：花很多时间撰写一篇案例却用途不大。第二，具有冲突性质。争议性是讨论案例的基石，案例应能促使学生思考并进行辩论。在案例讨论中，学生可以了解一般的理论和知晓他人的观点，案例分析没有绝对正确的答案，只有基本的问题。第三，必须强制决定。争议往往出现于需要做出决定的时刻。一个好的案例必须强迫学生进行决策，迫使学生从参与者的角度思考问题，增加他们的压力感和紧迫感。这种强制性的决策分为采取行动型和回顾型两种，前者便于读者思考如何采取行动解决一个具体的问题，“如果你处于某人的位置，将如何办理此事？为什么？”相比之下，回顾型案例是提供整个情境，关键的问题是“你如何评价某人的作为，为什么？”第四，富有综合性。综合性表现为是否能涵盖技术和/或管理方面的普遍性问题。第五，具有简练性。短小的案例应围绕一个主要问题展开，不能头绪太多，课堂分析必须有一定的归纳综合和抽象提炼，以便具有普遍意义，关注管理分析的原则性问题。较长的案例应提供更多的细节，训练学生区分哪些是主要的，哪些是次要的，培养学生掌控主要矛盾的能力。

2　物流活动基本职能案例

随着企业理论和实践的发展，企业物流管理已经成为企业管理之重心。所谓企业物流管理，是与支持企业战略和策略所需的“物”相关的，包括原材料、半成品、成品、废弃物以及一般供应用品和专业服务的控制系统的设计与管理。英文是“Business logistical management includes the design and administration of systems to control the flow of material，work—in—process，general supplies，finished inventory and specialized services to support business unit strategy”。

企业物流管理的使命是提供卓越的物流服务，同时创造出企业及其上下游供应链合作伙伴间的最佳价值。

2.1　物流市场分析

2.1.1　基础知识

物流市场是伴随市场经济的发展逐渐演进形成的服务市场。所谓物流市场，是指为保证生产、流通、消费过程顺利进行而形成的商品在流动和暂时停留时所需要的服务性市场，主要有货物运输市场和仓储市场，以及包装、装卸、搬运、流通加工、配送、信息管理等辅助性市场。物流市场具有优化资源配置、实现规模经济和集约经济、提高物流效率、降低物流成本等功能。

物流市场分析是对物流市场的各个方面进行分析，以便为物流市场营销奠定基础。物流市场分析主要是环境分析，包括宏观环境分析和微观环境分析，宏观环境分析主要是 PESTN 分析，即政治（Policy）、经济（Economy）、社会（Society）、技术（Technology）和自然（Nature）。微观环境分析主要是迈克尔·波特（Michael Porter）的五力分析模型、SWOT 分析①等，其中五力分析模型涉及企业本身、供应链上下游企业、市场竞争者、公众等，具体可能包括物流产品/服务供给和需求及其变化、价格及其变化、竞争态势及其变化、技术进步及新产品/服务、国际市场及其变化等。

物流市场容量是指物流服务的总需求量，由企业自我服务和外购服务构成。

物流企业（Logistics Enterprise）是指从事运输（含运输代理、货运快递、无车承运人、无船承运人）或仓储等业务，并能够按照客户物流需求对运输、储存、装卸、搬运、流通加工、包装、配送等进行组织和管理，具有与自身业务相适应的信息管理

① SWOT 分析法是用来确定企业自身的竞争优势、竞争劣势、机会和威胁，从而将公司的战略与公司内部资源、外部环境有机结合起来的一种科学的分析方法。

系统，实行独立核算、独立承担民事责任的经济组织。

物流营销，是指物流企业将自己的物流产品或服务转化为客户所需要的利益和价值的过程。营销物流，是指在营销活动过程中，产品经过预测、计划、储存、订购、运输和签收等流转服务活动最终到达客户手中，同时又将客户的需求和产品相关信息反馈给企业的循环过程。

物流营销的主要内容包括物流企业的内部优势、劣势诊断和外部市场机遇威胁调研，物流市场细分、目标市场选择和市场定位，物流营销的单一策略和组合策略，物流营销活动的规划和管理等。物流营销方法包括物流产品研究法、组织机构研究法、职能研究法、管理研究法和系统研究法等。

物流营销分析可以借助 Excel 等表格软件，选择图表基本步骤：①确定表达主题，即将数据转化为主题；②确定对比关系，即从主题到对比关系，包括成分、项类、时间序列、地点分布、频率或频次分布、相关性；③选择图表形式，即从对比关系到图表。常用的五种基本图形：条形图、柱状图、饼状图、线形图、圆点图。常用的五种对比关系包括：①成分对比关系：每一部分的大小占总数的百分比；②项类对比关系：比较各个项类之间的高低或大小；③时间序列对比关系：每一部分随时间的变化而变化；④频率分布对比关系：多少项类符合一定范围或一定规律范畴；⑤相关性对比关系：两个变量之间的关系存在相关性或不相关性。选择图形的方法：①项类对比关系选择条形图；②时间序列对比关系选择柱状图或线形图；③频率分布对比关系选择柱状图或线形图；④成分对比关系选择饼状图；⑤相关性对比关系选择条形图和圆点图。

物流营销必须高度重视“业务天气指数”或“活动气象指数”，主要是物流业务发展与自然环境变化之间的关系和相关性，具体可以通过了解过去一段时间内区域或城市明显不同天气变化和自然变化的信息资源，以及对应天气信息的若干不同类型物流企业的业务波动状况，制订物流营销方案。具体实施的一般步骤：①将人员按一定规则分若干小组；②确定每组具体任务，了解收集过去时间区域气候变化情况，特别是危害性或灾难性天气情况，详细记录灾害等级；③根据气象资料，联系区域不同业务类型的物流企业或企业物流部门，实地调查获得业务变动与天气变化的相关性；④以图表形式直观表达；⑤讨论不同等级灾害天气条件下的物流营销方案。

物流市场细分方法包括变量因素法、客户依赖程度法、客户金字塔法、ABC 分类法、客户关联度法、五区间客户分类法、灰色关联度法等。物流市场具体细分可以采取不同方式，如以“产品属性”为物流市场细分的变量将物流市场进行多层次细分，如表 2-1 所示。然后根据市场细分，确定市场定位，进而制定和实施物流营销组合策略。

表 2-1　　产品的属性细分

序号	变量	层次
1	产品形状	正常型、异型、特异型
2	产品形态	固态、液态、气态以及混合态

续 表

序号	变量	层次
3	产品密度	低密度、中密度、高密度
4	产品重量	很轻、轻、中等、重、超重
5	产品面积	小、中、大
6	产品体积	小、中、大
7	产品价值	低、中、高、昂贵
8	产品包装状况	裸装、单层包装、多层包装、一般包装、特殊包装
9	产品储藏条件	冷冻储藏、冷藏储藏、常温储藏、高温储藏
10	产品材质	特易碎品、易碎品、普通品、坚固品
11	产品保质期	短期、中期、长期
12	产品成分	危险品和非危险品
13	产品用途	工业用、民用、商用、特种用
14	产品款式	单一款式、多款式、系列款式
15	产品花色	单一花色、多花色、全花色
16	产品运输条件	常规运输、特殊运输
17	产品装卸搬运条件	人工装卸搬运、机械装卸搬运、自动装卸搬运、特种装卸搬运
18	产品附加品	单件品、配套产品、成组产品、成套产品
19	产品标准化程度	高度标准化、标准化、非标准化
20	产品的弹性	高弹性、一般弹性、无弹性
21	产品的吸湿性	高吸湿性、中吸湿性、低吸湿性
22	产品的抗氧化性	耐氧化性品、不耐氧化性品
23	产品的分解性	易分解品、耐分解品
24	产品的锈蚀性和分化性	耐锈蚀和分化品、不耐锈蚀和分化品
25	产品的绿色性能	严重污染品、一般污染品、绿色品

行业流行一句话：物流营销＝70％脚＋30％脑。“70％脚”是指物流企业应将工作重心放在走访客户、深入市场、调研环境上，通过艰辛的劳动、辛勤的汗水、耐心地主动与客户沟通，凭借对市场和客户的洞察力和关注度获得客户的信赖，这需要日积月累，谓之“脚”的功劳，而非凭空想象出来的。“30％脑”是在“70％脚”的基础

上，借助对客户的准确把握通过技巧和手段策划具有针对性的营销方案。

物流营销，必须考虑物流产品的具体形式，常用的物流产品形式如表 2－2 所示。

表 2－2　　　　物流产品形式

<table>
<tr><th>物流产品形式</th><th>物流产品内容</th><th>示例</th><th>备注</th><th>实例</th></tr>
<tr><td>物流核心产品</td><td>每项产品的实际功能、带给客户的实际利益和价值，是客户的真正所需</td><td>①运输核心产品：点位移效益
②仓储核心产品：保质和时间效益
③装卸搬运：位移效益
④配送：位移效益
⑤流通加工：增值和提效效益
⑥信息管理：决策支持和导向效益</td><td>核心产品开发是物流产品开发的基础和关键</td><td rowspan="5">中外运长航公司根据客户的需要，为客户提供核心产品是为货主提供符合需要的位移，一般产品包括舱体体积、位置、货物定位等；期望产品涉及船期、安全性、经济性和及时性等；附加产品涉及咨询、报关、报价等，潜在产品涉及多式联运等</td></tr>
<tr><td>物流形式产品</td><td>核心产品的外在表现形式、现实表现手段和具体实现途径</td><td>①具体的物流活动及其每项活动从开始到结束的过程表现
②实现物流功能所必备的设施、装备、工具和人力表现等
③物流产品的有形包装形式和无形包装形式
④物流服务商标和品牌</td><td></td></tr>
<tr><td>物流附加产品</td><td>客户在购买和享受物流服务获得的额外服务和利益</td><td>提供信贷融资、电子订货和网上订货、免费送货、技术培训、咨询服务、安装或“三包”服务承诺、报关、报检</td><td></td></tr>
<tr><td>物流期望产品</td><td>确保核心功能的正确性而施加的具体标准规范</td><td>准确性、及时性、安全性、可得性、便利性、经济性等</td><td>期望产品将核心产品具体化、明确化、丰富化</td></tr>
<tr><td>物流潜在产品</td><td>物流显在产品的延伸和升华</td><td>门到门服务，一站式服务、一网式服务，多式联运等</td><td>潜在产品开发可唤起客户欲望，为客户增值，将客户确实需要但未明确化的需求转化为实在产品</td></tr>
</table>

确定物流产品形式后，可以进行物流产品组合分析，如表 2-3 所示。

表 2-3　　物流产品组合分析

类别	含义	示例	备注	实例
产品线	是一组核心功能相同但服务形式、操作手段、操作流程或服务对象等不同的一类服务项目	大洋公司提供运输和仓储服务：其中，运输又分国际海运、国内陆运和市际配送，运输是一个产品线	产品线的划分可采用行业、货品种类、航线、运输工具、储藏条件、物流设施、服务对象等多样化标准	中远集团的产品线：美洲航线——产品项目数为 1；欧洲航线——产品项目数为 2；大西洋航线——产品项目数为 2；澳大利亚、新西兰航线——产品项目数为 4；南非南美航线——产品项目数为 1；波斯湾航线——产品项目数为 2；东南亚航线——产品项目数为 2；日本航线——产品项目数为 12；韩国航线——产品项目数为 8。中远集团的产品组合宽度为 9 个，产品组合深度为 34 个，平均深度为 3.8 个
产品项目	同一条产品线按照一定变量细分的不同服务类别	大洋公司运输产品线有 3 个产品项目		
产品线的深度	同一条产品线按照一定变量细分的不同服务类别的数目	大洋公司运输产品线的深度是 3		
产品组合	物流企业提供和经营的不同产品线和产品项目的组合		4 个变数： 产品组合的长度 产品组合的宽度 产品组合的深度 产品组合的关联度	
产品组合的长度	所有产品线和产品项目的总和	大洋公司仓储服务分为：危险品、冷链和普货，产品组合长度是 6		
产品组合的宽度	产品线的数目	大洋公司＝2		
产品组合的深度	各条产品线平均产品项目数量	大洋物流公司＝3	深度＝长度/宽度	
产品组合的关联度	不同产品线之间使用设施、操作手段、操作规程、服务对象、资源共享等的相似和相关程度	大洋物流公司运输与仓储的关联度一般	大洋公司运输∩大洋公司仓储	

物流营销，必须考虑影响物流分销渠道的因素，如表 2-4 所示。

表 2-4　　物流分销渠道

影响因素	因素细分	零渠道或短渠道	长渠道
物流市场	服务客户数量	少	多
	服务区域范围	小	大
	服务时间	少	多
	服务季节性	淡季	旺季
物流标的	普通货品或特种货品	特种货品	普通货品
	货品单位价值	高	低
	货品标准化程度	低	高
	货品物流技术复杂性	复杂	简单
物流商	规模与声誉	大和高	小和低
	财务能力	强	弱
	控制渠道愿望	强	弱
	营销管控能力	强	弱
	控制终端客户欲望	高	低
中间商	招到合适中间商的难易度	否	是
	渠道配置的代价或成本	高	低

为了物流市场营销，企业应规划建设信息管理系统，以便知彼知己、百战不殆。

2.1.2　案例：中国邮政速递物流股份有限公司[①]

中国邮政速递物流股份有限公司（简称中国邮政速递物流）是经国务院批准，中国邮政集团于 2010 年 6 月联合各省邮政公司共同发起设立的国有股份制公司，是中国经营历史最悠久、网络覆盖范围最广的快递物流综合服务提供商。中国邮政速递物流在国内 31 个省（自治区、直辖市）设立全资子公司，并拥有邮政货运航空公司、中邮物流有限责任公司等子公司，业务范围遍及全国 31 个省（自治区、直辖市）的所有市县乡（镇），通达包括港、澳、台地区在内的全球 200 余个国家和地区，营业网点超过 4.5 万个。

中国邮政速递物流主要经营国内速递、国际速递、合同物流等业务，国内、国际速递服务涵盖卓越、标准和经济不同时限水平和代收货款等增值服务，合同物流涵盖仓储、运输等供应链全过程。拥有享誉全球的“EMS”特快专递品牌和国内知名的“CNPL”物流品牌。中国邮政速递物流坚持“珍惜每一刻，用心每一步”的服务理念，为社会各界客户提供方便快捷、安全可靠的门到门速递物流服务，致力于成为持续引

① http：//www.ems.com.cn/［2017-02-03］.

领中国市场、综合服务能力最强、最具全球竞争力和国际化发展空间的大型现代快递物流企业。

1. 速递业务

速递业务主要经营“次晨达”产品。“次晨达”业务主要是中国邮政速递物流公司发挥“全夜航”航空自有运输能力的网络优势，整合资源，推出的高品质业务。次晨达业务包含“区域次晨达”和“跨区域次晨达”。

2. 物流业务

合同物流是基于公司覆盖全国的航空、陆运网络，丰富的仓储配送服务经验，先进的信息技术平台，完善的品质保障体系和持续改进措施，提供基于供应链的综合物流解决方案。合同业务涉及高科技、快速消费品、汽车、医药、服装、零售等行业，主要帮助客户规划整体物流解决方案，提高客户原材料入厂物流、销售物流、售后服务物流、销售支持性物流的运作效率。

公司作为领导型物流服务商（LLP），基于丰富的网络资源和专业的物流服务经验，为客户提供物流整体规划以及具体环节的优化咨询、物流整体外包服务，包括采购流程优化、物流网络设计、库存优化管理、供应链可视化和数据管控等。

（1）入厂物流。

原材料巡回取货：综合分析客户生产计划、供应商生产周期、物流网络等，制订专业的巡回取货路线和计划，为生产流程、工艺过程中的原材料采购物流环节提供专业的巡回取货服务，保证原材料的 JIT（准时制生产）供应。

供应商库存管理：以专业的仓储信息系统为支撑，提供多个供应商的原材料仓储、库存、物权、订单、资金等综合管理服务，实现原材料库存最优化和入厂物流的无缝对接。

原材料入厂上线：基于客户工厂流水线生产计划、工位排序、物流需求单、看板等因素，通过分析、预测、监控、替换等方式实现原材料仓库与生产线的无缝对接，在 2～4 小时内，为客户提供准确、高效、快速的原材料入厂上线服务。

（2）销售物流。

成品仓储及分拨：以全国总仓和区域分拨中心为基本模式，为客户提供常温、恒温仓储管理和验货、分拣、理货、包装、库存控制、库龄管理、贴签、组装、扫码等库内增值服务。

运输配送：借助航空、公路、铁路等组成的主干运输网络与覆盖全国各地市、县的配送网络无缝衔接，构建以区域中心城市为核心的 24 小时、48 小时和 72 小时服务圈，提供包括入户配送、门店直配、多点配送、电子商务配送在内的高效的运输配送服务和代收货款等增值服务。

网点投交：根据客户的物流需求和销售特点，为客户在县级以上城市的邮政营业网点专设提货点，同时提供自提和客户定制化配送服务。

（3）售后服务物流。

售后零部件仓储配送服务：为客户提供售后零部件的仓储管理，维修旧件的多点提货服务，正向包装和发运服务，为客户和消费者构建售后服务物流支撑平台。

呼叫中心服务：设立呼叫中心，按照客户售后服务体系的要求，接收产品最终用户的售后维修或废弃物回收相关问题的问询，启动维修品和废弃品的提货。

（4）销售支持物流。

促销品/宣传品物流：根据客户的销售渠道和宣传促销计划，提供宣传材料、促销品、赠品、礼品等营销活动支持物品的仓储、运输、配送及其相关增值服务。

样机巡展物流：根据客户的巡展计划，提供样机、宣传品的仓储、检测、运输、安装等服务。

废弃物回收物流：依托邮政覆盖全国的物流网络和成熟的呼叫中心体系，提供废弃品的逆向回收物流服务，为客户履行社会责任和实施环保战略提供物流支撑。

（5）供应链金融。

公司与邮政储蓄银行等商业银行合作，实施存货质押、仓单质押等多种资金融通方式的监管，共同为客户提供资金流、物流、信息流三流合一的高效物流服务。

（6）专业物流服务。

冷链物流：依托邮政丰富的冷链资源和有效的组织规划能力，运用专业的低温仓储配送技术，为国内外知名连锁餐饮企业及食品企业提供单温、多温条件下的冷链运输配送服务。

会展物流：为大型会议会展等参展商，特别是国际大型珠宝展提供展前、展后的仓储、包装、国内运输、进出口报关和清关、国际运输和展览中的装卸、搬运等服务。

工程物流：为大型工程项目提供全套的物流解决方案，服务内容涵盖生产工厂接货到工地现场交货卸车，其中包含整个物流项目的管理和策划、运输、清关、码头管理和装卸操作等。

3. 行业解决方案（见表2-5）

表2-5　行业解决方案

	核心服务	延伸服务	支持服务
高科技行业解决方案	供应链网络规划，仓储和配送，正向运输，反向物流	定制包装设计，拣货与包装，贴标与组配，订单管理，库存管理，库存可视化，在途追踪，条码扫描，电子返单	KPI（关键绩效指标）报告，电子结算，电子报表，IT（信息技术）平台，标准流程，呼叫中心
汽车行业解决方案	入厂物流供应链咨询，供应商管理库存，售后件仓储及运输，厂内仓储与配送上线，旧件回收	厂内容器管理，库存管理，原材料补货，分拣与包装，订单管理，标签打印与粘贴，条码扫描	KPI报告，电子结算，电子报表，IT平台，标准流程

续 表

	核心服务	延伸服务	支持服务
快消品行业解决方案	RDC（区域配送中心）网络规划，恒温仓储，冷藏运输，小批量运输，多点配送，容器回收，门店直配	电子标签与语音识别拣货，在途温控，组配包装，包装填充物，大批量拆零拣选，库存设定，补货，条码扫描，库存可视化，GPS（全球定位系统）监控	KPI 报告，电子结算，电子报表，IT 平台，标准流程
医药行业解决方案	药品的整车运输及零担运输（收货要求高），温控运输，蓄冷包装服务，药品 GSP（《药品经营质量管理规范》）仓储服务，医疗机构配送（批量小、品种多、退货多），基本药物配送，药店配送	库存管理，订单履行，GPS 监控，库存可视化	KPI 报告，电子结算，电子报表，IT 平台，标准流程

4. 国际货代

通过公司的国际货代平台，在中国的主要海运、空运、陆运进出口口岸为中速专线、中邮国际货运代理产品提供商业通关服务和全球货代网络，并提供保税物流等增值服务。

中速专线：专门服务于 30kg 以上的超规格快件，以及 30kg 以下需要商业通关的快件。

中邮国际货代：提供国际航空货运代理服务，国际海运无船承运服务，跨境陆路运输服务，以及国际多式联运服务。

保税物流：在保税区，为客户提供国际中转、国际配送、国际采购、转口贸易和出口加工等保税物流服务。

5. 承诺服务

国内特快专递（EMS）时限承诺服务是指中国邮政速递物流对纳入承诺范围城市间互寄的特快专递标准型邮件，向客户承诺全程时限；对超过承诺时限的邮件，用户可以要求退还已支付的邮件资费。具体提供服务：

①无缝覆盖：邮政所拥有的网络终端覆盖到千家万户，澳大利亚、中国、中国香港、日本、韩国、美国、英国、西班牙、法国的邮件运递网络共拥有 3 亿多个投递点、14 万个邮政营业机构。使用邮政网络可提供安全、准确、快速、覆盖面最广的运递服务。

②多通道信息接入：公司网站平台（www.11183.com.cn）、全国统一的 7 天/周×24 小时/天的呼叫平台（11183）和遍布城乡的邮政营业网点。

③实时跟踪：通过邮件跟踪与查询服务，可以实时了解交寄邮件的全程信息，对

签约客户可以提供邮件实时信息的主动反馈服务。

④承诺时限：按照从邮政编码到邮政编码的方式计算承诺时限。承诺时限是客户交寄邮件的最大运递时限，实际运递时间有可能比承诺时限短。

⑤延误赔偿：因中国邮政速递物流公司原因造成邮件时限延误的，可退还已收取的邮件资费。

国际及台港澳特快专递承诺服务是指中国邮政速递物流股份有限公司与指定国家和地区互寄 EMS 邮件，向客户承诺邮件传递的全程时限，对于因中国邮政速递物流公司原因造成实际传递时限超过承诺时限的邮件，用户可以要求返还已交付的邮件资费。国际特快专递承诺服务的范围：澳大利亚、中国香港、日本、韩国、美国、英国、西班牙、法国。承诺范围覆盖通达国家和地区全境。

思考与讨论

（1）随着物流市场需求的变化，邮政快递物流公司如何掌握市场变化，与时俱进，完善市场营销策略？

（2）快牛配送中心是安徽省宿州市一家从事商贸和物流业务的公司，总代理伊利牛奶、达能饼干、贝美滋、卡夫、好吃点、中粮色拉油等产品业务，同时为箭牌口香糖、黄金搭档等产品提供仓储和配送业务。现根据发展需要，拟分拆为独立的两个公司：金牛商贸公司和银牛物流公司，各自独立经营、独立核算。银牛物流公司一方面为金牛商贸公司提供物流业务，另一方面还可以拓展市场为其他公司提供物流服务。请你针对银牛物流公司进行物流产品/服务环境分析、市场细分、物流产品形式分析、物流产品组合分析、物流分销渠道分析。

2.2 采购

2.2.1 基础知识

采购：狭义的采购是买东西，是组织根据需求提出采购计划、审核计划、选好供应商、经过商务谈判确定价格和交货条件，最终签订合同并按要求收货付款的过程；广义的采购是指除了以购买的方式占有物品外，还通过租赁、借贷、交换等其他途径取得物品的使用权，以达到满足需求的目的。

订购：是采购的一部分，是指依照事先约定的条件向供应商发出采购订单，也可指在没有询问供应商的条件下直接发出采购订单的情况。

购置：一般用于固定资产和设备的采购。

购买：是指获取商品所有权的采购活动，是采购中的商流活动。

采购管理（Purchasing Management）：是指对采购过程的计划、组织、协调和控制等，包括管理供应商关系所必需的所有活动。

电子采购（E—procurement）：是指利用计算机网络和通信技术与供应商建立联

系，并完成获得某种特定产品或服务的活动。

采购管理，首要任务是划分商品采购职责。按照不同的职责要求，可以分为采购管理人员的职责、采购作业人员的职责、采购助理人员的职责等。

1. 采购管理人员的职责

采购管理人员的职责包括采购总部的职责、采购部门的职责、采购总监的职责和采购经理的职责（见表 2-6）。

表 2-6　　采购管理人员的职责

序号	管理人员	职责
1	采购总部	(1) 采购组织工作职责的制定； (2) 商品结构的制定（大组、小组、商品群、价格带、品项数、陈列尺寸等）； (3) 采购作业规范手册的编制与更新； (4) 全国品牌采购条件、年度采购与全国性促销方案的拟订； (5) 统一订货与结算商品的处理； (6) 采购工作的培训与稽核； (7) 定期召开全国联合采购会议，加强地区采购部与全国采购本部、地区采购部与地区采购部之间的沟通与交流，促进各分店之间的采购交流； (8) 协调各分店与供应商之间的矛盾及交易条件，辅导各分店的采购工作； (9) 协调财务部门，确保联合采购供应商“绿色通道”的畅通； (10) 协助新开业分店的地方性商品的采购工作，分析各分店商品结构，并给予建议或指导
2	采购部门	(1) 筛选合作的供应商； (2) 选择适合顾客群的产品； (3) 与供应商协商采购的质量、包装、品牌、价格、订货办法、订货数量、交货期限及送货地点、折扣、进货奖励、广告赞助、促销办法等条件； (4) 制定富有竞争力且具有合理利润的销售价格； (5) 收集市场信息，掌握市场的需求及其未来趋势； (6) 沟通各分店确保商品畅销； (7) 创造高业绩及利润回报股东，为员工谋求福利
3	采购总监	(1) 根据总经理授权，直接负责采购部门的各项工作，行使采购总监的职权； (2) 按照公司总体经营策略，制定符合当地市场需求的营运政策、客户政策、供应商政策、商品政策、价格政策、渠道政策、促销政策、包装政策、自有品牌政策等各项经营政策； (3) 遵循公司总体经营策略，领导采购部门实现企业业绩及利润目标； (4) 负责核准各项费用支出，审定和报批落实各项费用预算； (5) 协调且指导各采购部门经理的工作；

续 表

序号	管理人员	职责
3	采购总监	(6) 定期培训采购员工； (7) 负责采购员工的考核工作，在授权范围内核定员工的升职、调动、任免等； (8) 督导各项经营政策和措施的落实，制定且督导各部门每月、季、年度各项业务指标的落实； (9) 负责监督检查各采购部门执行岗位工作职责和规范行为的情况； (10) 保证采购本部与其他分店的密切沟通与配合
4	采购经理	(1) 负责部门的全面工作，负责本部门工作计划的制订及组织实施和督导管理，保证日常工作的正常运行； (2) 细化公司分配给本部门的业绩和利润指标，并进行考核； (3) 负责执行采购总监的工作计划； (4) 负责本部门所有商品的品项合理化、数量合理化及品项选择，负责本部门所有商品价格决定和商品价格形象维护； (5) 决定与供应商的合作方式，审核与供应商的交易条件； (6) 督导引入新商品、开发特色商品及其供应商，督导滞销品的淘汰； (7) 制订部门商品促销政策和每月、每季、每年的促销计划； (8) 负责审核每期快讯商品的所有内容； (9) 根据需要支援采购主管； (10) 负责采购员工的业务培训和管理

2. 采购作业人员的职责

采购作业人员的职责包括采购主管的职责、采购人员的职责（见表 2－7）。

表 2－7　　采购作业人员的职责

序号	作业人员	职责
1	采购主管	(1) 采购部门商品政策的执行监督； (2) 卖场商品结构的设计与搭配、商品基本售价底线的决定、控制商品利润； (3) 设定与监督商品品质和新鲜度基准，维持重点商品的价格形象； (4) 指导卖场销售促进方向； (5) 督导新商品的导入，开发特色商品； (6) 监督滞销品的淘汰； (7) 决定厂商业务合作的方式； (8) 采购人员的培养与管理

续 表

序号	作业人员	职责
2	采购人员	(1) 把握预算绩效，有责任促成每月各店的营业额达到预算绩效； (2) 制订销售计划及采购计划，计划包括确定重点商品的预定销售价格、采购价格、采购数量、采购来源等； (3) 进行采购作业，包括商品的议价、交易条件、配送方式、采购数量，以及新商品的引入及议价； (4) 实施商品管理，包括畅销品和滞销品的分析、滞销品的处理、库存的掌握及控制、商品的店间移动调度、商品配置表的制定与管理、坏品退货监督、订货业务的检查、商品鲜度的监督、商品台账的管理、卖场陈列展出指导； (5) 收集商品信息，包括本店商品销售信息、顾客商品需求信息、竞争店商品销售信息、供应商商品变动信息等

3. 采购助理人员的职责

采购助理人员的职责包括采购助理的职责和采购文员的职责（见表 2-8）。

表 2-8　　采购助理人员的职责

序号	作业人员	职责
1	采购助理	(1) 协助采购经理/主管开展日常工作； (2) 采购经理/主管外出时暂代其职务； (3) 分派采购人员及采购文员的日常工作； (4) 负责次要商品的采购； (5) 协助采购人员与供应商谈判价格、付款方式、交货日期等； (6) 追踪采购进度； (7) 督导保险、公证、索赔； (8) 审核一般商品采购申请； (9) 市场调查； (10) 考核供应商
2	采购文员	(1) 登记请购单、验收单； (2) 登记订购单与合约； (3) 记录交货及跟踪； (4) 安排与接待供应商来访； (5) 统一申请与报支采购费用； (6) 申请进出口商品文件及手续； (7) 电脑作业与档案管理； (8) 承办保险、公证事宜

高绩效的采购必须关注四点：第一，建立统一的测评机制，如CEO和采购主管使用同种平衡记分卡；第二，充分发挥领导作用，确定全局的采购策略；第三，创新组织架构，以同类物品划分组织为主，辅以采购优化中心（Centers of Excellence）增加用户的接受程度，降低关键技能所需的时间和资源；第四，整合力量构成全企业范围的采购团队。

采购谈判时，采购员工需要注意的问题：第一，避免无准备；第二，避免过快作出承诺；第三，避免使用不恰当的身体语言；第四，避免披露竞争条款；第五，避免小组成员出现争议。

2.2.2 案例：上海博科资讯股份有限公司：中航工业电子采购平台①

1. 中国航空工业集团公司背景

中国航空工业集团公司（简称“中航工业”）是由中央管理的国有特大型企业，是国家授权投资的机构，于2008年11月6日由原中国航空工业第一、第二集团公司重组整合成立。集团公司设有航空装备、运输机、发动机、直升机、机载设备与系统、通用飞机、航空研究、飞行试验、贸易物流、资产管理、工程规划建设、汽车等产业板块，下辖200余家成员单位、20多家上市公司，员工约40万人。2009年，中航工业入选美国《财富》杂志世界500强企业，排名第426位；2013年，中航工业第五次入围美国《财富》杂志世界500强企业，排名第212位。

（1）核心产品。

中航工业系列发展歼击机、歼击轰炸机、轰炸机、运输机、教练机、侦察机、直升机、强击机、通用飞机、无人机等飞行器，全面研发涡桨、涡轴、涡喷、涡扇等系列发动机和空空、空面、地空导弹，强力塑造歼十、飞豹、枭龙、猎鹰、山鹰等飞机品牌和太行、秦岭、昆仑等发动机品牌，为中国军队提供先进的航空武器装备。

中航工业将寓军于民、军民融合作为重要发展原则，以新理念、新思路、新举措大力发展军民用运输机产业，研制生产新舟60、新舟600、新舟700系列涡桨支线飞机，运—8飞机、运—12飞机，直—9直升机等多种机型，是ARJ21新支线客机的主要研制者和供应商，是大飞机重大专项的主力军。按照只有合作伙伴、没有竞争对手的理念，在世界航空工业领域进行广泛合作与交流，开展枭龙飞机、K8飞机、EC120直升机、ERJ145涡扇支线客机等国际合作项目，同时积极参与国际重大航空项目开发，开展航空转包生产业务，将航空高技术融入汽车、摩托车及其发动机、零配件等领域，大力发展燃气轮机、制冷设备、电子产品、环保设备、新能源设备等机电产品，并提供飞机租赁、通用航空、交通运输、医疗服务、工程勘察设计、工程承包建设、房地产开发等第三产业服务项目。

（2）企业资质。

中航工业是中国科技发展的领军者之一，拥有由中国航空研究院和33个科研院所组成的高水平科研体系，拥有一大批院士和国家级专家，拥有一批达到亚洲一流或国

① http：//www.chinawuliu.com.cn/xsyj/201501/23/297910.shtml［2017-01-24］.

际领先水平的国家重点实验室和重大科研试验设施，拥有中航网联通国内所属成员单位，具备异地协同设计制造能力和现代化信息传输能力。

(3) 服务领域。

服务国防建设：中航工业坚持把航空装备的研制、生产和服务作为安身立命之本，形成以飞机为龙头、航空发动机、记载系统和导弹武器系统配套齐全，技术基础较为完备的航空工业科研体系、生产体系及航空装备服务保障体系。

助力民生安全：中航工业将自身生产的各种设备广泛应用于抗震救灾、安全保卫等非传统安全领域，保障社会稳定健康发展。

服务全球市场：中航工业与波音、空客等数十家国外航空企业开展密切合作，制造波音 737、空客 320 量级的大型客机部件，新舟 60/600 飞机累计获得十多个国家的确认订单。

推进非航空民品市场：中航工业将航空技术广泛应用于非航空民品，建立机械装备产品、液压产品等非航空民品的产品结构，形成以专用汽车、汽车零部件、电子信息等产业为统领的非航空民品产业格局。

2. 开展电子采购之前存在的问题

航空制造企业之间的竞争实际是供应链之间的竞争，欧、美等发达国家的航空制造企业借助先进技术和模式强化供应链管理，占据一定的竞争优势。我国航空工业要融入世界航空产业链、参与国际化竞争，急需提高采购供应链管理水平。航空工业采购管理方面主要存在以下问题。

第一，各单位分散采购，没有发挥集团规模采购的优势，难以降低物资采购价格和采购成本。大部分物资采购基本上由下属企业 200 多家厂所独立完成，各厂所根据自己单位的生产和储备需求，独立与供应商或代理商谈判议价、签订合同，分批采购所需物资，采购效率低。航空生产属于典型的离散型生产，具有小批量、多品种、高技术、高资本、周期长等特征，每家企业所需物资有的量很少，没有达到供应商的最小批量，往往物资单价高，或者不得不增大订货量，造成物资积压，占用资金过大的现象。中航工业公司所属各单位需要的很多物资具有一定的同质性，生产需要的各种原材料、成附器件、线缆、燃料、辅助设备等需求量很大，但分散采购，各单位采购计划不一致性且有随机性，或者需求变更，或者生产紧急需求等，往往会出现有的库存积压、有的缺货需要紧急采购，导致集团整体的库存庞大，占压大量资金。如果采用集团统一集中采购模式，可以汇集各单位物资需求，统一与供应商谈判，或者建立长期合作伙伴关系，实行集中采购、分批到货，发挥采购的规模经济效应，增强采购过程中的话语权，有效地降低采购价格，降低采购成本，保证物资适时、适量地供应，减少物资库存占用。

第二，缺乏统一的采购流程、标准和规范，缺乏信息化手段支持，集团管控缺乏有效手段。中航工业采取集团每年组织召开订货会和协调会的方式，具体采购活动由下属各家企业自己分散进行。通常集团每年 8 月或 9 月召开一次行业订货会，第二年 3 月召开生产协调会，会议的主要目的是实现订货采购和协调。但中航工业下属各家企业的采购流程、采购标准和规范不同，物资描述包括物资品名、牌号、型号、规格、技术标准、特殊要求、交货期以及采购计划、合同格式等均不一致，数据共享程度较低，沟通困难，采购需求数据需要人工传输和重复录入，容易出现人为差错，汇总需求物资容易出现误差，影响采购实施准确性和效率性；而且航空工业是高技术、高资本、小批量、多品种、长周期的行业，需求往往通过供应链传导放大形成“牛鞭效应”，采购成本高，存货占收入比率高，生产过程产生的在制品库存高、存货周转周期长等，易于引发资金流紧张，影响型号研制进度。同时，每年召集订货会和协调会的会议、人工和时间成本高，影响整体航空供应链效率和效益，难以满足航空工业快速发展的需要和市场要求。

第三，各企业独自进行供应商筛选、评价和管理，缺乏统一的供应商管理体系。由于物资品种多、批次多、批量小，技术要求、标准和规范复杂多样，加之供应商数量众多、地域分布广泛、规模大小不一，涉及国内和国外各个行业，采购模式和管理方式多样化，供应商管理难度大。航空产品涉及面广，不同特性的配套产品或原材料，其采购模式和管理方式不同。例如，成品配套采购方面，由于单一来源供应商占多数，采购渠道相对固定，必须按采购计划定向采购；特殊原材料采购方面，由于可选择的供应商有限，只能被动选择供应商；定点供应采购方面，卖方市场，价格、质量和进度方面均缺乏控制力；通用原材料采购方面，可选择的供应商较广，采购品种多、数量少。航空产品生产周期长，采购、生产和交付难以实现均衡，造成库存积压过大，一度每年平均存货达到数百亿元，其中在制品约占32%、产成品约占21%、原材料约占21%、其他占26%，存货过大严重影响经济运行质量和效益。

3. 电子采购平台推进进程

(1) 项目概要。

中航工业根据国资委对中央企业采购管理提升的具体要求，结合自身管理提升与创新工程工作部署的实际情况，2012年开始组织中航金网（北京）电子商务有限公司规划和建设全集团统一的电子化采购平台——中航工业电子采购平台，先后组织内部采购单位、专业服务公司进行深入的业务分析和方案论证。项目采用上海博科资讯股份有限公司 Yigo 基础技术平台，中航金网主要负责业务需求分析与功能架构规划、上海博科提供技术开发服务，进行深入合作。中航工业电子采购平台是集团公司推进采购阳光化、电子化的基础技术支撑平台，是中航工业采购管理水平的重要抓手，是推进集中采购、物资调剂和强化供应商管理的重要手段。

(2) 项目建设内容。

①采购管理子系统。

采购计划管理。提供给采购单位计划管理工具，采购部门可以制订计划、审批计划，并可根据业务的进展情况对计划进行调整。功能包括：计划类型定义、维护计划、审批计划、修订计划、关闭计划、查询统计。

采购需求管理模块。支持采购单位内部各需求部门根据生产需要提报请购单，包括：需求物资、需求数量、需求日期等信息。采购部门可维护物资需求申请、需求汇总平衡、查询统计。

采购寻源模块。给采购单位提供询比价工具，支持采购方向多家供货方在线采购询价、接收报价、综合比价。询比价结果可直接生成平台中的采购订单。

招投标模块。支持公开招标和邀请招标，完整覆盖发布招标公告、邀请投标方、投标、评标、决标、中标公示的全流程，实现采购过程的公开化、阳光化、规范化。

采购订单模块。采购方在线下达采购订单、签订采购合同。通过平台跟踪合同、订单的执行进度，实现从采购计划到采购结算的全程管理。

②仓储管理子系统。

为各单位采购业务提供一体化的库存管理服务。各单位维护采购物资的库存信息，与订单管理、收发货管理、结算管理等关联，实现库存信息的动态更新与自动预警。

③销售管理子系统。

面向内部专业服务公司或外部供应商，集团公司内部的专业公司通过提供的订单汇总工具，根据物资类别、供货时间等因素，合并来自不同采购单位的同类物资采购需求，统一对外采购。支持以销定采、直接采购两类模式。

销售订单管理。根据采购单位下达的订单自动生成供应方销售订单，供应方可对销售订单进行确认和执行。

发货管理。供应方在确认销售订单后，可执行发货操作，由销售订单发布形成发货单，支持销售订单物资分批发运。

验收管理。供应方在线跟踪采购单位签收货物后的验收情况，及时对采购单位验收情况进行跟进和确认，并通过买卖双方确认的验收单发布交易对账凭证。

④金融服务子系统。

在线结算。对接中航工业集团财务公司的资金管理系统，初期提供采购交易对账服务和在线结算服务，逐步面向采购单位和供货单位提供供应链融资服务。

融资管理。实现交易商会员融资申请、还款以及交易中心、合作银行和合作仓库管理人员对融资服务的审批和监管。功能包括：融资申请、融资审批、融资货物交易和融资还款。

⑤统计分析子系统。

汇集采购业务过程中的各类信息，如采购数量、物资种类、合同金额、交货情况等，为各级采购管理部门分析不同物料的采购集中度、评估专业服务公司的综合能力、管理供应商提供真实数据支撑。

⑥权限管理子系统。

分级管理平台用户角色，确保集团公司内各用户单位，以及同一单位不同部门间达到分工分权、充分配合且互相信赖。

功能模块权限管理。对用户角色的权限控制到子系统级、功能模块级，如销售部门一般可以拥有销售管理的权限，但部分人员只可以拥有处理销售订单的权限，部分人员还可以拥有处理退货申请的权限。

操作权限管理。设置用户角色对业务单据的操作权限，如销售人员只能填制销售订单，只有销售经理才能审批订单。

字段权限管理。同一张业务单据，可以针对不同的用户角色设置某些关键字段是否可见，如单价、金额、成本等。

数据权限管理。设置不同用户角色对关键基础数据的使用权与查询权，如企业希望不同的销售人员管理各自的客户，销售人员之间不能查看对方的客户及其成交信息，但销售经理可以查看所有客户的信息。

4. 电子采购平台主要效益

（1）信息化效益分析。

中航工业自 2013 年 10 月下发通知，要求各单位落实负责人并做好软硬件条件方面的准备。11 月底平台部署到商密网络环境正式上线运行。截至 2014 年 2 月 10 日，中航工业上百家企业已通过平台开展历史采购信息备案和在线采购，已完成的备案合同金额近 30 亿元，初步显现采购集中管理的效果。中航工业采取先进的信息化系统，实现采购单位、专业公司、供应商之间的业务联动，保障物资采购供应的及时性，通过集中采购，有效控制整体库存水平，强化集团公司对物资采购计划、交付、库存情况的管理。

通过建立全集团采购平台，有效降低集团供应商管理难度，提高对供应商价格、质量、供货及时性、售后服务等信息的管理能力。

（2）信息化提升企业竞争力分析。

①信息化支持集团采购管理和科学决策。

平台建设以过程公开、信息集成为核心，通过采购信息的全面收集、汇总和分析，为集团采购管理和决策提供科学的依据。同时，将集团制定的采购管理政策、制度和流程在平台上予以动态固化，确保刚性执行，全面提升采购管理水平。

②推进“阳光采购”，规范采购流程。

平台全面支持企业自主采购、组织集中采购、授权集中采购等多种采购模式，覆盖采购业务全流程，支持网上提报需求计划、网上竞标竞价、供应商网上报价、网上跟踪采购进度和质量、网上评价供应商等。全面打造“信息公开、过程可控、全程记录、永久追溯”的阳光采购工程。

③强化供应商管理，实现资源共享。

通过平台整合集团内部分散的采购需求，统一面向供应商，提高整体议价能力，降低采购成本；全面收集、汇总供应商质量、价格、交付等信息，为供应商动态考核和分级管理提供信息支持，促进供应商提升服务质量；全集团范围共享优质供应商资源，实现批产采购带动科研采购，强势企业采购带动弱势企业采购，强势需求物资采购带动弱势需求物资采购。

④创新商业模式，提供多元增值服务。

平台通过整合交易、信息、物流、金融等资源，创新商业模式，为企业提供多元增值服务，具体包括：

信息服务：为不同层次的管理者提供统计分析、管理决策所需各类信息和数据。

金融服务：通过平台与集团财务公司对接，为集团内企业提供在线结算、质押融资、应收应付款融资等金融服务，提高各单位资金使用效率，加速资金周转，降低资金使用成本。

物流服务：整合集团内库存、运输等物流信息，平台支持物资调剂、库存结构优化、物流资源利用率提升。

个性化应用系统服务：针对企业个性的信息化需求，提供招投标、询比价、订单合同管理、仓储管理、运输管理等个性化定制服务。

5. 项目进程中的风险与应对措施

集团公司的军事工业特点决定集中采购不能完全照搬别人的经验，必须经过充分研究，稳妥推进。供应链方面，涉及主机厂、配套单位、材料供应商、专业服务商等主体，涉及行业众多，供应链形态复杂；采购物资方面，几乎覆盖所有工业领域，而且部分物资具有鲜明的军工特征，需要依据物资的不同特点采取不同的采购策略；管理方面，中航工业相对其他企业，安全保密要求更高；标准化方面，具备一定的标准化基础，还需要一个持续规范、优化的过程；组织结构方面，上市和非上市企业并存，各企业之间相对独立，需要有机结合集团战略管控与各企业自主性。

因此，集团公司在借鉴先进经验的同时，结合自身特点，从突出问题、共性问题入手，循序渐进，稳步推进。集团公司制定航空制造业物资分类与编码标准，但尚未在航空制造企业统一应用，加之编码数量不足以满足物资采购需要，导致集中采购过程会遇到采购需求难以汇总等问题。在实践中，平台在严格遵循集团物资编码标准的同时，通过灵活配置，建立企业内部物料编码与集团编码间的映射机制，有效解决航空制造企业物料分类与编码不规范、不统一问题。

思考与讨论

(1) 如果想将库存减到最少，公司应该采取何种方式利用销售信息进而与供应商协同进行采购?

(2) 考虑利用物流信息系统进行采购，硬件应包括哪些部分? 软件应包括哪些功能?

(3) 如果供应商与公司采用物流信息系统，信息系统的记账和对账如何进行?

(4) 中航工业电子采购平台如何变革传统的采购业务?

(5) 如何制定采购管理的规章制度，举例说明?

2.3 包装

2.3.1 基础知识

包装 (Packaging)：为在流通过程中保护产品、方便储运、促进销售，按一定技术方法而采用的容器、材料及辅助物等的总体名称。也指为了达到上述目的而采用容器、材料和辅助物的过程中施加一定技术方法等的操作活动。

销售包装 (Sales Package)：直接接触商品并随商品进入零售店和消费者直接见面的包装。

运输包装 (Transport Package)：以满足运输、仓储要求为主要目的的包装。

托盘包装（Palletizing）：以托盘为承载物，将物品堆码在托盘上，通过捆扎、裹包、胶粘等方法加以固定，形成一个搬运单元，以便用机械设备搬运的包装技术。

包装具有保护商品、方便物流、促进销售以及方便消费的功能。按照包装在物流中发挥作用的不同，可以将包装分为商业包装和工业包装。商业包装，又称消费者包装或内包，一般是单个包装或小包装，目的是促进销售。商业包装强调外观美观，便于商店陈列，适于顾客购买。工业包装又称运输包装、外包装，是指为了在商品的运输、存储和装卸的过程中保护商品所进行的包装。工业包装强调包装的实用性和费用的低廉性。按照包装材料的不同，可以将商品的包装分为纸制品包装、塑料制品包装、木器容器包装、金属容器包装、玻璃陶瓷容器包装、纤维容器包装、复合材料包装和其他材料包装。按照包装的保护技术，包装分为防潮包装、防锈包装、防虫包装、防腐包装、防震包装、危险品包装等。

中国包装业协会制定包装标准体系，包括：第一，包装相关标准，涵盖集装箱、托盘、储存条件等标准；第二，综合基础包装标准，涵盖标准化工作导则、包装标志、包装术语、包装尺寸、运输包装基本实验方法、包装技术与方法、包装管理等标准；第三，包装专业基础标准，涵盖包装材料、包装容器、包装机械标准；第四，产品包装标准，涉及建材、机械、轻工、电子、仪器仪表、电工、食品、农畜水产、化工、医疗器械、中药材、西药、邮政、军工 14 大类，每一大类又有许多小类的具体标准。

选择包装材料应遵循一定的原则：第一，包装器材与被包装物的特性相匹配；第二，包装器材与包装类别相和谐；第三，包装器材与流通环境相协调；第四，减少或杜绝包装物被偷窃；第五，包装材料具有经济性；第六，包装尽量满足合理化和标准化要求；第七，促进销售。同时，商品包装应有标识，可以是外部印刷、粘贴或书写的，内容包括：商品名称、牌号、规格、等级、计量单位、数量、重量、体积、收货单位标记及地址、发货单位标记及地址、指示装卸、搬运、存放注意事项、图案或文字标明特定的代号、联系方式等。包装策略一般可以采用统一包装、分级包装、分量包装、聚类包装等。

2.3.2 案例：包装标识不明起争议

H 是一家农副产品进出口公司，P 是一家综合物流服务商。2008 年 7 月，H 拟出口黄麻到印度尼西亚，H 将包装完好的货物交付 P，由 P 为 H 提供仓储和运输等服务。黄麻为易燃物，储存和运输的环境条件不得超过常温 15℃。H 因听说 P 曾多次承运黄麻，既未将此情况书面通知 P，也未在货物外包装上做警示标志。2008 年 8 月 19 日，P 将货物运至其仓库，准备联运，但旺季仓库储物拥挤，室温达到 18℃。8 月 20 日，货物忽然起火，因救助不及时，导致货物损失惨重。经调查，起火原因是因为仓库温度较高导致货物自燃。双方发生争议。

思考与讨论

（1）随着快递业的迅猛发展，以及绿色物流理念的深入，如何为快递产品提供合适的包装？

(2) 国际会展中心举办工业设备展览会，如何针对不同的工业装备、仪器仪表提供包装，实现从工厂到国际会展中心及国际会展中心到工厂的运输？

(3) H公司的货物损失应如何处理？说明理由。

2.4 装卸搬运

2.4.1 基础知识

装卸（Loading and Unloading）：物品在指定地点以人力或机械实施垂直位移的作业。

搬运（HandlingCarrying）：在同一场所内，对物品进行水平移动为主的作业。

理货（Tally）：在货物储存、装卸过程中，对货物的分票、计数、清理残损、签证和交接的作业。

组配（Assembly）：采用科学的方法进行货物装载。

单元装卸（Unit Loading & Unloading）：是用托盘、容器或包装物将小件或散装物品集成一定质量或体积的组合件，以便利用机械进行作业的装卸方式。

起重机械（Hoisting Machinery）：一种以间歇作业方式对物品进行起升、下降和水平移动的搬运机械。

牵引车（Tow Tractor）：用以牵引一组无动力台车的搬运车辆。

升降台（Lift Table，LT）：能垂直升降和水平移动货物或集装单元器具的专用设备。

手动液压升降平台车（Scissor Lift Table）：采用手压或脚踏为动力，通过液压驱动使载重平台做升降运动的手推平台车。

商品装卸搬运作业一般是伴随着商品运输和商品储存而发生的，是整个物流过程中一个不可或缺的重要环节。根据不同的指标，可以将商品装卸分为不同的类别。从装卸形态上看，可以将商品装卸分为不同种类。

按照作业场所的分类，可以将商品装卸分为自用物流设施装卸和事业用物流设施装卸两类；按照运输设备分类，可以分为卡车装卸和火车装卸、船装卸、飞机装卸等；按照货物形态分类，可以分为单个物品装卸、集装物品装卸、散装货物装卸；按照装卸机械分类，可以分为传送带装卸、吊车装卸、叉车装卸、各种装载机装卸等。

按照作业种类分类，商品装卸可以分为两类：与输送设备对应的“装进、卸下的装卸”和与保管设施对应的“入库、出库装卸”。同时两类装卸伴随着货物的堆垛和拆垛、分拣和配货、搬送和移送三类基础的装卸作业，因动作和装卸机械的不同而形成了不同的“作业方法”，如堆垛拆垛作业分为堆放作业、拆垛作业、高垛作业、高垛取货作业；分拣配货作业分为分拣作业和配货作业；搬送移送作业包括搬送作业和移送作业。

在整个物流活动中，商品装卸发生的频率最高，占用相当份额的物流时间，为了在最短的时间内为顾客提供最满意的服务，要求尽量提高商品装卸的效率，缩短商品装卸的时间，实现商品装卸的合理化。例如，日本物流界为了改善商品装卸效率，提出一种叫作“六不改善法”的物流作业理念，即不让等、不让碰、不让动、不让想、不让找、不让写。通过先进适用的技术的应用和先进简洁理念的引入，商品装卸作业逐步实现合理化，提高物流过程的效率，更好地满足顾客的需求。

2.4.2 案例：安徽皖江物流（集团）股份有限公司

安徽皖江物流（集团）股份有限公司是一家集煤炭物流、大宗生产资料电商物流和集装箱物流于一体的大型现代综合物流企业。皖江物流地处我国东部沿海经济发达地区和西部内陆地区的结合部，是长江能源输出第一大港和安徽省最大的货运、外贸、集装箱主枢纽港，国家一类对外开放口岸，安徽省内规模最大的现代综合物流企业之一。公司由原芜湖港改制而成，2003 年 3 月正式上市。2010 年 12 月，淮南矿业集团战略重组芜湖港，淮南矿业集团成为公司控股股东。2011 年，皖江物流被国家发改委列为第一批国家煤炭应急储备点。在 2012 年中国《财富》国内上市公司 500 强排行榜中，皖江物流排名第 151 位，在港口行业里位居第一。目前，公司享有国家 AAAA 级物流企业、国家标准化 AAAA 级良好行为企业、安徽省文明单位等荣誉称号。

2008 年，安徽皖江物流（集团）股份有限公司煤炭物流分公司在“大煤运、大物流”理念指导下，严格落实设备设施“亚健康”管理，积极开展“节能降耗”活动，加强“两支队伍”建设，重点培育一支适应煤炭物流经营的专业管理队伍，超额完成分公司各项考核指标。2008 年基层员工通过开展各项创新活动，自行设计、施工、改造设备设施项目 35 个。分公司不仅狠抓设备设施“亚健康”管理监控，而且做到“像爱护孩子一样爱护设备”，推出设备设施“亚健康”表格化管理等新措施，深化设备设施“亚健康”管理，有效地增强了员工的责任意识，提高了员工设备管理技能、安全管理意识、解决问题能力。同时，分公司采取技术设备部与机械队分别监控、各负其责的管理模式，一年共确立监控项目 1605 项，设备综合台效提高 277t/h，生产设备单耗与同比下降了 0.116 度/自然吨，全年共节约用电及维修成本 50 万元，设备平均完好率为 98%，平均台时效率为 1193t/h，全年未发生重大机损事故和煤炭停产压港现象，安全事故为零，各项生产经营指标达到了目标管理要求。2008 年，分公司巩固安全长效机制，围绕安全工作“一个目标、两条主线、三个重点、四个结合、五项工作”要求开展安全工作，确保了物流分公司煤炭物流经营稳健有序。一是根据安全生产责任制要求，分公司与基层各单位、部门、班组层层签订了安全生产目标责任书，建立“层层有责、层层负责”的安全生产责任网络。二是针对性制定相关应急预案，组织现场演练，全年共举办安全知识培训班 5 个，组织员工参与危害因素识别交流。三是重视危险源监控和隐患整改，及时对危险源开展辨识、总结、筛选、确认和监控，确定责任部门和责任人，按照《危险源（隐患）监控管理办法》实行四级管理，做到安全员、责任人每日深入现场，对重大危险源检查、监控，重点做好大型设备、临水作业、高空作业等作业场所的安全检查，全年共查出违规行为 57 起，处罚 32 起，下达隐患整改通知书 11 份。

2009 年 7 月，ZJQ 分公司大力开拓新市场，狠抓货运质量，提高服务水平，科学安排生产，强化内部管理，产量持续攀升，客户满意率不断提高。分公司以维护客户利益为首要目的，采取多项措施提升货运服务水平。月初，分公司成功抢抓第三道活动雨棚制作工程，提高了超重、急件、散提卷钢堆存量和装卸效率，一定程度上缓解了内燃设备压力。随着钢材量不断增大，分公司在原 1～6＃库基础上又增扩三条活动雨棚，分公司理货队、调度室和市场部相互配合，及时、准确地做好卷钢盘点、堆放及抽查工作。同时，分公司实施作业票标准化管理。钢板作为重要货种之一，其作业量高、种类规格多样，给装卸作业带来一定难度，分公司规范钢板堆码管理，对不同类型钢板按照规格划区堆放，对堆码场地逐一标识，绘制标识图并实时更新，每日将钢板堆放情况及时录入电脑，形成规范化管理，满足了客户需求，提高了工作效率。随着船舶日益大型化，外贸码头泊位压力日益增大，分公司在狠抓货运服务质量的同时，科学统筹，合理安排，以最大化增加产能为目标，科学调度，创新工艺，掀起大干生产热潮。面对船舶集中到港等不利因素，分公司各部门间积极协调，加强生产计划性，调度室对每班作业任务实行量化管理，有效提高装卸效率，缩短船舶停靠时间，提升泊位利用率。7 月 25 日上午 9：00，外籍轮“WYHH”装载 1913t 卷钢到港待卸，分公司仅用 8 小时 40 分钟就完成任务，确保了外籍轮当天离港。同时，分公司开辟 17＃码头 2 号泊位的钢坯作业线，昼夜共完成钢材作业量达 3369t。针对目前散货货种繁多的现状，分公司不断完善工艺流程，根据各货种作业需要安排泊位，保证生产作业有序进行。

2009 年 7 月 10 日 14：30，在 GJ 分公司集装箱专用码头，只见新岸桥缓缓吊起重达 38.25t 的特种框架箱，将其稳稳吊放在平台上，展现了港口专业化集装箱作业能力。当天，集装箱班轮“JHY”装载 68 个标箱到达港口，其中有一个装载市内一大客户进口设备的超高、超宽、超重特种框架箱。运作这一超重箱，不仅可以展示港口品牌和实力，也可以提高作业含金量。在报请海关同意后，分公司决定将这一框架箱在新码头作业。试吊时，发现装载设备的框架箱吊点脱焊，不能挂吊索具。分公司领导和相关作业部门操作人员集思广益，采用粗钢丝绳从框架箱下兜底的方法，测量好吊点，将钢丝绳从框架箱下穿过，反复 3 次试吊，确定重心居中后，再缓缓将框架箱吊起稳放平台，成功地完成了超重箱卸载。在港口集并过程中，由于吨袋包装的该产品在汽车上码两层高，用传统叉车作业一次只能卸 1t 包，不仅增加卸货成本，而且极容易造成包装破损。分公司设备技术人员和 CFS（集装箱货运站）操作人员积极动脑筋、想办法，试行正面吊吊具焊接 12 个吊钩的方案，这样，在吊具上铺开吊钩即可一次卸载 12t 包，而作业集装箱时，只需将吊钩收拢即可作业。通过小技改，既提高了作业效率和灵活性，降低了作业成本，又保证了货物装卸质量，得到了客户的高度评价。8 月 1 日至 3 日，完成该货种装箱达 36TEU。

2009 年 8 月 4 日上午，HG 籍“HYLX”号海轮装载 264t 进口设备靠泊朱家桥外贸码头，这是朱家桥分公司与长航集团江东船厂首次合作作业大型超重进口设备卸船装车。由于该船为大型海轮，分公司合理安排泊位提前完成 17＃码头 3 号泊位外轮卷钢作业，保证了“HYLX”号顺利停靠。此批进口设备主要是 JD 船厂在建的 57000t 级海轮配件，其中一件柴油机组配件重达238t，需要过驳。分公司调度室、安监室等相关部门工作人员现场监督，经过一个多小时协调作业，成功确保了江东船厂500t级浮吊将超重设备安全过驳。下午13：00，在外贸码头门机与叉车有力配合下，分公司继续作业剩下的33件设备，到下午15：00，“HYLX”号上装载的进口设备全部被成功地卸船装车。

港务公司优质高效完成超大货物装箱作业[①]：2016年8月中旬，客户需要装箱出运的一批超大货物由车队陆续运抵港务公司集装箱货运部准备装箱出运。这票货共计装30个大柜，赶船期出口到中东地区。该票货种多样，形状不规则，最长的有8m，最重的达2t，既要有效利用箱内容积，又要保证货物在箱内安全固定，对装箱技术要求高，作业起来难度较大。面对时间紧、任务重、作业难度大等情况，集装箱货运部想客户所想，科学周密安排货物装箱方案，一方面根据不同的货物采取不同的装箱工艺，安排技术较高的叉车司机作业紧密配合作业，如在装长、重货时采用两辆叉车相互配合的方式将其装进箱内的办法，用扎带、细钢丝、卸扣等工具固定货物；另一方面根据天气情况合理安排每天的生产时间，并保证冰水和药品等防暑降温物品的供应，为尽快完成货物装箱作业，集装箱货运部员工主动加班加点，早上6：00就赶到单位忙装箱。经过几天的持续作战，于8月下旬圆满完成了这批货物的装箱作业，使这批货物按时赶上集装箱班轮船期，保证了货物的按时出运，获得了客户和代理的一致好评，为公司赢得了市场口碑和企业声誉。

港务公司强化交叉作业安全监管[②]：“上下货必须服从指挥，从扶梯上下；装卸物料要轻搬稳放，不要乱扔；集卡启动后禁止攀登上车”，这是港务公司集装箱货运站安全员对装卸人员的要求。该公司针对近来件散货及集装箱装拆箱作业量逐渐加大、人机配合作业环节增加的实际情况，重点加强现场交叉作业安全管理。一是在进行人机配合和辅助作业前必须熟悉所作业内容、作业流程、作业环境，对所需使用的工属具进行检查，不符合安全要求的不得使用；二是加强安全监控，作业过程中时必须服从现场安全人员指挥，正确佩戴好安全防护用品，现场严格执行安全操作规程；三是和特种作业人机配合时，要熟悉特种设备的作业半径、安全防护，找准安全站位。规范指挥手势和口令，避免产生盲目指挥，造成事故；四是作业时和关联岗位做好自互联保联措施，加强现场沟通和交流，时刻关注作业过程异常情况，确保人机配合作业安全。

思考与讨论

（1）调查火车邮包的装卸过程，分析可能存在的不合理现象。

（2）观察汽车“大车背小车”运输中装卸搬运过程，分析其中可能存在的不合理现象。

（3）观察大型商场、家居超市、家电商店大件送货服务中装卸搬运过程，分析其

---

① http://www.whpstc.com/index.html［2016-10-30］.

② 同上。

中可能存在的不合理现象。

(4) 港口装卸要注意哪些问题?

2.5 流通加工

2.5.1 基础知识

流通加工 (Distribution Processing): 物品在从生产地到使用地的过程中，根据需要施加包装、分割、计量、分拣、刷标志、拴标签、组装等作业的总称。流通加工是流通中的一种特殊形式，是在物品从生产领域向消费领域流动的过程中，为了促进销售、维护产品质量和提高物流效率，而对物品进行的加工。

检验 (Inspection): 根据合同或标准，对标的物的品质、数量、规格、包装等进行检查、验证的总称。

增值物流服务 (Value—added Logistics Service): 在完成物流基本功能的基础上，根据客户需求提供的各种延伸业务活动。

流通加工和一般的生产加工在加工组织、加工方法、加工工具、生产管理方面不存在明显不同，但在加工对象、加工程度、附加价值、加工责任人员、加工单位、加工目的方面却有显著差异，主要体现在5个方面:

(1) 加工对象不同，流通加工的对象是进入流通领域的商品，具有商品属性，属于最终产品，而生产加工的对象是原材料、半成品;

(2) 加工程度不同，流通加工一般是简单加工，是生产加工的一种辅助和补充;

(3) 附加价值不同，生产加工的目的是创造价值和使用价值，流通加工是完善使用价值且在不进行大变化的情况下提高价值;

(4) 加工责任人员的不同，流通加工的组织人员是从事流通加工的人，必须密切结合流通需要进行加工活动，活动由商业企业或者流通企业完成，而生产加工是由生产企业完成;

(5) 加工目的不同，流通加工的一个重要目的是为了消费而进行加工。

流通加工按照不同用途划分为不同类型: ①为满足需求多样化进行的服务性加工; ②为弥补生产领域加工不足的深加工; ③为提高原材料利用率的流通加工; ④为提高加工效率的流通加工; ⑤为保护产品进行的加工; ⑥为促进销售的流通加工; ⑦为提高物流效率、方便物流的加工; ⑧衔接不同运输方式，使物流合理化的流通加工; ⑨以提高经济效益，追求企业利润为目的的流通加工; ⑩生产—流通一体化的流通加工形式。

流通加工合理化，是实现流通加工的最优配置，既避免各种不合理，使流通加工有存在的价值，又实现最优选择。常见的不合理流通加工主要表现: 流通加工地点设置不合理; 流通加工方式选择不当; 流通加工作用不大，形成多余环节; 流通加工成本过高，效益不好。

为了避免不合理的流通加工现象，必须对以下方面进行正确选择: 何地设置流通加工环节，选择何种类型的加工，采用何种流通加工技术装备等。具体实施流通加工合理化必须考虑流通5方面的因素：第一，加工和配送结合，将流通加工设置在配送点，一方面按照配送需要进行加工，另一方面加工又构成配送业务流程中分货、拣货、配货的一环，加工后的产品可直接进入配货作业。第二，加工和配套结合，对配套要求高的流通，进行适当的流通加工有利于促成配套，从而更好地发挥流通的桥梁与纽带的作用。第三，加工和合理运输结合，流通加工有利于衔接干线运输和支线运输，促进两种运输方式的合理化，从而大大提高运输转载水平。第四，加工和合理商流结合，通过加工有利于提高配送水平，促进销售，使商流合理化。第五，加工和节约结合，节约能源、节约设备、节约人力、节约耗费是流通加工合理化的重要考虑因素。

2.5.2 案例：典型流通加工

1. 钢材的流通加工

各种钢材（钢板、型钢、线材等）的长度、规格有时不完全适用于客户，如热轧厚钢板等板材最大交货长度可达7～12m，有的是成卷交货。对于使用钢板的用户来说，采用单独剪板、下料方式，设备闲置时间长、人员浪费大、不容易采用先进方法，而采用集中剪板、集中下料方式，可以避免单独剪板、下料的部分弊病，提高材料利用率。剪板加工是在固定地点设置剪板机进行下料加工或设置种种切割设备将大规格钢板裁小，或切裁成毛坯，降低销售起点，便利用户。同样，薄板的切断、型钢的熔断、厚钢板的切割、线材切断等集中下料，线材冷拉加工等可以采用类似的方法。中国物资储运企业20世纪80年代开始这项流通加工业务，现在与日本合作建立钢材流通加工中心，利用现代剪裁设备从事钢板剪板和其他钢材的下料加工即钢板剪切流通加工，如汽车、冰箱、冰柜、洗衣机等生产制造企业每天需要的钢板，委托专业钢板剪切加工企业，解决因用料高峰和低谷的差异引起的设备忙闲不均和人员浪费问题。专业钢板剪切加工企业利用专业剪切设备，按照用户设计的规格尺寸和形状进行套裁加工，精度高、速度快、废料少、成本低。此外，流通加工企业不仅提供剪切加工服务和配送服务，还出售加工原材料和加工后的成品。

2. 木材的流通加工

木材流通加工可依据木材种类、地点等，确定加工方式。在木材产区可对原木进行流通加工，使之成为容易装载、易于运输的形状。

（1）磨制木屑、压缩输送。

木材是容重轻的物资，在运输时占有相当大的容积，往往使车船满装但不能满载，且装车、捆扎较困难。针对林区外送造纸材的原木，木屑可以制成便于运输的形状，提高原木利用率、出材率及运输效率，美国经验表明此法比直接运送原木节约一半的运费。

（2）集中开木下料。

在流通加工点将原木按照用户要求锯截成各种规格锯材，同时将碎木、碎屑集中加工成各种规格板，甚至还可进行打眼、凿孔等初级加工，可以使原木利用率提高到95%，出材率提高到72%左右。

3. 煤炭的流通加工

煤炭流通加工有多种形式：除矸加工、煤浆加工、配煤加工等。

（1）除矸加工，是以提高煤炭纯度为目的的加工形式。一般煤炭中混入的矸石有一定发热量，混入一些矸石是允许的。但是，有时不允许煤炭中混入矸石，在运力十分紧张的地区要求充分利用运力、降低成本，多运“纯物质”，少运矸石，采用除矸的流通加工方法排除矸石，减少运输能力浪费。

（2）煤浆加工。管道运输方式运输煤浆，减少煤炭消耗、提高煤炭利用率。在流通的起始环节将煤炭磨成细粉，再用水调和成浆状，使其具备流动性，就可以像其他液体一样进行管道输送。此方式不和现有运输系统争夺运力，输送连续、稳定、快速，是一种经济的运输方法。

（3）配煤加工。在使用地区设置集中加工点，将各种煤及一些其他发热物质按不同配方进行掺配加工，生产出满足不同客户要求的各种不同发热量的燃料，防止热能浪费和“大材小用”，也防止发热量过小，不能满足使用要求，还方便计量控制、稳定生产。

4. 水泥的流通加工

（1）水泥熟料的流通加工。在需要长途运入水泥的地区，变运入成品水泥为运进熟料这种半成品，即在该地区的流通加工（磨细工厂）磨细，并根据当地资源和需要的情况掺入混合材料及外加剂，制成不同品种及标号的水泥供应给当地用户，在需要经过长距离输送供应的情况下，以熟料形态代替传统的粉状水泥。在我国水泥需用量较大的地区，工业基础较好，当地又有大量的工业废渣，将工业废渣粉碎，可以根据当地的资源条件选择混合材料的种类，节约消耗在混合材料上的运力，节省了运费。采用输送熟料的流通加工形式，既可以充分利用站、场、仓库等地现有的装卸设备，又可以利用普通车皮装运，比散装水泥方式具有更好的技术经济效果，水泥的水硬性是在充分磨细之后才表现出来的，而未磨细的熟料抗潮湿的稳定性很强，输送熟料可以防止由于受潮而造成的损失，且熟料不像粉状水泥易于散失。采用长途输送熟料的方式，水泥厂就可以和有限的熟料粉碎工厂之间形成固定的直达渠道，水泥的用户可以不出本地区而直接向当地的熟料粉碎工厂订货，容易沟通产需关系，方便用户。

（2）集中搅拌混凝土。改变以粉状水泥供给用户，由用户在建筑工地现场拌制混凝土的习惯方法，而将粉状水泥输送到使用地区的流通加工点，搅拌成混凝土后再供给用户使用，能将水泥的使用从小规模的分散形态改变为大规模的集中加工形态，借助现代化的科技手段，组织现代化大生产，集中搅拌可以采取准确的计量手段，选择最佳的工艺，提高混凝土的质量和生产效率，节约水泥，提高混凝土质量和生产效率，集中搅拌设备有利于提高搅拌设备的利用率，减少环境污染；大幅度降低设备、设施、电力、人力等费用；可以减少加工据点，形成固定的供应渠道，实现大批量运输，使水泥的物流更加合理，简化工地的材料管理，节约施工用地等。

5. 机电产品的流通加工

机电产品的储运困难较大，主要原因是不易进行包装，如进行防护包装，包装成本较高，并且运输装载困难，装载效率低，流通损失严重。但是机电产品有一个共同的特点，即装配比较简单，装配技术要求不高，主要功能已在生产中形成，装配后不需要进行复杂的检测及调试。因此，采用半成品大容量包装出厂、在消费地拆箱组装的方式，组装一般由流通部门在所设置的流通加工点进行，组装之后随即进行销售。

2.5.3 案例：AHJX 米业集团有限公司

AHJX 米业集团有限公司于 2001 年 8 月经安徽省工商行政管理局注册登记成立，公司位于我国十大优势农产品水稻产业带，是国家级重点农业产业化龙头企业、国家商务部“双百市场工程”重点建设单位、全国“万村千乡市场工程”大型流通企业、国家应急商品定点供应企业、国家粮食协会“食品安全信用体系建设重点企业”，取得国家“红十字会”救灾物资供应资格和外贸出口经营资格，主要从事粮食订单种植、加工销售、食品生产、物流配送、市场研发等经营业务，主要产品包括大米、特色食品、彩印包装、生物农资、工贸物流等。企业于 2002 年在全省粮食行业首家通过 ISO 9001：2000 国际质量体系认证，取得国家 QS（企业食品生产许可）认证，2006 年通过 HACCP（危害分析和关键控制点）食品安全管理体系认证。企业现有员工 1420 人，注册资金 5000 万元，拥有资产 2.25 亿元，2007 年实现销售收入 9.1 亿元，综合实力位居安徽省同行业前列，主要产品 JX 牌大米是中国名牌产品、国家免检产品、中国绿色食品、安徽省著名商标、中国放心粮油，生产设备工艺水平处于国内行业领先水平。

AHJX 米业集团有限公司积极进行创新和发展，始终坚持以农为本、以粮为主、多业并举、齐头并进的发展方略，以市场为导向、以科技为动力，大力实施品牌牵动、产业驱动、质量促动、项目拉动的“四轮驱动”工程，经营效益不断提升。“产品即人品，质量即生命”，这句朴素的名言已经成为企业每个员工的工作信条。企业为增强企业自主创新能力，抢占科技前沿，积极引进和培养各类技术和管理人才“为我所用”，先后引进国际最先进的色选、抛光、精选、包装等设备，先后建成良种栽培实验基地、产品研发基地、检测实验室，成功开发米新品种，取得良好的经济效益和社会效益。

同时，AHJX 米业集团有限公司围绕“粮食产业集群”的发展思路，积极延伸产业链，将产业链变成增收链，现在初步形成以粮食生产加工、食品生产、农产品集散交易为主，发展流通加工，生物制品、包装印刷等相关产业为辅的一整套完整的产业体系，实现粮食产业链的多环节增值，粮食产业化项目被列入安徽省“861”行动计划。“农民的收益就是企业的效益，顾客的认可就是企业的荣耀”，企业的发展眼光始终定格为“为农民增收、为企业增效”。目前，公司依托优越的交通区位优势和丰富的农产品资源优势，跨越式开拓购销市场，建立起覆盖安徽省淮河以南、辐射全国的营销网络，订单原粮基地 50 万亩，带动基地农户增收，建成的物流配送中心、产品交易中心，AHJX 米业集团有限公司已经在安徽、湖北、江西、广东、江苏、浙江、福建、湖南、贵州、重庆、陕西、黑龙江、广西、四川等省、市、自治区城市和农村设立 1000 多家连锁店和专营店，形成城乡结合、无缝覆盖的农产品现代流通体系，初步形成一定的规模，公司拥有自己的商业网站和物流配送中心和车队，建立有完善的售后服务体系，拥有较强的经济实力。AHJX 米业集团有限公司积极进行粮食订单流通模式、大宗农产品物流体系、"万村千乡"配送物流体系、水稻品质改良、方便食品生产、生物科学应用等项目研究，取得显著成果。

当前，农村生活消费品的放心流通问题日益突出，主要表现在5个方面：①农民的商品质量辨别能力欠缺，消费能力低致使一个个独立的生活消费品单位商品积压而过期，导致安全消费无法保障；②农村生活消费品经营业态、经营理念和基础设施落后，生活消费品市场需求有限，摊位式交易在农村还不同程度存在，无法保证生活消费品的安全储存；③农村生活消费品经营单位规模小，经营的商品层次低且品种少，缺乏品种丰富和品质合适的商品，难以满足不同农民的层次需求，农民消费方便性差；④城乡双向信息流和物流沟通网络不畅，消费品难下乡，农产品难进城，农产品要么缺乏标准、要么规范化执行标准，农民"有钱无处花"和"无钱可花"现象并存，农民的消费成本和风险大大高于城市居民消费者；⑤农村集贸市场发育不良，农副产品不能物当其值，农民增产难以增收。

公司积极探索建立生活消费品放心流通应用示范，形成以现代电子信息技术为基础、以现代流通模式为构架、以现代网络为平台、以现代管理方法为手段的生活消费品流通体系，促进农村流通业的发展，解决农村流通难题，推进城乡一体化进程，为构建和谐社会服务。

思考与讨论

(1) 食盐生产厂家采用大编织袋运输，到销售商后进行流通加工，如何确定合适的大改小策略？

(2) 图书经销商为图书馆图书提供贴码、盖章、加磁条等服务，请分析流通加工的风险。

(3) 土特产厂商从大别山收购大量的香菇、木耳、干笋、蕨菜，运到城市后如何根据客户需求进行流通加工？

2.6 运输管理

2.6.1 公路运输

2.6.1.1 基础知识

运输（Transportation）：用专用运输设备将物品从一地点向另一地点运送。其中包括集货、分配、搬运、中转、装入、卸下、分散等一系列操作。运输是物品或产品在较长空间距离的位移。运输市场是整个市场体系的重要部分，是运输生产者与需求者之间进行商品交换的场所和领域。

公路运输（Road Transport）：是主要使用汽车或其他车辆在公路上进行客货运输的一种方式。

集装运输（Containerized Transport）：使用集装单元器具或利用捆扎方法，把裸装物品、散状物品、体积较小的成件物品组合成为一定规格的集装单元进行的运输方式。

门到门运输服务（Door to Door Service）：承运人在托运人指定的地点接货，运抵收货人指定地点的一种运输服务方式。

托盘运输（Pallet Transport）：将物品以一定数量组合码放在托盘上，装入运输工具运送物品的方式。

零担运输（Less－than－truck－load Transportation）：按零散货物办理承托手续、组织运送和计费的货物运输。

整车运输（Truck－load Transportation）：按整车办理承托手续、组织运送和计费的货物运输。

中转运输（Transfer Transportation）：物品由发运地到接收地，中途经过至少一次落地并换装的运输。

甩挂运输（Drop and Pull Transport）：用牵引车拖带挂车至目的地，将挂车甩下后，牵引另一挂车继续作业的运输。

公路集装箱中转站（Inland Container Depot）：具有集装箱中转运输与门到门运输和集装箱货物的拆箱、装箱、仓储和接取、送达、装卸、堆存的场所。

箱式车（Box Car）：具有全封闭的箱式车身的货运车辆。

定期定线运输：不论货载多少，在固定路线上按时间表行驶运输。

定线不定期运输：在固定路线上视货载情况，派车行驶运输。

定区不定期运输：在固定的区域内根据货载需要，派车行驶运输。

契约运输：按照承托双方签订的运输契约运送货物。

托运单：指由托运人根据买卖合同和信用证的有关内容与承运人或其代理人办理货物运输的书面凭证。

2.6.1.2 案例：安徽迅捷物流有限责任公司

安徽迅捷物流有限责任公司（以下简称迅捷物流公司）成立于2000年6月，是隶属于安徽省交通控股集团有限公司的国有独资4A级物流企业，注册资本金12150万元，主营业务包括：普货、集装箱运输；物流、仓储、联运代理服务；海运、空运进出口货物国际货代业务；物业经营、管理，商务咨询和供应链管理；高速公路主材贸易等。截至2014年年底，公司总资产3.2亿元，下辖17家子、分公司。公司先后被授予“中德物流工程实践（安徽）教育基地”“全国4A级物流企业”“中国物流实验基地”“安徽省第三方物流示范单位”“安徽省安全生产工作先进单位”等荣誉称号，2014年9月经安徽省道路运输协会批准设立“安徽现代物流研究所”。企业党建和文明创建等工作分别被安徽省国资委党委、安徽省交通运输厅、安徽省文明办、安徽省道路运输管理局授予“省属企业先进基层党组织”“全省交通系统文明单位”“全省交通运输行业创建‘微笑服务、温馨交通’活动示范单位”和“全省道路运输系统文明单位”等荣誉称号。

安徽迅捷物流公司自成立以来，始终坚持走专业化现代物流发展道路，已经从成立之初单一的仓储物流逐步发展成为集仓储装卸、整车运输、零担配送为一体，国内国际物流兼容，物流基地建设与物流实务运作并重，安徽省内国有规模最大、硬件设施最完备、服务领域最全面的现代综合型物流企业之一。

公司本部物流园区占地200亩，拥有摩托车、电动车整车批发、配件经营专业市场，管理大型标准化仓库10多万平方米，具备成熟的外仓整合与市场运作经验。“十二五”期间，根据集团公司物流业发展战略，迅捷物流公司紧紧围绕国家《物流业调整与振兴规划》《物流业发展中长期规划（2014—2020年）》，结合自身实际积极推行“省内布点、省外布局”，推广“平台＋实务”物流发展模式，即以公路港园区经营的平台模式＋公路整车运输、专线运输、城市配送等实务操作模式。公司先后通过自建与合作运营方式，在北京、上海、广州、江苏、浙江、重庆、贵州、内蒙古、新疆等地设立了分公司及办事处，投资建设了安徽省内合肥公路港综合物流基地、马鞍山综合物流基地和皖北区域配送综合物流园区，待建阜阳、滁州、芜湖无为等地物流园区项目。“十三五”期间，公司开始启动实施安徽省内“十城基地建设”工程，在省内其他地市构建不少于10个综合物流园区（基地）实体，并辐射省外、布局全国。公司依托“平台＋实务”模式，形成货运配载、零担快运、城市共同配送、速递分拨、仓储甩挂、信息交易等基础服务，延伸物流金融（银行、保险、仓单质押、代收货款、结算等），商务、车辆销售、维修和中小企业联盟集聚的多业态业务，创新物流发展新模式。

思考与讨论

（1）迅捷物流公司“平台＋实务”物流发展模式有哪些优势？

（2）作为生产型企业，是发展自己的物流服务还是选择外包？选择的标准是什么？作为第三方物流企业，如果难以独立完成客户的物流服务该如何做？

（3）运输管理主要业务包括哪些？如何实现运输与其他环节的集成？

2.6.2 甩挂运输

2.6.2.1 基础知识

甩挂运输（Drop and Pull Transport）：用牵引车拖带挂车至目的地，将挂车甩下后，换上新的挂车运往另一个目的地。

牵引车和挂车的连接方式有两种。第一种是半挂，即挂车的前面一半搭在牵引车后段上面的牵引鞍座上，牵引车后桥承受挂车的一部分重量；第二种是全挂，即挂车的前端连在牵引车的后端，牵引车只提供向前的拉力，拖着挂车走，但不承受挂车向下的重量。

企业开展甩挂运输的基本运营模式有4种类型，一是“一线两点、两端甩挂”模式，适合货运量较大且稳定、装卸作业地点固定的中短途运输线路；二是“一线多点、沿途甩挂”模式，适合装（卸）货地点集中、卸（装）货地点分散、货源比较稳定的运输线路；三是“多线一点、轮流拖挂”模式，适合发货点集中、卸货点分散，或卸货点集中、发货点分散的运输网络，主要特征是多条线路集中于一点，在该点集中进行装卸作业；四是“网络化甩挂运输”模式，特别适合已经具有成熟运输网络且网络中货源条件稳定的公路快速货运行业①。

开展甩挂运输的条件：具备一定规模的运输或物流企业是甩挂运输开展的基础；充足而稳定的货源是甩挂运输得以生存和发展的前提。

目前我国物流企业的货源主要来自三个方面：小货主、大型生产企业和物流园区（含货代企业）。

甩挂运输作为一种先进的道路物流运输组织方式，能提高车辆运输效率、降低物流成本，有利于建设资源节约型、环境友好型物流行业。同时，甩挂运输还可以提高企业全员劳动生产率，促进公路运输与铁路运输、水路运输、航空运输的多式联运发展，全面提高物流效率，推动物流运输企业向集约化、规模化、系统化方向发展，提高物流服务能力与水平。

表 2-9 为不同货物运输形式的比较。

表 2-9　　不同货物运输形式的比较

特点	集装箱运输（以标准集装箱/国际标准箱为例）	厢式货车	甩挂运输（以厢式挂车为例）
运输货物	大宗、批量	小批量、散货	大宗、批量
运输方式	集装箱标准化	集装箱和其他规格车厢	集装箱和其他规格车厢
	运输工具标准化	运输工具标准化	运输工具标准化
	专业化	专业化	专业化
装卸工具	装卸、搬运工具标准化、机械化	人工	机械（叉车）、人工
	需要专用装卸工具	无特殊要求	无特殊要求
运输效率	装卸效率高	装卸效率低	装卸效率高
	运输工具（车辆、集装箱）利用率高	运输工具利用率低	运输工具（车辆、集装箱）利用率高
	节省货物的运输包装费	节省货物的运输包装费	节省货物的运输包装费
运输质量	减少了运输过程货损、货差的可能性	减少了运输过程货损、货差的可能性	减少了运输过程货损、货差的可能性
适用	多式联运、干线运输	配送、零担运输	干线运输、零担运输
	港口、集装箱集疏站、大型仓库	小型仓库、商店、用户	物流中心、货运站（场）、仓库

① 何民爱，吕延昌，赵颖．甩挂运输基本运营模式，http：//www.56products.com/News/2012－11－23/EIHG0H0JCCEG0B83045.html．［2016-10-30］．

2.6.2.2 案例：山东快速货运有限公司的一线多点，沿途甩挂运输组织模式分析

山东省快速货运有限公司，是由山东省内11家大型骨干交通企业共同投资组建，承接由国家立项、山东省交通厅承办的“国家技术创新项目——公路快速货运系统”的新型物流企业。公司自主开发应用了系统网络组织管理、通信信息、货运场站和车辆装备四大快速货运网络子系统，在济南、青岛、北京、天津等20多个地市设立了分支机构，服务网络辐射全国。以山东快速货运有限公司的“北京—天津—济南”运输线路为例，展示“一线多点、沿途甩挂”这种甩挂运输组织方式的优势。

2006年，山东快速货运有限公司的整个业务系统采用的是每日往返的车辆运作模式。车辆到达各分公司的相应网点后，网点卸完货、再装完货以后返回分拨中心，返回分拨中心也有限定的时间点，否则就耽误了货物在分拨中心的分拣装卸作业，导致无法实现次日下午到达收货网点的服务目标。对于运距较长、车辆在途时间较长的线路，网点作业时间明显紧张（3小时装卸货），若一个环节晚点，将影响整个系统的运行秩序和运营失效，如表2-10所示。

当采用了“一拖两挂”的运力配备以后，对沿途分公司网点实行甩挂运输，牵引车在网点站场消耗时间明显缩短（预留1.5小时），有效解决了因作业环节的时刻承接而困扰系统运行的车辆组织问题，大大提高了车辆运行正点率和服务时效，增强了整个系统运行的稳定性和可靠性，如表2-11所示。

表2-10　传统运输方式的时间运营表

牵引车	北京	天津	济南	天津	北京
发出时间	12：30	18：30	04：00	13：30	—
到达时间	—	15：30	01：00	10：30	16：30

表2-11　甩挂运输方式的运营时间表

牵引车	北京	天津	济南	天津	北京
发出时间	12：30	17：00	01：00	9：00	—
到达时间	—	15：30	23：30	07：30	12：00

具体组织流程如图2-1所示。

步骤一：预先在北京仓库预留挂车1、2，挂车1先装载，挂车2等待装载，在天津和济南仓库预留挂车3、4等待装载。

步骤二：牵引车牵引预先装载的挂车1从北京仓库出发，到达天津仓库以后，甩下挂车1，挂上已经装载的挂车3运往济南仓库。

步骤三：牵引车到达济南仓库以后，甩下挂车3，挂上已经装载的挂车4运往天津仓库。

步骤四：牵引车到达天津仓库以后，甩下挂车4，挂上已经装载的挂车1运往北京仓库。重复步骤二，如此反复，开始下一个循环。

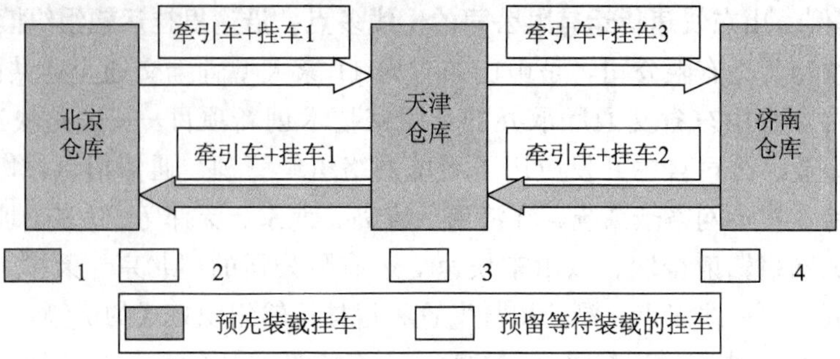

图 2-1　一线多点、沿途甩挂组织流程

思考与讨论

（1）企业开展甩挂运输的条件有哪些？同等条件下，有没有其他有效的运输方式？

（2）谈谈“一线多点、沿途甩挂”运输组织模式的内容。

（3）甩挂运输有4种运营组织模式，其他三种能否用于本例，请分别说明原因。

2.6.3　铁路运输

2.6.3.1　基础知识

集装箱货运站（Container Freight Station，CFS）：拼箱货物拆箱、装箱、办理交接的场所。

铁路集装箱堆场（Railway Container Yard）：进行集装箱承运、交付、装卸、堆存、装拆箱、门到门作业，组织集装箱专列等作业的场所。

专用线（Special Railway Line）：在铁路常规经营线网以外，又与铁路营业网相衔接的各类企业或仓库或向铁路部门租用的铁路。

国际铁路联运（International Through Railway Transport）：使用一份统一的国际铁路联运票据，由跨国铁路承运人办理两国或两国以上铁路的全程运输，并承担运输责任的一种连贯运输方式。

租赁是租用或出租的意思。租用是以归还原物并付给一定代价为条件而使用别人的东西。习惯上，从出租人的角度出发，出租物件叫租，从承租人的角度出发，租入物件叫赁。

2.6.3.2　案例：青岛海铁联运国际物流有限公司①

青岛海铁联运国际物流有限公司是经原铁道部、商务部批准的具备国际多式联运过境资格的国际物流企业，总部设在青岛，在连云港、广州设有分公司，下设拼箱物流部、国联部、内外贸海运部以及连云港操作营销中心。物流服务网络辐射全国各地及国际铁路俄罗斯、蒙古、中亚五国（哈萨克斯坦、吉尔吉斯斯坦、乌兹别克斯坦、塔吉克斯坦、土库曼斯坦）等。以青岛港、连云港、上海杨浦港、广州黄埔港、佛山港为基础，面向全国以及中亚、俄罗斯、蒙古铁路发运。

① http://www.chinarailwayqd.com/index.aspx［2016-08-10］.

公司拥有一支经验丰富、精通物流业务的专业人才队伍。公司拥有良好的行业规范和信誉保证，拥有较为完善的货运服务网络，能及时、准确跟踪货物，提供门到门服务。业务范围包括铁路运输、国际（国内）过境铁海联运、国内点对点铁路运输、大宗散杂货运输及港口货运代理、公路海陆联运等，可在哈萨克斯坦、蒙古提供专业的直通服务。公司是与各个铁路局以及济南铁路局、广铁签署大列协议的专业铁路运输公司，运输线路包括：

始发站—阿拉山口/多斯特克、霍尔果斯/阿腾科里—中亚五国；

始发站—满洲里/后贝加尔—俄罗斯；

始发站—二连浩特/扎门乌德—乌兰巴托（外蒙古）；

提供从中国主要港口经黑海的基本港中转至格鲁吉亚/亚美尼亚/阿塞拜疆内陆的拖车服务；

提供从中国主要港口至波罗的海的国际海运服务，以及经波罗的海基本港口圣彼得堡/里加/克拉佩至俄罗斯/拉脱维亚/立陶宛/白俄罗斯的内陆拖车服务；

提供从中国主要港口经东方港/海参崴中转至俄罗斯内陆的国际海铁联运；

提供从中国主要港口至阿巴斯（伊朗）的海运服务，并提供经阿巴斯港转土库曼斯坦/高加索地区的内陆拖服务。

韩国、日本、泰国等国家海运至天津转铁路经二连浩特至蒙古。

韩国、日本、东南亚等国家海运至连云港、青岛转铁路经阿拉山口、霍尔果斯过境中国至中亚五国。

思考与讨论

(1) 青岛海铁联运国际物流有限公司的核心业务是什么？从事核心业务具有哪些优势？

(2) 国际铁路联运的流程是什么？举例画出流程图。

2.6.4 水路运输

2.6.4.1 基础知识

水路运输（Waterway Transport）：使用船舶（或其他水运工具），在江、河、湖、海等水域运送货物的一种运输方式。

班轮运输（Liner Transport）：在固定的航线上，以既定的港口顺序，按照事先公布的船期表航行的水上运输经营方式。

租船运输（Shipping by Chartering）：货主或其代理人租赁其他人的船舶，将货物送达目的地的水上运输经营方式。

船舶代理（Ship Agency）：是指船舶代理机构或代理人接受船舶所有人（船公司）、船舶经营人、承租人或货主的委托，在授权范围内代表委托人（被代理人）办理与在港船舶有关的业务、提供有关的服务或完成与在港船舶有关的其他经济法律行为的代理行为。

集装箱码头（Container Terminal）：专供停靠集装箱船、装卸集装箱用的码头。

基本港（Base Port）：是指班轮公司的船一般要定期挂靠的港口。规定为基本港口就不再限制货量，运往基本港口的货物一般均为直达运输，无须中途转船。若因货量太少，船方决定中途转运，由船方自行安排，承担转船费用，按照基本港口运费率向货方收取运费，不得加收转船附加费或直航附加费，并签发直达提单。例如，新几内亚航线的 HONIARA 港口是所罗门群岛的基本港口。

非基本港（Non—Base Port）：是指基本港以外的港口。非基本港口一般除按基本港口收费外，还需加收转船附加费，达到一定货量时改为直航附加费。例如，KIETA 是非基本港口，运往 KIETA 港口的货物运费率要在基本港口 HONIARA 运费率的基础上增加转船附加费 43.00 美元（USD）/FT。

拼箱货（Less than Container Load，LCL）：一个集装箱装入多个托运人或多个收货人的货物。

整箱货（Full Container Load，FCL）：一个集装箱装满一个托运人同时也是一个收货人的货物。

全集装箱船（Full Container Ship）：舱内设有固定式或活动式的格栅结构，舱盖上和甲板上设置固定集装箱的系紧装置，便于集装箱作业及定位的船舶。

货物积载图：用图表的形式表示货物在船舱内的装载情况，使每一票货物都能形象具体地显示其船舱内的位置。

2.6.4.2 案例：合肥港港口物流发展状况分析

1. 合肥港发展现状

合肥港是全国 28 个内河港口之一，也是安徽省九大内河港口之一，位于省会合肥南淝河畔，是皖中地区最大的水路货运集散地，航道等级为三、四级，常年通航千吨级船舶。船舶上达武汉、宜昌、重庆等港，下至苏、浙、皖、沪等省（市）的腹地港口，并且通过江海联运由芜湖、南京、张家港、南通、上海等港进行进、出口中转至宁波、厦门、广州等东南沿海各大港口及世界各地。合肥港现有合肥新港、大兴集港、肥东撮镇港、肥西县上派港 4 个港口作业区，全裕线合巢段（合肥—巢湖）航道已创建成省级文明航道。合肥港口现有堆场面积 11 万平方米，办公 3768m²，仓库 8459m²。码头前沿配置 2 台门座式起重机、1 台集装箱岸桥，后场配置 2 台门式起重机，另配有正面吊、空箱堆高机等集装箱专用设备，其他配套机械设备 10 多台。

表 2-12 为合肥港港区简介。

表 2-12　合肥港港区简介

港区	详细情况
新港作业区	合肥新港位于合肥市包河区卫乡村，淝河右岸，占地 218 亩，上距屯溪路桥（一环路）4.5km，下离巢湖施口 20km，港口经淝河路与市区相连，距市区二环路 2km。新港（一期工程）于 2000 年 6 月正式投入使用，码头岸线长 300 多米，建有 4 个 500t 级、一个 1000t 级的作业泊位和生产生活辅助配套设施，设计年吞吐能力 85 万吨。新港码头拥有 3200m² 货场，960m² 港区环形道路和 5100m² 前方作业带，港区内有两盏 30m 的高杆灯和 80t 的地磅一座

续 表

港区	详细情况
大兴港作业区	合肥大兴港位于瑶海区大兴镇，南淝河左岸，占地169亩，码头岸线长200多米，2个500t级和1个1000t级泊位。拥有2台5t、1台10t吊机和框架式桥2座。中国石油和徽商集团已在大兴港投资建成两座大型油库
撮镇港作业区	撮镇港位于肥东县撮镇镇，建有5个泊位，年货物吞吐能力20万吨，拥有2台3t塔式吊机，1台8t轮胎式吊机
上派港作业区	上派港位于肥西县上派镇，码头岸线总长约300m，拥有2台3t吊机，主要经营农产品、建材矿石等水路货物运输

巨大的适货资源：合肥市地处皖省中部、华东腹地，是门类齐全的新兴综合性工业城，全国重要的科研教育基地。经济的高速发展和城市建设规模的不断扩大，必然带来物资交流的高速增长。根据该地区综合运输网的发展及对不同货种供求平衡和运力平衡的分析，实行水路集装箱运输的巨大优势必将吸引和分流更多的陆路运量。从2015年长江航务管理工作会议上获悉，2014年长江干线完成货物通过量20.6亿吨，同比增长7.3%。截至2014年年底，长江水系拥有11个亿吨大港（南通、太仓、张家港、江阴、泰州、镇江、南京、芜湖、武汉、岳阳、重庆），完成外贸货物吞吐量2.6亿吨、集装箱吞吐量1300万标准箱。并且皖西和河南东部也有大量适箱货物途经合肥港，由水路中转苏、浙、沪地区。

良好的航道条件：合肥市航道通航里程520km，其中四级以上高等级航道里程150km。合肥港巢城区二期的批复将能充分发挥合裕航道水运优势。“十二五”期间，安徽省投资100亿元用于航道建设，使全省四级及以上高等级航道里程达到1500km，力争增长50%以上，合肥形成合裕线航道、派河航道、店埠河航道、丰乐河航道、巢湖湖区航道5条主要航道，规划江淮运河，改二字形航道为“工”字形1000t航道骨干框架。

基础设施日益完善：①安徽交航合裕线04标的竣工。于2015年3月完工的合裕线南淝河航道改造工程04标，其04标段疏浚桩号K0+000～K1+300，全长1.3km，疏浚工程量249087m^3，K0+400—K0+493右岸抛石护岸1640m^3，工程造价536万元。②合肥港巢城二区获批复。2015年4月合肥港巢城港区二期工程可行性研究报告获得省发改委正式批复。与此同时，环巢湖大道三河段观景平台——紫荆台工程正在火热施工。截至2015年4月，合肥港集装箱吞吐量已完成4.4万标箱，同比增长约46%；2014年主体已完工的二期工程，在2015年8月完成配套设施建设。日益繁华的港口，将带动“江淮内河航运中心”不断崛起。③店埠河冷板项目配套码头工程加快推进。2015年3月马钢（合肥）公司店埠河冷板项目配套码头工程初步设计审查会在合肥召开，根据设计方案，项目预算约1.6亿元，拟建3个1000t级件杂泊位，设计年吞吐量为260万吨，配备相应的装卸设备、道路、堆场等工程以及必要的生产及辅助生产设施。项目建成后，既可为马钢（合肥）公司冷轧板项目提供原料和产成品的购入和外运提供服务，又可为循环园及周边地区钢铁件杂货运输提供服务，可有效缓解当前全市港口钢铁件杂货吞吐能力不足的问题，服务商贸物流发展，促进水运建设和地方经济发展。

发达的多式联运：多式联运是以集装箱为单元的直达运输，实行一次收费，全程负责，大大提高了货物运输的及时性、安全性、准确性和便捷性，代表着货物运输的发展趋势。因此，要发展水路集装箱运输必须加强与其他运输方式的合作，加强物流网络和信息网络建设。当前，合肥市作为国家级开放城市，已形成水、公、铁、空立体交通网络，对外交通十分发达。公路为全国主枢纽规划重点城市，有合宁、合芜、合徐、合安高速公路及合淮、合铜、合六等汽车专用公路与周边城市相连；铁路为全国集装箱运输重要集散地，有芜蚌、合九线与全国铁路干线衔接；空运有合肥新桥机场昼夜连接四面八方。集装箱多式联运业务也比较发达，现有国际、国内集装箱运输企业近10家，年集装箱运量近千万吨，加强与铁路、公路集装箱运输的合作，将为合肥港发展水路集装箱运输奠定坚实的基础。

合肥港跻身二类水运开放口岸：经安徽省政府批准，合肥港正式跻身“二类水运开放口岸”。至此，合肥港国际集装箱码头也成为省内第10个开放口岸，也是合肥唯一的水运开放口岸。合肥作为内陆省会城市，在口岸发展中一直较为滞后，此次跻身“二类水运开放口岸”后，意味着合肥将同时坐拥航空、水运两大口岸。此次批准的开放范围为合肥港国际集装箱码头所拥有的岸线、锚地及后方陆域堆场。2014年10月“合肥港二类水运开放口岸”获批，对合肥及周边地区企业降低物流成本、提高物流效率和通关效率起到积极作用，还将进一步推动合肥物流产业的发展，使合肥港国际集装箱码头能更好地服务于合肥外向型经济发展。下一步，合肥港国际集装箱码头将严格按照国家口岸开放相关规定，高质量建设海关、国检口岸软硬件设施，以争取将合肥港国际集装箱码头打造成为皖中地区对外开放新高地。全球最大集装箱班轮公司——马士基也在合肥港设立还箱点。据合肥港相关负责人透露，这不但说明了国际干线船公司对合肥港未来发展充满信心，也说明了合肥港已获得行业内认可。

2. 合肥港PEST分析（宏观环境分析）

政治环境（P）：随着2014年9月底国务院发布《长江经济带2014—2020年综合立体交通走廊规划》（以下简称《规划》），合肥与上海、南京、杭州并列为全国14座交通枢纽城市。2020年前，天上飞的、地上跑的、水里游的，一整套的立体交通项目将上马建设。安徽5大河港被圈入重点，《规划》同时表示将促进港口合理布局，而在“长江港口系统规划重点项目”中，安徽省内上榜的重点发展的内河港就有5座，依次是马鞍山港、芜湖港、安庆港、合肥港、蚌埠港。根据《规划》，在长三角城市群交通网络中，以上海为中心，南京、杭州、合肥将成为副中心。在安徽省内，则将以合肥为中心，建设连通芜湖、马鞍山、宣城、铜陵、池州、安庆、淮南、蚌埠、滁州等城市的放射状城际交通网。实现城市群内中心城市之间以及中心城市与周边城市之间1～2小时通达。根据《国务院关于依托黄金水道推动长江经济带发展的指导意见》，将合肥列入14个全国性综合交通枢纽建设城市之一，按照“全国枢纽”的新定位，合肥将打造“1331”综合交通体系，尤其在水运方面，要规划形成“两干六支”的内河航道网和“一湖四射”的对外联系通道，实现真正意义上的内河水运通江达海。“两干”指江淮运河、合裕线，“六支”指兆西河、引江济巢菜子湖线、店埠河、丰乐河、柘皋河、罗昌河。港口方面，规划一港九区，重点开工建设江淮运河港区、店埠河港区、派河港区、庐南港区。

经济环境（E）：2015年一季度，安徽省水运经济继续保持增长态势。水路货运量较快增长，全省全社会累计完成水路运输货运量和货物周转量分别为28695万吨和13913187万吨公里，同比分别增加12.06%和11.69%；营运船舶运力小幅增长，截至3月，全省共有各类营运船舶29523艘，净载重量3802.89万吨，较2014年年底净载重量增加122.57万吨，运力小幅上升3.33个百分点；港口生产快速增长，集装箱吞吐量持续上扬，全省累计完成港口吞吐量10097.11万吨，其中出港5593.81万吨，与去年同期相比分别增加15%和13.99%；累计完成集装箱吞吐216411TEU，与去年同期相比增加42.64%；水运固定资产投资形势良好，全省累计完成水运固定资产投资93544万元，较去年同期增长7.2%。

社会环境（S）：合肥港口的腹地经济较发达，农副产品畅销全国，现已形成化工、机械、五金、建材、纺织、粮油食品、造船等20多个行业，合肥新港地处包河工业开发区内，将是现代化合肥新城的一部分。合肥港作为江淮地区的主要港口，是合肥及周边地区经济社会发展和对外开放的重要交通依托和平台，是合肥地区综合运输体系的重要组成部分，是国际集装箱运输的喂给港，是大宗物流首选之地。

技术环境（T）：

（1）MJ型轨道式集装箱门式起重机主要技术与参数：

①起重能力：35t（吊具下计）、堆箱高度：堆五过六（标准箱）。

②起重机跨距：45m，双端有效悬臂：一端7.5m，另一端11m。

③工作速度：

起升速度：起重35t时18m/min、20t时22m/min、最高速度36m/min；

小车运行速度：76m/min，最高速度约90m/min；

大车运行速度：40m/min。

④工作级别：起升机构：M7 小车运行机构；M7 大车运行机构；M6 整机工作级别：A7。

⑤电源：AC380V 50Hz；供电方式：卷缆器。

⑥铁轨：QU80；最大轮压：250KN。

（2）单臂架门座起重机主要技术与参数：

①起重能力：10t/20m。

②起升高度：轨面以上10m；轨面以下6m。

③工作幅度：最大幅度20m（10t）；最小幅度≤8m。

④尾部旋转半径：≤9m（在起重机中心与轨道中心重合时）。

⑤起升速度：吊钩空载60m/min，满载50m/min；抓斗空载60m/min，满载50m/min。

⑥旋转速度：≥1.5r/min。

⑦行走速度：25m/min。

⑧河侧轨道中心距码头边距离：2.5m。

⑨门架净空高度：4m。

3. 合肥港 SWOT 分析

优势：合肥市是安徽省政治、经济、文化中心，境内南淝河、派河、店埠河穿城而过。具有得天独厚的水运优势。合肥港未来还是江淮沟通的航运枢纽和节点。合肥市又是新兴的综合工业城市，拥有汽车、工程机械、装备制造、机电、建材等多个工业行业。近年来外向型经济发展迅速，全市外向型企业在对外发展中不断壮大。江汽集团、合肥海尔年产值实现超百亿元；荣事达集团控股、美菱集团、佳通轮胎、日立建机产值超 50 亿元。年进出口总额过 1000 万美元的企业达到 60 多家。全市已经拥有“合力”“安迪”2 个国家级和“JAC”“荣事达”“洽洽”“MEILING”等 7 个省级出口名牌，居中部省会城市前列，仅合肥市每年集装箱生成量就达十多万箱。近年来，合肥市政府提出把合肥打造成为全国重要的先进制造业基地、高新技术产业基地和现代服务业基地，区域性的商贸物流中心、旅游会展中心和金融中心，“引领皖中、辐射全省、联动中部、接轨长三角”的区域性中心城市和全国重要的科技创新型城市。

劣势：自合肥市当涂路桥经巢湖闸入裕溪河，再经裕溪闸汇入长江，全长 142km，而合裕航道是合肥和巢湖市及周边地区通向长江的唯一水上通道，也是安徽省继长江、淮河之后的第三条重要航道。该航道纵横南北连接合肥、巢湖、芜湖三市。合肥水运短板体现在航道方面，航道等级低，合裕线航道除承担南淝河运量、服务合肥工业组团外，派河和店埠河运量也将通过其外运，但该航线部分航道为 4 级，满足不了船舶大件运输需要。派河航道仅为 6 级，常年只能通航 100t 级船舶。合裕线还受裕溪口船闸、巢湖船闸瓶颈控制。图 2－2 所示为合肥港航线。

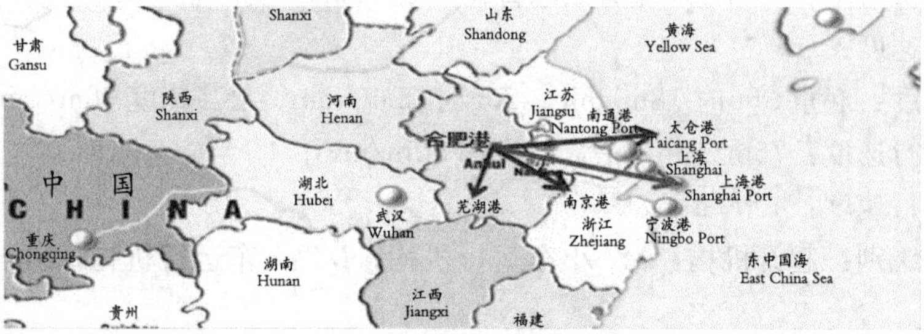

航线	班轮密度	航程时间
合肥—芜湖—合肥	每周两班	20小时
合肥—南京—合肥	天天班	25小时
合肥—太仓—合肥	每周两班	55小时
合肥—上海外高桥—合肥（前期）	每周2班	60小时

图 2－2　合肥港航线

各个港口之间缺少联通，港口资源配置缺少系统性，重复性建设严重等问题都给合肥港港口的长远发展带来了负面影响；物流服务发展落后；缺乏必要的政策支撑，影响了港口功能的拓展，导致合肥港腹地部分货物分流到南京以下港口中转。安徽发展港口码头所需要的资金、技术、管理方法、航线、物流资源、先进的发展理念和企业文化等方面存在不足。

机会：①合肥及周边地区矿产资源丰富，主要矿产资源有石英石、磷矿石、白云石、石灰石、瓷土和花岗石等，分布在肥东、长丰县及巢湖市等地，由于城市建设发展的需要，大量的建筑材料通过水路运往合肥。②合肥市“十二五”规划提出，要加快建设合肥港综合码头，推动裕溪和巢湖复线船闸早日建成，提升合裕线航道通航等级，打造江淮流域的内河航运中心。如今，这一蓝图正在加速变成现实。③合肥市经济快速发展。2014 年合肥居民人均可支配收入 24272 元，比上年增长 10.5%。目前合肥全市常住人口 769.6 万人，比上年增加 8.5 万人。按常住人口计算，人均 GDP（国内生产总值）为 67394 元，比上年增加 5839 元。2014 年前三个季度，安徽省进出口贸易额 366.7 亿美元，同比增长 10.9%，高于全国增幅 7.6 个百分点；全省口岸完成进出口货运量 1395 万吨，同比增长 10.4%；国际集装箱运量 40 万 TEU，同比增长 31.6%。④《国务院关于依托黄金水道推动长江经济带发展的指导意见》阐述了加快水运发展的重要意义和历史意义，旨在打造通江达海、联系江淮的区域性航运中心，依托上海国际航运中心（上海港口为中心，江苏、浙江港为两翼），打造 3 条出海通道、3 条通江通道、1 条江淮通道、若干港口枢纽，衔接“海上丝绸之路”。3 条出海通道：第一出海通道沟通上海洋山港，衔接长江深水航道，实现江海直达；第二出海通道，通过合裕线/兆西河—芜申运河—杭甬运河，沟通宁波—舟山港；第三出海通道，通过江淮运河—淮河，沟通江苏沿海港口。

威胁：①主要在于周边港口竞争。南京港的迅速发展对合肥港发展有威胁，物流企业将面临国外物流企业的竞争，主要竞争对手拥有更先进的装卸设备。马鞍山、巢湖等港口也处于不同程度的扩张期，拓展各自的物流链，与合肥港之间对经济腹地、班轮航线的竞争也逐步加剧。②货主讨价还价能力增强带来的不利影响，还有其他运输方式的威胁。SWOT 分析如表 2-13 所示。

表 2-13　　SWOT 分析

外部因素 / 内部因素	O：①矿产资源丰富；②“十二五”规划提出加快建设合肥港综合码头；③合肥市经济快速发展；④打造通江达海、联系江淮的区域性航运中心	T：①周边港口竞争；②货主讨价还价；③其他运输方式
S：①地理位置优越；②政府扶持；③外向型企业发展壮大	SO 战略：①充分利用区位优势和港口条件，积极拓展合肥港腹地；②结合港口的发展，依托港口大力发展保税区、加工业区、现代物流中心	ST 战略：①结合各个港区的服务范围和目标，合理地对合肥港各个港区功能进行统筹分配；②培育合肥港的比较优势，开发新货源，强化物流加工、仓储、配送和商业服务等功能
W：①航道限制；②物流服务发展落后；③港口缺少联通；④港口发展所需要素不足	WO 战略：①加快对港口的建设，加大重点项目的投入力度；②合理运用政府职能，积极吸引企业投资	WT 战略：提高港口物流企业服务水平，让大中型物流港口企业发挥带头作用，促进港口物流企业整体服务水平的提升

从长远角度来看，合肥港的发展必然曲折前进，在不同的状态、不同的时期应采取不同的战略，也就是说不同的阶段根据对合肥港优劣势以及机会、威胁分析应采取最优战略。

2.6.4.3　案例：安徽港航物流有限公司

安徽港航物流有限公司为国有独资企业，属安徽省港航建设投资集团旗下全资子公司，成立于2012年2月，注册资金2000万元，为国家4A级物流企业。图2-3为安徽港航公司组织框架。

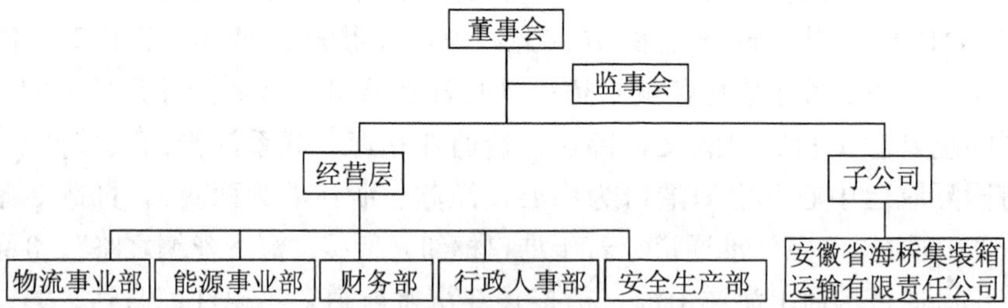

图2-3　安徽港航公司组织框架

1. 内外贸集装箱代理

公司立足合肥港国际集装箱码头，提供集装箱内、外贸运输代理业务。公司已在国内各主要港口城市建立了完善的业务代理网络，并且与多家大型船公司建立了长期稳定的合作关系，客户在船期方面有更全面的选择。我司可以根据客户需要，提供Door—Door（门到门）、CY—CY（场到场）、Door—CY（门到场）、CY—Door（场到门）等多种个性化物流服务。另外，我们实时跟踪货物运输路径，及时反馈运输信息，并且以最优惠的市场价格、最优质的服务满足广大客户的需求。目前，公司主要承接货物种类有化工产品、钢材、石材、粮食、陶瓷、家电、快速消费品等。

2. 集装箱拖车

自2012年2月成立起，公司已建立了一支专业的集装箱卡车运输车队，每辆集卡车均配有先进的GPS定位系统，通过现代化的信息网络平台，为集卡运输客户提供稳定、及时、高效的拖车服务。目前自有集卡车辆15台，协议车辆100余台，遍布于南通港、营口港、泉州港、厦门港、黄埔港、钦州港、芜湖港、南京港、宁波港等诸多港口。

3. 大宗散货代理

公司目前拥有稳定的代管船舶20余艘，船型涵盖1000～5000t内河船舶，运力超过8万吨，主要从事矿石、钢材、建材以及各种干杂货的江河运输、过驳、码头装卸运输等。通过不断的船舶资源整合和发展，公司年经营代理大宗货物运输由2012年5万吨发展到2015年的50万吨，并已具有广泛的长江及各支流的散货船代网络。

4. 集装箱班轮运输

公司下属控股子公司——安徽省海桥集装箱运输有限公司主要从事国内长江中下游普通货船、内外贸集装箱内支线班轮运输、集装箱修理、租赁等服务。公司现有职工 58 名，运输船舶 8 艘，运输能力约 530TEU，计 14600 载重吨。船舶均具有国家海关、国家交通运输部核准进行内外贸集装箱同船运输资质。现已开通合肥—芜湖港—太仓、合肥—马鞍山郑浦港—太仓、合肥—太仓、合肥—芜湖—上海、合肥—上海、合肥—郑浦港航线，并在上海、太仓、马鞍山、芜湖等地设有办事机构，具体负责港口操作及货物中转业务。

5. 水上服务区

为完善安徽省水运基础设施，服务于安徽水运事业，港航物流在集团公司的统筹规划下，着手建设水上服务区，为运输船舶提供加油加气、船舶维修以及餐饮等综合服务。公司将以水上服务区为依托，以集团公司遍布全省的港口码头为节点，以内河高等级航道为网络，为航行于安徽水域的广大船舶、船员提供全面、贴心的服务。目前，铜陵港撬装加油站施工已接近完毕，界首、合肥、蚌埠加油点正在推进。

思考与讨论

(1) 列举常见的水路运输形式。

(2) 类比合肥港，对芜湖港和蚌埠港进行 SWOT 分析。

(3) 安徽港航物流有限公司业务拓展前景分析。

2.6.5 航空运输

2.6.5.1 基础知识

航空运输（Air Transport）：使用飞机或其他航空器进行运输的一种形式。

班机运输：指在固定航线上定期航行的航班，一般有固定的始发站、到达站和经停站。

国际航空货物运输（International Airline Transport）：货物的出发地、约定的经停地和目的地之一不在同一国境内的航空运输。

集中托运：指集中托运人将若干批发单独发运的货物组成一整批，向航空公司办理托运，采用一份航空总运单集中发运到同一目的站，由集货托运人在目的地指定的代理收货，再根据集中托运签发的航空分运单分批交给各实际收货人的运输方式。

2.6.5.2 案例：顺丰航空有限公司

1. 顺丰航空有限公司基本情况

顺丰航空有限公司（简称“顺丰航空”）隶属于顺丰速运有限公司，致力于为顺丰提供快件产品的空运服务，是顺丰快递业务核心竞争力的重要保证，是顺丰速运品牌的有力延伸。

顺丰航空目前拥有以 B767、B757 和 B737 机型为主的全货机机队，构建了以深圳、杭州为双枢纽，辐射全国的航线网络，未来还将依据顺丰的业务发展规划稳步完善运输网络，为客户提供更优质的快件空运服务。

价值观是企业的灵魂和精神所在，是构建企业竞争优势、稳健发展的支柱，它支撑企业赢得客户和未来。顺丰力求塑造“知行合一”的价值观，让价值观的内涵通过员工的一言一行体现出来，形成一股精神的力量，熔铸在企业的凝聚力、竞争力、生命力之中。

图 2-4 为顺丰企业愿景、价值观和基本准则。

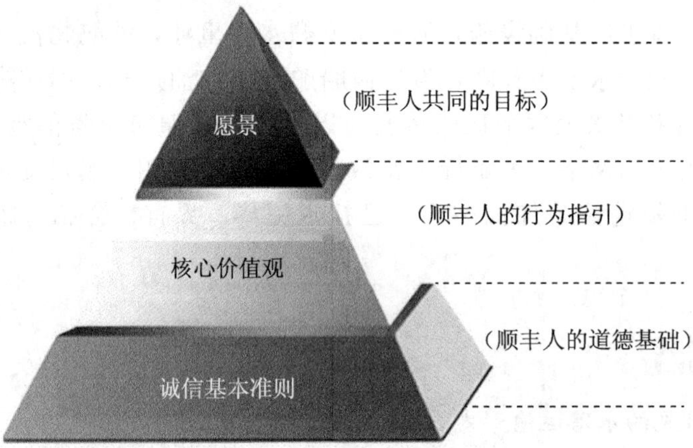

图 2-4　顺丰企业愿景、价值观和基本准则

公司愿景：成为最值得信赖和尊敬的，基于物流的商业伙伴。致力于为员工提供一份满意和值得自豪的工作，致力于快速、安全、准确地传递客户的信任，致力于成为速运行业持续领先的公司，致力于承担更多的社会责任。

核心价值观：成就客户、创新包容、平等尊重、开放共赢。

诚信基本准则：不作假，不欺瞒；不损害客户利益；不损害公司利益；不以公谋私。

安全文化理念：倡导共同的安全理念、价值观，在全公司范围内形成一种全员参与的责任文化、公正文化、沟通文化和学习文化；安全管理核心是文化建设，信息透明、共享和积极有效的沟通渠道是塑造安全文化、不断提升安全管理水平的基础；致力于建立各种信息发布和接受渠道，保证员工间、员工与管理层间信息的对称，从而增加员工对公司的目标、重大事件和现状的了解；持续提升员工对安全管理体系的认识，安全信息及经验教训也都能获得充分的认识，形成自上而下和自下而上双通道模式。

2. 民航明传电报（局发明电〔2012〕3726 号）：关于顺丰航空有限公司货物国际运输总条件的备案通知

顺丰航空有限公司：

你公司《关于货物国际运输总条件备案的请示》（顺丰航文〔2012〕370 号）悉。经审核，对你公司报送的货物国际运输总条件无异议，准予备案。

运输司

二〇一二年十一月二十日

思考与讨论

(1) 顺丰的商标有什么寓意?

(2) 航空运输的优点是什么? 哪些商品适合航空运输?

(3) 顺丰空运的战略是什么? 如何打造核心竞争力?

2.6.6 管道运输

2.6.6.1 基础知识

管道运输(Pipeline Transportation):利用管道,通过一定的压力差以完成商品运输的一种运输方式。管道运输是运输通道和运输工具合二为一的一种专门运输方式。

2.6.6.2 案例:陕西延长石油(集团)有限责任公司①

陕西延长石油(集团)有限责任公司(简称“延长石油”)是中国西部首家世界500强企业,是集石油、天然气、煤炭等多种资源一体化综合开发、深度转化、循环利用的大型能源化工企业。延长石油拥有110年的发展历史,是中国陆上石油工业的发祥地,是中国新兴的千万吨级大油田,是中国煤油气资源综合利用、深度转化的开拓者,是中国西部地区规模最大的省属国有企业和全国财政贡献最大的地方企业。截至2015年年底,集团总资产2924亿元。2015年延长石油实现营业收入2208亿元,税费434亿元,排名世界企业500强第380位。

1. 主业发展

陕西延长石油(集团)有限责任公司围绕油气主业,持续提高油气勘探开发能力,资源基础更加稳固。“十二五”期间,累计拓展油气资源面积3492km^2,原油产量9年保持1000万吨/年以上稳产,天然气形成产能23亿方/年、打成中国第一口陆相页岩气井并成功试产。煤炭保有资源量182亿吨,形成煤炭产能300万吨/年。

2011—2014年经过延长石油集团、延长油田上下的不懈努力,实施了规模化、系统化、精细化注水工程,完成投转注7370口,建成注水站291座,2013年注水区年产油量已经占到油田公司的60.2%。2015年延长石油有序推进油气勘探开发力度,开展注水会战,全过程狠抓建井质量,大规模推行有序采油,保持稳产,全集团生产原油1273万吨,同时加强天然气产销协调,合理调整配产方案,有效释放产能,全年产气17亿方,同比增长182%。截至目前,油田公司共有注水站点1020座,其中规模站183座,撬装站837座,注水受益区油井16696口。注水站注水能力18.42万方,实际日注水量11.14万方,平均单井日注水量7.7方。

2015年延长石油坚持以“稳油、增气、扩化”为主攻,促进天然气产业的快速发展,形成天然气产能23亿方/年,产量17亿方/年,进入规模化开发。全年完成天然气产量17.18亿方(折合油气当量136.89万吨),同比增长182%以上;配套1座CNG(压缩天然气)厂,3座LNG(液化天然气)厂,并为榆林能化公司、榆林炼油

① http://www.sxycpc.com/shzr.jsp?urltype=tree.TreeTempUrl&wbtreeid=2233 [2017-02-05].

厂和煤油新技术公司生产供气，部分天然气进入靖西线管网，为“气化陕西”提供了重要保障。延长石油陆续向延安宜川、延长、延川三县供气，并通过管道向陕西省天然气公司供气，让高品质清洁燃气惠及更多三秦百姓。

2. 安全运营

延长石油致力于推进安全环保和绿色低碳发展，持续推行安全标准化和 HSE 管理①，切实抓好环保设施建设，追求“零事故、零缺陷，国内领先、国际一流”的质量目标，以高质量的产品和服务满足利益相关方的要求，推动企业“成为令人尊敬的创新型国际能源化工公司”。

延长石油加强油气输送管道安全隐患整治工作，积极构建管道保护和安全监管长效机制，开展油气输送管道完整性管理，全面提升油气输送管道保护和安全管理水平。延长石油管输公司按照《油气输送管道完整性管理规范》的要求，制定了《管道公司管道内检测三年规划》，编制了《管道公司输油气管道风险控制分级管理表》《管道防泄漏专项安全检查表》，完成公司在役管道的高成果区辨识，共辨识出在役管道高后果区 377 处。根据内检测三年规划工作安排，组织相关部门制订收发球改造及管道内检测工作计划，在专业机构的指导下完成管道完整性管理的差异性评估，编制阶段急需的管理文件、程序文件和技术文件。

延长石油坚持“感恩自然低碳延长”的环保理念，推动节能减排，发展循环经济、低碳经济，积极应对气候变化，积极承担环境保护的责任，坚持走绿色开发、低碳发展之路，提供清洁能源化工产品，使企业与自然、社会和谐，建设资源节约型、环境友好型企业。“十二五”期间，延长石油投入 46.8 亿元用于环境保护及污染治理。实施“2011—2013 年环境保护治理方案”，油田公司完成环保项目 52 个，新建清洁文明井场 6232 个；炼化公司完成 FCC（催化裂化炼油工艺）烟气脱硫除尘改造。

图 2-5 为延长石油环境管理架构。

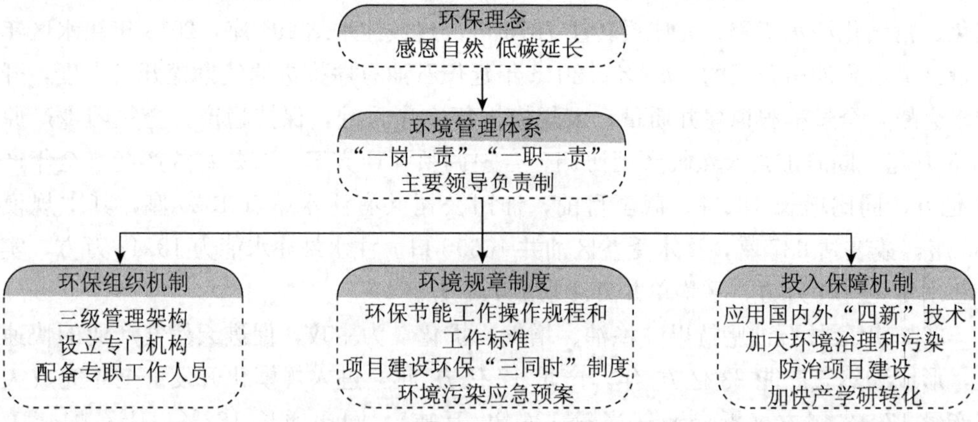

图 2-5 延长石油环境管理架构

① HSE 管理：是健康（Health）、安全（Safety）和环境（Environment）三位一体的管理体系。

节能减排：延长石油严格控制生产能耗，加强对环保技术和资金的投入，对重点耗能装置、设备实施动态监控，组织开展能源审计活动，摸清各重点耗能单位能源利用现状及节能目标完成情况，持续提升节能管理水平。2015 年 9 月 25 日，国家主席习近平与美国总统奥巴马共同发布了“中美元首气候变化联合声明”。声明提出，关于 2014 年中美气候变化联合声明中所提的碳捕集、利用和封存（CCUS）项目，两国选定由延长石油运行的位于延安—榆林地区的项目场址，标志延长石油 CCUS 项目正式纳入“中美元首气候变化联合声明”双边合作。

严格控制排放：延长石油对生产过程中产生排放物的部位进行技术改造，配套建设污水处理系统、大气防治设施以及降噪等设备设施，将污染防治由终端治理转向生产全过程控制。“十二五”期间，延长石油炼化公司投资 10 亿元用于环境治理，建设 4 套硫黄回收装置、6 套催化裂化再生烟气脱硫除尘装置，外排烟气中 SO_2 下降 95.7%、颗粒物下降 78.6%，总排水 COD 下降 3.39mg/L、石油类下降 0.07mg/L，完成 41 个废气治理项目和 54 个噪声治理项目，作业现场噪声平均下降 8.9 分贝，投资 53 亿元建设 6 套汽柴油质量升级项目，出厂汽柴油全部达到国Ⅴ标准，采用生物除臭技术，对 6 个污水场臭气进行治理，进一步改善区域环境。

呵护生态：延长石油充分考虑当地资源禀赋和环境承载能力，坚持资源开发与环境保护相协调的原则，不断加大环保投入力度，开展多项举措保护生态环境，着力打造绿色油田、清洁工厂，全力建设“美丽延长”。按照“开发一块，绿化一片”的工作思路，延长石油严格建设项目环保“三同时”，紧抓现场清洁文明生产，杜绝“跑、冒、滴、漏”现象。新建清洁文明井场 830 个，维修旧井场 2105 个，在油区植树 360 万株，种草 4511 亩，绿化道路 1080km，着力改善油区生态环境。

2.6.6.3 案例：常州道金智能科技有限公司①

1. 企业介绍

常州道金智能科技有限公司位于中国江苏省常州科教城。常州科教城作为科技园区，按照“经科教联动、产学研结合、校所企共赢”的理念，不断探索与知名大学大院大所协同创新的产学研合作模式，努力构筑以产业创新为先导、政府创新为推力、市场为导向、企业为主体的政、产、学、研、用、资、介结合的技术创新和区域创新体系，集聚 550 多家研发机构、高科技企业和中介服务机构，建成专业化的科技金融服务中心，形成鲜明的研发和产业孵化特色。常州道金智能科技有限公司专注粉体物料的输送、配混料和包装码垛自动化。致力于为制粉企业提供洁净高效的自动化集成系统。经过多年的努力，公司在化工粉体、金属粉体和非矿粉体行业积累了丰富的经验，愿为制粉企业提高效率和环境美好贡献力量。

2. 道金智能科技管链运输

管链输送机是输送粉状、小颗粒状及小块状等散状物料的连续输送设备，可以水平、倾斜和垂直组合输送。

---

① http：//www.jsyoudao.com/daojin/［2017-01-18］.

（1）工作原理。

在密闭管道内，以链片为传动构件带动物料沿管道运动。当水平输送时，物料颗粒受到链片在运动方向的推力。当料层间的内摩擦力大于物料与管壁的外摩擦力时，物料就随链片向前运动，形成稳定的料流；当垂直输送时，管内物料颗粒受链片向上推力，因为下部给料阻止上部物料下滑，产生了横向侧压力，所以增强了物料的内摩擦力，当物料间的内摩擦力大于物料与管内壁外摩擦力及物料自重时，物料就随链片向上输送，形成连续料流。

（2）管链输送机结构。

管链输送机，包括机头箱和机尾箱，机头箱内安装主动链轮，主动链轮连接电机，机尾箱内安装被动链轮，主动链轮与被动链轮之间连接链条，链条安装在机头箱与机尾箱之间的圆形输料管内，输料管上设有进料口，机头箱下部或输料管上设有出料口。管链输送机优化主动链轮、链条结构、机头箱、机尾箱等结构设计，输料管为分节组装成整体的圆管，可达到完全密封效果，适用于极细粉尘料、有害材料及相关的各种场合，还具有料位准确、输送效率高、可靠耐用、维修率低、使用寿命长的特点，能够满足各种场合使用，如倾斜、垂直、转弯，且在一条巷道上多条并联平行安装，满足多位上料、卸料运行。

（3）管链输送机特点。

①管链输送机结构简单紧凑，可以水平、垂直、弯曲或三维布置。

②管道可全封闭式输送，无粉尘溢漏，高效环保。

③物料输送过程中，同种输送能力情况下，管链能耗最低，可最大限度地降低运行成本。

④维护少，维护成本低，使用寿命长。

⑤摩擦小，最大限度地降低噪声。

⑥物料可全部输送完，输送管道内无残留。

⑦运行速度慢，可最大限度地保证物料的完整性。

⑧可实现防爆设计和气密设计。

⑨可以带料重载起动。

⑩其他见管链输送机优势。

（4）管链输送机优点。

①管链输送机结构简单紧凑，可以水平、垂直、弯曲或三维布置。

②根据用户现场使用情况，可以多口进料、多口出料，实现一套管链、多点投料、多点出料。

③输送原料从进口到出口法兰之间一直处于密闭状态，运输中能保证没有粉尘泄漏到环境中。

④出口不必设置除尘器，简单排气即可，满足现代企业对环境保护的要求。

⑤输送原料沿着管子在两个盘片中间平滑向前输送，基本上没有摩擦，所以物料破损少，缓慢的弯道输送使很少的物料会产生破碎。

⑥管链输送机皆采用特殊定制的输送盘片，具有极低的摩擦系数、较高的耐磨性

和稳定的输送。

⑦管链输送机都采用自主开发的计算程序，使得输送机的输送管道和弯头等不同的部位保持必要的静摩擦和拉紧力，为设计低噪声和低磨损的管链输送机提供高精确数据。

(5) 应用领域（见表2-14）。

表2-14　道金智能科技管链运输应用领域

行业	物料
精细化工	颜料、染料、涂料、炭黑、钛白粉、氧化铁、陶瓷粉、重钙、轻钙、膨润土、分子筛、高岭土、硅胶粉、活性炭等
农药矿石	尿素、氯化铵、碳酸氢铵、苏打粉、固体农药、钨粉、农药助剂、铜精矿粉、煤粉、磷矿粉、氧化铝粉等
建筑材料	水泥、陶土、黄沙、石英沙、黏土粉、硅石、石灰石粉、白云石粉、木屑粉、玻璃纤维、二氧化硅、滑石粉等
食品工业	面粉、淀粉、谷物、奶粉、食品添加剂等

思考与讨论

(1) 管道运输具有哪些特征？必须满足哪些具体要求？

(2) 管道运输如何保护环境？

(3) 管链运输的功能和特点有哪些？

(4) 了解所在城市的管道运输情况，分析可能存在的风险以及应对风险策略。

2.6.7 多式联运

2.6.7.1 基础知识

联合运输（Joint Transport）：一次委托，由两个或两个以上运输企业协同将一批货物运送到目的地的活动。

直接换装（Cross Docking）：又称越库配送，物品在物流环节中，不经过中间仓库或站点，直接从一个运输工具换载到另一个运输工具的物流衔接方式。

多式联运（Multimodal Transport）：联运经营者受托运人、收货人或旅客的委托，为委托人实现两种以上运输方式（含两种）或两程以上（含两程）运输的衔接，以及提供相关运输物流辅助服务的活动。

国际多式联运（International Multimodal Transport）：按照多式联运合同，以至少两种不同的运输方式，由多式联运经营人将货物从一国境内的接管地点运至另一国境内指定交付地点的货物运输。

大陆桥运输（Land Bridge Transport）：用横贯大陆的铁路或公路作为中间桥梁，

将大陆两端的海洋运输连接起来的连贯运输方式。

共同运输（Common Transport）：是指由同一行业或不同行业之间联合组织实施的运输活动。

集装箱（Container）：是指具有一定强度、刚度和规格专供周转使用的大型装货容器。使用集装箱转运货物，可直接在发货人的仓库装货，运到收货人的仓库卸货，在中途更换车、船时，无须将货物从箱内取出换装。按不同的标准，可对集装箱进行分类。按所装货物种类分，有杂货集装箱、散货集装箱、液体货集装箱、冷藏箱集装箱等；按制造材料分，有木集装箱、钢集装箱、铝合金集装箱、玻璃钢集装箱、不锈钢集装箱等；按结构分，有折叠式集装箱、固定式集装箱等，在固定式集装箱中还可分密闭集装箱、开顶集装箱、板架集装箱等；按总重分，有 30t 集装箱、20t 集装箱、10t 集装箱、5t 集装箱、2.5t 集装箱等。

集装箱运输，是以集装箱作为运输单位进行货物运输的一种先进运输方式。集装箱外尺寸是包括集装箱永久性附件在内的集装箱外部的长、宽、高尺寸。集装箱内尺寸是集装箱内部的最大长、宽、高尺寸。集装箱计量单位又称 zoft 换算单位，是计算集装箱箱数的换算单位。

2.6.7.2 案例：AHGJ 的多式联运

1. 企业背景

AHGJ 集装箱联运公司，简称 AHGJ 公司，于 1992 年 10 月经三家国有交通企业合资组建成立。HFSLY 公司作为从属名称与 AHGJ 公司是一套机构，两块牌子，下设 22 个经营实体。

公司位于 HF 市 ZW 路 86 号，距 AH 大市场和 HF 火车站、HF 汽车客运总站咫尺之遥，处在物流集散地的中心地段。公司经营占地 29 亩，拥有仓库面积 $3000m^2$，停车场 $5000m^2$，其他经营办公等设施 $10300m^2$，各种营运车辆 240 台，总资产 5000 万元。经过十多年的拼搏和发展，AHGJ 公司代理的国际货运可以出口到美国、南美、欧洲基本港、日本、韩国、中国香港、新加坡等几十个国家和地区，成为 AH 省的专业进出口公司和 HF 市大型自营进出口企业，为 MTK 公司、HL 电器、AHHL 集团、RSD 集团、JA 轮胎等提供国际货运代理服务。公司主要经营海运进出口货物的国际运输代理业务，包括揽货、订舱、仓储、中转、集装箱拼装拆箱、报关、报验、保险、国际集装箱运输、普通货物运输和代理，铁路、公路、水路、航空的货物联运，汽车修理（一类），陆海空客票联售等业务①。

公司与国内外著名企业建立了运输合作业务关系，年货运周转量 2.1 亿吨公里，组织代理的国际集装箱每年达 1000 余标准箱。公司已逐步从传统单一的货运企业发展成为以现代物流理论和供应链理论为指导，依托包括 IT 在内的现代物流技术为支撑，为客户提供增值服务的第三方物流企业，并在市场上具有较强的竞争实力。2005 年公司营收 9540 万元，利税 387 万元，经济效益在全省同行业中名列前茅，公司先后被市委、市政府和省市交通厅局多次授予先进单位称号。

---

① http://info.biz.hc360.com/2003/08/01181018736.shtml [2008-06-30].

公司逐步建立和形成了集铁、公、水、空多种运输方式代理和遍布省内外的货物联运网络，与全国许多联运公司建立了货物联运协议，与 HF 市和皖西北几百家货主单位签订了联运合同，与 ML 集团、RSD 集团、HL 叉车集团、JA 轮胎、HFSY 等大型企业集团也建立了良好的运输业务合作关系，是这些企业的定点合同运输单位。

1992 年公司投资 600 多万元建立了“HF 国际集装箱中转站”；1993 年公司投资集卡车在 HF 市与沿江、沿海港口间开展公路国际集装箱运输；1994 年与上海有关企业合作开展国际货运代理业务；1997 年 6 月经原国家外贸部批准，公司取得了国际货运代理权；1998 年经 HF 海关批准并注册登记，成为代理报关企业；1998 年年底公司与有关国际船公司共同合作，在“HF 国际集装箱中转站”设立放箱点，建立 HF—SH 的国际集装箱公路转关运输的新通道。同时，公司在省、市交通主管部门的支持下，与 AH 省联运公司于 1999 年 7 月合资组建了“HF 市货物运输交易市场”，并加入由原国家计委和交通部支持的北京亚之桥全国道路货运信息网和科利华创办的“中运网”。

公司深化企业改革，着力转换经营机制，坚持按现代企业制度要求，加强企业质量管理，完善规章制度，不断实行管理创新、制度创新、服务创新，促进企业由生产经营型向质量管理型转变，2002 年 6 月公司通过了 ISO9001 国际质量体系认证。在抓好物质文明建设的同时，公司大力开展以创建学习型企业为主题的企业文化建设，努力提高员工的综合素质，塑造良好的企业形象。1999 年、2001 年和 2002 年分别被 HF 市 BH 区政府、HF 市人民政府和省交通厅授予文明单位称号。

为提高企业的市场竞争，公司制定《2005—2010 年企业发展战略规划》，确立了“以货运为主体，多元化发展为支撑”的发展战略。志在奋力崛起，勇当改革先锋，适应 AH 省和 HF 市物流发展的需要。公司积极对技术装备和设施进行改造，不断提升服务质量，打造品牌优势，迎接市场挑战，力争在拼搏中创造企业更加辉煌的明天。

2. 国际多式联运的优势

国际多式联运是当今国际运输发展的方向，国际集装箱多式联运的优点如下。

第一，简化托运、结算和理赔手续，大大节省人力、物力和有关费用。采用国际多式联运，无论货物运输距离有多远，运输由几种方式共同完成，运输途中货物经过多少次转换，所有一切运输事项均由多式联运经营人负责办理。托运人只需办理一次托运，订立一份运输合同，一次支付费用，一次保险，从而省去托运人办理托运手续的诸多不便。同时，多式联运采用一份货运单证，统一计费，简化了制单和结算手续，大大节省人力和物力。此外，一旦运输过程中发生货损货差，均由多式联运经营人对全程运输负责，有助于简化理赔手续，减少理赔费用。

第二，缩短货物运输时间，减少库存，降低货损货差事故，提高货运质量。采用国际多式联运方式，各个运输环节和各种运输工具之间可以配合密切，衔接紧凑，货物中转迅速及时，能大大减少货物的在途停留时间，有力地保证货物安全、快捷、准确、及时地运抵目的地，相应地降低货物的库存量和库存成本。同时，多式联运是利用集装箱为运输单元进行直达运输，尽管货运途中可能需要多次转换，但因使用专业机械装卸，不涉及箱内货物，故能大幅度减少货损货差事故，有效提高货物的运输质量。

第三，降低运输成本，节省各种支出。采用多式联运，能实行门到门运输，货主在货物交由第一承运人后即取得货运单证且据以结汇，有效提前结汇时间，既加速货物占用资金的周转，又减少利息的支出。同时，货物在集装箱内进行运输，能大大节约货物的包装、理货和保险等费用的支出。

第四，提高运输管理水平，实现运输合理化。区段运输因各种运输方式的经营人各自为政、自成体系，故其经营业务范围受限，货运量有限。采用不同运输经营人共同参与多式联运，既可扩展经营范围，又可最大限度地发挥现有设备的作用，选择最佳运输线路组织合理化运输。

第五，有利于加强政府门部门对整个货物运输链的监督与管理，有利于提高本国基础设施的利用，有利于本国在整个货物运输过程中获得较大的运费收入分配比例，有利于引进新的先进运输技术，有利于减少外汇支出，有利于国家的宏观调控与指导政策落实于采用对环境破坏最小的运输方式保护生态环境的目的。

3. AHGJ 的服务范围

AHGJ 的服务范围包括：国际货运、国际集装箱陆海联运；普货运输、特种运输、干线运输、区域配送等道路运输；运输、仓储、装卸、包装、加工、物流信息等综合物流服务；陆海空货物联运、货运代理等各类货运服务。

AHGJ 开展海铁集装箱联运业务。目前，中海集团和 HFX 火车站已经开通海铁联运班列车，HL 叉车、JT 轮胎、HL 电器、GF 塑业等企业产品的货物列车从 HFX 火车站装车，并经上海 LC 港运往中东、欧洲地区。在海铁联运的国际班列运输中，AHGJ 公司所属的联运中心承接从 HFX 火车站与 HF 各企业间的集装箱往返短途运输任务。公司高度重视该业务，制定相关制度，细化作业流程，优化运输组织方式，调配 12 台集装箱运输专用卡车，选派一批技术精湛、责任心强的驾驶员参加营运。通过精心组织调度，公司克服时间紧、任务重、手续烦琐、两地装货等诸多困难，共完成 3 个专列 106 只 40ft 标准箱的运输任务，确保国际班列的准点发车。

4. AHGJ 的内部管理

第一，定期召开经济活动分析会。从 2006 年 7 月起，公司定期召开经济活动分析会。首次会议由党委书记主持，总经理对上半年经济活动进行全面的分析和总结。公司领导班子成员及所属各单位党政主要负责人、机关各部室负责人及财务科长参加会议。按照会议议程的安排，会议首先由 11 个经营单位的行政负责人对本单位上半年的生产经营情况进行汇报，对工作中存在的问题和不足进行分析，并对下半年的工作有重点地进行计划和安排。经济活动分析会上，总经理从积极开拓经营业务，大力拓展客户市场；与时俱进，开拓创新，推动企业经营稳步发展；基础设施建设已显成效；始终坚持向管理要效益，促进企业规范有序发展四个方面对上半年的各项工作进行总结。总经理对中层领导干部的管理提出 5 点要求：一是领导干部站位要高，思路要宽，要有全局意识和责任意识；二是要注重提高个人的管理能力和业务素质，增强驾驭市场的能力；三是要注意培养个人的修养，提升个人品质，以高素质的形象向外界充分展示企业品牌；四是要注重加强上下沟通，增强协调配合能力，坚定不移地执行各项规定和制度；五是要用哲学的观点看待发展中出现的问题，积极主动地去发现问题、思考问题和解决问题，绝对不能回避问题。总经理最后指出，上半年通过职工的奋力拼搏，实现营业收入4358万元，利税156万元，较好地完成了各项目标任务；但也要清醒地认识到自身存在的问题和所面临的困难，应进一步发挥领导班子的整体作用，加强制度建设规范管理，增强执行制度的自觉性，使各项规章制度真正得以贯彻落实。同时，大力拓宽经营范围，积极寻找新的经济增长点，不断推动企业向更新、更高、更快、更强的目标迈进。最后，公司党委书记要求各单位要认真组织员工学习，深刻领会讲话精神，不断增强干部员工的学习意识和危机意识，充分发挥领导班子的整体功能，进一步规范基础管理的各个环节，强化财务监控力度，集中精力大力发展生产经营，提高企业经济运行质量，以“产业立企，环境强企，文化兴企”三个理念为支撑，努力完成当年的“五项任务”。

第二，切实推进“查细节、摆问题、找原因、补措施、创实效”活动。2007年9月17日，公司召开“查、摆、找、补、创”活动推进大会，全公司中层以上干部参加会议。副总经理主持会议并传达了上级“查、摆、找、补、创”活动推进大会上的讲话精神，副总经理传达《关于成立公司制度建设领导小组的通知》和《关于印发〈公司所属经营单位机关办公室组织机构设置办法〉的通知》；总经理结合公司阶段的工作实际，认真查找、剖析了在转变观念、思想认识、管理细节以及工作作风等方面存在的问题，并就深入推进“查、摆、找、补、创”活动的开展提出了三点要求，他指出：一方面是提高认识。认真领会讲话精神，充分认识“查、摆、找、补、创”活动的重要性，不折不扣地按照《公司深入推进全面落实科学发展观大讨论，认真开展“查细节、摆问题、找原因、补措施、创实效”活动实施细则》的要求完成公司布置的各项任务。公司所属各单位，特别是窗口单位和公司机关，要高度重视，加强领导，责任到人，落实到位，要通过学习、宣传、引导等各种方式，在企业中形成良好的说话文明、环境整洁、优质服务氛围。各单位的行政主要负责人是效能建设“查、摆、找、补、创”活动的第一责任人，支部书记和分管领导是具体责任人，如果在明察暗访中发现问题，公司将视情节予以追究，严肃责任，决不姑息。另一方面，公司制度建设领导小组要同时担负起企业效能建设明察暗访的责任，要经常不定期进行督查，发现问题要及时通报，及时整改。同时，将“查、摆、找、补、创”活动的开展和促进企业的发展有机结合。①

第三，稳定队伍，提高待遇。公司积极推进薪酬分配改革。为了加速发展和做大做强，充分发挥薪酬分配的管理职能，达到稳定队伍、提高待遇、构建和谐企业的目的，2007年10月，公司开始实施新的工资分配办法。员工收入大幅度提高，员工最低月工资收入突破1000元，人均涨幅达到207元，其中涨幅最高的达到590元。过去，公司主要采取级别工资分配模式，工资由基本工资和历年的调资构成，不仅员工人均收入水平较低，而且未体现出对能力和知识的重视。企业长期处于能干的人才留不住，不能干的“人浮于事，等待观望”的局面，严重地制约企业发展。通过分配改革，公

① http://www.ahgj.com/news/070927.htm［2008-06-30］.

司彻底打破沿袭多年的分配模式，按照同岗同酬、重视绩效、尊重知识与技能的原则，设定基本工资、岗位工资、技能工资、绩效工资等工资模块，且将管理人员的工资收入与任务完成情况挂钩。新分配办法的实施极大地调动了广大员工的工作积极性，特别是增强了新参加工作具有较高学历的年轻人的心在企业、爱岗敬业的意识。

第四，创造新岗位安置富余人员。2007 年 12 月 26 日公司 12 位同志走上新的工作岗位。公司原与 HF 市保安公司签订协议，由其统一安排保安人员负责公司保卫工作，2007 年年底公司果断地与其终止到期协议，全部安排本企业员工上岗，此举既节省每年 10 多万元的保安费用支出，又解决了企业部分富余、待岗、大龄员工无岗上、上岗难的实际问题。该批员工在接受为期 3 天的岗前培训后，于 26 日正式按照排定的班次上岗。他们十分满意公司的工作安排，纷纷表示会尽职尽责地做好安全保卫工作。

第五，公司不断加强企业文化建设。公司印制了《年度经营理念和工作要点阐释》和以企业概况、员工基本行为准则、员工薪酬福利等为主要内容的《员工手册（一）》，且发放到每位员工手中，便于员工学习和实践。

思考与讨论

(1) AHGJ 公司的多式联运业务对地方的贡献主要体现在哪些方面？

(2) AHGJ 公司如何为客户提供增值服务？

(3) 比较国际集装箱联运较一般物流运输的异同。

(4) 如何激励物流企业员工加强自身内部各项管理工作？

(5) 如何进行多式联运的经济活动分析？

2.7 库存

2.7.1 基础知识

仓储（Warehousing）：利用仓库及相关设施设备进行物品的入库、存储、出库的活动。

储存（Storing）：保护、管理、储藏物品。

库存（Stock）：储存作为今后按预定的目的使用而处于闲置或非生产状态的物品。广义的库存还包括处于制造加工状态和运输状态的物品。

保管（Storage）：对物品进行储存，并对其进行物理性管理的活动。

订货周期（Order Cycle Time）：从客户发出订单到客户收到货物的时间。

库存周期（Inventory Cycle Time）：在一定范围内，库存物品从入库到出库的平均时间。

四号定位（Four Number Location）：用库房号、货架号、货架层次号和货格号标明物品储存位置的定位方法。

零库存技术（Zero－inventory Technology）：在生产与流通领域按照准时制组织物

品供应，使整个过程库存最小化的技术总称。

库存目的是防止短缺，还具有保持生产过程连续性、分摊订货费用、快速满足用户订货需求的作用。库存根据物品需求的重复程度可分为单周期库存和多周期库存。单周期需求又称一次性订货，这种需求的特征是偶发性和物品生命周期短，很少重复订货；多周期需求是在长时间内需求反复发生，库存需要不断补充。多周期需求可分为独立需求库存与相关需求库存两种：独立需求是指需求变化独立于人们的主观控制能力之外，其数量与出现的概率是随机的、不确定的、模糊的。相关需求是指需求数量和需求时间与其他的变量存在一定的相互关系，可以通过一定的数学关系推算出来。

库存管理（Inventory Management），又称库存控制（Inventory Control），是指对制造业或服务业生产、经营全过程的各种物品、产成品以及其他资源进行管理和控制，使其储备保持在经济合理的水平上，是企业根据外界对库存的要求与订购的特点，预测、计划和执行一种库存的行为，并对这种行为进行控制。它的重点在于确定如何订货、订购多少、何时订货等问题。

库存管理方法是以单个企业为对象，目的是对企业库存进行分类及重点管理，确定订货时点，订货使库存总成本最少。库存管理方法主要有 ABC 管理法、经济订货批量（EOQ）、定期订货法、定量订货法以及 JIT 库存管理方法、物料需求计划（MRP）等。

ABC 库存管理，对企业库存（物料、在制品、产成品）按其重要程度、价值高低、资金占用或消耗数量等进行分类、排序。一般 A 类物资数目占全部库存物资的 10%左右，其金额占总金额的 70%左右；B 类物资数目占全部库存物资的 20%左右，其金额占总金额的 20%左右；C 类物资数目占全部库存物资的 70%左右，其金额占总金额的 10%左右。进而分别采用不同的控制方法，要点是找出关键的少数（A 类）和次要的多数（B 类和 C 类），且对关键的少数进行重点管理。

经济订货批量（Economic Order Quantity，EOQ）：通过平衡采购进货成本和保管仓储成本核算，以实现总库存成本最低的最佳订货批量。其假设条件是：企业能及时补充库存，即需要订货时便立即取得库存；能集中到货，而不是陆续到货；不允许缺货，即缺货成本为零；需求量稳定，并且能预测；存货单价不变，不考虑现金折扣；企业现金充足，不会因为短缺现金而影响进货；所需存货市场供应充足，不会因买不到需要的存货而影响其他。

定期订货法：预先确定一个订货周期和最高库存量，周期性地检查库存，根据最高库存量、实际库存、在途订货量和待出库商品数量，计算出每次订货量，发出订货指令，组织订货。

定量订货法，是指当库存量下降到预订的最低库存数量（订货点）时，按规定数量（一般以经济批量 EOQ）为标准，进行订货补充的一种库存管理方式，具体步骤如下：

第一，确定订货点。先在需求和订货提前期确定的情况下，不设置安全库存，订货点公式：

订货点＝订货提前期（天）×全年需求量/360

若需求和订货提前期均不确定则设置安全库存，订货点公式：

订货点=（平均需求量×最大订货提前期）+安全库存

安全库存=安全系数×最大订货提前期×需求变动值

第二，确定订货批量。经济批量是使库存总成本达到最低的订货数量，可通过平衡订货成本和持有成本两方面获得。

JIT（Just in Time）意为及时，是以客户（市场）为中心，根据市场需求来组织生产。JIT是一种倒拉式管理，即逆着生产工序，由客户需求开始，订单—产成品—组件—配件、零件或原材料，最后到供应商。具体地，是企业根据客户的订单组织生产，根据订单要求的产品数量，上道工序就应该提供相应数量的组件，更前一道工序就应该提供相应的配件，再前一道工序提供需要的零件或原材料，由供应商保证供应。上道工序提供的正好是下道工序所需要的，且时间上正好，数量上正好。JIT系统要求企业的供、产、销各环节紧密配合，大大降低库存而减少成本，提高生产效率和效益。

JIT实施的条件：①完善的市场经济环境，信息技术发达；②可靠的供应商，按时、按质、按量地供应采购；③生产区域的合理组织，制定符合逻辑、易于产品流动的生产线；④生产系统具有很强的灵活性，为改变产品品种而进行的生产设备调整时间接近于零；⑤平时注重设备维修、检修和保养，使设备失灵为零；⑥完善的质量保证体系，无返工，次品、不合格品为零；⑦人员生产高度集中，各类事故发生率为零。

物料需求计划（MRP）是由美国著名生产管理和计算机应用专家欧·威特（OLIVER W. WRIGHT）和乔·伯劳士提出来的，是以计算机为基础的生产计划与库存控制系统。相关需求的物品（物料），是指这些物品的需求与其他物品的需求有着直接的关系，即按产品结构，一个低层次物料的需求取决于上一层部件的需求，部件的需求又取决于其上一层次组装件的需求，依此类推直至最终产品的需求。对相关需求的物品，其需求取决于最终产品的生产数量和交货时间，需要采用MRP对其进行控制，按最终产品的需求量和需求时间来确定各种物资的需求数量和订购时间。因此，MRP既是一种精确的排产（优先次序）系统，又是一种有效的物料控制系统，目标是将库存量保持在最低限度，且保证及时供应所需数量的物料。MRP依据最终产品的总生产进度计划，按照产品结构确定所需零件的总需求量，然后根据已有的库存资源及各种零件的前置时间与最终产品的交货期限展开成零件的生产进度日程和材料，安排外购件的订购时间和订购数量。一旦情况发生变化，MRP能根据新的情况调整生产的优先次序重新排产，它保证在需要的时间供应所得的物料，同时使库存保持在最低水平。

MRP系统的运行步骤：

第一，根据市场预测和客户订单，编制可靠的生产计划和生产作业计划，在计划中规定生产的品种、规格、数量和交货日期，注意生产计划必须同现有生产能力相适应。

第二，编制产品结构图和各种物料、零件的用料明细表，产品结构图是从最终产品出发，把产品作为一个系统，每个产品按总装—部装—部件—零件可划分为几个等级层次，每一层次的零部件又由多个小零件组成。

第三，掌握各种物料和零件的实际库存量，以及最高储备量和保险储备量等有关资料。

第四，规定各种物料和零件的采购交货日期，以及订货周期和订购批量。

第五，根据上述资料，通过 MBP 的逻辑运算确定各种物料和零件的总需要量（按产品结构图和明细表逐一计算）以及实际需要量。

第六，按照各种物料和零件的实际需要量，以及规定的订购批量和订货周期，向采购部门发出采购通知单或向本企业生产车间发出生产指令。

2.7.2 案例：某企业协作件库存管理

HFYTSL 公司是一家生产机械设备产品的企业，对协作件的库存管理是经营管理的重要部分，其协作件库存管理分析步骤如下。

首先，对所需的 500 多种协作件按总消耗金额进行 ABC 分级。

A 级：占品种的 5.5%，占总消耗金额的 80%；

B 级：占品种的 25.5%，占总消耗金额的 15%；

C 级；占品种的 69%，占总消耗金额的 5%。

其次，计算经济订货量 Q：

$$Q=\sqrt{\frac{24A\bar{D}}{rC}}$$

式中：A——订货费，根据统计为 20 元/件；

r——存储费，根据统计为 0.07 元/件·年；

$\bar{D}$——各品种的月消耗量均值，根据历史资料统计得出；

C——物资的单价。

再次，计算订货间隔期：

$$T=\frac{Q}{D}$$

最后，计算最大储备量：

$$S=（T+L_1）\bar{D}+K\sqrt{T+L_1\sigma_p}$$

式中：L_1——到货延迟期，由于供货单位距离较近，故 $L_1=1$ 天，为常量；

$\bar{D}$、σ_p——各协作件的月需求量的均值与标准差，根据历史资料统计得出；

K——安全系数，取 $K=3$。

通过上述计算，在满足服务需求的条件下，库存占用金额可大幅度下降。

2.7.3 案例：Z 电子产品的 MRP 的计算

第一，产品结构与零件分解。产品结构是将组成最终产品的组件、部件、零件，按组装成品顺序合理地分解为若干个等级层次，从而构成产品的完整系统。Z 产品结构如图 2-6 所示。

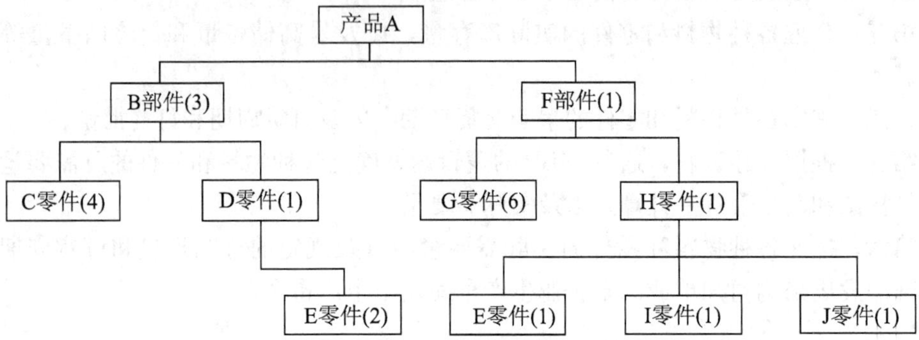

图 2-6　Z 产品结构

其中，A 是最终产品，共有四个等级层次。第一层次，A 产品由 3 个 B 和 1 个 F 部件组成；第二层次，B 由 4 个 C 和 1 个 D 零部件组成；F 由 6 个 G 和 1 个 H 零部件组成；第三、第四层次可依次类推，其中 B 是 D 和 H 的通用件。零件分解是指根据企业在规定时期内应生产的产品种类和数量，分析计算产品所需各种零部件的种类和数量，计算出每一种零部件所带准备、加工及采购过程的全部时间。

第二，零部件需要量的计算方法。以表 2-15 第一行为例，已知 A 是最终产品，属于独立需求，其需求量由客户或市场决定。若已知 A 需求量为 100 个，其他各种零部件都属于相关需求，其需求量受 A 产品数量影响。根据所有产品及零部件的库存量，可以计算出实际需求量，计算结果如表 2-15 所示。

表 2-15　零部件需要量

名称	库存量	总需求量	实际需求量
A	0	100	100－0＝100
B	250	3×100＝300	300－250＝50
C	14	4×50＝200	200－14＝186
D	20	50	50－20＝30
F	16	1×100＝100	100－16＝84
G	54	6×84＝504	504－54＝450
H	10	1×84＝84	84－10＝74
E	40	（2×30）＋（1×74）＝134	134－40＝94
I	6	1×74＝74	74－6＝68
J	40	1×74＝74	74－40＝34

第三，MRP 采购订单的确定方法。假定某产品或零部件的总需要量在一段时间内每周分别为表 2-16 第二行所示；上期库存量为 35 件，每次订货批量为 40 件，订货周期或采购提前期为 3 周。

表 2-16 MRP 采购订单

时间（周）	1	2	3	4	5	6	7	8	9	10
总需要量	20	28	25	16	18	19	20	6	2	20
计划到货量		40		40		40				40
库存量	15	27	2	26	8	29	9	3	1	21
计划订货量	40		40				40			

表 2-16 中，第一行表示期间时间为一周，第二行表示总需求量，如果是最终产品，主要是根据客户和市场需要确定；如果是零件或物料，则区分独立需求的零件与相关需求的零件。前者按市场预测确定，后者由最终产品数量确定。本例中每周总需要量是不等的，故订货时间和到货时间应根据需要量的变化而变化。第三行为计划到货量，一般是根据实际需要时间来确定的。第二周到货 40 件，因订货周期为三周，所以它是上期发出订货到期进厂的零件，第四周到货 40 件，是第一周订货到期进厂的零件；第六周和第十周各到货 40 件，分别是第三周和第七周订货进厂的零件。第四行为库存量，第一周的库存量是上期库存量（35－20＝15）；第二周库存量是 27（15＋40－28＝27），即每周库存量＝本周收货量＋上周库存量－本周需要量，本例不考虑最高和最低储备量。第五行为计划订货量，主要是根据计划到货期决定的，按每次计划到货期提前三周发出采购通知单，是定量不定期。

思考与讨论

（1）影响库存的因素有哪些？常用的库存模型有哪些？

（2）了解附近便利店的库存情况，并确定它们是如何降低库存水平的？

（3）了解学校超市商品的库存情况，谈谈你对降低其库存水平的建议。

2.8 配送

2.8.1 配送管理

2.8.1.1 基础知识

配送（Distribution）：是指在经济合理区域范围内，根据客户要求，对物品进行拣选、加工、包装、分割、组配等作业，并按时送达指定地点的物流活动。配送有效地完善输送及整个物流系统，提高末端物流的效益，通过集中库存使企业实现低库存或零库存，简化事务，方便用户，提高供应保证程度。

配送中心（Distribution Center）：从事配送业务且具有完善信息网络的场所或组

织，应基本符合下列要求：①主要为特定客户或末端客户提供服务；②配送功能健全；③辐射范围小；④多品种、小批量、多批次、短周期。

堆码（Stacking）：将物品整齐、规则地摆放成货垛的作业。

拣选（Order Picking）：按订单或出库单的要求，从储存场所拣出物品，并码放在指定场所的作业。

物品分类（Sorting）：按照物品的种类、流向、客户类别等对货物进行分组，并集中码放到指定场所或容器内的作业。

集货（Goods Consolidation）：将分散的或小批量的物品集中起来，以便进行运输、配送的作业。

共同配送（Joint Distribution）：由多个企业联合组织实施的配送活动。

分拣（Sorting）：将物品按品种、出入库先后顺序进行分门别类堆放的作业。

2.8.1.2 案例：沃尔玛的集中配送中心

沃尔玛的集中配送中心一般面积较大，且位于一楼。配送中心设置在一楼，原因是沃尔玛希望产品能够滚动，产品能够从一个门进另一个门出；如果有电梯或其他物体，则会阻碍流动过程。因此，沃尔玛通常是以一个非常巨大的地面建筑作为配送中心，配送中心使用传送带，以便产品能够有效地流动，一次性对它处理。沃尔玛物流系统是基于一个 Unix[①] 的配送系统，采用传送带，采用大的开放式平台、采用产品代码、自动补发系统和激光识别系统，所有这些集成一体为沃尔玛节省成本。沃尔玛配送中心具备下列职能。

第一，商品转运。沃尔玛把大型配送中心所进行的商品集中以及转运配送的过程叫转运，一般在一天内完成进出作业。

第二，提供增值服务。沃尔玛配送中心提供一些增值服务，例如在服装销售前需要加钉标签，为了不损害产品的质量，加钉标签需要在配送中心采用手工进行细致的操作。

第三，调剂商品余缺，自动补进。每个商品均需要一定的库存，比如软饮料、尿布、文件夹等。沃尔玛配送中心每天或者每周根据库存量的增减来进行自动的补进，实现 8000 多种产品的转运配送。

第四，订单配货。沃尔玛配送中心对于新商场开业的订单处理，是在新商场开业前对这些产品进行最后一次检查，然后运输到这些新商场，沃尔玛称它为新商场开业的订单配货。

沃尔玛公司作为全美零售业年销售收入位居第一的著名企业，素以精确掌握市场、快速传递商品和最好地满足客户需要著称，这与沃尔玛拥有庞大的物流配送系统且实施严格有效的物流配送管理制度有关。沃尔玛的物流配送体系通过长年的建设，形成自身特色，主要表现在以下几个方面。

第一，建立运作高效的配送中心。从建立沃尔玛折扣百货公司之初，沃尔玛公司就意识到有效的商品配送是保证公司达到最大销售量和最低成本的存货周转及费用的

① Unix：尤尼斯操作系统，是一个强大的多用户、多任务操作系统，支持多种处理器架构。

核心。唯一保证公司获得可靠供货和提高效率的途径是建立自身的配送组织，包括送货车队和仓库，配送中心不仅使公司可以大量进货，而且要求供应商将商品集中送到配送中心，再由公司统一接收、检验、配货、送货。

第二，采用先进的配送作业方式。沃尔玛在配送运作时，大宗商品一般经铁路送达配送中心，再由公司卡车送达商店。每店每周收到1～3卡车货物，60%的卡车在返回配送中心的途中又捎回沿途从供应商处购买的商品，这种集中配送可节约大量的资金。

第三，实现配送中心自动化的运行和管理。沃尔玛配送中心的运行完全实现自动化。每种商品都有条码，通过传送带传送商品，激光扫描器和电脑追踪每件商品的储存位置及运送情况，实现每天20万箱的货物配送处理。

第四，具备完善的配送组织结构。沃尔玛公司十分注意完善自己企业的配送组织。例如，公司建立了自己的车队进行货物的配送，以保持灵活性和为一线商店提供最好的服务。

沃尔玛通过物流配送体系运作，实现配送流畅。

第一，注重与第三方物流公司形成合作伙伴关系。在美国本土，沃尔玛做自己的物流和配送，拥有自己的卡车运输车队，使用自己的后勤和物流方面的团队。但是在国际上的其他地方沃尔玛就只能求助于专门的物流服务提供商，飞驰公司是其中之一。飞驰公司是一家专门提供物流服务的公司，同沃尔玛是一种合作伙伴的关系，共同目标是努力做到最好。

第二，挑战“无缝点对点”物流系统。沃尔玛向自己提出了挑战，其中一个挑战是建立一个“无缝点对点”的物流系统，为商店和顾客提供最迅速的服务。“无缝”的含义是使整个供应链达到一种非常顺畅的链接。

第三，自动补发货系统。沃尔玛的每个商店都有一个自动补发货系统，它使得沃尔玛在任何一个时间点都可知道，目前某个商店中有多少货物，有多少货物正在运输过程中，有多少是在配送中心等。同时，补发货系统便于沃尔玛了解某种货物上周卖了多少，去年卖了多少，预测将来的销售情况。

第四，零售链接系统。零售链接系统可以使供货商们直接进入沃尔玛的系统，了解他们产品的销售情况，昨天、今天、上一周、上个月和去年的销售情况，可以知道这种商品卖了多少，并可在24小时内进行更新。

2.8.1.3 案例：配送管理

TGKL公司位于H市经济技术开发区，是由香港TG公司、北京ZCFZ公司和中国GJXTTZ公司共同投资的中外合资企业，是经美国KL公司授权的特许生产企业，主要生产饮料和饮品等产品。公司总投资为1800万美元，注册资本1200万美元，合同外资960万美元，于1997年8月正式投产，采用世界领先的德国KHS公司制造的生产流水线，整个运作全部由计算机自动控制，从空瓶上线到装箱全部自动操作，年生产能力超过1500万标准箱，产品主要供应A省省内市场。

H市是TGKL的重要市场，但是市内配送是物流服务的难点。2008年1月，经过正式招标，ZWYHF物流公司成为TGKL公司在H市内配送供应商之一，但是ZW-

YHF 物流公司却在运作约半年后停止了，原因是多方面的。

1. 配送点数过散

TGKL 公司在 H 市内配送为直接配送到最终端点，有大型超市、零散小批发商、小的杂货点，甚至最终消费者。例如，占整个市内配送量 30%的东区市内配送日平均量达到 80 家客户以上，单趟 6t 车型配送时间平均达 7～8 小时。配送点数过散给整体配送造成很大的难度，运量很难提高。司机及助工的工作时间平均在 13 小时左右（早上 7：00 至晚上 8：00）才能将当天的配送任务完成。车辆平时保养、维护、维修、加油，只能牺牲司机的休息时间来完成，尤其是加柴油困难的时候，司机需要晚上送完货后再去排队加油，有时甚至基本睡眠时间都难以保证，给司机第二天的工作带来极大的安全隐患。

2. 日运量不稳定

TGKL 公司的日运量波动很大，受天气影响大，特别是受到优惠活动及其销售政策的影响，运力要求成倍增加，ZWYHF 物流公司只能通过外采运力完成当日配送任务，外采车辆成本较高，运作成本增加；在没有优惠活动时，基本上没有量，车辆闲置，造成资源浪费。

3. 现金代收数量巨大

配送的一个问题是现金代收，日均代收现金人民币 8 万元，经常不可避免地造成司机少收、漏收、收假币、残缺币、小面额现金等。巨大数量的代收现金额给 ZWYHF 物流公司司机工作带来很大的压力，也给司机队伍的稳定性带来很大的负面影响。中标价格要求人工成本必须有严格控制，短短半年的运作，司机已经更换达 10 人次，助工更换达 30 人次以上。

4. 少货时有发生

TGKL 公司在配送量全省很大特别是高峰季节，现场装货缺乏系统流程管理，导致装货秩序难以维持稳定，采用托盘配送固然方便，但经常出现少装货的现象，整垛货物中经常出现码空少货，也有一件中抠出几瓶的现象，而这种少货现象只能在送货过程中发现，这种少货损失由司机和助工分担，严重影响职工队伍的稳定。

5. 车辆运作风险性高

配送区域广，道路有好有坏，特别是道路拥挤时，往往会造成运作风险，比如漏装、损害店铺玻璃门，甚至出现小的人身伤害事故等，给管理带来巨大困难。

6. 下单环节问题

第一，下单时间太晚。TGKL 工厂晚上 12 点左右才能打印出次日的配送单据，ZWYHF 物流公司的调度员取得单据后进行分单、排车、送装运单给仓库，需要工作到第二天凌晨 1 点左右才能下班，并且配送车辆不能提前装第二天早晨第一车的货，延迟了第二天第一车货的发运时间。

第二，信息共享问题。很多生产厂家愿意与第三方物流供应商共享信息平台，这样第三方物流可以根据厂商的客户信息（客户位置、需求量等）及时优化配送方案，提高配送效率，并及时将最新的客户共享给 TGKL 工厂，达到双方共赢。但是，ZWYHF 物流公司与 TGKL 公司的下单人员却是采用口头沟通方式调整车辆的配货，必然存在理解差异问题，使得配货不能很好地满足配送需求，ZWYHF希望生产工厂能够给予他们系统操作的权限，以便及时配车及打单，但一直难以解决。

第三，网点及路线不合理。①有些送货线路地点位于城市郊区，网点比较分散，不少线路外采车辆通过不了，有些线路最后一个站点离其他站点比较远，绕道距离几千米才能到达该站点；②不少线路网点主要分布在大路两侧，网点比较密集，但由于道路交通规定限制，送货车辆不能直接在门口停靠，助工须走较长距离，严重影响送货效率；③TGKL公司在路线安排上采用由南向北“扇形”辐射送货区域的方式进行，而TGKL工厂位于市郊最南边，因此大部分送货线路“跑空车”非常严重，一般跑空车30多分钟，浪费汽油并降低了送货效率。

7. 送货环节问题

第一，送货点临时更改。送货单上的送货地点经常临时更改的情况，不仅是地址发生变化，而且地点数发生非常大的改变，这给调度员及司机的工作带来巨大的困难。调度员在排车时出现不准确，存在车辆送货单趟时间把握不准，全天的排车计划被打乱等问题。司机到达送货单上的地址时却被拒收或者找不到收货人的情况，需要花时间与业代（工厂的销售代表）确认并被通知改变送货点，司机的行车路线被打乱，甚至可能出现大量的翻货，浪费了时间和人力。物流公司必须约束司机，给出明确的可等待时间，超过等待时间采取拒绝送往更改卸货点，将货物运回做回库处理，但现实有时难以进行。

第二，业代沟通障碍。司机按时到达送货点，当客户无法收货时，司机打电话向业代询问是否继续等待时，业代的回答经常是让继续等待，等待的时间严重超过15分钟，司机过分迁就业代，一直等待客户收货，浪费了大量时间。业代电话还出现关机现象，使得司机在处理一些异常情况时出现无所适从的状况。

思考与讨论

（1）配送的功能有哪些？

（2）市区配送的影响因素有哪些？配送风险有哪些？如何解决？

（3）调查附近的家乐福超市、沃尔玛超市、大润发超市、华联超市等的配送管理策略的异同。

（4）分析附近超市的日用品、牛奶、熟食、文化用品、一次性用品配送策略的异同。

2.8.2 共同配送

2.8.2.1 基础知识

共同配送（Joint Distribution）：是指由多个企业联合组织实施的配送活动。

共同集配（Joint Consolidation）：是指以大型运输企业为主导的合作型共同配送，即由大型运输企业统一集中货物，批发商将商品让渡给指定运输业者进行分别配送。

共同配送分为横向共同配送和纵向共同配送。其中，横向共同配送包括同产业间的共同配送、不同产业间的共同配送和共同集配；纵向共同配送包括厂商与批发商之间的物流共同化和零售与批发商之间的物流共同化。

城市共同配送体系的整体模式如图 2-7 所示。

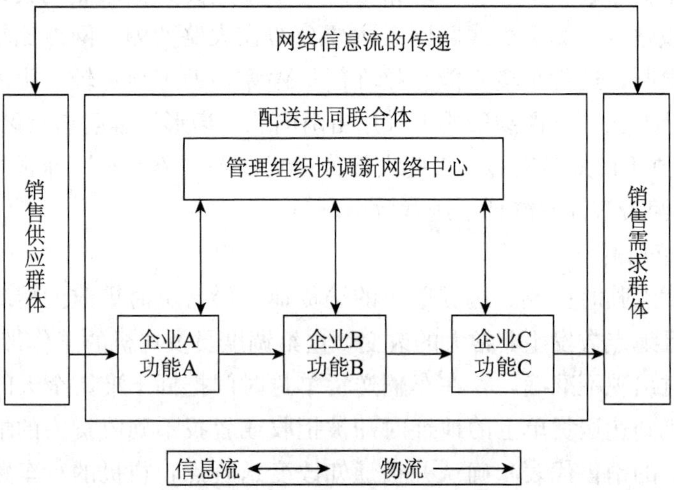

图 2-7　城市共同配送模式示意

城市物流共同配送是以物流资源合并为基础的，根据物流资源合并的主要方式可将城市物流共同配送组织方式分为运力合并型和物流节点合并型两大类。

1. 运力合并型

运力合并是指根据车辆的运输能力进行统筹分派，使不同来源或欲运往不同目的地的货物，能装载于同一辆车进行配送，并在配送时间、数量、次数、路线等方面做出最优的安排。运力合并型具体有三种典型运作模式：搭载配送、回程运输、“一对多”配送。

2. 物流节点合并型

物流节点合并是指将不同来源的货物运送至某物流节点（物流配送中心等城市货物转运点），再依据货物目的地的不同进行分类，将同一目的地的各种货物装载于同一车辆进行配送。物流节点合并型有三种具体运作模式：交换配送、设置公共物流基地、集中配送。

共同配送能够实现配送规模效益，提高配送效率，降低配送成本，增强服务质量。共同配送实现了车辆的高实载率，减少运输车辆的数量，缓解城市交通压力，减少污染和对城市资源的占用。

2.8.2.2　案例：7-11 的共同配送

共同配送是指“由多个企业联合组织实施的配送活动”。最早来源于日本的连锁便利店 7-11（Seven—Eleven）。早期日本 7-11 的供应商都有自己特定的批发商，每个批发商一般都只代理一家供应商的货物，如图 2-8 所示。供应商 A 只给批发商 a 发货，供应商 B 只给批发商 b 发货，供应商 C 只给批发商 c 发货，供应商 D 只给批发商 d 发货。批发商（批发商 a，b，c，d）不仅是连接 7-11 门店及其供应商（供应商 A，

B，C，D）之间的纽带，同时也肩负着传递 7－11 门店和供应商之间的货物、信息和资金的责任。在这种配送模式下，批发商就相当于 7－11 门店的配送中心，它所要做的就是把供应商手中的产品迅速有效地运送到 7－11 手中。

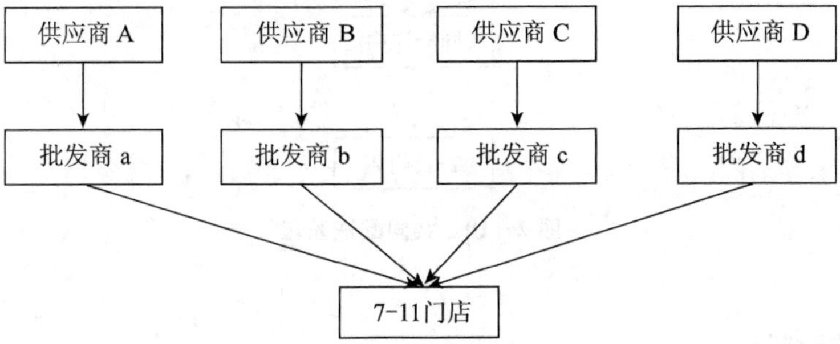

图 2－8　单个批发商阶段

随着 7－11 便利店销售额的增大，其货物的需求也日渐增多，规模也逐渐扩大，起初那种单个批发商零散式的配送已经无法满足 7－11 的需要。于是，7－11 开始和批发商及部分生产商合作，建立了统一的集约化配送和进货系统，如图 2－9 所示。7－11 将以往的各零散批发商整合起来，形成统一的特定批发商，货物再由特定批发商运送到各个 7－11 门店。在此，特定批发商充当着配送中心的角色。它既是供应商和 7－11 门店的货物传递桥梁，也是信息传递的重要纽带。在这种集约化配送系统之下，7－11 摒弃了以往由多家批发商分别向各个便利店送货的方式，改由一家特定批发商在一定区域内统一管理该区城内的同类供应商，然后向 7－11 统一配货。由此，有效地降低了批发商的数量，同时也减少了配送环节，为 7－11 节省了物流费用。

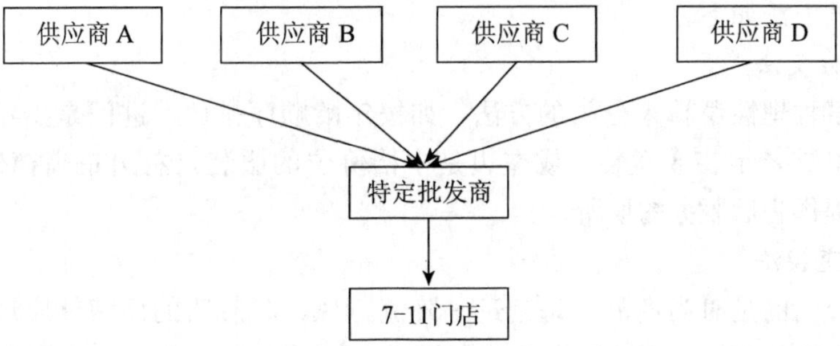

图 2－9　集约化配送阶段

在集约化配送系统经历一段稳定的运营期后，7－11 发觉被称为自己生存命脉的经营信息统统掌握在特定批发商手中。与其将命脉掌握在别人手中，不如掌握在自己的手中。于是，7－11 夺回了配送中心的主动权。它成立了共同配送中心代替了原有的特定批发商，既而随时掌握在途商品、库存货物等情况，如图 2－10 所示配送模式。各个供应商（A，B，C，D）将自己的货物分别运送到共同配送中心，然后由共同配送中心统一配送到各个 7－11 门店中。就这样，共同配送系统浮出了水面。

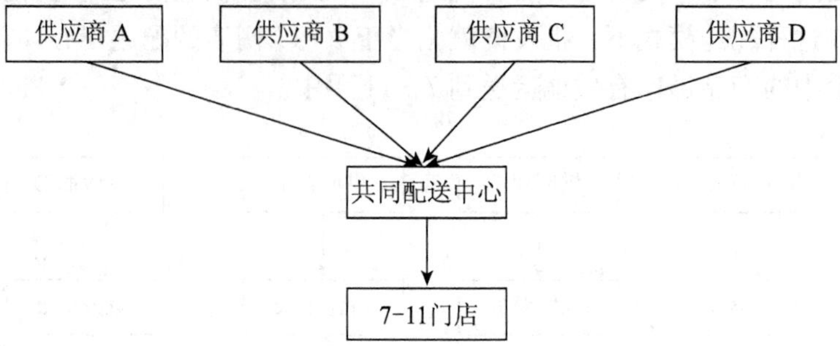

图 2-10　共同配送阶段

思考与讨论

(1) 与传统配送模式相比，共同配送模式的最大优势是什么？

(2) 根据 7-11 连锁便利店的案例，归纳共同配送发展的几个阶段。

(3) 共同配送是配送体系发展的方向，结合案例，谈谈对所在城市共同配送业务发展的看法或建议。

2.8.3　陈列

2.8.3.1　基础知识

陈列（Display）：服装企业在销售过程中，将产品的所有权转给用户的物流活动，是产品从生产地到用户的时间和空间的转移，是以实现企业销售利润为目的，是包装、运输和储存等环节的统一。

服装陈列方法如下。

1. 科学分类法

是按照某种理性逻辑来分类的方法，如按年龄顺序排放，进门是少年装，中间是青年装，最里是老年装或童装，或左边是中档价位的服装，右边是高档价位的服装，最靠里的是提供售后服务的场所。

2. 经常变换法

服装店经营的是时尚商品，每刮过一阵流行风，时装店的面貌就应焕然一新。如果商品没有太大的变化，则可以在陈列、摆设、装潢上做一些改变，同样可以使店铺换一副新面孔，从而吸引顾客前往。

3. 连带方便法

将同一类消费对象所需要的系列用品摆放在一起，或将经常搭配的款式放在一起，可以方便顾客的配套购买，这种组合商品销售的方法称为连带方便法。如将男衬衣、西装和领带、领带夹等摆放在一起，将秋冬外衣与帽子、围巾等摆放在一起。

4. 循环重复法

有些服装样式放在某一位置时间太长，由于光线和周围款式的影响等原因而无人问津，这时可以将它们调换位置，与其他款式的服装重新组合，这样会产生一种新的艺术主题，增加了售出的机会。将里边货架上的衣服移到外面的货架上，则会更加令人注目。通过循环重复，再配以新款式上架，整个服装店就会给人以常变常新的感觉。

5. 衣柜组合法

在每个季节，消费者的衣柜都是一次全新的组合，各种场合、各种用途、各种主题的款式丰富而有序。都市生活节奏的加快，人们更需要衣柜组合设计方面的服务。服装店在组合商品时，不妨利用这一心理，在销售商品的同时也增加一项家政设计方面的服务。组合可分为单人组合、情侣组合、三口之家的组合等。

6. 装饰映衬法

在服装店做一些装饰衬托，可以强化服装产品的艺术主题，给顾客留下深刻的印象。如童装店的墙壁上画一些童趣图案，在情侣装附近摆上一束鲜花，在高档皮草服装店放上一具动物标本。装饰映衬法千万不可喧宾夺主，店员必须清楚自己卖的是什么，以免顾客会问"这束鲜花多少钱"。将名、优、特、新的服装产品摆放在老产品的附近，也能产生一种相互映衬的效果，它似乎能暗示这一展区的产品都不错，但被衬托的产品也不能太差。

7. 模特展示法

除部分传统款式如衬衣等，大多数时装都采用直接向消费者展示效果的方法销售。人们看到漂亮的展示，就会误认为自己穿上也是如此这般的漂亮，这是一种无法抗拒的心理。商店除了吊挂展示和货架摆放展示，还可采用模特展示。一般有人台、假人模特展示，漂亮的营业员也可以充当模特，世界上第一位商业模特就是这样诞生的。

8. 效果应用法

人们进店看到的首先是一种效果，这种效果并非仅仅靠服装款式本身能够形成，其他的很多相关因素都会影响整体效果。如播放音乐、照射灯光、放映录像等，都与服装购买者的心情有关，也与商店的品位、可信度有关。一些大商店设置儿童托管站，最终都是为了销售效果。时装店安装大幅面镜，不仅在视觉上扩大了店铺的空间，也方便了顾客试衣。

9. 曲径通幽法

古人有"曲径通幽处，禅房花木深"的美妙诗句。服装店的货柜布置要有利于顾客的行走，并不断走下去，给人以引人入胜的感觉。对于纵深型的店铺，不妨将通道设计成S形，并向内延伸。对于方矩形场地的店铺，可以通过货架的安排，使顾客多转几圈，不至于进店后"一览无余"，掉头便归。

2.8.3.2 案例：三福百货公司

1992年11月19日，三福百货的前身"融新百货"成立，1994年3月三福百货有限公司正式成立。公司成立伊始即以"顾客、员工、社会"为经营宗旨，为顾客创造价值，为员工创造成长机会，为社会创造财富，始终奉行"顾客第一"的理念，使公司在十余年的时间里稳健、持续发展。经过多年的发展，至2011年12月已拥有华南、华东、华北、华中、西南5个终端大区，在河北、河南、安徽、江西、江苏、上海、山东、浙江、福建、广东、广西、湖北、湖南、重庆、四川、贵州、陕西、山西等 200 个大中城市共计三百余家连锁商店，1 个培训中心，3 个商品配送中心，超万名员工，成为各地休闲服饰零售市场的领导者。为了给顾客提供持续的优质服务，保证产品质量始终如一，也为了避免加盟商良莠不齐给三福百货的品牌形象带来负面影响，三福百货的店铺全部为公司直营店，公司暂时不接受加盟。

公司使命：让年轻人轻松享受时尚生活——easy life easy fashion。

1. 企业陈列部组织机构

三福陈列部是由不同区域划分的，且都受总部陈列总监的管辖，每个大区域都有各自的陈列主管和大区陈列专员，在大区下面又由不同地方的区域专员组成，如图 2－11 所示。

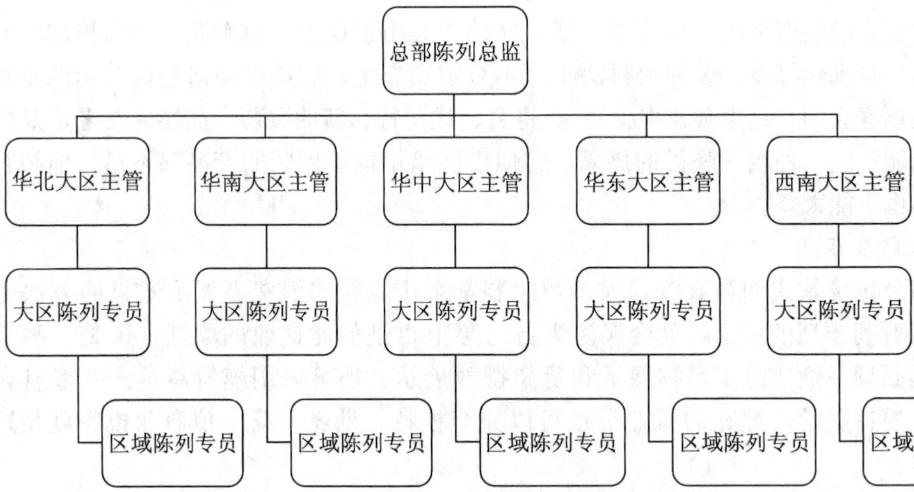

图 2－11　三福陈列部组织机构

2. 合肥步行街 H 店服装陈列

H 店位于合肥市淮河路 272 号新安商场 1 号，是合肥市目前为止规模最大货品种类最多的一家店铺。此店铺一共三层，一楼、二楼为男女装区，三楼主要是一些小饰品专区。总面积约 400m^2。

(1) ABC 分区。

三福对货品的摆放和整体的店面布局尤为重视，主要采取 ABC 分区法。A 区，一般位于进门的两侧，主要用于摆放当季的新品，使得顾客一进店就能发现和了解当季的新品，方便顾客选取，同时促进店铺的销售。B 区，主要位于进门向里走，靠近 A 区的位置。主要摆放当季的主推品和库存量大的商品，当顾客在逛完新品区后，更多的是去看一些当季的主推品，并且 B 区的货品尺码齐全，方便顾客试衣选购。C 区，位于店铺最里端或拐角处或收银台附近，主要用于摆放一些打折和断码商品，此类商品的卖点就是价格低。

以 H 店一楼为例，如图 2－12 所示。

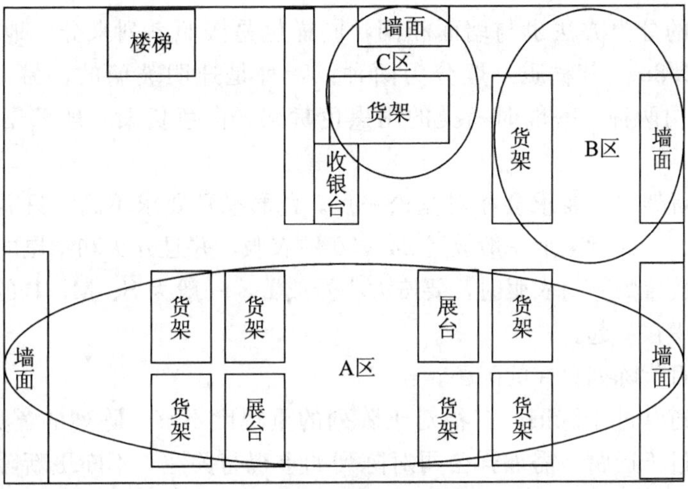

图 2-12 H店一楼布局

(2) 墙面及其布置。

墙面一般按系列来分，分为男装墙面和女装墙面，其中男装有潮品墙面、休闲墙面、都会墙面；女装有时尚墙面、少女墙面、淑女墙面。同时牛仔裤单独有自己的陈列墙面，每个不同系列的墙面其背景颜色与长度都不相同。墙面从上到下都均匀分布着卡槽，方便放层板和挂杆。墙面的大小一般用 A 来衡量，A 的大小一般为长 0.5m、宽 3m。

布置墙面时，一般遵守色系循环的概念，基本循环有 ABAB 和 ABCAB 的方法，在确定主色调后，运用黑白灰的基本色进行搭配，使得整体墙面显得色彩丰富和饱满。在确定好颜色后，要注意衣服的大小，尽量保持衣服的长度一致不能相差太多。同时层板上如果放叠装，叠装的数量高度要保持一致，其颜色一般要与正挂的颜色呼应。层板上也可以放一些搭配品，一般有背包、帽子和一些指定的装饰品，但是搭配品不能超出墙面基线，使得整体墙面更加饱满。在墙面的衣服调整好后，要对射灯进行调节，使得灯光打在正挂的胸口处。

(3) 展台及其布局。

展台的分类与墙面是一样的，也是按照系列来分。展台的大小一般都为长 1.5m、宽 0.5m，材质一般也分为两种：一种为木质的，另一种为铁质的。一般只有淑女区和都会区展台为木质的，其余一般都为铁质的。

布置展台时，首先要联系买手，确定当季的主推品，因为展台主要是用于展示当季的新品和主推品的，方便顾客了解主推品的每季变化。在确定主推品后，要确定展台的主色调与相关搭配色，然后先把展台的模特的服装穿好，再根据模特的衣服款式和颜色在展台上做叠装和相应的平铺，最后再找一些相关搭配品做点缀。在做叠装时，高度和件数要保持一致，同时每一组叠装必须是同款同色，不能穿插别的颜色在同一组叠装中。模特所穿的衣服和款式也要起到相互呼应，没有的颜色元素可以用搭配品点缀。

（4）地面货架简介和布置。

地面货架的分类方法也与墙面相同，同样也是按照系列来分。地面货架一般长为2m，高为0.8m。其材质一般分为两种：一种是透明玻璃的，另一种为铁质的，颜色一般有黑白两种。一般时尚类的用黑色货架，白色货架一般都用在淑女和都会的专区。

布置地面货架时，要求会相对宽松一点。色彩循环要求不高，只需要相互岔开即可。在数量上，一面货架上一般放置24～30件衣服，并且开头和结尾的一组衣服都要朝向外部。在放置每一组衣服时，要按大小号放置，一般为S、M、L的顺序，同时尽量发同款的集中在一起。

（5）三福百货陈列存在的问题。

①陈列的道具过于陈旧。三福对于陈列的重视度不够，陈列的道具都过于陈旧，给人感觉陈列过于迂腐。需加强公司对陈列的重视与关注，不断更新陈列的道具，给人一种不断创新的感觉。例如，经常出现将冬天的帽子用来搭配春秋服饰，虽然颜色搭配没有错误，但是没有考虑季节的因素。同时会令顾客感觉店铺整体跟不上时尚潮流。

②库存常常被忽略。在陈列的过程中，库存的问题常常成为被忽略的一个问题。陈列的目的是为了销售，库存量大的货品应被更加重视陈列，所以三福在陈列过程中，应更重视库存量的因素。在三福经常会出现一个现象，仓库货品堆积太大，而商场所陈列的货品太少，会导致货品积压的问题。

③陈列手法过于单一。在商品的陈列过程中，陈列的商品过于单一，服装的陈列款式应尽量不要重复出现，才能使得整体看起来更加饱满，体现出卖场货品充足的效果。例如，橱窗的模特运用的搭配品太少，导致很多色彩点缀不全，使得整体橱窗过于单调，让顾客一进门就没有特别强的购物欲望。

④店铺人员执行能力有待提高。提高店铺人员的执行能力也是尤为重要的，当陈列人员把每一期的模板发到店铺时，店铺的人员在执行模板时经常会出现错误，所以企业要加强店铺人员的陈列执行能力。例如，在陈列专员将陈列模板发到店铺时，店铺人员很难按照模板来执行，与模板有很大差距。

（6）优化三福百货的陈列。

①与时俱进更新陈列道具。对陈列的道具不断更新，根据每个季度的主推品更新相关的陈列道具，同时随着流行的趋势更新陈列的道具。例如，根据不同的季节和节日更新陈列的道具，如在春节时布置一些对联和纸质的鞭炮做陈列，突出节日的气氛。

②考虑库存进行陈列。在陈列商品前，应看清店铺的库存量，尽量对库存堆积大的物品进行陈列，这样可以更好地减小库存的堆积，提升销售效率。例如，在新品刚上市时，对库存进行盘点，列出上季度留下的库存量大的货品，再根据其数据对相关货品进行重点陈列。

③提升陈列专员的能力。由于陈列是根据服装的流行趋势不断改变的，所以陈列专员需要不断学习新的陈列手法和新的流行趋势。在部门内部加强交流，互相学习优

点，同时企业需要加强陈列培训，提升陈列专员的陈列技巧和手法。如在公司建立一个模板交流平台，将所有陈列专员所做的陈列设计全都放在上面，供所有陈列专员查看，让大家相互学习、取长补短。

④加强店铺人员的培训。企业应定期让大区陈列专员和主管对店铺人员进行陈列培训，加强店铺人员与陈列相关的能力。同时，定期让企业的陈列专员对店铺人员的陈列能力进行考核，发现店铺人员所存在的相关问题，可以促进店铺人员提高陈列的相关能力。

思考与讨论

(1) 查阅相关资料，谈谈陈列流程。

(2) 针对三福百货陈列存在的问题，结合自己的生活体验提出具体的对策或建议。

2.9 物流合同

2.9.1 基础知识

物流合同（Logistics Contract），是物流服务合同的简称，有狭义和广义之分。狭义的物流合同，是指第三方物流企业与其他企业约定，由第三方物流企业为后者进行物流系统设计，以及负责后者整个物流系统的管理和运营，承担系统运营责任，由后者向前者支付物流服务费用的合同。广义的物流合同，是指第三方物流企业与其他企业约定，由第三方物流企业为后者提供全部或部分的物流服务，而由后者向前者支付报酬的合同，不仅包括狭义的物流服务合同，还包括单纯的货物运输合同、仓储合同，以及运输合同和仓储合同等的混合合同。

物流合同的订立，法律上可以划分为要约和承诺两个阶段。要约是指希望和他人订立合同的意思表示，包括所欲订立物流服务合同的基本内容；承诺是受要约人同意要约的内容缔结的意思表示。

物流合同应包括下列条款：第一，当事人的名称或者姓名和住所；第二，服务范围和内容；第三，合作方式和期限；第四，双方具体权利和义务；第五，服务应达到的指标；第六，实物交接和费用的结算和支付；第七，违约和解约的处理；第八，争议的解决方法。

第三方物流合同（the Third Party Logistics Contracts）：物流服务的需求方与提供第三方物流服务的提供商之间签订的设立、变更、中止权利义务关系的协议。

运输合同（Transportation Contracts）：承运人将旅客或者货物从起运地点运输到约定地点，旅客、托运人或者收货人支付票款或者运输费用的合同。

保管合同（Storage Contracts）：保管人保管寄存人交付的保管物，并返还该物的合同。

仓储合同（Warehousing Contracts）：保管人储存存货人交付的仓储物，存货人支付仓储费的合同。

委托合同（Commission Contracts）：委托人和受托人约定，由受托人处理委托人事务的合同。

承揽合同（Contracts for Work）：承揽人按照定作人的要求完成工作，交付工作结果，定作人给付报酬的合同。

索赔（Claim for Damages）：承托双方中受经济损失方向责任方提出赔偿经济损失的要求。

理赔（Settlement of Claim）：承托双方中责任方对受经济损失方提出的经济赔偿要求的处理。

原产地证明（Certificate of Origin）：出口国（地区）根据原产地规则和有关要求签发的，明确指出该证中所列货物原产于某一特定国家（地区）的书面文件。

进出口商品检验（Import and Export Commodity Inspection）：对进出口商品的种类、品质、数量、重量、包装、标志、装运条件、产地、残损及是否符合安全、卫生要求等进行法定检验、公证鉴定和监督管理。

海关估价（Customs Ratable Price）：一国海关为征收关税，根据统一的价格准则，确定某一进口（出口）货物价格的过程。

第三方物流（the Third Party Logistics）：接受客户委托为其提供专项或全面的物流系统设计以及系统运营的物流服务模式。

第三方物流通常涉及的三类主体：物流经营人、物流需求者、物流业务的实际履行方。

第三方物流合同各主体之间的关系如图 2－13 所示。

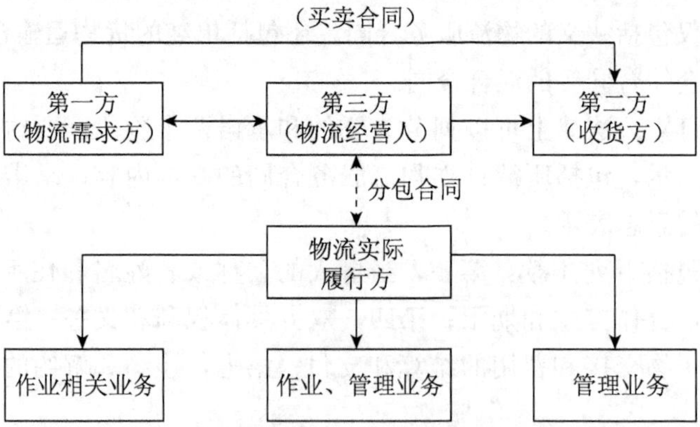

图 2－13　第三方物流各主体之间的关系

第三方物流合同的特征：双务合同、有偿合同、要式合同。

《合同法》第 304 条规定：托运人办理货物运输，应当向承运人准确表明收货人的名称或者姓名或者凭指示的收货人，货物的名称、性质、重量、数量，收货地点等有关货物运输的必要情况。

2.9.2 案例：物流运输合同中非保值运输赔偿条款的效力认定①

1. 案情

2013 年 9 月 11 日，五莲县某物流公司为王某承运一箱十字绣，从五莲至临沂，双方签订了《物流业务运单》，王某交纳运费 50 元，同时还约定代收货款 26500 元。该运单中关于赔偿办法约定：①投保保价运输的，按实际损失赔偿，损失超过保价额的按保价额赔付；②不投保保价运输的，无论损失低于 500 元的，还是损失高于 500 元的，按单件货物运输费用的 10 倍来赔偿，最高赔偿金额为 500 元。王某未选择保价运输。当日，王某将十字绣一箱交由物流公司运输，货物在运输途中丢失。王某诉至法院，请求判令物流公司赔偿其损失 26500 元。物流公司以其未选择保价运输为由，主张应赔其损失 500 元。

2. 分歧

对王某的损失物流公司应如何承担赔偿责任，存在两种不同意见。

第一种意见认为，在商事纠纷中，应遵循当事人意思自治原则，有约定按约定，不保值运输所交纳的运费低，保值运输交纳的运费高。王某选择了不保值，就应承受不保值的后果，物流公司应赔偿其损失 500 元。

第二种观点认为，无论保值还是不保值运输，承运人都负有安全运输的义务。如果按照 500 元赔付，承运人的安全运输的责任就不可能真正存在。物流公司提供的格式条款中关于非保值条款的约定免除了物流公司的主要义务，系无效条款，故物流公司应赔偿其损失 26500 元。

思考与讨论

(1) 通常说的物流合同为第三方物流合同，第三方物流合同与民商事合同的异同有哪些？

(2) 根据法律法规知识，你认为案例中的两种意见合理或不合理的原因是什么？

(3) 谈谈你对案例中不同意见的考虑。如何从法律角度解决该问题？

2.10 物流成本

2.10.1 基础知识

物流成本（Logistics Cost)：物流活动中所消耗的物化劳动和活劳动的货币表现。一般地，物流成本是物品空间位移（包括静止）过程中所耗费的各种劳动的货币表现，包括物品在实物运动过程中如包装、装卸、搬运、运输、储存、流通加工、物流信息等各个环节所支出的人力、物力、财力的总和。

① 郑淑梅．物流运输合同中非保值运输赔偿条款的效力认定［EB/OL］．http：//www.chinacourt.org/article/detail/2014/02/id/1215737.shtml［2016－05－30］．

存货成本（Inventory Cost）：因存货而发生的各种费用的总和，由物品购入成本、订货成本、库存持有成本等构成。

仓储费用（Warehousing Fee）：存货人委托保管人保管货物时，保管人收取存货人的服务费用，包括保管和装卸等各项费用；或企业内部仓储活动所发生的保管费、装卸费以及管理费等各项费用。

物流成本管理（Logistics Cost Control）：对物流活动发生的相关费用进行的计划、协调与控制。

效益背反（Trade Off）：一种活动的高成本，会因另一种物流活动成本的降低或效益的提高而抵消的相互作用关系。

物流作业成本法（Logistics Activity－based Costing）：以特定物流活动成本为核算对象，通过成本动因来确认和计算作业量，进而以作业量为基础分配间接费用的物流成本管理方法。

物流成本管理的具体内容包括：物流成本预测、物流成本决策、物流成本计划、物流成本控制、物流成本分析、物流成本核算和物流成本检查等。

物流成本预测是根据有关成本数据和企业具体的发展情况，运用一定的技术方法，对未来的成本水平及其变动趋势做出科学的估计。

物流成本决策是在成本预测的基础上，结合其他有关资料，运用一定的科学方法，从若干个方案中选择一个满意的方案的过程。

物流成本计划是根据成本决策所确定的方案、计划期的生产任务、降低成本的要求以及有关资料，通过一定的程序，运用一定的方法，以货币形式规定计划期物流各环节耗费水平和成本水平，并提出保证成本计划顺利实现所采取的措施。

物流成本控制是根据计划目标，对成本发生和形成过程以及影响成本的各种因素和条件施加主动的影响，以保证实现物流成本计划的一种行为，包括物流成本的事前控制、事中控制和事后控制。物流事前成本控制活动主要有物流配送中心的建设控制，物流设施、设备的配备控制，物流作业过程改进控制等。物流成本的事中控制是对物流作业过程实际劳动耗费的控制，包括设备耗费的控制、人工耗费的控制、劳动工具耗费和其他费用支出的控制等方面。成本的事后控制是通过定期对过去某一段时间成本控制的总结、反馈来控制成本。

物流成本分析是在成本核算及其他有关资料的基础上，运用一定的方法，揭示物流成本水平的变动，进一步查明影响物流成本变动的各种因素。

物流总成本分析（Total Cost Analysis）：判别物流各环节中系统变量之间的关系，在特定的客户服务水平下使物流总成本最小化的物流管理方法。

物流成本管理的方法包括：

第一，物流成本横向管理法。物流成本横向管理是对物流成本进行预测和编制计划。物流成本预测是在编制物流计划之前进行的，它是在对本年度物流成本进行分析、充分挖掘降低物流成本潜力的基础上，寻求降低物流成本的有关技术经济措施，以保证物流成本计划的先进性和可靠性。

第二，物流成本纵向管理法。物流成本纵向管理是对物流过程的优化管理。①用线性规划、非线性规划制订最优运输计划，实现物品运输优化物流过程中遇到最多的是运输问题，具体线性规划运输问题可以采用单纯型法和表上作业法；②运用系统分析技术，选择货物最佳的配比和配送线路实现货物配送优化，具体方法是节约里程法；③运用存储论，确定经济合理的库存量，实现物资存储优化。具体方法有经济订购批量模型。

第三，物流成本计算方法。作业成本法的理论基础是成本因素理论，即企业间接制造成本的发生是企业产品生产所必需的各种作业所“驱动”的结果，其发生额的多少与产品产量无关，而只与“驱动”其发生的作业数量相关，成本驱动因素是分配成本的标准。

作业成本法的基本原理是，根据“作业耗用资源，产品耗用作业；生产导致作业的产生，作业导致成本的发生”的指导思想，以作业为成本计算对象，首先依据资源动因将资源的成本追踪到作业，形成作业成本，再依据作业动因将作业的成本追踪到所示产品，最终形成产品的成本。

作业成本法核算程序包括：①确认各项作业的成本动因。②对作业进行筛选整合，建立作业中心及作业成本库。先对各项作业进行确认，确认的方法主要有业务职能活动分解法、过程定位法、价值链分析法和作业流程图分析法等。其中业务职能活动分解法，是将企业各业务职能部门的活动进行分解，确定每一个部门应完成的作业有几种、多少人参与该项作业以及作业耗费的资源；作业流程图分析法，是通过绘制作业流程图来描述企业各部门的作业以及它们之间的相互联系，以便确定完成特定业务所要求的各项作业、各项作业所需要的人员以及所要消耗的时间。在确认作业的基础上，对作业进行筛选与整合，确保最后可设计出特定而有效的作业中心。③依据资源动因，将各项作业所耗费的资源追踪到各作业中心，形成作业成本库。④根据产品对作业的消耗，将成本分给最终产品，计算产品成本。当成本归集到各作业中心的作业成本库后，应按作业动因及作业成本额计算出作业成本的分配率，并按不同产品所消耗的作业量的多少分配作业成本，最终计算出产品应承担的作业成本。

2.10.2 案例：美国的物流成本

美国的物流成本主要由三部分组成：一是库存费用；二是运输费用；三是物流管理费用。其中，运输成本比例大体保持不变，而库存费用比重降低是导致美国物流总成本比例下降的主要原因。宏观上，美国物流成本包括的三个部分各自有其测算的办法。

库存费用是指花费在保存货物的费用，除了包括仓储、残损、人力费用及保险和税收费用外，还包括库存占压资金的利息。其中利息是当年美国商业利率乘以全国商业库存总金额得到的。把库存占压的资金利息加入物流成本，这是现代物流与传统物流费用计算的最大区别，仓储成本数字既包括公用仓库，也包括私人仓库。

运输费用是基于伊诺运输基金会出版的年度运输丛书得到的货运数据。运输成本包括公路运输、其他运输方式与货主费用。公路运输包括城市内运送费用与区域间卡车运输费用。其他运输方式包括：铁路运输费用、国际国内空运费用、货代费用、油气管道运输费用。货主方面的费用包括运输部门运作及装卸费用。

物流管理费用，是按照美国的历史情况由专家确定一个固定比例，乘以库存费用和运输费用的总和得出的。美国的物流管理费用占物流总成本的比例大体在40％左右。

降低物流成本是提高效益的重要战略措施。物流成本中运输部分的比例大体不变，减少库存支出是降低物流费用的主要来源，减少库存支出就是加快资金周转、压缩库存。库存支出不仅仅是仓储的保管费用，更重要的是要考虑它所占有的库存资金成本，即库存占压资金的利息，甚至还应该考虑因库存期过长而造成的商品贬值、报废等代价，尤其是产品周期短、竞争激烈的行业，如电子、家电等。

思考与讨论

(1) 了解不同产品制造企业的工厂物流成本构成项目及其比例。

(2) 了解家电第三方物流企业的物流成本构成项目及其比例。

(3) 了解轮胎第三方物流企业的物流成本构成项目及其比例。

(4) 了解快速消费品第三方物流企业的物流成本构成项目及其比例。

2.11 物流服务管理

2.11.1 基础知识

物流服务（Logistics Service）：为满足客户需求所实施的一系列物流活动产生的结果。从客户的角度看，物流服务是供应链过程管理的产物，物流服务水平是衡量物流系统为客户创造的时间和地点效用能力的尺度。从过程管理的观点看，物流服务是通过节省成本费用为供应链提供重要的附加价值的过程。

一体化物流服务（Integrated Logistics Service）：根据客户需求对物流项目进行全过程、多功能的服务。

增值物流服务（Value－added Logistics Service）：在完成物流基本功能的基础上，根据客户需求提供的各种延伸业务活动。

物流客户服务（Logistics Customer Service）：工商企业为支持其核心产品销售而向客户提供的物流服务。

帕累托定律（Pareto’s Law）：样本总体中的大多数事件的发生源于为数不多的几个关键因素，又称20/80法则。

2.11.2 案例：汽车接送车服务招投标

某汽车股份公司发布汽车接送车服务公告，招标第三方物流企业进行区域配送，配送范围划分为六大片区（区域）即六个标段（见表2-17）。

表 2-17 送车区域划分

<table>
<tr><th>标段划分</th><th>销售主要分公司</th><th>地点</th><th>销售片区</th></tr>
<tr><td rowspan="9">第一标段
（第一片区）</td><td rowspan="9">东北
（西北）
（华北）</td><td>黑龙江</td><td>东北</td></tr>
<tr><td>吉林</td><td>东北</td></tr>
<tr><td>辽宁</td><td>东北</td></tr>
<tr><td>甘肃</td><td>西北</td></tr>
<tr><td>宁夏</td><td>西北</td></tr>
<tr><td>青海</td><td>西北</td></tr>
<tr><td>陕西</td><td>西北</td></tr>
<tr><td>内蒙古</td><td>华北</td></tr>
<tr><td>山西</td><td>华北</td></tr>
<tr><td rowspan="4">第二标段
（第二片区）</td><td rowspan="4">华北
（冀鲁）
（华东）</td><td>北京</td><td>华北</td></tr>
<tr><td>天津</td><td>华北</td></tr>
<tr><td>河北</td><td>冀鲁</td></tr>
<tr><td>江苏</td><td>华东</td></tr>
<tr><td rowspan="4">第三标段
（第三片区）</td><td rowspan="4">东南
（华东）
（皖赣）</td><td>福建</td><td>东南</td></tr>
<tr><td>浙江</td><td>东南</td></tr>
<tr><td>上海</td><td>华东（重卡部分）</td></tr>
<tr><td>江西</td><td>皖赣</td></tr>
<tr><td rowspan="4">第四标段
（第四片区）</td><td rowspan="4">华南
（新疆）</td><td>广东</td><td>华南</td></tr>
<tr><td>广西</td><td>华南</td></tr>
<tr><td>海南</td><td>华南</td></tr>
<tr><td>新疆</td><td>新疆</td></tr>
<tr><td rowspan="4">第五标段
（第五片区）</td><td rowspan="4">华中
（冀鲁）</td><td>河南</td><td>华中</td></tr>
<tr><td>湖北</td><td>华中</td></tr>
<tr><td>湖南</td><td>华中</td></tr>
<tr><td>山东</td><td>冀鲁</td></tr>
<tr><td rowspan="6">第六标段
（第六片区）</td><td rowspan="6">西南
（皖赣）</td><td>贵州</td><td>西南</td></tr>
<tr><td>四川</td><td>西南</td></tr>
<tr><td>云南</td><td>西南</td></tr>
<tr><td>重庆</td><td>西南</td></tr>
<tr><td>西藏</td><td>西南</td></tr>
<tr><td>安徽</td><td>皖赣</td></tr>
<tr><td>说明</td><td colspan="3">①上述区域包括汽车公司同一地生产的重卡、轻卡、大客户终端、现有经销商和出口车口岸所在地；
②各个片区在人力资源紧缺和管理不到位的情况下，为了确保送车时效，汽车公司有权对资源进行统一调度（具体内容按合同）</td></tr>
</table>

服务要求：提供从汽车公司到达以上各城市将商用车送到客户手中期间的服务，具体服务要求如表 2-18 所示。

表 2-18　　服务项目

序号	服务项目	备注
1	提供将来配送范围内的配送服务送达时限	
2	必须符合商用汽车接送服务产品储存的要求，不得与其他货物同存、同运	
3	车况良好，干净，符合运输要求	
4	配送系统开放时间为：365（天/年）×24（小时/天）	
5	送达时间计算公式：(送达时间单位以天数计，公式中数字运算取整数且满足四舍五入法则) 送达时间=1（天）+（行程公里数/400）+1（天） 行程公里数指从出发地到目的地的实际公里数	

服务指标见表 2-19，物流服务商必须列明是否响应。

表 2-19　　服务指标

指标	服务水平	备注	比率
计划执行率	是否满足	(按时执行订单数/收到的订单总数）×100%	100%
订单准时完成率	是否满足	(准时到货的订单数/收到的订单总数）×100%	≥96%
安全送达率	是否满足	(全年安全送达台数/全年承运台数）×100%	>99.8%
客户投诉率	是否满足	(年投诉的订单数/年配送订单总数）×100%	<8‰
客户投诉的回应时间	≤1 小时	从接到投诉至有效回复	>99%
出库时效	是否满足	接单后出库控制在 8 小时以内	100%

注：配送过程中发生的货损，承运商必须按照产品出厂价全额赔偿。

承运产品完好送达标准见表 2-20。其他要求：①签订合同地点：招标人所在地；②中标人须向招标人缴纳 300 万元风险金；③中标人须承诺“驾驶员阳光约定”，以便维护驾驶员合法权益，列明驾驶员送车价格表。

表 2-20　　送达标准

序号	标准	具体内容
1	车身外观及产品完好送达标准	车身外观及产品完好送达标准须符合招标人验收标准
2	目的地交付标准	承运单据必须有“签收方签名，收货时间，注明产品无缺损等”，确定后，才能作为有效结算凭据；所有标准要求符合招标人验收标准
3	服务产品	重卡、轻卡、专用车等整车
4	资质条件	物流运输服务商资质条件

评标办法：评标委员会对投标人的投标文件各有关内容进行综合计分评审，并按照投标人经评审最后得分（累计得分）情况从高到低对其进行排序，经评审最后得分最高者列第一名，经评审最后得分次高者列第二名计得分，依此类推，经评审最后得分最低者列最后一名。

（1）按排序结果，第一名获得第一优选权，可以从 6 个标段中选取一个（仅此一个）标段作为该标段的中标候选人，且该标段将不再出现在后续供其他中标候选人逐次选择标段的抽取范围内。

（2）按排序结果，第二名获得第二优选权，可以从余下 5 个标段中选取一个（仅此一个）标段作为该标段的中标候选人，且该标段将不再出现在后续供其他中标候选人逐次选择标段的抽取范围内。

（3）按排序结果，第三名获得第三优选权，可以从余下 4 个标段中选取一个（仅此一个）标段作为该标段的中标候选人，且该标段将不再出现在后续供其他中标候选人逐次选择标段的抽取范围内。

（4）按排序结果，第四名获得第四优选权，可以从余下 3 个标段中选取一个（仅此一个）标段作为该标段的中标候选人，且该标段将不再出现在后续供其他中标候选人逐次选择标段的抽取范围内。

（5）按排序结果，第五名获得第五优选权，可以从余下 2 个标段中选取一个（仅此一个）标段作为该标段的中标候选人，且该标段将不再出现在后续供其他中标候选人逐次选择标段的抽取范围内。

（6）依次类推，按排序结果，第六名获得第六优选权，可以从余下一个标段进行选取作为该标段的中标候选人。

补充说明：第一，若投标人自身放弃选择权所造成的损失，投标人自行负责。同时，招标人对此所产生的未被选择的标段有权依法自行处理其经营权。第二，投标经评审最后得分如出现得分相同时，则比较投标人商务标得分情况，商务标得分高者优先。若投标人商务标得分亦相同，则评比其技术标、物流服务方案设计得分情况，得分高者优先。若投标人技术标、物流服务方案设计得分亦出现相同情况，则评比其技术标、服务具体指标得分情况，得分高者优先。以下所有计算分值按四舍五入法保留 1 位小数。

评分标准：本次招标按 6 个标段报价，分标段确定中标候选人，具体标准见表2-20。

（1）评分标准一览表（见表 2-21）。

表 2-21　　　　评分标准

序号	评分项目	最高分值	备注
1	服务指标	47 分	对招标文件管理指标的响应
2	物流服务方案设计	50 分	对总体方案合理性、适用性进行评判
3	商务标	15 分	计算方法：附后
评审最后得分（1+2+3）		满分 112 分	

（2）服务指标（47 分）（见表 2－22）。

表 2－22　　　　　　　　　　服务指标

序号	服务指标名称	分值	管理指标具体内容
1	送达时限	2 分	提供将来配送范围内的配送服务送达时限
2	符合产品运输特性	1 分	必须符合商用汽车接送服务产品储存的要求，不得与其他货物同存、同运
3	系统开放时间	1 分	配送系统开放时间：365 天/年×24 小时/天
4	服务指标		满分 10.5 分（具体分配如下）
	①计划执行率	2 分	承诺计划执行率达到 100%
	②订单准时完成率	2 分	承诺订单准时完成率≥96%
	③安全送达率	2 分	安全送达率＞99.8%
	④客户投诉率	3.5 分	承诺客户投诉率＜1%
	⑤客户投诉的回应时间	1 分	承诺从接到投诉至有效回复＜1 小时
5	仓储停车用地	满分 11.5 分	①企业自有办公场所 $100m^2$ 以上，且在仓储场地内者（须提供相关证明文件、土地证）得 3 分；自有办公场所在仓储场地外者得 1.5 分； ②企业租用办公场所 $100m^2$ 以上，且在仓储场地内者（须提供相关证明文件、土地证）得 2 分；租用办公场所在仓储场地外者得 0.5 分； ③企业仓储停车场地自有 15 市亩者（须提供相关证明文件、土地证）得 3 分； ④企业仓储停车场地自有超过 15 市亩者（须提供相关证明文件、土地证）得 4 分； ⑤企业仓储停车场地租用 15 市亩者（须提供相关证明文件、土地证）得 2 分； ⑥企业仓储停车租用超过 15 市亩仓储停车用地（须提供相关证明文件、土地证）得 2.5 分； ⑦仓储停车用地距离招标人发车点 3km 以内者得 2 分（须提供相关证明文件）； ⑧仓储停车用地距离招标人发车点 3km 以外者得 1.5 分（须提供相关证明文件） （说明：上述办法未达标者，按零分计）

续 表

序号	服务指标名称	分值	管理指标具体内容
6	物流服务商资质条件	满分15分	①企业必须具备独立法人资格，注册资本金在50万元者得1分；注册资本金在200万元及以上者得1.5分（附相应证明文件）； ②企业组织机构及人员配备完整者得3分（附相应证明文件）； ③企业法人、企业总经理、企业安全负责人三位主要管理人员具备大专及以上文化者得3分（每位管理人员相应得分配1分）（附相应证明文件）； ④从业人员具备200人及以上者得2分（提供花名册，且附带身份证号及证书复印件、驾驶证号及证书复印件）；不能满足者得1分； ⑤企业提供道路经营运输许可证、组织机构代码、营业执照、税务登记证相关证明材料，齐全者得4分（每证书相应得1分）； ⑥企业具备自有承运商用车运输车辆者得1.5分（须提供相关证明文件）
7	出库时效	1分	接单后出库控制在8小时以内
8	承诺函	满分5分	①承诺提供保质保量和高效的服务涵盖7天/周×24小时/天服务（包括节假日）者得1分； ②承诺具有流畅的信息沟通渠道，且配有能够对商品车进行准确定位的信息监控系统者得1分； ③承诺具备抗风险能力和质量保障能力，承担在运输过程中造成的损失，并负责保险索赔，且保险缴纳由招标人负责者得1分； ④承诺商品车出库交验检查标准者得1分； ⑤承诺按“商品车运输合同”签订者得1分

（3）物流服务方案设计（50分）。

评标委员会根据投标人方案设计内容及10分钟答辩内容的准确性、可行性、流畅性和合理性给予评分。①总体方案。总体方案必须体现符合本次项目特点，并具备针对性的方案设计，涵盖项目管理实施、组织配合、人员安排、日程安排等具体内容。②列举成功案例。③提供好的建议。

（4）商务标评分标准（15分）。

①下述计算数字均按小数点后保留1位计取，四舍五入；②投标报价金额统一单位以万元计，计算数字小数点后保留1位，四舍五入。

商务标评分办法如下。

①招标人设6个标段（片区域）的控制价A值。控制价为该标段的最低投标价。

该控制价由招标中心于开标前公布所有投标人。

②对投标人投标报价B值等于或高于控制价A值的投标人，视为有效投标人。用所有有效投标人所报报价B值取平均值C值（C值按小数点后保留1位计），再用各有效投标人的报价B值与平均值C值相差，取绝对值（H值）（H值按小数点后保留1位计），绝对值（H）按从小到大排序。具体排名办法如下：

绝对值（H）最小者得最高分15分列第一名；

绝对值（H）大于第一名分值且和余下5家相比数值最小者列第二名，得分14分；

绝对值（H）大于第一、第二名分值，且和余下4家相比数值最小者列第三名，得分13分；

绝对值（H）大于第一、第二、第三名分值，且和余下3家相比数值最小者列第四名，得分12分；

绝对值（H）大于第一、第二、第三、第四名分值，且和余下2家相比数值最小者列第五名，得分11分；

绝对值（H）数值最大者列第六名，得分10分。

上述办法以每差额1位名次，递减1分计。

③对投标人投标报价有任何一片区报价低于控制价的投标人，其商务标得零分，若其中标，按相应标段的控制价签订合同，否则视为自动放弃。

（5）投标人得分说明。

所有评委的评分部分均去掉五位评委打分中的最高分和最低分后，以平均值为评委评定该投标人最后得分，分值小数点后采取四舍五入保留1位小数。

思考与讨论

（1）现行招投标有哪些法律规定？

（2）投标书应包括哪些内容？

（3）登录中国物流网，根据一个企业发布的招投标公告，编制一份标书。

2.12 物流招投标

2.12.1 基础知识

物流招标（Logistics Bidding）：招标方根据自己的物流服务需求提出一定的标准和条件，向潜在的物流服务供应商发出投标邀请的行为。

物流投标（Logistics Bidding）：投标人寻找并选取合适的投标信息，在同意并遵循招标方核定的招标文件的各种规定和要求的前提下，提出自己的投标文件，以期通过竞争为招标方选中的交易过程。

业务外包（Outsourcing）：企业为了获得比单纯利用内部资源更多的竞争优势，将其非核心业务交由合作企业完成。

招标书（Bidding Documents）：招标人向投标人提供的为进行投标工作而告知和要求性的书面材料。

投标书（Bidding Documents）：投标单位按照招标书的条件和要求，向招标单位提交的报价并填具标单的文书。

物流项目招标基本方式：公开招标（竞争性招标）、邀请招标（选择性招标）、议标（谈判招标或限制性招标）。

物流项目招标书的招标文件，一般包括以下几个部分：①招标邀请书、投标人须知；②招标方的企业介绍和发展历程；③物流服务招标范围和不在招标范围的说明；④计划的招标程序和时间表，如物流公司的第一次预选，签订保密协议、送达招标书等直到第一次服务操作开始；⑤产品目录表、产品标识说明；⑥产品的年产量和有关重要数据表、库存水平表；⑦物流服务的详细操作要求、操作流程等；⑧物流服务费用的构成；⑨对招标合同的要求和操作监督；⑩对投标书的要求和招标组织情况。

2.12.2 案例：2015 年度京东西南区绵阳大件承运商招投标①

京东（JD.COM）是中国领先的综合网络零售企业，公司秉承“客户为先”的经营理念，致力于为供应商和卖家提供一个优质的服务平台，为消费者提供丰富优质的产品、便捷的服务、实惠的价格，致力于打造一个受广大用户信赖、喜欢的优质网购平台。京东发布西南区绵阳大件承运商招投标公告，具体内容如下。

1. 招标内容

(1) 招标项目：2015 年度京东绵阳大件配送承运商招标。

(2) 招标承运商数量：2 家。

(3) 承运范围、调拨时限、配送时效要求等如表 2-23 所示。

表 2-23 各项招标要求表

始发地	目的地	调拨时限	配送时效	宅配范围
绵阳游仙区	绵阳	无	211/次日达	绵阳范围内
	德阳、广元	12	次日达	德阳、广元

(4) 提货地点：绵阳游仙区石马镇百胜村丰泰工业园 8 栋京东。

注释：

(1) 宅配：指将客户购买的商品从京东仓库出库后配送到客户家里指定位置的一种配送服务方式。

(2) 表 2-23 内配送时效为最低时效要求，达不到时效要求的标书视为废标。

① 中国物流招标网．西南区绵阳大件承运商招投标公告［EB/OL］．http：//www.clb.org.cn/ZhaoBiaoGongGao/31794.aspx［2016-05-30］．

(3) 时效说明如下：

①211，分为午间 211 和晚间 211。午间 211 指客户在 18：00 至次日 11：00 所下订单必须在当晚 22：00 前完成配送；晚间 211 指客户在 11：00—18：00 所下订单必须在次日晚上 20：00 前完成配送。

②次日达，指客户在当天 18：00（冬季）/20：00（夏季）前所下订单，必须在次日晚上 24：00 前完成配送。

2. 操作要求

投标公司必须承担投标区域的宅配服务，并在标书内体现出具体操作方案。

3. 投标须知

(1) 运输方式告知。

京东大件配送项目运输方式为汽运，仓库所在城市主城区与郊县为宅配。

(2) 合作投标商资质要求。

①具有《营业执照》《组织机构代码证》《税务登记证》《道路运输许可证》《银行开户许可证》。车辆行驶证复印件、法人身份证复印件。以上证件均需加盖公章。

②注册资金在 50 万元（含）以上独立经营的物流与运输公司。

③公司注册年限要求半年以上。

④投标承运商须为一般纳税人或小规模纳税人资质，开具增值税发票，小规模纳税人须扣掉与一般纳税人相同的税点。

⑤2015 年 8 月 20—30 日，各意向承运商联系我司相关人员领取投标书与邀请函，并将标书密封后统一寄至成都京东世纪贸易有限公司车强经理处，9 月 1 日后收到的标书将作废。9 月 2—4 日由成都京东世纪贸易有限公司招标小组进行评标工作，评标结果将在 3 天内进行公布。

⑥标书与邀请函领取地点与发放人：可通过邮箱领取标书。

标书发放人：绵阳运营中心配送负责人（余翔，手机：186××××9136）。

地址：绵阳市游仙区石马镇百胜村丰泰工业园 8 栋京东。

(3) 报价说明。

投标价格包含：运输、配送、装卸、送货上楼、路桥费、税费、保险等整体报价。

(4) 投标书制作说明。

①投标公司简介：对投标公司真实实力及运营情况进行详细描述。

②投标公司资质：《营业执照》正副本复印件、《组织机构代码证》正副本复印件、《税务登记证》正副本复印件、《道路运输许可证》复印件、《银行开户许可证》。车辆行驶证复印件、法人身份证复印件。以上证件均需加盖公章。

③车辆隶属关系证明：公司所属车辆行驶证复印件（须加盖公章），需提供 3 辆（含）以上厢式货车或平板货车或面包车、金杯车。

④保证金规定：须缴纳 5 万～10 万元的合作保证金，如不同意缴纳保证金将视为废标。

⑤报价单：必须按照附件格式要求填写并在报价栏运价处加盖公章。

为确保此次招标公平、公正、公开，投标书必须以纸质版形式按照要求制作，密封后在封口处加盖公章，投递到指定邮寄地址，指定收件人。

(5) 结算说明。

①运费结算方式：月结。乙方在次月 15 日前完成对账与发票开具，甲方在次月 30 日前支付乙方本月实际承运费用。每一个月为一个结算周期。

②结算附件：客户签收单原件、运费电子账单、考核确认单。

③提供发票类型：货物运输业增值税专用发票 11%税点，小规模纳税人提供 3%增值税发票，公司补扣 8%税额。

(6) 标书邮寄信息。

标书必须在 2015 年 9 月 1 日之前邮寄至京东商城西南大区并确认签收，如未收到视为未投标，邮寄单位：成都京东世纪贸易有限公司。

(7) 中标说明。

①开标日期：公司于 2015 年 9 月 2—4 日组织评标小组开标。

②评标形式：由我司质控部、行政部、财务部、防损部、区域大件配送部五部门领导集中会议评标。

本次招标活动解释权：成都京东世纪贸易有限公司。

思考与讨论

(1) 现行招投标有哪些法律法规?

(2) 通常情况下，货物投标书应包括哪些内容?

(3) 根据案例中京东发布的招标公告，假设你是符合条件的某物流公司员工，请编制一份投标书。

2.13 物流质量管理

2.13.1 基础知识

物流质量管理（Logistics Quality Management)：通过制定科学合理的基本标准，对物流活动实施的全对象、全过程、全员参与的质量控制过程。

质量管理（Quality Management)：在质量方面指挥和控制组织的协调活动，通常包括制定质量方针和质量目标、质量策划、质量控制、质量保证和质量改进。

物流服务质量（Logistics Service Quality)：用精度、时间、顾客满意度等来表示的物流服务的品质。

有形损耗（Tangible Loss)：物流过程中可见或可预测的物品的物理性损失、消耗。

无形损耗（Intangible Loss)：由于科学技术进步而引起的物品贬值。

物流质量管理包括：①对物流活动过程中物流对象的质量管理，是指对具有一定质量的物流实体进行质量管控；②对物流服务质量的管理，物流服务质量一般可以从用户反馈中体现，并随着消费者需求的变化而变化；③对物流工作质量的管理，是对物流活动过程中各个工种、各个工作岗位的质量把控，在提升工作质量的前提之下保障物流服务质量；④对物流工程质量的管理，是在物流运行体系中由设备、环境以及方法等所构成的物流质量水平。

目前，物流服务质量方面尚存在不容忽视的问题：①行业内部缺乏对物流服务质量的认识；②物流服务缺乏约束标准；③物流企业内部缺乏有效的信息系统；④物流从业人员素质较低。

提升物流服务质量解决对策：①提升对物流服务质量的认识；②加强物流服务标准化建设；③不断完善物流服务质量信息系统；④持续提升物流从业人员的综合素质。

2.13.2 案例：安得的物流质量管理①

1. 企业简介

安得物流股份有限公司创建于2000年1月，注册资金6.765亿元，拥有遍及全国的29家分公司及电商物流、冷链物流、国际物流3家专业公司。安得从采购物流、生产物流、销售物流、逆向物流领域，针对家电企业、快消品企业、汽配企业、电子通信企业及医药化工等企业，提出行业解决方案，提供高效仓储、快准运输、精益配送服务；通过大数据建模，对有需要的客户提供仓储运配网点规划、多站式运输线路规划等咨询服务。

企业愿景：成为供应链物流领航者。

核心价值观：开发、和谐、务实、创新，以顾客为中心、卓越经营、以人为本。

以人为本：尊重员工，为员工提供公平、公正的良好发展机会，改善员工工作环境，提高员工收入，促进员工与企业共同发展。

安得作为5A级物流企业、国家认定企业技术中心，拥有超500万平方米的全国仓储面积、8.6万辆可调用车辆；除西藏、青海部分地区，最后一公里已覆盖全国所有乡镇；与铁总形成总对总战略合作关系，形成公铁海空多式联运优势；公司投入巨资，研发大物流管理信息系统，实现物流过程的全程可视化管理，借助传统物流服务优势与管理经验，积极拓展电商物流网络覆盖渠道、冷链物流产品体系以及国际物流的业务规模；公司积极创新，研发车货匹配平台——直通宝、物流金融产品直融宝两大创新产品；构建线上线下端到端的立体化服务网络。

安得“以客户为中心”实行项目制管理、扁平的组织结构，高效快速满足客户需求。

2. 先进技术

RF（射频）扫码技术：配送中心覆盖无线网络，采用RF操作方式。通过RF，可完成收货、上架、移库、补货、拣货、出货QC（质量控制）等全部仓储管理操作，RF通过无线网络和LMS（最小均方算法）实时通信更新库存信息，大大提高仓储精准度和操作效率。

安得EDI（电子数据交换）技术应用如图2-14所示。

---

① http://www.annto.com/.［2016-05-30］.

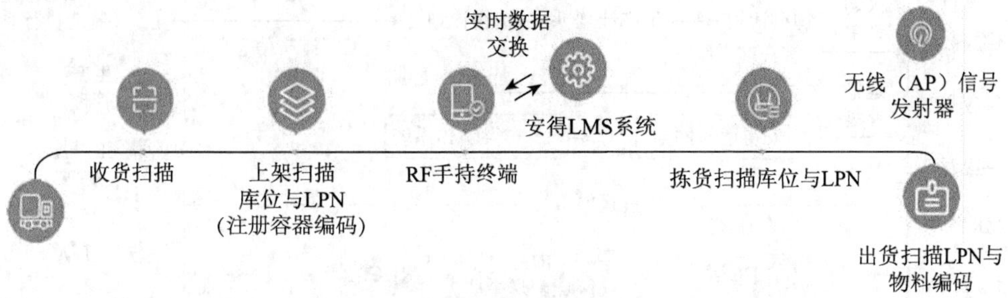

图 2-14 EDI 技术应用

EDI 技术：安得拥有强大的 IT 开发团队，可以根据客户的各种需求和客户的系统进行 EDI；安得拥有丰富的 EDI 经验，对 ERP（企业资源计划）特别是 SAP（全球最大的企业管理和协同化商务解决方案供应商、全球第三大独立软件供应商）拥有丰富的技术经验。通过系统对接，可以大大提高数据传输的准确性和效率，减少人为操作带来的风险。

仓储智能指挥系统（RTT）技术：配送中心接收提送货司机预约，并通过 RTT 进行订单推送、码头推荐、雷达监控。配送中心人员可根据 RTT 系统进行备货、接收货物准备、资源准备等前置性工作。通过 RTT 系统，大大提升了配送中心的效率，降低了车辆等待时间，从而提高客户满意度。

3. 特色业务

图 2-15 为同城配送示意，图 2-16 为采购物流示意。

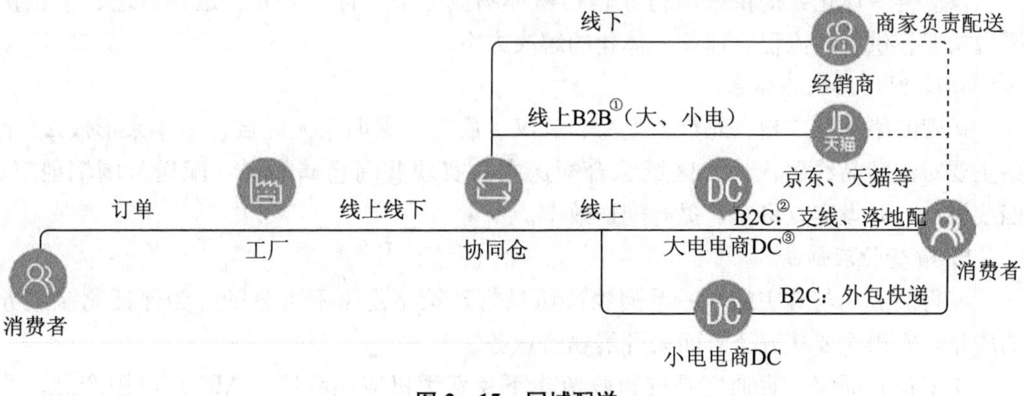

图 2-15 同城配送

① B2B：企业与企业之间通过专用网络或互联网，进行数据信息的交换、传递，开展交易活动的商业模式。

② B2C："商对客"的电子商务模式。

③ DC：配送中心。

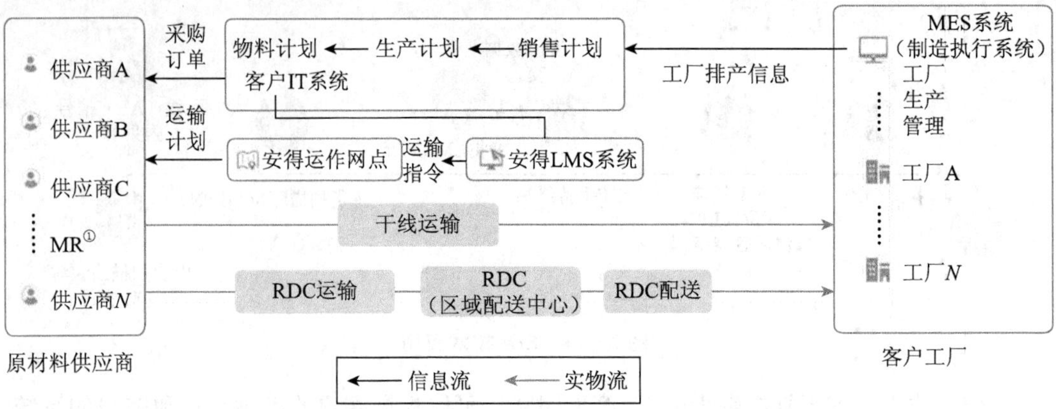

图2-16 采购物流

家居物流运输服务：提供从生产厂家到当地物流站的一站式长途、短驳等物流运输服务，包括整车运输和零担运输。减少中间的多次装卸和搬运环节，提供7×24小时全年无休的物流运输服务。

仓储管理服务：提供从生产厂家到当地物流站的一站式长途、短驳等物流运输服务，包括整车运输和零担运输。减少中间的多次装卸和搬运环节，提供7×24小时全年无休的物流运输服务。

配送安装服务：提供从生产厂家到当地物流站的一站式长途、短驳等物流运输服务，包括整车运输和零担运输。减少中间的多次装卸和搬运环节，提供7×24小时全年无休的物流运输服务。

供应链一体化：提供家居行业包括整体物流方案设计、规划、运营管理、信息化平台构架、供应链流程管理等一体化的解决方案。

4. 全国网络服务体系

运营网络覆盖广州、北京、上海、武汉、成都、深圳六大区域，多年来形成20余条主要对流精品线路；六大区域综合配送中心实现共同仓储配送，配送范围辐射三、四线城市；开设定点班车，提升配送效率。

5. 质量管理创新

安得的成功与其实施的一系列物流质量管理策略是密不可分的，为保证物流服务的质量，安得主要从五个方面来开展物流业务。

①安得直通宝。直通宝是安得物流旗下免费手机应用程序（APP）应用产品，致力于为公路运输物流行业提供高效的智能管车配货工具，同时为车找货、货找车提供全面的信息及交易服务。直通宝基于安得现有的31个分公司，服务对象涵盖所有类型的货物和车辆，全面满足各类货主公路长途整车需求，同时提高车主配货效率，降低空返率；提升物流行业的运行效率。通过在线竞价降低物流成本，在线支付，加快物流费用结算进度，并为货主提供货物安全保障。直通宝以现有业务为基石，计划开放

① MR：生产库存管理疗法材料需求计划法。

更多车源和货源信息，布局全国公路运输信息网络，以促进中国公路运输行业进入一个高效低空返的移动互联网时代。

②高效仓储。安得超过 430 万平方米的仓库分布在全国省会城市及部分二、三线城市。安得物流在仓库体系上持续投入，用于改善仓库的货架、托盘、作业设备工具、管理软件、识别系统、分拣设施及库房改造等，以满足客户货物流转加快的市场需求。完整的布局、合理的配置、管理一体化的全国仓储网络，7×24 小时的管理一体化仓储服务，充分满足各类企业的全国销售需求。实时信息处理、柔性作业能力，为客户实现销售动态快速反应、VMI（供应商管理库存）和中央一体化的库存管理。提供普货仓储服务、融通仓服务、零配件仓储服务，并提供库存库龄分析、条码管理、退换货管理等增值服务。

③快准运输。安得物流强力整合公路、铁路、航空、水运的运输资源配合自有运力资源，实现多种运输模式最佳组合，高效的协调机制和信息集成，实现客户需求与运输资源的最佳配合，货量的持续增长和货源的结构匹配，促进了更低成本、更高效率的运输服务。精细的线路管理、可靠的流程设计、网络化的应急机制、多样化的通信手段、呼叫中心的集中跟踪，保证了每天上万吨的货物安全、及时、准确地送达，真正体现“物畅其流，掌控自如”。同时，安得打造了多条精品专线，为客户提供更方便、快捷、优质的物流运输服务。如广东到全国各地的专线有：两湖专线、上海专线、江西专线、河南专线、山东专线、川渝专线、京津专线等，还有杭京津专线、芜济专线、芜武专线等，是客户健康运作的有力保障。

④精益配送。越来越多的企业在努力寻找商流与物流分离的更佳商业模式，然而，传统的粗放式配送服务成为严重制约。为此，安得物流在配送方面做了战略性的大规模、宽覆盖投入，在北京、合肥、广州、上海、武汉、南京、郑州、重庆、天津、济南、贵阳等中心城市建立了 RDC，为客户提供 B2B、B2C 的配送服务，配送范围辐射三、四级市场。先进的信息系统、准确的线路管理、科学的配载技术和配套的仓储作业设计，保障了配送及时、高质的处理。安得物流 200 万票次的年配送能力，使更多的客户共享了公司的配送平台，也使更多的零售终端享受到多客户集成配送的收货便利。

⑤供应链管理。安得自主研发的“安得物流供应链管理信息系统 ALIS”不断追求信息准确性、全面性和实时性，不断提升物流信息化的集成高度，从全局出发辅助公司决策，实现服务的快速反应和精益化管理，有效帮助降低运营成本、提升服务价值。通过物流审计、物流规划、物流顾问、系统实施及物流培训五个方面，安得提供专业化的咨询服务，帮助客户解决供应链问题，提升企业竞争力；通过系统实施服务，帮助客户有效地建立、维护和优化物流信息系统；通过物流培训，为客户引入先进的物流管理理念和运作方式，协助客户培养具有实际操作能力的物流专业人才和管理人才。针对不同客户的物流需求，以及客户实际运作情况，安得为客户设计个性化的整体物流方案和全面物流解决方案，借助物流功能集成和社会物流集成服务，提高物流管理效率、降低经营成本，为客户在市场中赢得竞争优势。

思考与讨论

(1) 安得开展特色业务的目标是什么？有何联系？

(2) 安得物流供应链解决方案是什么？

(3) 物流质量管理同一般的物品质量管理区别是什么？

(4) 安得物流的质量管理主要特色有哪些？对我们有什么启示？

(5) 如何推动物流企业质量管理创新？

2.14 物流标准化

2.14.1 基础知识

标准化（Standardization）：为了在既定范围内获得最佳秩序，促进共同效益，对现实问题或潜在问题确立共同使用和重复使用的条款以及编制、发布和应用文件的活动。

物流标准化（Logistics Standardization）：以物流系统为对象，围绕运输、入库检验、储存、搬运、装卸、配送以及物流信息处理等物流活动制定、发布、实施相关技术和工作方面的标准，并按照技术标准和工作标准的配合性要求，统一整个物流系统标准的过程。

标准（Standard）：通过标准化活动，按照规定的程序经协商一致制定，为各种活动或其结果提供规则、指南或特性，供共同使用和重复使用的文件。

物流标准主要分为三大类：①基础性标准，包括术语、导则、图形符号与标志等；②公共类标准，包括综合类标准、物流设施设备标准、物流技术、作业与管理标准、物流信息标准等；③专业类标准，包括汽车物流标准、家电物流标准、医药物流标准、冷链物流标准、煤炭物流标准、粮食物流标准、邮政物流标准、出版物物流标准、烟草物流标准、木材物流标准、国际货代标准、危险品物流标准、酒类物流标准和其他物流标准等。物流标准也可以分为物流技术标准和物流作业标准。

2.14.2 案例：浙江太古可口可乐物流标准化

1. 企业概况

浙江太古可口可乐饮料有限公司（前身是杭州中萃食品有限公司）是由太古中萃发展有限公司、中粮饮料（杭州）有限公司、杭州合众工业集团有限公司共同投资兴建的大型饮料生产企业，公司于 1989 年 10 月 8 日正式开业，占地面积 97000 多平方米，现有人员约 2310 人，其中管理技术人员占 30%。浙江太古可口可乐饮料有限公司是太古饮料在中国浙江省的可口可乐装瓶厂，担负着浙江省内可口可乐系列产品的生产和销售业务，在全省各地设立 70 余个销售分公司和办事处。

浙江太古可口可乐饮料有限公司经济效益连年稳步增长，经济效益一直名列集团和全省饮料行业前茅，被杭州经济技术开发区列为开发区纳税前十名企业，并连年入选全国工业企业500强。2015年在浙江省外商投资企业可持续发展评比中，浙江太古以95.3分高居榜首（平均分81.7），其中幸福企业和美好社会得分为满分。

2. 物流标准化设施建设及标准化托盘租赁、运作及推广项目情况与进展

项目时间：2015—2018年。项目分阶段实施计划如表2-24所示。

表2-24　项目分阶段实施计划

项目内容	2015年		2016年		2017年	2018年
	1—8月	9—12月	1—8月	9—12月	1—12月	1—12月
①集保托盘的租赁、推广和使用	√	√	√	√	√	√
②标准化专业车辆采购	√	√	√	√	√	√
③标准化托盘货架的使用	√	√	√	√	√	√
④立体自动仓一期建设及运作维护	√	√	√	√	√	√
⑤托盘智能化管理系统（VPS语音拣配系统、ASN预交货系统、ETS电子交换系统		√	√	√	√	√
⑥立体自动仓二期建设及运作维护					√	√

注：√表示已开始实施。

3. 物流标准化设施建设及标准化托盘租赁、运作及推广项目具体做法

（1）标准化托盘（1.2m×1.0m）的租赁、推广和使用。

浙江太古可口可乐饮料有限公司自成立之日起就开始尝试托盘化储存及运输，从产品生产线码垛到车载运输到客户，通过多年实践，参照国家优先推荐使用的托盘标准，向供应商集保物流设备（中国）有限公司租赁1.2m×1.0m标准托盘。自2008年起与集保公司合作，租赁集保托盘，实施标准托盘化运作，进而向上下游合作伙伴甚至终端客户推广。

（2）托盘的共用及循环。

浙江太古可口可乐饮料有限公司于2015年实现从生产到仓储、从仓储到客户100%托盘化货物循环流转，通过推广托盘使用，有效提高各流转环节的效率。图2-17为托盘循环示意。

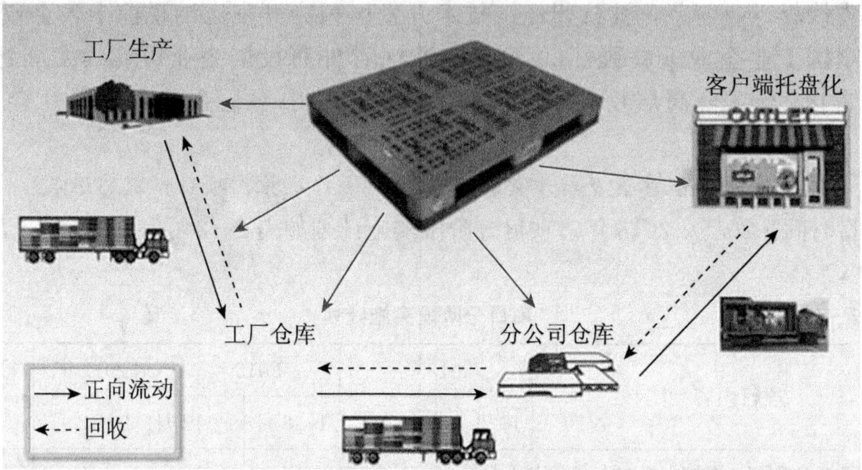

图 2－17　托盘循环示意

（3）标准化专业车辆的采购。

随着浙江太古可口可乐饮料有限公司托盘化使用的日益成熟，对车辆标准化的配套要求也越来越高。公司投入资金采购符合装卸要求的仓储叉车、电动打板车等仓储工具，以及配送专业六板侧帘车，并逐步配置到各个配送中心，同时要求第三方长途运输商配置专业侧帘车、第三方短途配送运输商配置厢式车。标准化的车辆既可以提升车辆的装载量，又能做好包括产品防护在内的全面质量管理，从而实现产品运输、配送作业 100%托盘化运输，进一步提升仓储配送效率。

图 2－18 为托盘化装车作业。

图 2－18　托盘化装车作业

（4）标准化专业货架的使用。

为了配合标准化托盘产品的存储，公司在原材料仓库和分公司仓库建设标准化压入式货架体系，在重点配送中心配备驶入式、压入式、流利式等各种货架，配合 VPS（虚拟专用服务器）语音拣配系统应用，提升空间利用率。图 2－19 为龙湾 DC 压入式货架投入使用实物。

图 2-19 龙湾 DC 压入式货架投入使用实物

(5) 标准化托盘立体仓库建设。

浙江太古可口可乐饮料有限公司 2012 年投资 6903 万元，建成一期标准化托盘立体仓库，占地面积约 5500m^2，拥有 20015 个托盘位，实现产品存储和生产无缝化连接。规划 2018 年建设二期立体仓库，预计投资 9000 万元。图 2-20 为立体仓月台长途运输车辆装货场景。

图 2-20 立体仓月台长途运输车辆装货场景

(6) 托盘智能化管理。

引进 VPS 语音拣配系统应用于杭州 DC，保证托盘交货的准确性和及时性，通过笛卡尔配单系统，将产品按照托盘数分配并打印托盘拣配装运单，仓库拣配工按托盘拣配产品，最后托盘化装运配送至客户。图 2-21 为 VPS 语音拣选操作场景。

图 2-21　VPS 语音拣选操作场景

公司协同麦德龙开发 ASN 预交货系统，提高配送车辆的装卸效率，麦德龙门店利用第三方 EDI 的解决方案改变订单的生成模式，实现由多点的信息交互变为集中式信息交互。2015 年 11 月麦德龙金家渡店和江干店开始尝试托盘互换，现基本实现托盘运输/装卸。通过配套 ASN 系统打印托盘条码（含产品规格信息、数量、订单号），粘贴在托盘上，使客户实现扫描收货。图 2-22 为 ASN 系统打印的托盘条码。

图 2-22　ASN 系统打印的托盘条码

4. 物流标准化设施建设及标准化托盘租赁、运作及推广项目取得的成效

(1) 标准化托盘的使用和推广。

浙江太古可口可乐饮料有限公司自使用标准化托盘以来，从上游生产厂、运输环节、全省 20 个配送中心、配送终端客户处（含京东、麦德龙、温州十足、中国石化杭州分公司等 58 家电商、商超，101＋批发商），形成整个标准化托盘共用系统。

2015 年，浙江太古可口可乐饮料有限公司同上游 14 家生产企业进行标准化托盘过户，全年实现过户 69062 片次，占托盘总租赁的 0.28%；截至 2016 年 8 月，已经实现过户 52728 片次。2015 年，浙江太古可口可乐饮料有限公司同下游 44 家客户进行标准化托盘互换，提高装卸货效率；截至 2016 年 8 月，已签约 13 家客户进行托盘对换，力争全年达到

79家上下游企业进行托盘对换。同时，逐步提高上下游在交货过程中的托盘互换比例。

（2）物流设备及配送车辆、长途运输车辆投入。

企业购买叉车、标准化托盘车辆，2015年项目投入408万元，期间预计节约人工成本104万元；2016—2017年项目预计投入1124万元，期间预计节约人工成本285万元；2016—2017年预算投入资金405万元，计划采购电动叉车17台、电瓶16组，截至2016年7月实际采购投入39万元；2016—2017年预算投入资金719万元，计划采购车辆52台，截至2016年7月实际采购投入92万元。

社会效益：投入长途集装箱车辆，使全省20个配送中心的产品调拨全部采用适合标准化托盘运输侧帘集装箱车，有效提高效率；同时，浙江太古可口可乐饮料有限公司及其第三方合作伙伴致力于清洁能源的利用，LNG车辆占比2015年达到54%，减少CO_2排放4980t。

（3）标准化托盘货架的使用。

为了配合标准化托盘产品的存储，浙江太古可口可乐饮料有限公司在分公司仓库建设标准化压入式货架体系，提升存储量，减少土地占用，2016—2017年项目货架投入86.1万元，预计节约仓库租金36万元。

（4）托盘立体仓库建设。

浙江太古可口可乐饮料有限公司2012年4月投资建立立体仓库，至今立体库的出货能力达到70%以上，产品储存率达到90%以上，大大减轻产品储存的压力，有效提高人员的工作效率：由完全人工到机械化作业装卸效率提升90%；节约人员18人，节省人员费用144万元/年；节约仓库租金436万元/年；节约仓库短驳费348万元/年；出库效率每小时161托。平仓与立体仓人员配备比较如表2-25所示。

表2-25　　平仓与立体仓人员配备比较

仓库	叉车	叉车工	仓管员	主管
平仓	10	20	10	3
立体仓	5	10	4	1

（5）智能化管理系统投入。

为保证托盘交货的产品批次信息正确，确保交货单据批次信息与实物批次一致，达到物流高效运转，2015年开始应用VPS语音拣配系统，其中2015年VPS（语音拣配系统）投入88万元，2015年节约人工及辅料开支25.8万元。2016年开始增加应用ASN（预交货系统），预计2016—2017年两项合计投入352万元，预计节约开支98万元。VPS系统2015年在杭州DC上线，2016年8月在龙湾DC上线，预计2017年相继在宁波、金华等DC上线。

浙江太古公司通过实施物流标准化设施建设及标准化托盘租赁、运作及推广项目，使上游生产、运输、配送实现托盘化操作，同时上线VPS语音拣配系统，有效提高人员作业效率，具体数据如下：①拣配的准确率提高2.1%；②每小时拣配的自然箱数提高15%；③timestudy数据显示装车时间下降47.5%（标准托盘配单）；④人员数下降

11%；⑤平均每车周转趟次提高 9%；⑥培训拣配工从 15 天降到 1 天。

实施物流标准化的成效如图 2-23 所示。

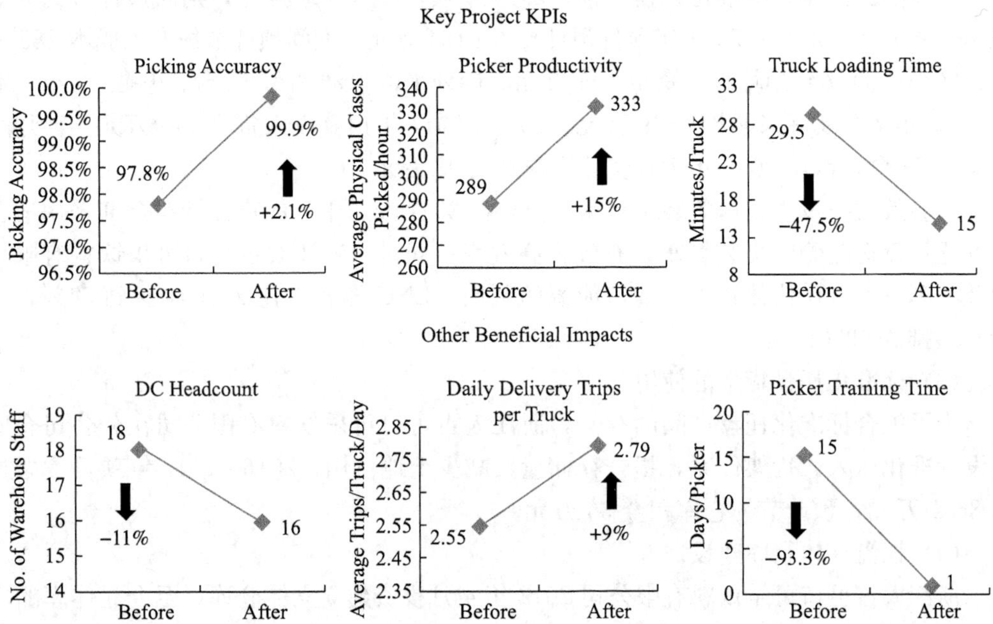

图 2-23　实施物流标准化的成效

浙江太古公司与麦德龙共同开展 ASN 以及为实现互换而研发 ETS（电子交换系统），实现产品的快速验收和产品追溯，项目和系统在杭州 DC 上线并投入使用后，极大提升了配送车辆送货效率。ASN 流程如图 2-24 所示。

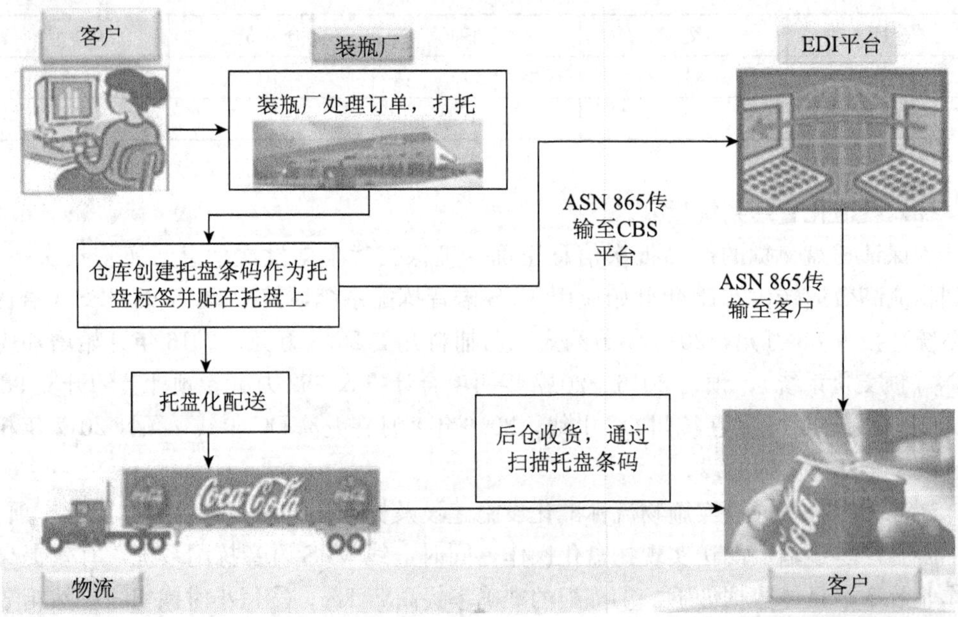

图 2-24　ASN 的流程

ASN 预交货系统操作效果如图 2-25 所示。

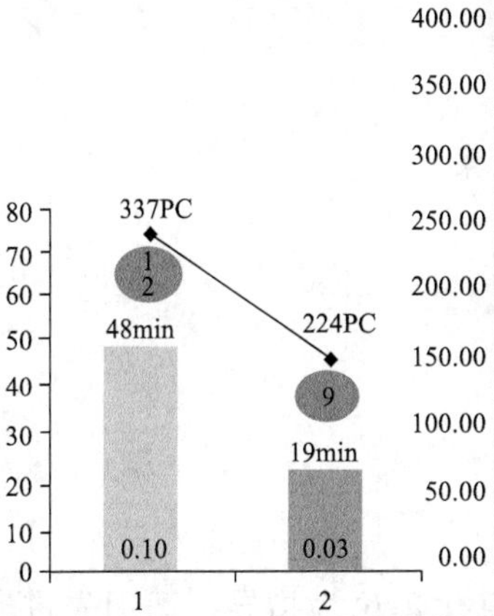

动作层	明细动作	互换前	互换后	后VS前	实行前（%）	实行后（%）
装卸货	装卸产品	25.7	5.3	-18.4	49	28
装卸货	带货行走	7.2	2.0	-5.2	13	11
装卸货	产品规模	1.3	0.3	-1.0	3	2
结算签收	核对单据	5.7	4.0	-1.7	12	21
结算签收	签收	3.6	0.9	-2.7	8	5
交谈	业务交谈（其他）	1.3	0.3	-1.0	3	1
文档/单据	投递单据	1.2	1.1	-0.1	2	6
文档/单据	印签核对	0.0	0.7	0.7	0	4
车辆维护	检查车辆	0.0	0.8	0.8	0	4
杂项	无货行走	2.5	1.6	-0.9	5	8
杂项	等待	0.0	1.2	1.2	0	6
杂项	发短信报账	0.0	0.6	0.6	0	3
杂项	停/开汽车	1.5	0.0	-1.5	3	0
总计		48.1	18.8	-29.3	100	100

图 2-25　ASN 预交货系统操作效果图

注：互换后，样本平均每受点时间对比互换之前降低 29 分钟，装卸产品时间降低 18.4 分钟，占比降 21%；互换后，每 PC 装卸时间 0.03 分钟，与互换前每 PC0.01 分钟相比，降低了 0.07 分钟（70%）。

使用 ETS 的成效如图 2-26 所示。

①互换后每PC配货0.17分钟，与互换前每PC 0.12分钟对比，增加了0.05分钟（+42%）
②麦德龙订单的产品较多，在打桩过程中因摆放的问题用时比较多，需了解各产品组合的打桩方法，来减少配货时间

①互换后样本每次送货时长对比互换前降低明显
②互换后每PC装卸货时间0.03分钟，与互换前每PC 0.10分钟对比，降低了0.07分钟（+70%）

图 2-26　使用 ETS 的成效

麦德龙产品通过使用 VPS 语音拣配系统，配货到托盘化装卸，再到麦德龙仓库扫码收货，实现全过程托盘化。使用 VPS 语言拣配系统的成效如图 2-27 所示。

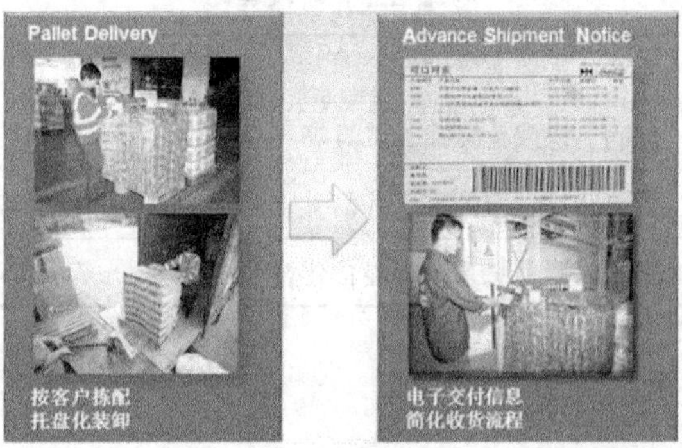

图 2-27　使用 VPS 语音拣配系统的成效

思考与讨论

(1) 物流标准化包括哪些方面？

(2) 如何实施物流标准化？

(3) 目前物流标准化主要存在哪些问题？提出解决方案。

(4) 物流标准化的发展趋势有哪些？

2.15 物流信息化

2.15.1 基础知识

物流信息化（Logistics Informatization）：以现代信息化理论为指导，运用先进实用的信息技术和网络技术对物流管理的各个环节进行信息化进而全面且深入应用的一个过程，这个过程包括规划、实施、评价等。

物流信息（Logistics Information）：反映物流各种活动内容的知识、资料、图像数据、文件的总称。

企业资源计划（Enterprise Resource Planning，ERP）：在制造资源计划（manufacturing resource planning，MRPⅡ）的基础上，通过前馈的物流和反馈的信息流、资金流，把客户需求和企业内部的生产经营活动以及供应商的资源整合在一起，体现完全按用户需求进行经营管理的一种全新的管理模式。

电子数据交换（Electronic Data Interchange，EDI）技术：一种通过计算机通信网络在企业与企业、部门与部门之间传输订单、票据等作业文件的电子化手段，广泛应用于企业的物流运输、仓储、配送等作业环节。

物流信息化主要包括物流设备信息化和物流管理信息化。

信息化物流的特征：开放性、社会性（公共性）、生态性。

物流信息化发展的各个阶段如表2-26所示。

表2-26 物流信息化阶段理论

发展阶段	主要实施内容	实施主体
基础设施平台	编码、协议、标准、工具等	以政府为实施主体
基础服务平台	运营、开发、服务平台等信息化	政府参与、企业实施
增值服务平台	系统优化以及信息系统智能化建设等	以企业为实施主体

2.15.2 案例：山东京博物流股份有限公司：物流信息化平台[①]

1. 公司简介

山东京博物流股份有限公司成立于2012年，注册资本15000万元，具有铁路危险货物托运、危化品经营和道路运输、货物进出口、国际货运代理等经营资质，是集公路、铁路货运、仓储及金融物流供应链于一体的多元化服务型第三方物流企业。京博物流总资产5.2亿元，员工1000余人，自有和整合社会车辆3000余辆。生产型企业服务率达83%，普货和油品运输量1200余万吨/年，铁路收发货运能力350万吨/年。

2. 信息化平台

（1）组织架构。

JBLS（京博物流综合管理系统）平台的组织构架采取纵向结构方式。按照子公司、部门区分出各自在平台中的操作作业范围。

（2）业务功能架构。

JBLS需要的是一个贯穿整个京博物流内部所有作业机构的并能够合理扩展的矩阵式信息体系管理结构。它是一个不同功能板块、不同合作伙伴和其他社会单位（上下游单位）联动的系统。

整个体系模型的制定一方面有利于京博物流内部信息系统的设计与实现，另一方面也有利于未来延伸对接整个外部信息平台的接入与融合。

（3）JBLS主要内容。

平台信息门户、订单处理中心、运输资源管理中心、运输业务管理中心、物流金融支持业务中心、铁路专用线基地业务中心、资源保障管理中心、全业务链结算中心、财务管控中心、数据统计分析中心、指标预警管理中心、基础数据档案中心、知识资源中心。

系统共计12个作业中心和1个信息展示门户，每一个作业中心又设立有各自的作业一级功能模块，模块下又分为不同的二级功能模块。

（4）技术体系架构。

系统采用部署于广域网或互联网的B/S架构。

开发语言：C#

开发环境：Visual Studio

开发框架：中青Q5+Logistic配置平台

数据库：SQL server。

（5）建设目标。

依托京博物流现有及未来将要布设的网格化业务布局，搭建开发企业平台级的整体信息处理协作平台，建立资源共享、信息交换、业务协同、逻辑缜密的工作机制和模式，建立应用支撑与集成环境，形成京博物流业务集成应用的基础框架，初步实现在公司内部各部门之间、下设各分子公司之间、与上下游合作伙伴之间的业务协同处

---

① 中国物流与采购网．山东京博物流股份有限公司：物流信息化平台［EB/OL］http://www.chinawuliu.com.cn/xsyj/201501/26/297969.shtml［2016-05-30］.

理、信息资源共享平台。

建设京博物流综合业务工作平台，根据京博物流管理体系的特点，业务工作平台能够在公司内各部门得到应用。

通过实现全面的信息化业务操作，到最终实现企业级应用，达到实现业务运营、管理统一平台化的目的。

以物流平台系统作为统一的基础平台，在此平台上不仅可整合挖掘京博物流内部其他系统的资源，而且未来可实现公司与其他外部机构的数据互联，为将来建立面向全国乃至世界范围内的大物流布局奠定坚实的信息化基础。

（6）建设原则。

①先进性。

a. B/S结构技术。

基于纯 WEB（广域网）方式的客户端操作，方便异地管理接入，同时能够有效地降低系统的整体实施和维护成本，也能大大降低单位的培训成本。

b. 采用先进的服务器应用软件设计及N层体系结构进行开发。

采用先进的N层体系结构设计应用软件，采用分部式系统，降低系统对支持工作单一服务器的要求。

c. XML应用。

工作审批流引擎、资源信息共享平台、数据交换平台的所有数据交互，采用XML格式进行定义。

d. 缓存技术。

为了进一步提高系统的运行效率，系统采用对象数据缓存技术，以内存换效率，大幅度降低数据库的访问频度，提高效率。

②适用性。

a. 使用方便，交互性强。

系统的操作和管理都采用浏览器界面进行，方便操作人员使用。充分利用图形技术，展现操作流程和结构，确保系统的易用性。

b. 系统维护方便。

纯B/S结构的系统，系统管理员只需维护系统服务器，而无须再一一去处理每台机器，大大降低使用和维护成本。

③可靠性。

a. 操作系统的稳定性。

操作系统采用 Windows 2003，具有高的可靠性，易维护、易扩充。系统满足 C2 级安全性要求。

b. 数据连接的稳定性。

系统通过 JNDI 和 JDBC 服务连接数据库，使用连接池提高系统性能，对每个连接的申请和归还跟踪监视，严格保持连接数量在系统性能的允许范围之内。

c. 系统安全。

充分利用操作系统提供的安全机制（口令验证、存取控制、电子签名、加密），实现服务器、数据库、视图、表单、操作、域和代理等多层安全控制。对敏感数据的存储进行128位的数据加密，保证系统在用户认证、数据传输和数据储存等多方面的安全要求。

d. 数据库安全。

用户访问必须提供正确的用户名和密码，不能以匿名方式登录访问。

④集成性。

a. 功能模块化体系结构。

系统采用模块化体系架构开发，各模块间彼此有接口又相互独立，各个功能模块可拆分、可选、可定制，支持将来各模块功能的单独扩展和定制。

b. DHTML实现的图形化流程定制工具。

图形化的流程定制工具，用户的操作直观、简易；基于DHTML的实现，代码在用户的本地机运行，不受服务器及网络环境影响。

c. Web Service应用。

以Web Service的方式提供各项平台服务，使任何系统都可以无缝调用平台的各项功能。

(7) 服务对象。

整个物流信息平台的服务对象包括京博物流管理总部、物流集团下辖的各板块分子公司、物流集团一级职能机构、外部客户体系、外部资源协作体系、京博物流外协合作的第三方物流园。

3. 平台建设情况

平台核心功能主要包括：订单池、运输资源中心、TMS（运输管理系统）作业中心、物流金融管理中心、铁路基地业务中心、业务结算中心、财务管控中心、数据资产中心、KPI预警中心、数据档案中心、Back Office（后端办公）管理中心、配置中心、电子商务中心。

(1) 订单池。

记录整个集团公司与所有的陆运、海运、铁路业务往来，配合物流的其他环节，实现物流业务的全程化管理。

(2) 运输资源中心。

为整个物流集团的运输介质提供作业管理中心，包括自有车辆管理、挂靠车辆管理、外协车辆管理、铁路资源管理等各种运输资源的精细管理。

(3) TMS作业中心。

提供包括调度管理（派车管理、回程管理、整车运输、自有车状态查询、新能源公司数据提取、回程变更管理)、监控管理、路面成本管理、油耗管理、司机管理、维修管理等核心的运输业务管理系统。

(4) 物流金融中心。

提供包括业务合同管理、监管交接管理、仓储管理、退货管理、仓库调拨、货位调整、文档管理、客户评价、今日摘要等管理功能。

(5) 铁路基地业务中心。

提供包括铁路大票管理、联运车辆管理、铁路仓储管理、站存表暨提报计划管理、发送管理、到达管理、基础数据管理等重要功能。

（6）业务结算中心。

提供包括应收对账、应付对账、发票申请、收款申请、付款申请、预付款管理、还款单管理等重要功能。

（7）财务管控中心。

提供包括风险管控、发票管理、收款管理、付款管理。

（8）数据资产中心。

提供包括综合业务统计、仓储统计、铁路统计、结算查询统计、作业日志查询等功能。

4. 效益评估

京博物流通过联合中青软件共同建设的企业级联合作业信息化平台，实现整个集团的全程业务信息共享、协同工作、科学管理、规范流程、信息高效的处理，进而提高整个集团的业务处理效率、控制与降低经营风险、提升业务处理能力和统计分析能力。

（1）提高管理效率。

通过项目的建设与实施，将公司的核心业务全面实现 IT 化管理，通过各岗位数据节点的信息录入，CMS 系统（内容管理系统）进行后台处理，建立起整个公司的业务数据库，为公司的业务发展奠定了一个坚实的 IT 支撑体系。

根据业务岗位工作量的评估报告，项目实施完成后，业务部各岗位的日平均工作量减少 20%，CMS 系统的各操作岗人员将会有更多的时间处理其他事情，为公司创造更多的效益。

作业形式以 Excel 为主，实行数据库管理，形成规范的数据库格式。具体操作方式如表 2-27 所示。

表 2-27　　数据库管理

数据管理模式	分散管理 集中式管理	数据集中在集团总部，更便于数据资产的管理和二次应用
业务处理方式	分散管理 部门无缝协同处理	数据的准确性提升，部门间业务沟通成本及工作量显著减少
数据统计分析	统计效率高	系统提供了丰富、强大的数据统计查询分析报表功能
数据的时效性	非实时数据差 实时数据强	高层能够实时监督管理所有业务机构的事实系统数据
业务精细控制	相对较难，且实施的管理成本高昂	能通过二次开发使得花费较小管理代价实现精细控制，支撑业务柔性拓展

（2）直接降低管理成本。

人工报酬成本 20 元/小时，假设每笔任务节省整个作业时间 5 分钟，即 1.6 元/任务；假设每笔数据可节省人工时间 1 分钟，即 0.2 元/数据（按人均 3000 元/月工资）。

电话/传真/快递/现场协调 2 元/次均，假设发生的概率为 5%；0.1 元/任务，不准确的预先估计。

以上成本为可见成本，对管理的敏捷性、遵循法规、减少周期时间、增强竞争力等隐性成本未考虑，每年至少节省直接管理成本在 100 万元以上。

（3）加强系统级的风控管理。

项目实现从业务到财务的一体化解决方案，所有需要开票、收款及付款的业务都必须在系统中体现，经过财务审核后，永久锁定，做到业务收入及成本明确、收款及付款透明、历史系统追溯完整且明确。

系统提供多种预警功能，包括车辆年审预警、合同到期预警、收款预警等，使岗位人员能及时掌握预警信息，关键点业务数据实时预警避免公司损失。

思考与讨论

（1）电子商务对企业物流信息化发展有哪些影响？

（2）京博物流如何进行信息化平台建设的规划、设计、实施、评价？

（3）物流企业推进信息化管理面临哪些困难？如何解决？

2.16 供应链物流

2.16.1 基础知识

供应链物流（Supply Chain Logistics）：为了顺利实现与经济活动有关的物流，协调运作生产、采购供应、市场销售和物流活动，进行综合性管理的战略机能。供应链物流是以物流活动为核心，协调供应领域的进货和生产计划、销售领域的订货处理和客户服务、财务领域的库存控制等活动，包括涉及采购、外包、转化等过程的全部计划和管理活动以及全部物流管理活动，还包括与渠道伙伴之间的协调和协作，涉及供应商、中间商、销售商、第三方服务供应商和客户。

2.16.2 案例：银泰商业 O2O[①] 供应链物流模式分析

1. 银泰商业简介

银泰商业（集团）有限公司，简称“银泰商业”，是一家以百货零售、购物中心、电子商务为主营业务的多元化大型商业连锁集团。银泰商业立足中国，结合城市特点和市场细分，在全国开发中高端城市综合体，同时，不断升级创新商业模式，从传统百货业到大型购物中心，再到网上购物领域，不断引领着新的时尚生活方式。2007 年，前身银泰百货成功在香港联交所挂牌上市（01833. HK），2013 年 3 月 20 日“银泰百货（集团）有限公司”于香港正式更名为“银泰商业（集团）有限公司”。银泰商业以“传递新的生活美学”为经营理念，积极推动中国城市时尚文化建设，视年轻人和新型

① O2O：线上到线下。是指将线下的商务机会与互联网结合，让互联网成为线下交易的平台。

家庭为主要客户群，树立年轻活力、时尚品位的百货形象，引领流行趋势，创新购物体验，形成独具银泰商业文化特色的知名百货连锁品牌。银泰商业以立足浙江辐射全国为发展轨迹，凭借雄厚的资本、科学的管理、严格的制度、灵活的经营，形成具有“银泰”特色的三大商业运作模式——“银泰百货”“银泰购物中心”“银泰网”①。

2. 银泰商业O2O商业模式

银泰商业自2010年“触网”以来，紧跟“互联网＋”浪潮，加速布局O2O，发展模式日益多元化，具体实施“三步走”。

（1）初期触网，布局移动端。

2010年2月，银泰投资有限公司与银泰百货投资成立银泰电子商务分公司，正式涉足电子商务，2010年10月银泰网（www. yintai. com）正式上线。银泰网在运营上与银泰百货相互独立，却共享银泰百货2000多家时尚品牌的供应商和VIP会员资源。虽然银泰网具有一定的供应链优势，招商议价实力较强，但是初期定位不清、运营粗放，成效不佳。随后，银泰网调整战略，明确网站用户群——18～35岁的用户。2011年年底，银泰网推出“手机银泰”，手机银泰根据移动端用户特征和购买喜好进行差异化布局，移动端用户相对年轻，活动参与度较高，对商品折扣敏感度较高。因此，手机银泰设置名品馆、秒杀折扣、免运费、限时尊享等频道，以满足年轻消费群体的需求。

（2）线上商城“落地”，双线打通。

2012年银泰开始实施O2O落地，推出I’M银泰名品集合店。消费者进入店内先体验商品，然后通过店内提供的iPad进行选购。I’M名品集合店内商品全部由银泰网独家买断，商品的独一无二性吸引了大部分消费者。很多人误以为网购用户都是“低价驱动型”，其实不然，对于非标准化商品，尤其是高档时尚类商品，用户对品牌和商品本身的关注度更高；如果商家拥有别家没有的特殊商品，会有效提升用户黏性。银泰网凭借其强大的供应链在O2O道路上迈开第一步。

（3）携手天猫，发力精准营销。

2013年“双11”期间，银泰百货携手天猫商城展开O2O布局。顾客在银泰店内体验商品后，扫描商品二维码，进入天猫旗舰店下单购买。同时，银泰百货加紧铺设WiFi，顾客通过实名（手机号码或QQ号码）注册免费连接WiFi，用户通信ID传至后台，后台参考此用户的网购数据反馈用户门店浏览商品习惯和购买习惯数据等属性，然后推送产品优惠券或活动信息，实现基于位置的精准推送。

2015年6月30日，银泰商业集团宣布其互联网战略转型进入纵深阶段——银泰商业将与阿里巴巴集团（简称“阿里”）全面融合，成为阿里集团打通整合线上线下商业的重要平台，双方共同致力于把实体零售由人与互联网从“物理联结”升级为“化学融合”。银泰商业从思维、模式、业务形态等各个领域全面进入“新银泰互联网＋”时代，完成互联网基因重组改造的划时代零售形态，全面开启商业电子化时代，为全行业的未来发展注入新活力。

① http：//www. intime. com. cn/front/plates/details.

3. 银泰商业 O2O 供应链模式

电子商务的发展离不开物流、资金流、信息流，信息流是核心，物流是保障，资金流是实现的手段。结合银泰商业 O2O 之路，从物流、资金流、信息流三个方面分析银泰商业 O2O 供应链模式。

①物流。

银泰网是自营 B2C 平台，运营上与银泰百货相互独立，却共享银泰百货 2000 多家时尚品牌的供应商和 VIP 会员资源。消费者不论是在店内通过手机扫码下单还是在网页上直接下单，购买的商品从银泰网自有库房发货或者从该商品的供应商发货（少数特例是消费者直接到门店取货）。供应商直接发货原因有二：一是银泰百货实体店里没有那么多的库存；二是从供应商直接发货可以减少银泰百货的库存，降低库存成本，提高收益，这是 O2O 供应链模式被大多数企业普遍接受的原因所在。银泰商业 O2O 供应链物流模式如图 2－28 所示。

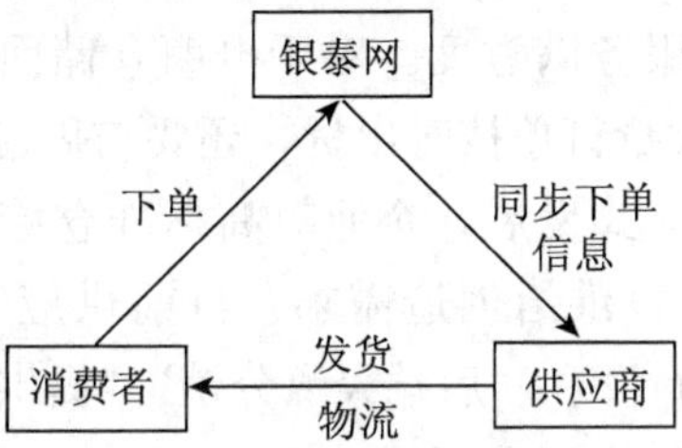

图 2－28 物流模式

②资金流。

银泰网为消费者提供在线支付、礼券支付、银泰网虚拟账户支付、货到付款支付四种在线支付方式，其中在线支付方式包括第三方平台支付、网上银行支付以及信用卡大额支付，消费者可以根据自身情况选择方式支付货款。消费者下单后，银泰商业 O2O 供应链模式的资金流通过一定的在线支付方式从消费者流向银泰，如图 2－29 所示。

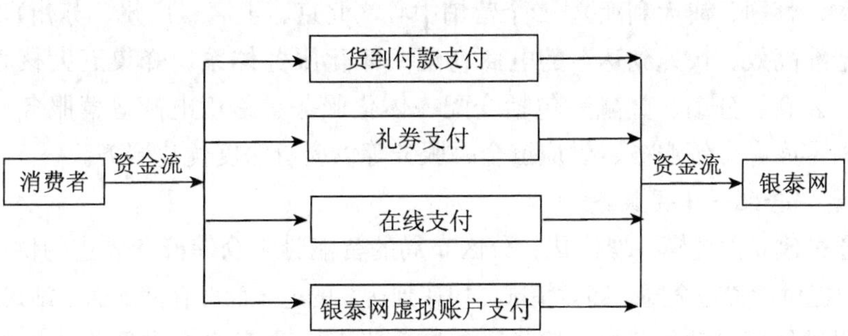

图 2－29 资金流模式

③信息流。

企业管理的本质和核心是有效控制信息流。电子商务活动相对于传统商务活动的最大优势是在电子商务环境下，企业借助于现代信息网络技术，使得信息流动变得更加通畅。银泰商业的 O2O 模式，消费者先在线上获得商品信息，然后去线下实体店里体验再决定要不要线上下单，亦或先在实体店体验，然后去网上购买，银泰网接收到下单购买信息后通过第三方物流提供方向消费者发货。整个过程中的信息流动方向如图 2 - 30 所示。

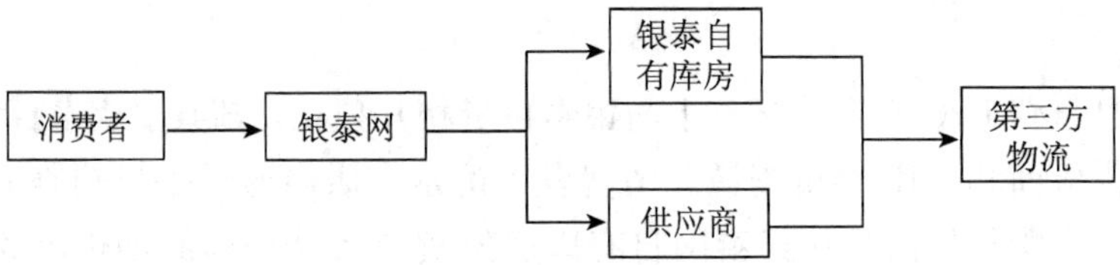

图 2 - 30　信息流模式

2.16.3　案例：蜂巢供应链仓配一体化平台

近年来，天猫、京东、唯品会、亚马逊、1 号店等电商平台纷纷建立仓储，引电商入仓以缩短快递时效，提升服务满意度。对于电商仓储而言，不仅要处理数以万计的 SKU（库存量单位），确保大量订单按时出货，还要与供应商交接完成补货，繁忙程度可想而知。随着电商行业井喷式发展，企业对高标准仓储及高效供应链管理服务需求越来越迫切。需求引致供给，供给创造需求，目前供应链服务主要分三类，分别是“仓配一体化”“前端采购执行”和“后端渠道分销”“提供解决方案的综合资讯服务”。

蜂巢供应链管理（苏州）有限公司成立于 2013 年 10 月，蜂巢供应链作为电商仓配整合供应链服务商，通过建立大规模、现代化、分布式的智能仓储系统，专注为境内和跨境电商提供“一站式的电商运营服务解决方案”，包括电商仓储管理、物流配送、电商云 ERP 系统平台、全网分销平台、大数据挖掘、供应链金融等服务。

蜂巢总部位于苏州工业园区，旗下设有北京、上海、广州、成都、武汉、天津、香港等分公司、五大区域物流基地（华东、华南、西南、华中、华北）、4 个跨境电商物流中心（上海、苏州、青岛、深圳）、6 个跨境电商海外物流中心（新加坡、美国、欧洲、日本、韩国、澳大利亚）、4 个营销中心（北京、上海、广州、苏州），形成“覆盖全国、精准高效、快速到达”的电商仓配一体化服务体系。蜂巢五大核心业务“仓配、跨境、云仓、分销、金融”包括仓配一体化服务、跨境电商运营服务、云仓管理服务、全网零库存分销服务、供应链金融服务等供应链深度优化服务。

1. 蜂巢“仓配一体化服务”

蜂巢通过建立大规模、现代化、分区布局的智能骨干仓储群和先进的供应链系统平台，为客户提供“覆盖全国、高效精准、快速到达”的电子商务仓储配送一站式解决方案。

（1）通过使用自动化分拣、输送、包装等设备，为客户提供低价优质的现代化电商仓储服务。

（2）通过先进的电商供应链系统平台，合理分配订单到各区域骨干仓，实现区域配送。

（3）“蜂巢供应链”为能力不足开发自身电商 ERP 系统平台的中小客户提供行业领先、专业的全流程系统平台。

（4）蜂巢通过“供应链物权库内转移技术”，在厂家向经销商供货的时候，无须通过物流发货，系统直接转移货物所有权，减少“批零调拨”，大幅降低整个供应链物流费用，为客户节省费用和时间。

2. 蜂巢“跨境电商运营服务”

蜂巢跨境电商全程信息系统平台提供“保税备货”与“海外直邮”两大跨境电商服务。蜂巢实施全球六大跨境海外仓战略，为没有海外根基的跨境外贸企业提供全面、专业的海外渠道拓展及运营服务。

3. 蜂巢“云仓管理服务”

蜂巢的全国仓储布局主要集中在“五大区域物流基地”“四大保税物流中心”及若干省级仓。蜂巢云仓管理服务如图 2－31 所示。

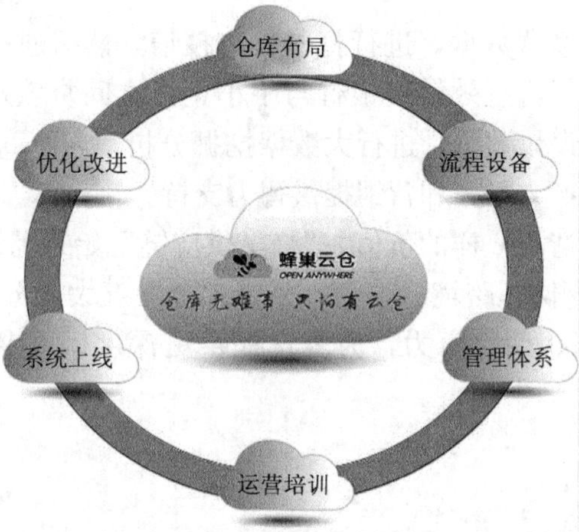

图 2－31　蜂巢云仓管理服务

对于不能入驻到蜂巢仓，但是又迫切需要采用先进系统及物流管理体系的企业，蜂巢提供“云仓服务”（加盟仓服务）。图 2－31 为蜂巢云仓管理服务。客户使用蜂巢的“云 ERP 系统”，所有数据汇集到蜂巢的系统平台内，蜂巢提供全面的管理输出，包括“仓库布局及设备规划、流程与管理体系规划、系统配置与上线、人员招聘与培训、后期运营优化改进指导”等。图 2－32 为蜂巢电商 ERP 系统。

图 2－32　蜂巢电商 ERP 系统

4. 蜂巢“全网零库存分销服务”

蜂巢向电商行业中许多熟悉电商环境、具备较强的代运营及销售能力，但缺乏资金的商户和个人开放蜂巢仓库商品并提供仓配服务，使商户和个人可以专心的分销产品，增加销售。同时，蜂巢为创业个人和企业提供从商品选择、模板网页自动生成、商品管理、物流配送、支付结算等全流程供应链服务，实现“0”成本“一键创业”“一键铺货”功能，大幅降低创业门槛。

5. 蜂巢供应链金融服务

蜂巢的业务形成规模后，蜂巢全国的仓库存放大量的商品，可开展库存商品抵押贷款；为众多入驻商家提供买方信贷、卖方信贷、支付、结算等供应链金融服务，帮助入驻园区的客户成长。

蜂巢综合分析商家经营数据，进行打包集中授信，然后通过蜂巢金融部门发行固定收益产品或转让给银行，有效解决银行与中小企业之间贷款难问题。蜂巢通过积累在供应链系统平台内的海量数据，进行大数据挖掘分析，向电商提供供应链金融服务，为厂商的产品设计、生产、财务和营销提供智力支持。

不一样的供应链创造不一样的价值，“蜂巢供应链”始终围绕“技术驱动发展，强大 ERP 系统为核心，仓储、跨境、云仓、分销、金融五大业务相互促进、相互增强”的发展思路，不断创新、聚焦聚力，为客户提供更深度、更专业的电商供应链优化服务。

思考与讨论

（1）供应链物流的特点有哪些？

（2）分析银泰商业 O2O 供应链物流模式及可能存在哪些风险以及风险应对策略。

（3）分析蜂巢的供应链一体化平台及可能存在哪些风险以及风险应对策略。

2.17 第三方物流

2.17.1 基础知识

第三方物流（Third Party Logistics，TPL）：独立于供需双方为客户提供专项或全面的物流系统设计或系统运营的物流服务模式。

物流外包（Logistics Outsourcing）：企业为了获得比单纯利用内部资源更多的竞争优势，将其部分或全部物流业务外包给合作企业完成。

门到门运输服务（Door to Door Service）：承运人在托运人指定的地点接货，运抵收货人指定地点的一种运输服务方式。

定制物流（Customized Logistics）：根据用户的特定要求专门设计的物流服务模式。

2.17.2 案例：宝供物流企业集团有限公司[①]

1. 宝供简介

宝供物流企业集团有限公司创建于1994年，总部设在广州，是国内第一家经国家工商总局批准以物流名称注册的企业集团，是我国最早运用现代物流理念和方法为客户提供供应链一体化物流服务的专业公司，也是目前我国最具规模、最具影响力、最领先的第三方物流企业之一。

2. 宝供物流全国网络布局

目前，宝供物流企业集团有限公司已在全国80多个城市建立分子公司和办事处，形成一个覆盖全国的业务运作网络和信息网络，协助客户开拓国内市场，抢夺市场先机。

①拥有9个分子公司，分别为广州、沈阳、大连、北京、上海、苏州、合肥、武汉、成都。

②覆盖省会城市及二级城市的80个办事处：天津、石家庄、太原、济南、郑州、长沙、南京、杭州、深圳、海口、南宁、福州、沈阳、大连、哈尔滨、长春、重庆、昆明、贵州、西安、兰州、乌鲁木齐、拉萨、喀什等。

③覆盖全国网络：宝供物流已形成以干线运输（大动脉）、区域配送（血管）和城市配送（毛细血管）三级联动的运输配送体系，覆盖全国绝大部分的城市、乡镇和农村。

④自建物流基地：现宝供物流在全国已建立的物流基地有北京、广州、上海、苏州、合肥、顺德、南京、沈阳、天津、成都。

⑤物流配送中心：80个物流配送中心分布在全国40个城市。

3. 宝供发展历程

2015年深度配送网络的构建，零担干线物流平台的打造。

2012年提供电子商务物流解决方案，结合最新电子商务物流需求，定制物流一体化服务。

2009年提供深度物流一体化服务，提供深度和快速物流配送服务，深度和快速配送网络建设，供应链金融服务。

2006年VMI物流系统建设，提供汽车物流供应链一体化服务。

2003年提供全球供应链一体化服务，物流基地建设，深化供应链信息平台。

2000年提供供应链一体化服务，供应链信息平台，强调为客户创造价值。

1997年提供物流一体化物流服务，完善物流网络，率先应用IT系统。

1994年提供门对门一体化服务，构筑运作网络，建立运作规范，培养物流人才。

4. 宝供理念

宝供公司是宝供人为之奋斗、生存和发展，为客户创造价值的一个团体。公司与个人的利益休戚与共，相信诚实正直、开拓进取地为公司发展做正确的事情，将为公司和个人带来共同的利益和进步。坚信真诚地为客户提供满意的服务会使公司不断发展壮大，更具有价值。基于以上的理念，确定目标、使命、价值观、行动指南、工作

① http：//www.pgl—world.com［2016-06-30］.

原则。

目标：创造世界一流的物流企业。

使命：为客户提供优质高效的物流供应链服务的全面解决方案，以支持客户的发展，为推动行业发展和员工进步做出不懈的努力。作为回报，我们会得到不断提高的市场占有率和合理的利润。

价值观：①客户满意：客户满意是我们存在的基础，是我们业务发展的根本保障。树立客户满意思想，一切工作围绕满足和超越客户期望这一中心来开展工作；深入了解客户的需要，为他们设置主要目标、计划并予以实现；以客户的需求为导向，改进我们内部的工作流程，更快更有效地为客户提供服务；发展与客户之间真诚互惠的关系，为客户排忧解难；倾听客户的反馈，想客户之所想，急客户之所急；不断问我们能为客户做什么，创造什么价值，多提有建设性的建议。②主人翁精神：是我们企业持续发展的原动力。树立主人翁精神，一切行动着眼于公司的利益；关注公司的业务经营和组织发展并提出建设性建议；敢于和损害公司利益的行为做斗争；不断寻求和采用各种降低成本、提高效率的方法；寻找新的业务、利润增长机遇和新方法；不断问我们能为公司贡献什么，创造什么价值。③诚实正直：是宝供人生存发展之根本。树立诚实正直的人生观，坦率待人，敢于和善于表述自己的观点；在工作中坚持以公司的价值观、工作原则为出发点；如实反映各种问题，努力学习新思维、新方法，更好地解决问题；在做决定或建议时坚持以数据和事实为依据；对违法乱纪行为敢于抵制，并给予坚决地制止。④开拓进取：是适应市场环境、满足客户需要的法宝。树立开拓进取精神，不满足现状，勇于创新；深入了解市场以及客户发展的变化，寻找适应的方式策略，调整相关的衡量指标；学会从客户角度来反思和要求我们所做的工作；创造一个敢于打破陈规陋习、鼓励创新的工作环境；善于总结教训、吸收经验，培养主动找问题的习惯，不断寻找改进工作的方法；善于发展能提高工作效率和服务水平的方法。⑤团队协作：我们才会有力量，才会有良好的工作环境。树立团队协作精神，以整体概念面对工作，多考虑上下游的工作和配合。

思考与讨论

（1）什么是物流一体化？什么是供应链管理一体化？它们之间具有怎样的关系？

（2）宝供的定位是什么？如何落实定位？

（3）宝供的物流网络具有什么特点和优缺点？画出系统结构图。

2.18 第四方物流

2.18.1 基础知识

第四方物流（Fourth Party Logistics，4PL）的概念首先是由国际著名的管理咨询公司埃森哲（Accenture）公司（又名安盛咨询公司）于1998年提出来的。埃森哲公司认为：第四方物流提供一整套完善的供应链解决方案，不仅能够降低实时操作的成本和改变传统外包中的资产转换，还可以通过优秀的第三方物流、技术专家和管理顾问之间的联盟，为客户提供最佳的供应链解决方案。第一方物流（First Party Logistics，1PL）是指生产企业自身做仓储、货运；第二方物流（Second Party Logistics，2PL）是指买方或需求方组织的物流活动；第三方物流（Third Party Logistics，3PL）是指由供方与需方以外的物流企业提供物流服务的业务模式。

第一，第四方物流是从供应链的资源配置和组织机构上，对供应链的整体发展进行全面管理的一种管理模式。它是在供应链外包的基础上发展和演变而来的，建立在现代信息技术和管理方法之上，以成熟和规范的市场为依托，增强供应链的整体效益，改善供应链的组织结构，提高供应链的竞争力。

第二，第四方物流提供一个综合性供应链解决方案，以有效地适应需方多样化和复杂化的需求，集中所有的资源为客户完整地解决问题。第四方物流利用包括第三方物流、信息技术供应商、合同物流供应商、呼叫中心、电信增值服务商、客户以及自身等多方能力，提供的方案关注供应链管理的各个方面，既提供持续更新和优化的技术方案，又满足客户的独特需求。

第三，第四方物流是一个主要委托客户企业与众多物流服务提供商或IT服务提供商之间的唯一中介。一方面，对于客户企业而言，委托的对象是第四方物流，因供应链运作失误而产生的责任均由第四方物流承担，而不管实际差错是由哪个具体参与企业造成的；另一方面，第四方物流要实现委托客户企业内外物流资源和管理的集成，提供全面的供应链解决方案。第四方物流必须广泛整合各种管理资源，才能开展有效运作活动。

第四，第四方物流提供商的核心能力是对第三方物流提供商进行集成，在信息收集和共享的基础上，对物流业务的解决方案进行决策和优化，以行业最佳为目标，更好地为委托客户企业提供物流服务。

物流流程重组（Logistics Process Reengineering）：从顾客需求出发，通过物流活动各要素的有机组合，对物流管理和作业流程进行优化设计。

2.18.2 案例：中物策①

中物策是一家专门从事城市规划、城市发展战略策划、城市产业策划（包括产业分析、产业规划、产业植入等）、县域经济生态循环解决方案、产业园区规划、电商物流园区规划、物流项目策划以及运营的综合机构。中物策包括中国物流策划研究院、中物策（北京）工程技术研究院、广州李芏巍物流策划工作室、广州大学城市发展战略与产业园区规划设计研究院等。

中国物流策划研究院是由海内外著名物流专家、策划专家和有关方面专家、学者，各机关单位、社会团体、企业界、科学技术界、教育界等社会各界的杰出物流

① www.56cehua.cn/index.aspx［2016-05-30］.

人士自愿联合组成的，是集学术咨询、科研和决策服务等综合功能为一体的独立法团机构。英文名称为：Chinese Logistics Scheming Research Academe，经中华人民共和国相关政府部门批准登记注册，是中国物流策划最高学术机构和综合研究与发展中心。

中国物流策划研究院专业从事物流领域的物流研究、物流策划、项目规划、工程设计、软件开发、战略规划、市场推广、物流培训、信息技术、物流咨询、物流管理和学术交流，是中国物流策划工作者开展理论研究、实践探索、学术交流、服务企业的最佳平台。

中国物流策划研究院坚持“厚德载物，根植物流，策划明天，创意未来”的建院宗旨，树立服务经济、服务社会的思想，充分发挥物流策划工作在国民经济和社会发展中的技术基础作用，通过自身努力，使中国物流策划研究院成为面向市场、面向社会、面向国际的开放型技术机构，成为国际知名、国内一流的研究机构。

中国物流策划研究院以推动中国物流策划事业的发展和服务企业为己任，以提升中国物流策划国力为目标，始终高屋建瓴地关注着世界物流策划业的前沿动态，关注着中国现代化建设的发展需求，刻苦钻研、勇于探索、大胆实践，闯出了一条独特的促进中国物流策划事业快速发展的成功模式；通过整合专家队伍、服务企业、广泛参与国家的经济建设和企业经营活动，打造中国物流策划业航母团队，着重创造中国物流策划业的整体品牌，全面建设诚信服务体制，为中国企业跨出国门走向世界树立典范。

中国物流策划研究院自成立以来，相继策划了数十项大型物流项目，承担了国家重点科研项目和国家科技攻关项目，对推进一些地方的区域产业和物流业发展工作起到重要支撑作用，许多成果获国家级奖，为我国的物流业发展做出了突出贡献。

中物策（北京）工程技术研究院是以城市发展战略、区域产业研究、物流产业、交通运输行业和市场的需求为导向，针对城市和物流系统发展中存在的技术问题，对有市场价值的重要应用科技成果进行共性技术的系统工程化、产业化以及系统集成的高端技术研发实体。中物策（北京）工程技术研究院坚持走产学研一体化的发展道路，坚持把自主创新作为发展的根本，以高品质的产品和优质的服务开拓市场。

2.18.3 案例：物流公司设立程序

1. 工商登记所需文件

①高端物流有限责任公司章程；

②房屋租赁合同；

③公司名称核准通知书；

④股东粘贴表；

⑤决议书；

⑥申请书；

⑦委托书；

⑧新（住宅）办公证明；

⑨验资报告；

⑩公司印鉴；

⑪营业执照。

以上资料复印件各两份。

2. 税务部门所需文件

①申请书；

②营业执照复印件；

③代码证（质量技术监督局办）；

④高端物流有限公司章程；

⑤产权证（房地产管理部门，由租赁方提供）；

⑥房屋租赁合同；

⑦验资报告。

以上资料复印件各两份。

3. 代理收费项目范例

①取照费：注册资本的×××‰，营业执照副本工本费×××元，公告费×××元合计：________（工商局收取）；

②全套公章（包括审批和刻制）：×××元（注意一般是4个章，其中财务章是铜的）；

③验资：（按注册资本千分之×××收费，但低于×××元的按×××元收费）；

④代码证：×××元；

⑤国、地税：×××元；

⑥印花税：××××元；

⑦税务代理：×××元；

⑧工商代理：×××元。

费用包含工商登记和税务登记。

注意不同地区随具体规定而不同。

4. 公司章程

高端物流有限责任公司章程
（范本）

第一章 总则

第一条 本章程根据《中华人民共和国公司法》和国家有关法律、行政法规及安徽省人民政府有关政策制定。

第二条 本有限公司（以下简称公司）在HF市工商行政管理局登记注册，注册登记名称为：高端物流有限公司，公司住所：AH省HF市BH区DL路88号。

第三条 公司宗旨是：以诚待人！诚信长存！信誉第一！实现双赢！

第四条 公司为独立的企业法人，一切活动遵守中华人民共和国《公司法》以及其法律、行政法规的规定，保护股东的合法权益，不受任何机关、团体、个人侵犯或非法干涉。

第二章 公司的注册资本和经营范围

第五条 公司的注册资本为人民币五千万元。

第六条 公司的经营范围是：市场调研、商务咨询、信息服务、经纪服务、物流规划、物流经营。

第三章 股东姓名（或名称）和住所

第七条 公司股东共3人，分别为：

甲：住HF市JL路1号，身份证号码为×××××××××××××××。

乙：住HF市WH路2号，身份证号码为×××××××××××××××××。

丙：住HF市TC路3号，身份证号码为×××××××××××××××××。

高端物流有限公司，法定代表人甲，注册号××××××××××××××。法定地址：AH省HF市HS路98号。

第四章 股东的出资额和出资方式

第八条 公司的资本全部由股东自愿出资入股。

第九条 股东的姓名、出资方式和出资额。

甲：出资人民币××××万元，现金。

乙：出资人民币××××万元，现金。

丙：出资人民币××××万元，现金。

第五章 股东的权利和义务

第十条 股东享有下列权利：

（一）享有选举权和被选举权；

（二）按出资比例领取红利；

（三）转让和抵押所持有的股份；

（四）对公司的业务、经营和财务管理工作进行监督，提出建议或质询；

（五）在公司办理清算时，按所持股份分享剩余资产。

第十一条 股东履行下列义务：

（一）按规定缴纳出资；

（二）在公司办理清算时，以认缴的出资额对公司承担债务；

（三）公司已经工商登记注册，不得抽回出资；

（四）遵守公司章程，保守公司秘密；

（五）支持公司的经营管理，提出合理化建议，促进公司业务发展；

（六）不按认缴期限出资或者不按规定出资额认缴的，应承担违约责任。

第六章　股东转让出资的条件

第十二条　股东确需要转让出资，按《公司法》第三十五条的规定办理，但需在30天前用书面向公司提出申请，经全体股东过半数同意后，由经理指定专人把公司有关账目结算清楚，方能把所认股金转让给他人。

第十三条　受让人必须遵守公司章程和有关规定。

第七章　公司的机构及其生产办法、职权、议事规则

第十四条　公司股东会由全体股东组成，股东会是公司的最高权力机构。

第十五条　股东会行使《公司法》第三十八条规定的职权。

第十六条　股东会的议事方式和表决程序遵照《公司法》和本章程的规定执行。

股东会对公司增加或减少注册资本、分立、合并、解散或者变更公司形式以及公司章程的修改做出决议，必须经代表三分之二以上有表决权的股东通过。

第十七条　股东会会议分为定期会议和临时会议。定期会议半年召开一次。

股东会的首次会议由出资最多的股东召集和主持，代表四分之一以上表决权的股东，三分之一以上董事或者监事，可以提议召开临时会议。

第十八条　召开股东会议，应当于会议召开15天以前通知全体股东。股东会应当对所议事项的决定做成会议记录，出席会议的股东应当在会议记录上签名。

第十九条　公司设立董事会。

董事会设董事长或执行董事一人。

第二十条　董事长（执行董事）为公司的法定代表人，其产生程序是董事会选举或由占有股份最大的股东担任。

第二十一条　董事会对股东会负责，行使《公司法》第四十六条规定的职权。

第二十二条　董事任期5年。任期届满，可以连选连任。董事在任期届满前，股东会不得无故解除其职务。

第二十三条　董事会的议事方式和表决程序，按《公司法》第四十九条规定执行。

第二十四条　公司设经理，由董事会聘任或者解聘。经理对董事会负责，行使《公司法》第五十条规定的职权。

第二十五条　董事、经理行使职权时，必须遵守《公司法》第五十九至第六十三

条的规定。

第八章 公司财务、会计

第二十六条 公司依照《公司法》第一百七十五条至一百八十一条的规定建立公司的财务、会计制度。

第九章 公司的合并、分立

第二十七条 公司合并或者分立，由公司股东会按照《公司法》第一百八十四条、第一百八十五条之规定办理。

第二十八条 公司需要减少注册资本时，必须编制资产负债表及财务清单。并按《公司法》第一百八十六条的规定办理。

第十章 公司解散与清算

第二十九条 公司有下列情形之一的，可以解散：

（一）公司章程规定的营业期限届满或者公司章程规定的其他解散事由出现时；

（二）股东会决议解散；

（三）因公司合并或者分立需要解散的；

（四）遇自然灾害或外界不可抗拒的原因需要解散。

第三十条 公司解散，应在十五日内由股东、有关主管机关或有关专业人员成立清算组，依照《公司法》第一百九十一条至一百九十五条款规定程序、事项进行。

第三十一条 公司财产能够清偿公司债务的，分别支付清算费用、职工工资和劳动保险费用，缴纳所欠税款，清偿公司债务。

公司财产按前款规定清偿后剩余财产，公司按照股东出资比例分配。

第三十二条 公司清算结束后，清算组应当制作清算报告，报股东会或者有关主管机关确认，并报送公司登记机关，申请注销公司登记，公告公司终止。

附 则

第三十三条 本公司经营期限为20年。

股东认为需要规定的其他事项。

由全体股东签名，盖章确认。

5. 房屋租赁合同

房屋租赁合同
（范本）

编号：

本合同当事人

出租方（以下简称甲方）：

承租方（以下简称乙方）：

根据《中华人民共和国合同法》及相关法律法规的规定，甲、乙双方在平等、自愿的基础上，就甲方将房屋出租给乙方使用，乙方承租甲方房屋事宜，为明确双方权利义务，经协商一致，订立本合同。

第一条　甲方保证所出租的房屋符合国家对租赁房屋的有关规定。

第二条　房屋的坐落、面积、装修、设施情况。

①甲方出租给乙方的房屋位于　（省、市）（区、县）；门牌号为：

②出租房屋面积共　平方米（建筑面积/使用面积/套内面积）。

③该房屋现有装修及设施、设备情况详见合同附件。

该附件作为甲方按照本合同约定交付乙方使用和乙方在本合同租赁期满交还该房屋时的验收依据。

第三条　甲方应提供房产证（或具有出租权的有效证明）、身份证明（营业执照）等文件，乙方应提供身份证明文件。双方验证后可复印对方文件备存。所有复印件仅供本次租赁使用。

第四条　租赁期限、用途。

①该房屋租赁期共　　个月。自　年　月　日起至　年　月　日止。

②乙方向甲方承诺，租赁该房屋仅作为　　　使用。

③租赁期满，甲方有权收回出租房屋，乙方应如期交还。

乙方如要求续租，则必须在租赁期满　个月之前书面通知甲方，经甲方同意后，重新签订租赁合同。

第五条　租金及支付方式。

①该房屋每月租金为　　元（大写　万　仟　佰　拾　元整）。租金总额为　　元（大写　万　仟　佰　拾　元整）。

②房屋租金支付方式如下：

甲方收款后应提供给乙方有效的收款凭证。

第六条　租赁期间相关费用及税金。

（1）甲方应承担的费用。

租赁期间，房屋和土地的产权税由甲方依法交纳。如果发生政府有关部门征收本合同中未列出项目但与该房屋有关的费用，应由甲方负担。

（2）乙方交纳的费用。

①乙方应按时交纳自行负担的费用。

②甲方不得擅自增加本合同未明确由乙方交纳的费用。

第七条　房屋修缮与使用。

(1) 在租赁期内，甲方应保证出租房屋的使用安全。该房屋及所属设施的维修责任除双方在本合同及补充条款中约定外，均由甲方负责（乙方使用不当除外）。

甲方提出进行维修须提前　日书面通知乙方，乙方应积极协助配合。

乙方向甲方提出维修请求后，甲方应及时提供维修服务。

对乙方的装修装饰部分甲方不负有修缮的义务。

(2) 乙方应合理使用其所承租的房屋及其附属设施。如因使用不当造成房屋及设施损坏的，乙方应立即负责修复或作经济赔偿。

乙方如改变房屋的内部结构、装修或设置对房屋结构有影响的设备，设计规模、范围、工艺、用料等方案均须事先征得甲方的书面同意后方可施工。租赁期满后或因乙方责任导致退租的，除双方另有约定外，甲方有权选择以下权利中的一种：

(1) 依附于房屋的装修归甲方所有；

(2) 要求乙方恢复原状；

(3) 向乙方收取恢复工程实际发生的费用。

第八条　房屋的转让与转租。

(1) 租赁期间，甲方有权依照法定程序转让该出租的房屋，转让后，本合同对新的房屋所有人和乙方继续有效。

(2) 未经甲方同意，乙方不得转租、转借承租房屋。

(3) 甲方出售房屋，须在　　个月前书面通知乙方，在同等条件下，乙方有优先购买权。

第九条　合同的变更、解除与终止。

(1) 双方可以协商变更或终止本合同。

(2) 甲方有以下行为之一的，乙方有权解除合同：

①不能提供房屋或所提供房屋不符合约定条件，严重影响居住；

②甲方未尽房屋修缮义务，严重影响居住的。

(3) 房屋租赁期间，乙方有下列行为之一的，甲方有权解除合同，收回出租房屋。

①未经甲方书面同意，转租、转借承租房屋。

②未经甲方书面同意，拆改变动房屋结构。

③损坏承租房屋，在甲方提出的合理期限内仍未修复的。

④未经甲方书面同意，改变本合同约定的房屋租赁用途。

⑤利用承租房屋存放危险物品或进行违法活动。

⑥逾期未交纳按约定应当由乙方交纳的各项费用，已经给甲方造成严重损害的。

⑦拖欠房租累计　　个月以上。

(4) 租赁期满前，乙方要继续租赁的，应当在租赁期满　　个月前书面通知甲方。如甲方在租期届满后仍要对外出租的，在同等条件下，乙方享有优先承租权。

(5) 租赁期满合同自然终止。

(6) 因不可抗力因素导致合同无法履行的，合同终止。

第十条　房屋交付及收回的验收。

(1) 甲方应保证租赁房屋本身及附属设施、设备处于能够正常使用状态。

(2) 验收时双方共同参与，如对装修、器物等硬件设施、设备有异议应当场提出。当场难以检测判断的，应于　　日内向对方主张。

(3) 乙方应于房屋租赁期满后，将承租房屋及附属设施、设备交还甲方。

(4) 乙方交还甲方房屋应当保持房屋及设施、设备的完好状态，不得留存物品或影响房屋的正常使用。对未经同意留存的物品，甲方有权处置。

第十一条　甲方违约责任处理规定。

(1) 甲方因不能提供本合同约定的房屋而解除合同的，应支付乙方本合同租金总额　%的违约金。甲方除应按约定支付违约金外，还应对超出违约金以外的损失进行赔偿。

(2) 如乙方要求甲方继续履行合同的，甲方每逾期交房一日，则每日应向乙方支付日租金　　倍的滞纳金。甲方还应承担因逾期交付给乙方造成的损失。

(3) 由于甲方怠于履行维修义务或情况紧急，乙方组织维修的，甲方应支付乙方费用或折抵租金，但乙方应提供有效凭证。

(4) 甲方违反本合同约定，提前收回房屋的，应按照合同总租金的　%向乙方支付违约金，若支付的违约金不足弥补乙方损失的，甲方还应该承担赔偿责任。

(5) 甲方因房屋权属瑕疵或非法出租房屋而导致本合同无效时，甲方应赔偿乙方损失。

第十二条　乙方违约责任。

(1) 租赁期间，乙方有下列行为之一的，甲方有权终止合同，收回该房屋，乙方应按照合同总租金的　%向甲方支付违约金。若支付的违约金不足弥补甲方损失的，乙方还应负责赔偿直至达到弥补全部损失为止。

①未经甲方书面同意，将房屋转租、转借给他人使用的。

②未经甲方书面同意，拆改变动房屋结构或损坏房屋。

③改变本合同规定的租赁用途或利用该房屋进行违法活动的。

④拖欠房租累计　个月以上的。

(2) 在租赁期内，乙方逾期交纳本合同约定应由乙方负担费用的，每逾期一天，则应按上述费用总额的　%支付甲方滞纳金。

(3) 在租赁期内，乙方未经甲方同意，中途擅自退租的，乙方应该按合同总租金　%的额度向甲方支付违约金。若支付的违约金不足弥补甲方损失的，乙方还应承担赔偿责任。

(4) 乙方如逾期支付租金，每逾期一日，则乙方须按日租金的　倍支付滞纳金。

(5) 租赁期满，乙方应如期交还该房屋。乙方逾期归还，则每逾期一日应向甲方支付原日租金　倍的滞纳金。乙方还应承担因逾期归还给甲方造成的损失。

第十三条　免责条件。

(1) 因不可抗力原因致使本合同不能继续履行或造成的损失，甲、乙双方互不承担责任。

(2) 因国家政策需要拆除或改造已租赁的房屋，使甲、乙双方造成损失的，互不承担责任。

(3) 因上述原因而终止合同的，租金按照实际使用时间计算，不足整月的按天数计算，多退少补。

(4) 不可抗力系指“不能预见、不能避免并不能克服的客观情况”。

第十四条　本合同未尽事宜，经甲、乙双方协商一致，可订立补充条款。补充条款及附件均为本合同组成部分，与本合同具有同等法律效力。

第十五条　争议解决。

本合同项下发生的争议，由双方当事人协商或申请调解；协商或调解解决不成的，按下列第　　种方式解决（以下两种方式只能选择一种）。

(1) 提请仲裁委员会仲裁。

(2) 依法向有管辖权的人民法院提起诉讼。

第十六条　其他约定事项　。

第十七条　本合同自双方签（章）后生效。

第十八条　本合同及附件一式　份，由甲、乙双方各执　份。具有同等法律效力。

甲方：	乙方：
身份证号（或营业执照号）：	身份证号：
电话：	电话：
传真：	传真：
地址：	地址：
邮政编码：	邮政编码：
房产证号：	
房地产经纪机构资质证书号码：	
签约代表：	
签约日期：　年　月　日	签约日期：　年　月　日
签约地点：	签约地点：

设施 、设备清单：

本《设施清单》为　　（甲方）同　　（乙方）所签订的编号为　　房屋租赁合同的附件。

甲方向乙方提供以下设施、设备：

①燃气管道［］煤气罐［］

②暖气管道［］

③热水管道［］

④燃气热水器［］　型号：

　电热水器［］　型号：

⑤空调［］　　型号及数量：

⑥家具［］　　型号及数量：

⑦电器［］　　型号及数量：

⑧水表现数： 电表现数： 燃气表现数：

⑨装修状况：

⑩其他设施、设备：

甲方： 乙方：

签约日期： 年 月 日

签约地点：

使用说明：

(1)《房屋租赁合同》《房屋承租居间合同》推荐文本为中国消费者协会委托北京汇佳律师事务所拟定，为建议使用。

(2) 凡承诺使用《房屋租赁合同》《房屋承租居间合同》推荐文本的经营者，有义务应消费者的要求使用。

(3) 选择“争议解决”方式中提请仲裁方式时，应填写所选择仲裁机构的法定名称。

(4)《房屋租赁合同》《房屋承租居间合同》推荐文本中相关条款，在符合国家法律规定的前提下，考虑消费者与经营者双方的合法权益，结合实际需要可能做出修改。

6. 新（住宅）办公证明

证　　明

兹有××××（产权人），有房屋坐落于 HF 市×××××××××，面积××××平方米，该房系合法房屋，现租赁给高端物流有限公司，作为企业生产经营场所使用；请有关单位给予办理手续为盼。

特此证明

20××年××月××日

7. 企业名称预先核准通知书

企业名称预先核准通知书

(　　)登记内名预核字〔　　〕第　　号

根据《企业名称登记管理规定》《企业名称登记管理实施办法》等规定，同意预先核准下列　　个投资人出资，注册资本（金）××××××万元（人民币），住所设在合肥市××××××的企业名称为：高端物流有限责任公司

投资人、投资额和投资比例：

甲：××××万元人民币××％

乙：××××万元人民币××％

丙：××××万元人民币××％

以上预先核准的企业名称保留期至 2017 年 10 月 1 日。在保留期内，企业名称不得

用于经营活动，不得转让。经企业登记机关设立登记，颁发营业执照后企业名称正式生效。

（名称核准机关盖章）

核准日期：　　　年　月　日

注：（1）预先核准的企业名称未到企业登记机关完成设立登记的，通知书规定的有效期满后自动失效。有正当理由，需延长预先核准名称有效期的，申请人应在有效期满前1个月内申请延期。有效期延长时间不超过6个月。

（2）名称预先核准时不审查投资人资格和企业设立条件，投资人资格和企业设立条件在企业登记时审查。申请人不得以企业名称已核为由抗辩企业登记机关对投资人资格和企业设立条件的审查。企业登记机关也不得以企业名称已核为由不予审查就准予企业登记。

（3）企业应在企业设立登记之日起30日内，务必将加盖企业公章的营业执照复印件反馈给企业名称核准机关备案。未备案的，企业名称核准机关将对预核准名称作为超过保留期、未登记的作废名称处理。

（4）企业设立登记后，企业登记机关应将本通知书原件存入企业档案。

8. 股东粘贴表（略）

9. 股东决议书

高端物流有限责任公司

股东会决议

会议时间：20××年××月××日

会议地点：本公司会议室

会议召集人：甲

会议主持人：甲

会议通知时间及方式：15天之前以电话方式通知

会议性质：临时会议

到会股东：甲、乙、丙拥有公司100%股东表决权

会议决议内容：经到会股东协商，一致同意公司不设立董事会和监事会，设执行董事一名，设监事一名，选举甲为公司执行董事（法定代表人）兼经理，选举乙为公司监事。

全体股东签字：

甲

乙

丙

10. 公司设立登记申请书（见图 2－33）

<table>
<caption>公司设立登记申请书</caption>
<tr><td>名称</td><td colspan="4">高端物流有限公司</td></tr>
<tr><td>住所</td><td colspan="2">HF市HS路××××号</td><td>邮政编码</td><td>××××××</td></tr>
<tr><td>法定代表人姓名</td><td colspan="2">××××××</td><td>职务</td><td>执行董事兼经理</td></tr>
<tr><td>注册资本</td><td>××××（万元）</td><td>公司类型</td><td colspan="2">私营有限责任公司</td></tr>
<tr><td>实收资本</td><td>××××（万元）</td><td>出资方式</td><td colspan="2">货币</td></tr>
<tr><td>经营范围</td><td colspan="4">提供物流服务咨询与物流方案的设计</td></tr>
<tr><td>营业期限</td><td colspan="4">自20××年××月××日至20××年××月××日</td></tr>
<tr><td>备案事项</td><td colspan="4"></td></tr>
<tr><td colspan="5">本公司依照《中华人民共和国公司法》《中华人民共和国公司登记管理条例》设立，提交材料真实有效。谨此对真实性承担责任。

法定代表人签字：　　　　指定代表或委托代理人签字：

年　月　日　　　　年　月　日</td></tr>
</table>

注：①提交文件、证件应当使用 A4 纸。

②应当使用钢笔、毛笔或签字笔工整地填写表格或签字。

③公司类型：有限责任公司和股份有限公司。其中，国有独资公司应当注明“有限责任公司（国有独资）”；一人有限责任公司应当注明“有限责任公司（自然人独资）”或“有限责任公司（法人独资）”；股份有限公司是上市公司的应当注明“股份有限公司（上市）”。

图 2－33　公司设立登记申请书

表 2-28 为高端物流有限责任公司股东（发起人）名录。

表 2-28　　高端物流有限责任公司股东（发起人）名录

股东（发起人）名称或姓名	证件名称及号码（身份证）	认缴出资额（万元）	出资方式	持股比例（%）	实缴出资额（万元）	出资时间	出资方式	余额交付期限	备注
甲	××××××××××××	××××	现金	××	××	20××年××月××日	现金		E
乙	××××××××××××	××××	现金	××	××	20××年××月××日	现金		E
丙	××××××××××××	××××	现金	××	××	20××年××月××日	现金		E

注：①根据公司章程的规定及实际出资情况填写。

②“备注”栏填写下述字母：A. 企业法人；B. 社会团体法人；C. 事业法人；D. 国务院、省级人民政府、经授权的机构或部门；E. 自然人；F. 其他。

③出资方式填写：货币、非货币。

表 2-29 为高端物流有限责任公司董事、监事、经理情况。

表 2-29　　高端物流有限责任公司董事、监事、经理情况

姓名：甲　　职务：执行董事兼经理	姓名：乙　　职务：监事
身份证件号码：××××××××××××××××××	身份证件号码：××××××××××××××××××
（身份证件复印件粘贴处）	（身份证件复印件粘贴处）

续 表

姓名：　　　　　职务：	姓名：　　　　　职务：
身份证件号码：	身份证件号码：
（身份证件复印件粘贴处）	（身份证件复印件粘贴处）

表 2-30 为高端物流有限责任公司法定代表人登记表。

表 2-30　　　　高端物流有限责任公司法定代表人登记表

姓名	甲	是否公务员	否
职务	执行董事兼经理	联系电话	
任免机构	股东会		
（身份证件复印件粘贴处）			
法定代表人签字： 年　月　日			

11. 委托书

指定代表或者共同委托代理人的证明

申请人：甲、乙、丙
指定代表或者委托代理人：乙
委托事项：设立公司并领取营业执照。

指定代表或委托代理人更正有关材料的权限：
①同意□不同意□修改任何材料；
②同意□不同意□修改企业自备文件的文字错误；
③同意□不同意□修改有关表格的填写错误；
④其他有权更正的事项：对提交的复印件予以确认。

指定或者委托的有效期限：自20××年××月××日至20××年××月××日

<table>
<tr><td rowspan="2">指定代表或委托代理人联系电话：</td><td>固定电话：</td></tr>
<tr><td>移动电话：</td></tr>
<tr><td colspan="2">（指定代表或委托代理人
身份证明复印件粘贴处）</td></tr>
</table>

年　月　日
（申请人盖章或签字）

注：①设立登记，有限责任公司申请人为全体股东、国有独资公司申请人为国务院或地方人民政府国有资产监督管理机构；股份有限公司申请人为董事会；非公司企业申请人为出资人。企业变更、注销登记申请人为本企业。

②申请人是法人和经济组织的由其盖章；申请人是自然人的由其签字；申请人为董事会的由全体董事签字。

③指定代表或者委托代理人更正有关材料的权限：1、2、3项选择“同意”或“不同意”并在□中打√；第4项按授权内容自行填写。

12. 代码证申领

①营业执照原件及复印件三份。

②法定代表人身份证及代办人身份证复印件各一份（需将身份证正、反两面复印在同一纸面上）；非中文类的外国护照须提供盖有本单位公章的中文翻译件一份。

③办证单位填写“中华人民共和国组织机构代码业务申报表”一份，加盖单位公章。

④单位公章。

表 2－31 为中华人民共和国组织机构代码业务申报表。

表 2－31　　中华人民共和国组织机构代码业务申报表

注意事项：本表一式一份，如有变更项，请用钢笔或签字笔在变更项旁空白处用正楷字认真填写，单位名称变更必须加盖单位公章。

<table>
<tr><td>申报项目</td><td colspan="4">□申办　□换证　□变更　□年检　□补发　请在相应的项目前打“√”</td></tr>
<tr><td>机构代码</td><td>＊＊＊＊</td><td>机构类型</td><td colspan="2">其他专业咨询</td></tr>
<tr><td>机构名称</td><td colspan="4">高端物流有限责任公司</td></tr>
<tr><td>法人代表/负责人
（身份证号码）</td><td colspan="4"></td></tr>
<tr><td>经济行业</td><td colspan="4"></td></tr>
<tr><td>经济类型</td><td colspan="4">17</td></tr>
<tr><td>主管部门</td><td colspan="4">质量技术监督局</td></tr>
<tr><td>注册资金</td><td></td><td>单位人数</td><td colspan="2"></td></tr>
<tr><td>行政区划</td><td></td><td>邮政编码</td><td colspan="2"></td></tr>
<tr><td>机构地址</td><td colspan="4"></td></tr>
<tr><td>网　　址</td><td></td><td rowspan="2">电话号码</td><td rowspan="2" colspan="2"></td></tr>
<tr><td>电子邮箱</td><td></td></tr>
<tr><td>注册日期</td><td></td><td rowspan="2">传真号码</td><td rowspan="2" colspan="2"></td></tr>
<tr><td>登记批准机构</td><td>合肥市工商局（）</td></tr>
<tr><td>批准注册（文）号</td><td colspan="4"></td></tr>
<tr><td>申请证书</td><td>正、副本壹套，电子副本 IC 卡壹张</td><td>以上申报信息是否涉密</td><td colspan="2">是　　否</td></tr>
<tr><td colspan="2">填表人（签名）：
申报单位（盖公章）：
年　月　日</td><td colspan="3">领证（卡）人签名：

年　月　日</td></tr>
</table>

以下由发证单位填写：

<table>
<tr><td>经办人</td><td>年　月　日</td><td>办证日期</td><td colspan="2"></td></tr>
<tr><td>录入人</td><td>年　月　日</td><td>作废日期</td><td colspan="2"></td></tr>
<tr><td>审核人</td><td>年　月　日</td><td rowspan="2">IC 卡</td><td>流水号</td><td></td></tr>
<tr><td>备　注</td><td></td><td>制卡日期</td><td></td></tr>
</table>

13. 地方税务局税务登记表

表 2－32 为地方税务局税务登记表。

表 2－32　　地方税务局税务登记表

<table>
<tr><td>*纳税人名称</td><td colspan="8"></td></tr>
<tr><td>*组织机构代码</td><td colspan="3"></td><td colspan="2">*批准成立证照或文件号码</td><td colspan="3"></td></tr>
<tr><td rowspan="2">*注册地</td><td>地址</td><td colspan="7">合肥市××路</td></tr>
<tr><td>邮政编码</td><td colspan="2"></td><td colspan="2">联系电话</td><td colspan="3">×××××××</td></tr>
<tr><td rowspan="2">经营地</td><td>地址</td><td colspan="7"></td></tr>
<tr><td>邮政编码</td><td colspan="2"></td><td colspan="2">联系电话</td><td colspan="3"></td></tr>
<tr><td>网站网址</td><td colspan="8"></td></tr>
<tr><td>*经营范围</td><td colspan="8"></td></tr>
<tr><td rowspan="2">*注册资本或投资总额</td><td>币种</td><td colspan="2"></td><td colspan="3" rowspan="2">*核算形式或预算方式</td><td colspan="2" rowspan="2"></td></tr>
<tr><td>金额（万元）</td><td colspan="2"></td></tr>
<tr><td rowspan="2">项目 内容 联系人</td><td rowspan="2">姓名</td><td colspan="2">身份证件</td><td colspan="2" rowspan="2">固定电话</td><td rowspan="2">移动电话</td><td colspan="2" rowspan="2">个人电子邮件（E－mail）</td></tr>
<tr><td>种类</td><td>号码</td></tr>
<tr><td>*法人代表（负责人）</td><td></td><td></td><td></td><td colspan="2"></td><td></td><td colspan="2"></td></tr>
<tr><td>财务负责人</td><td></td><td></td><td></td><td colspan="2"></td><td></td><td colspan="2"></td></tr>
<tr><td>办税人员</td><td></td><td></td><td></td><td colspan="2"></td><td></td><td colspan="2"></td></tr>
<tr><td rowspan="2">税务代理人</td><td colspan="2">名称</td><td colspan="2">税务登记证号</td><td>固定电话</td><td>移动电话</td><td colspan="2">电子邮件（E－mail）</td></tr>
<tr><td colspan="2"></td><td colspan="2"></td><td></td><td></td><td colspan="2"></td></tr>
<tr><td colspan="3">*投资各方名称</td><td>证件种类</td><td colspan="3">证件号码</td><td colspan="2">*所占投资比例</td></tr>
<tr><td colspan="3"></td><td></td><td colspan="3"></td><td colspan="2"></td></tr>
<tr><td colspan="3"></td><td></td><td colspan="3"></td><td colspan="2"></td></tr>
<tr><td colspan="3"></td><td></td><td colspan="3"></td><td colspan="2"></td></tr>
<tr><td colspan="3"></td><td></td><td colspan="3"></td><td colspan="2"></td></tr>
<tr><td colspan="3"></td><td></td><td colspan="3"></td><td colspan="2"></td></tr>
<tr><td colspan="3"></td><td></td><td colspan="3"></td><td colspan="2"></td></tr>
<tr><td colspan="3">*其中自然人投资比例合计（%）</td><td>%</td><td colspan="3">*其中外资投资比例合计（%）</td><td colspan="2">%</td></tr>
</table>

续 表

<table>
<tr><td colspan="2">各分支机构名称</td><td colspan="2">注册地址</td><td>税务登记证号</td></tr>
<tr><td colspan="2"></td><td colspan="2"></td><td></td></tr>
<tr><td colspan="2"></td><td colspan="2"></td><td></td></tr>
<tr><td colspan="2"></td><td colspan="2"></td><td></td></tr>
<tr><td colspan="2"></td><td colspan="2"></td><td></td></tr>
<tr><td rowspan="3">总机构情况</td><td>名称</td><td></td><td>税务登记证号</td><td></td></tr>
<tr><td>地址</td><td></td><td>计算机代码</td><td></td></tr>
<tr><td>法人代表姓名</td><td></td><td>联系电话</td><td></td></tr>
<tr><td colspan="2">*开户银行</td><td>*银行账号</td><td>*是否基本账号</td><td>*币种</td></tr>
<tr><td colspan="2"></td><td></td><td></td><td></td></tr>
<tr><td colspan="2"></td><td></td><td></td><td></td></tr>
<tr><td colspan="2"></td><td></td><td></td><td></td></tr>
<tr><td colspan="2"></td><td></td><td></td><td></td></tr>
<tr><td colspan="2">法定代表人（签章）：
（负责人）：</td><td>企业财务专用章：</td><td colspan="2">企业公章：</td></tr>
</table>

以下由税务机关填写（代码）：

主管税务机关		主管税务所		计算机代码	
登记注册类型		隶属关系		国家标准行业	
最终主管部门		会计制度		所处街乡	
税务登记类型		核发登记证种类		是否共管户	

思考与讨论

(1) 列举第四方物流的职能。

(2) 甲、乙、丙、丁四人拟建一个第四方物流公司——AHHF 第四方物流公司，请你帮助草拟工商登记、税务登记等有关文件，以便开展经营活动。

2.19 第五方物流

2.19.1 基础知识

第五方物流（Fifth Party Logistics，5PL）：是指由商品买方、商品卖方、物流服务组织方、物流实际运作方以外的机构建立一个公共的平台，用互联网、物联网等手段更好地连接商品买方、商品卖方和参与该商品相关的物流活动的各方，使各方能够共享物流信息和物流资源；第五方物流平台一般不直接参与运营，但要起到促进物流效率和物流服务水平提升的作用。

2.19.2 案例：安徽共生物流科技有限公司——共生物流平台①

1. 企业情况介绍

（1）企业简介。

安徽共生物流科技有限公司位于镜湖区绿地镜湖世纪城创客谷C座，经营范围包括物流信息技术开发、物流数据技术服务、网络开发、物流设备销售、物流信息咨询、普通货物道路运输、国内货物运输代理、仓储服务、货物装卸服务。

公司主要向国内的货主企业、物流企业、物流创业者、货运车辆提供专业的互联网信息服务。公司将打造成为一个“线上和线下相结合”的互联网平台型物流公司，采用“物流＋金融＋互联网”的业务模式，通过资源整合，提高用户的效率，降低运营成本，为社会创造价值。

公司是拥有多名物流骨干的整体团队，团队有15年以上物流行业的资深工作经历，有物流互联网公司的成功经历。团队在全国各地拥有多名物流骨干，对各地物流市场有深刻的了解和影响力，可以迅速搭建起全国性的物流网络。公司团队有如安得、宝供大型物流企业创业成功的经典案例，有多次试错并最终成功的模式沉淀，并具有团结、奋进的企业文化和超强的执行力。团队拥有快速成功复制的基因。

共生核心价值观：自主、共赢、开放、创新。

共生经营理念：第一，信任重于一切；第二，用户价值至上；第三，技术促进效率；第四，中短途整车为主。

（2）经营情况。

项目平台域名为：共生物流平台，平台门户访问域名为：http://www.gsh56.com/。系统平台构建起发货人PC WEB端、发货人移动微信端、司机微信端、司机移动APP端等多种版本，满足各类用户的全场景使用需求，让用户更便捷地使用平台各项服务。

目前平台月交易额已突破1亿元，月营业收入超过1000万元；随着平台为上线用户创造价值的体现，用户会产生规模化的增长，2016年全年预计实现交易额20亿元，营业收入2亿元；3年内交易额突破100亿元，营业收入超过5亿元；5年内预计交易额可突破1000亿元，成为中国最具价值的第五方物流信息平台。

（3）管理层介绍。

CEO卢立新：物流博士，曾在安得物流十年任总经理、宝供物流两年任总裁兼任一站网CEO。安得和宝供都是物流行业排名前十的公司，在物流行业里有很深的认识。中国物流年度人物、全国物流劳动模范。

---

① https://www.gsh56.com/［2016-10-30］.

COO（首席运营官）刘春生：兼任大数据中心总监，曾任安得副总经理、宝供副总裁、粤泰公司总裁，全国物流行业劳动模范，物流工作经验20年，在深度运营方面拥有丰富经验。

CFO（首席财务官）王鲲：兼任行政中心总监，注册会计师，曾任安得部门负责人、宝供事业部总经理，物流工作经验15年，拥有较多资源。

CTO（首席技术官）杨昕吉：信息技术硕士，13年互联网研发经验，曾任诚迈科技事业部总经理、赞奇科技总经理，多个省部级项目负责人。

曲悦：用户价值中心总监，曾任运东西、一站网营销负责人、CSCMP秘书长助理，物流工作经验14年。

另外，按产品设立项目组，有共发财项目、共发展项目、共融项目、共采项目、共创项目。也分大区做地面团队业务推广安排，如安徽区、广东区、湖北区、江苏区等。

(4) 信息化技术介绍。

自主的云架构：平台用户可以根据自身的业务需求，自主在平台上开通各种业务功能，系统为每个用户分配独立的云应用运行空间，保证用户应用运行的独立性。

大数据智能技术：基于大数据技术实现智能物流功能，体现在诸多方面，如智能车货匹配（利用移动互联网特性，对车的时间、位置做精准的匹配和智能化对接）、运输异常监测、路线智能规划、物流KPI分析等，利用大数据实现运营透明化等。

账户安全技术：平台实现严密账号安全管理功能，包括密码管理、权限管理、登录异常检测。

数据安全技术：通过数据多点备份技术；数据加密存储技术保证用户数据安全。另外，为用户提供APP、微信、PC端三种场景接入方式，满足用户各种办公需求。

(5) 主要业务介绍。

公司主要向国内的货主企业、物流企业、物流创业者、车主提供专业的服务。公司将打造成为一个“线上和线下相结合”的互联网平台型物流公司，采用“物流＋金融＋互联网”的业务模式。

首先，平台将老物流人的实战经验与互联网技术相融合，打造出核心产品——共好运，并在此基础上丰富产品链，衍生出共发展、共发财、共融、共创、共云、共采，共7种服务产品，涵盖共生物流平台目标用户的所有需求。

共好运（提升物流效率，降低物流成本）：通过优化调度＋降低成本、违约代偿＋发运担保、海量运力资源＋高弹性、自主＋智能推送货运信息等一系列交易规则，使得用户在平台上有序、高效地进行运输交易，并有效地降低物流成本。

共发展（业务扶持、成交）：就是给用户提供销售的支持，就是帮助中小用户提供专业的业务咨询分析服务。

共发财（政策争取、财务服务）：就是给用户提供财务咨询服务，申请政府的财税政策。

共融（普惠金融服务）：公司联合银行等金融机构为平台用户提供一种便捷的、低成本的资金支持服务。

共创（创业孵化功能）：为创业者提供包括孵化培训、项目对接、运营支持的各项服务。

共采（物流企业的电子商务服务）：平台通过集中采购油卡、保险等，为平台用户节约成本。

共云（物流云服务、数据智能分析服务）：为物流企业用户提供全面的物流信息云服务，用户可以在共云平台上，免费使用各种物流云系统，如 TMS、OMS（订单管理系统）、CRM（客户关系管理系统）、财务管理、数据分析等，帮助物流企业用户提升物流信息化管理水平。

（6）平台营销价值体现。

共生物流创新性的提出“B2B2 车”的物流“互联网+”应用模型，即针对整个物流产业链上各环节的用户都产生价值创造，真正打造适用于物流产业链的“互联网+”生态圈，使生态圈里的用户共赢共发展。

第一个 B 可以是大型物流公司或制造企业，即物流需求方。中间的 B，可以是中小物流公司或大型物流公司，车即车主端。

2. 在实施信息化之前存在的问题

传统公路运输交易环节过多，效率低下，信息不透明、不对称导致成本虚高，很难取得真实的交易数据。

仓单质押、代垫运费、融资租赁等供应链金融需求较大，传统金融系统不能满足需求，物流企业大部分为轻资产，融资较难。行业主体为中小物流企业、车主等，在业务开发、专业运营、融资、开票、规范治理、运营成本降低等方面有较多困难，个性化需求较多，难以形成统一的规范。

3. 平台信息化进程中遇到的主要困难、问题与解决措施

（1）用户对平台的信任问题。

互联网平台在成立初期都存在用户对平台的信任问题，用户始终心存顾虑，交易成功率很低。

解决办法：制定平台交易规则，通过具有线上协议公平的约束发货方和实际承运人，保障各方权益；对违约方进行责任追偿，必要时平台先行赔付；根据实时的移动互联网轨迹跟踪技术，发货方可及时知晓车辆位置，同时动态提醒车主前方路况、天气等信息，保障运输安全；通过线下地推团队人员，在用户遇到各种问题时及时上门服务保障，打消用户顾虑；通过银行监管共生平台交易账户，让用户放心线上交易；对发货方和车辆都制定统一的标准规范，让服务标准透明化，让用户明白放心；通过自媒体、微信、业内口碑让用户了解共生平台，逐步增加信任度。

（2）用户担心订单信息泄露。

物流行业的订单价格、线路等为企业的核心机密，用户担心商业机密泄露。

解决办法：通过云架构技术，每一个用户享有一个独立的云运用空间，这个空间对用户以外都是封闭的；通过账户安全技术，平台实现严密账号安全管理功能；通过数据多点备份技术，让用户数据不丢失；通过数据加密存储技术，即使数据被盗取，也无法破解；平台和用户签订信息保密协议，让用户从心理上放心；平台设定严格的权限管理，未经用户授权无权查看用户订单信息，同时按月提供后台查看记录给用户。

(3) 用户对平台创造价值持怀疑态度。

以往的物流互联网平台只能做到简单的交易撮合，不能有效降低物流成本，易被替代。

解决方法：通过去中间环节，发货方的运单通过云数据分析后智能推送给匹配的车主形成竞价模式，能有效降低5%～15%的物流成本；通过平台的对接，车主提前在线成交，有效减少空驶、停车待货的情况，提高车辆运输效率；接入简单高效、低成本的金融服务，为物流企业解决融资难的问题，降低企业5%的资金成本；通过平台集中采购，取得优惠的原油、保险价格，降低发货方和车主的1%～3%的采购成本。

4. 信息化主要效益分析与评估

(1)“共生”的定位和愿景。

定位：“线上和线下相结合”“物流＋互联网＋金融”的互联网平台型物流企业；依托互联网和物流金融，为中国制造企业、流通企业、物流企业提供高效率、低成本的物流交易平台，并提供物流金融、物流集采（油费、路桥费、售后费用、生活费用、保险代理等）、物流孵化、增值服务等服务。

愿景：中国最有价值的第五方物流互联网平台；帮助中小物流企业、物流创业者成长，有效改变中国物流的散乱差局面，提高物流效率。

表2-33为2016—2020年发展目标。

表2-33　　2016—2020年发展目标

年份	2016	2017	2018	2019	2020
平台交易额（亿元）	20	150	500	750	1000
业务收入（亿元）	2	5	12	18	24
覆盖城市（及地区）	50	350	350	350	350
货主会员（万）	0.2	10	50	75	100
车辆会员（万）	10	100	200	300	400

(2) 共生平台的效益分析与评估。

共生物流平台经过3～5年的发展后，可以解决超过万人的就业，实现几十万人创业、就业，每年在信息平台上的流量将超过10000亿元货值，通过本信息平台交易的物流量将超过1000亿的规模，共生及共生孵化企业年纳税超过20亿元；通过信息平台，对运力和资源进行合理调配，减少空驶，提高里程利用率和吨位利用率，从而提高车辆实载率，降低运输成本，保守估计每年节约的物流成本将超过150亿元；由于信息平台信息传递迅速，可以及时合理地组织货物运输，从而提高运输效率，加快资金周转，预计通过本信息平台的货物周转周期可以节约2天以上，通过加快资金周转节约的资金成本将超过55亿元。

5. 信息化实施过程中的经验总结及推广意义

(1) 通过平台实际运行发现的问题，以技术手段不断对系统进行完善，经验总结如下。

通过不断完善的车货匹配系统，让货主用户直接采购车辆运力资源，避免了中间环节的层层加价，为货主企业节省了 5%～20%运输成本，同时也解决了车主空车待货、空驶回程的问题。

通过在线的集采服务，为用户节省了 1%～3%的采购成本。

通过线上交易保障规则，平台通过有效手段对责任方追责，乃至先行赔偿，让用户放心交易。

平台对接银行等金融机构，解决中小物流企业融资难的现状，通过简单有效的风险控制，让用户在需要资金的时候，能够得到及时、低成本的资金，为用户降低 5%的资金成本。

平台通过云 TMS 大数据服务，解决了中小物流企业运输管理水平低的问题，通过共生物流平台提供的云 TMS 物流管理和交易管理系统，有效提高用户的业务管理水平。

（2）推广意义。

①使货运经营者按照货运市场的需求自发调节运力结构，使运力构成趋于合理；

②将满足货物联运和集拼发展的需求；

③避免欺行霸市、收受贿赂、逃避税收等不正当行为；

④大幅降低生产企业的物流成本，促进产业发展；

⑤将极大促进传统物流互联网化进程；

⑥促进物流业高速发展，为物流行业的经济发展做出贡献；

⑦可以新增万人实现创业，实现几十万人创业、就业；

⑧提高车辆运营效率，减少空载率、空驶率，有效促进节能减排。

通过平台的推广对全国的物流行业发展和物流效率提升起到推动作用，在全国形成示范效应，通过价值创造推进物流行业信息化进程。

6. 本系统下一步的改进方案、设想

（1）研发先进的物流 SaaS 云服务技术，构建安全、自主的多租户物流 SaaS 云服务系统，包括云应用服务池和云应用引擎。云系统实现并聚合丰富的物流云应用，如 TMS、OMS、CRM、财务管理等，形成公开共享的云应用服务池，每个企业可以根据自身业务需求订阅、开通不同的业务应用，满足不同物流企业的业务管理需求。云应用引擎，管理和运行用户订阅的云应用，并为每个用户分配独立的应用运行空间。本技术方案实施后，既可以满足不同用户的个性化业务管理需求，又可以让每个用户拥有独立的云应用空间和安全隔离的数据存储空间，确保用户业务和数据的安全性。

（2）研发安全可靠的多租户共享数据存储技术，主要包括多租用户数据透视存储技术和透视数据还原技术。数据透视存储技术，将用户在云系统上所产生的业务数据通过对象序列化的方式以二进制流的形式存储到数据表中。通过这种方式，每个企业用户的业务数据以透明化的方式存储到共享数据库中，保证了用户业务数据的私密性。透视数据还原技术，当系统需要加载用户数据时，以用户 ID 为索引在共享数据库中，检索用户的对象描述表和数据对象描述表，并以此作为数据解密密钥，还原业务数据，以便用户进行数据查询、读写、删除等操作。

(3) 研发物流数据智能分析及服务系统：为物流企业和货运司机提供智能车货匹配（利用移动互联网特性，对车的时间、位置做精准的匹配和智能化对接）、运输异常监测、路线智能规划、物流 KPI 分析等数据智能服务功能，利用大数据技术帮助物流行业实现透明化运营、提高行业效率、降低行业成本。

(4) 研发全维度账户安全管理技术和数据安全技术：平台实现严密账号安全管理功能，包括密码管理、权限管理、登录异常检测；通过数据多点备份技术；数据加密存储技术保证用户数据安全。

思考与讨论

(1) 第五方物流具有哪些特点？比较第五方物流与第三方物流、第四方物流的异同点。

(2) 共生物流平台的产品有哪些？

(3) 共生致力于打造的“共赢生态圈”包括哪些内容？如何进行持续创新？

2.20 物流追溯

2.20.1 基础知识

食品安全是社会稳定和国际贸易中的大问题。目前，我国已经开始应用危害关键控制点分析（HACCP）、良好生产规范（GMP）、良好农业规范（GAP）等安全控制技术，但食品安全追溯技术体系尚不完善，迫切需要关注和解决。

国际物品编码协会（GSI）是国际上负责条码技术研发推广的组织，负责管理和维护以商品条码为核心的全球统一标识系统（EAN/UCC 系统），是以对贸易项目、物流单元、位置等进行编码为核心的集条码、射频等自动数据采集、电子数据交换等为一体的服务于供应链的开放的标准体系。具体到食品行业，EAN/UCC 系统包括贸易项目（贸易单元）的编码与条码表示、物流单元的编码与条码表示、信息属性的编码与条码表示、位置码的编码与条码表示。

贸易项目（Trade Item）：从原材料直至最终用户可具有预先定义特征的任意一项产品或服务，对于这些产品和服务，在供应链过程中有获取预先定义信息的需求，并且可以在任意一点进行定价、订购或开具发票。按照流通领域，贸易项目分为零售贸易项目和非零售贸易项目。零售贸易是指在零售端通过销售时点系统（POS）扫描结算的商品，进一步分为定量贸易项目和变量贸易项目。定量贸易项目是指有固定包装，以统一预先确定的量度（类型、尺寸、重量、成分、式样等）进行销售的贸易项目。变量贸易项目是指没有固定包装，随机确定购买数量的商品，以随机重量销售，每位客户购买商品的重量、价格不同。贸易项目编码可以是 EAN/UCC—13、EAN/UCC—8、UCC—12、EAN/UCC—14。

物流单元（Logistics Unit）：供应链管理中运输或仓储的一个包装单元。一个物流单元可以是托盘、箱、盒或者两种以上的组合包装。物流单元采用系列货运包装箱代码（SSCC）进行唯一标识。物流单元信息包括扩展位、厂商识别代码、系列代码、校验码，其中扩展位是用于增加SSCC系列代码的容量，由厂商分配，如0表示纸盒、1表示托盘、2表示包装箱等。物流信息属性：是EAN/UCC系统物流单元内的贸易项目的附加信息的编码，如批号、日期数量和度量等信息，采用应用标识符（AI）表示。

物流标签（Logistics Label）：表示物流单元相关信息的各种质地的信息载体。

商品标识代码（Identification Code for Commodity）：由国际物品编码协会（EAN）和统一代码委员会（UCC）规定的、用于标识商品的一组数字，包括EAN/UCC－13、EAN/UCC－8和UCC－12代码。

全国产品与服务统一代码（National Product Code，NPC）：全国产品与服务统一代码由13位数字本体代码和1位数字校验码组成，是产品和服务在其生命周期内拥有的一个唯一不变的代码标识。

注：国家标准《全国产品与服务统一代码编制规则》（GB 18937—2003）规定了全国产品与服务统一代码的使用范围、代码结构及其表现形式。

产品电子代码（Electronic Product Code，EPC）：开放的、全球性的编码标准体系，由标头、管理者代码、对象分类和序列号组成，是每个产品的唯一性代码。其中，标头标识EPC的长度、结构和版本，管理者代码标识某个公司实体，对象分类码标识某种产品类别，序列号标识某个具体产品。

产品电子代码系统（EPC System）：在计算机互联网和无线通信等技术基础上，利用EPC标签、射频识读器、中间件、对象名解析、信息服务和应用系统等技术构造的一个实物信息互联系统。其中，EPC标签为含有电子产品代码（EPC）的电子装置；中间件为管理EPC识读过程并与相关应用或服务交换识读结果等信息的程序；对象名解析为解析给定的EPC并获得指向含有对应产品信息数据库位置的程序；信息服务为按照不同的应用服务要求，查询（或写入）产品信息，并把查询结果按要求组织后送回应用服务的程序。

全球位置码（Global Location Number，GLN）：运用EAN/UCC系统，对法律实体、功能实体和物理实体进行位置准确、唯一标识的代码。EAN/UCC全球位置码（GLN）采用EAN/UCC－13编码结构，对食品生产和流通过程涉及的参与方和实物流动的物流位置进行标识，采用条码符号表示，必须与相关的应用标识符一起使用，目前GLN只用UCC/EAN－128表示。

全球贸易项目标识代码（Global Trade Item Number，GTIN）：在世界范围内贸易项目的唯一标识代码，其结构为14位数字。

应用标识符（Application Identifier，AI）：EAN/UCC系统中，标识数据含义与格式的字符。其作用是指明跟随在应用标识符后面的数字所表示的含义。应用标识符后面的数据部分由一组字符组成。条码符号用UCC/EAN－128条码符号进行表示，且可通过应用标识符UCC/EAN－128条码进行链接。

系列货运包装箱代码（Serial Shipping Container Code，SSCC）：EAN/UCC系统

中，对物流单元进行唯一标识的代码。

单个资产标识代码（Global Individual Asset Identifier，GIAI）：EAN/UCC系统中，用于一个特定厂商的财产部分的单个实体的唯一标识的代码。

可回收资产标识代码（Global Returnable Asset Identifier，GRAI）：EAN/UCC系统中，用于标识通常用于运输或储存货物并能重复使用的实体的代码。

食品溯源：是指在食品供应链上，通过记录的标识对具体实体的历史、应用或位置进行回溯的能力。食品溯源系统包含整个食品供应链中的所有类型的食品及相关产品，影响从供应商到零售商的所有食品企业，以及涉及的饲料和其他牧场供应品，还有包装等与食品接触的产品。应用条码技术，必须遵守信息共享、流程规范、标准统一、标签使用原则。典型的食品供应链：农场主（原材料供应商）—上游供应商—供应商—仓库—承运商—分销中心—销售点。

2.20.2 案例：咖啡溯源方案①

咖啡供应链参与方包括原材料供应商（加工厂）、制造商（生产厂）、零售商。加工厂的流程是采摘—加工—装袋，采用条码标识加工厂和袋装咖啡豆。加工厂采用GLN（参与方位置编码）标识，以UCC/EAN－128条码符号表示；袋装咖啡豆：每袋咖啡豆分配GTIN和批号，以UCC/EAN－128条码符号表示，包括下列应用标识符：01表示其后的数据室GTIN，10标识其后的数据是批号。由多袋咖啡豆组成的物流单元，采用SSCC（系列货运包装箱代码）标识，以UCC/EAN－128条码符号表示。

生产厂（制造商）的作业流程是生产（烘烤、混合、粉碎、酿造）—包装（填充）—仓储。咖啡在生产厂经过一系列处理，每一步处理后的产品若卖给供应链下游的参与方，按照贸易项目采用GTIN加批次标识，GTIN结合应用标识符以UCC/EAN－128条码符号表示。若咖啡豆的所有加工过程如烘烤、混合、粉碎、大过滤器中酿造、烘干、成小颗粒时包装都在同一生产厂，则该厂需要在这些环节记录各个环节加工时间、加工名称和代码，以便跟踪不同的生产阶段，如表2-34所示。

表2-34　不同加工过程的批号示例

加工名称	前一加工过程批号	加工代码	日期/时间年月日	批号
烘烤	AB123	1	020904	ABC123 1 020904
混合	ABC123 1 020904	2	020905	ABC123 2 020905
粉碎	ABC123 2 020905	3	020905	ABC123 3 020905
酿造	ABC123 3 020905	4	020908	ABC123 4 020908

① 张涵，李素彩．条码技术在食品溯源过程中的应用研究［J］．中国市场物流与采购研究，2007（6）：57-59.

包装：在填充阶段，所用包装物罐子和罐盖由托盘送到填充站，装运罐子和罐盖的托盘采用不同的 SSCC 标识。SSCC 是获取罐子或罐盖的供货信息，罐子或罐盖相关信息（如材质、制造日期）等的关键字。信息以条码符号或电子报文的形式进行传递。

填充后的一罐咖啡（零售贸易项目）用 GTIN 标识，以 EAN－13、EAN/UCC－8、UPC－A、UPC－E 条码符号表示，由多罐咖啡组合在一起的规则包装咖啡（贸易项目）也用 GTIN 标识，以 UCC/EAN－128 符号或 ITF－14 表示。然后，多个咖啡箱组合在一起被装上托盘，改托盘用 SSCC 标识，以 UCC/EAN－128 符号表示。

仓储：在仓库扫描托盘并给托盘分配一个空通道。制造商收到零售商或分销商的订单时，按订单配货，如果需要拆分仓储的物流单元并拼箱，新生成的物流单元需要分配新的 SSCC。

在零售商，制造商和零售商通过电子报文（发货通知报文和收货通知报文）就发货产品达成一致。制造商货物出仓库时要扫描 SSCC 以确认发货。零售商收货时扫描 SSCC 以确认收货。零售商用 GLN 标识，物流单元用 SSCC 标识，以 UCC/EAN－128 条码符号表示。

在消费环节，每罐咖啡用 GTIN 标识，以 EAN－13 符号表示。罐和盖的批号以人工可识读形式书写。罐和盖用 GTIN 加批号标识。

如果消费者发现咖啡罐有毛病，通知零售商，零售商检查是否其他同一批次的罐都有问题，然后，零售商通知咖啡供应商对问题进行调查并确定“毛病罐”同一批次的其他罐的分销去处，从而实施召回。

思考与讨论

（1）画图说明食品溯源的整个流程。

（2）影响溯源技术使用的因素有哪些？

（3）结合身边的一种食品，构建溯源方案。

3 物流活动规划与设计案例

3.1 物流预测

3.1.1 基础知识

物流预测（Logistics Forecast）：在物资流通领域，对物资的流向、流量、资金周转及供求规律等进行调查研究，取得各种资料和信息，运用科学的方法预计和推测一定时期内的物流状态，可为国民经济发展的战略决策，为生产和流通部门及其企业的经营管理和决策提供科学依据。

3.1.2 案例：引江济淮背景下安徽省货运量结构预测

“引江济淮”工程由引江济巢、江淮沟通、江水北送三段组成，引江济巢段按Ⅲ级航道标准建设，江淮沟通段按Ⅱ级航道标准建设①。通过分析 2000—2014 年历史数据，对安徽省货运量结构进行分析与预测，如表 3－1 所示。

表 3－1　　安徽省货运量结构　　单位：万吨

年份	货运总量	公路货运量	水路货运量	铁路货运量	民航货运量
2000	44536	32740	5320	6473	1.5
2001	43998	32018	5058	6920.6	1.8
2002	50703	37164	6182	7355.3	2.2
2003	54139	39918	5981	8237	2.6
2004	58757	43468	6416	8870	3.1
2005	67128	49614	7125	10386	3
2006	74144	54717	8329	11095	2.8
2007	83364	62065	9828	11468	2.6

① 重点办，人民数字联播网：国家发改委正式批复引江济淮工程项目建议书［EB/OL］. http://www.ahpc.gov.cn/pub/content.jsp? newsId=954CA735－0E17－49AF－AB6E－EA46A229A82C［2009－10－20］.

续　表

年份	货运总量	公路货运量	水路货运量	铁路货运量	民航货运量
2008	180170	140379	27774	12014	2.5
2009	196676	157991	27355	11328	2.6
2010	228106	183658	32355	12091	2.2
2011	268416	219467	36439	12507	2.1
2012	312442	259461	40716	12263	2
2013	356711	300093	45050	11566	2.4
2014	434300	315223	108587	10488	2.4

数据来源：安徽省统计年鉴。

图 3-1 为安徽省货运量结构。

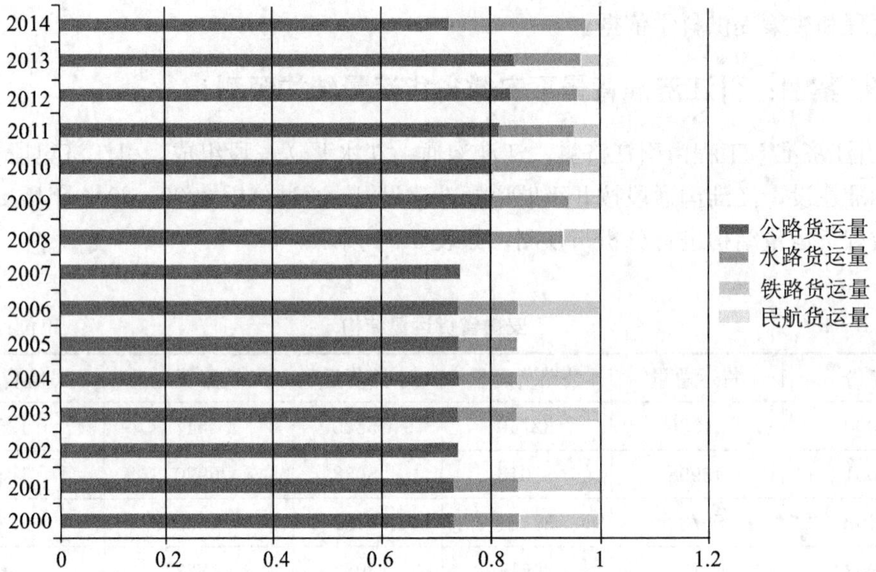

图 3-1　安徽省货运量结构

从 2005—2014 年共计 10 年铁路货运量的数据与民航货运量的数据中可以得出，安徽省铁路货运量与民航货运量在发展过程中变化较小，因铁路运输与民航的运力受到硬件设施的制约，而且铁路与航空运输方式的“最初一公里”与“最后一公里”仍然需要公路运输完成。制造企业选择铁路运输时，以集装箱运输为主，但是根据实际经验，运输空间难以被充分利用，因装卸搬运次数增加导致大量的货损货差而造成制造企业的成本上升。航空运输虽然方便快捷，但因客机载重受限，无法运送大宗物资，所以民航货运量波动幅度较小。

由于铁路运输与航空运输货运量较为稳定，而公路运输与水路运输货运量在安徽省的经济发展过程中不断攀升，如表 3-2 所示，2010—2014 年的公水货运量占综合货运量比重的几何平均值为96.09%，并表现出逐年递增的趋势。在对安徽省未来货运量结构的预测中，铁路运输与航空运输货运量以近10年的平均值作为参考，计算安徽省公路水路货运量之和。

表3-2　安徽省公路水路货运量分析　单位：万吨

年份	货运总量	公路货运量	水路货运量	水路/公路（%）	公水货运量占货运总量比重（%）
2000	44536	32740	5320	16.25	85.46
2001	43998	32018	5058	15.80	84.27
2002	50703	37164	6182	16.63	85.49
2003	54139	39918	5981	14.98	84.78
2004	58757	43468	6416	14.76	84.90
2005	67128	49614	7125	14.36	84.52
2006	74144	54717	8329	15.22	85.03
2007	83364	62065	9828	15.84	86.24
2008	180170	140379	27774	19.79	93.33
2009	196676	157991	27355	17.31	94.24
2010	228106	183658	32355	17.62	94.70
2011	268416	219467	36439	16.60	95.34
2012	312442	259461	40716	15.69	96.07
2013	356711	300093	45050	15.01	96.76
2014	434300	315223	108587	34.45	97.58

在对水路与公路货运量之比的分析（见表3-2）中可以发现2000—2013年14年的比值均较为稳定，几何平均值为16.08%，但2014年猛增至34.45%。究其原因，“十二五”期间安徽省加大水运建设力度，“两干三支”高等级航道加快推进，大力投资水运建设初显成效，2014年安徽水路货运量占综合运输的比重由2010年的14.2%提升至25.1%，上升近11个百分点。到2015年年底，安徽省内河航道完成建设总里程6617km，通航里程5729km，高等级航道总里程达1420km①。同时随着水运基础设施的快速推进，安徽内河水运的通行“瓶颈”不断被消除，水运经济将迸发出新的活力。因此，安徽省水路货运量在2014年里程碑水路货运量的基础上继续攀升。安徽省未来货运量结构预测如表3-3所示。

① 安徽省交通运输厅．安徽水运：不断突破的黄金5年［EB/OL］．http://www.ahjt.gov.cn/jtxw/mtjj/18708505.html．［2015-10-30］．

表 3-3 安徽省未来货运量结构预测 单位：万吨

年份	货运总量	铁路货运量	民航货运量	公水货运量
2016	518450	11521	2.46	506926
2017	551083			539559
2018	586666			575142
2019	626308			614785
2020	669938			658415
2021	710531			699008
2022	752676			741153
2023	795795			784271
2024	839230			827707
2025	882332			870808

由于安徽省货运量与GDP、第二产业总值、工业总产值等指标呈高度线性相关关系，因而综合货运量的发展主要受以GDP为代表的宏观指标的影响，所以“十二五”水路建设的大力推进，明显促进安徽省货物的运输方式由公路运输转为水路运输，而非使安徽省货运总量发生质的变化。基于上述考虑，首先假设在引江济淮工程完工之前，水路货运量与公路货运量之比约为1∶3，即在不考虑引江济淮工程建设的基础上，安徽省未来公路与水路货运量的预测值如表3-4所示。

表 3-4 安徽省公路与水路货运量预测 单位：万吨

年份	公水货运量预测值	公路货运量预测值	水路货运量预测值
2016	506926	380195	126732
2017	539559	404669	134890
2018	575142	431357	143786
2019	614785	461089	153696
2020	658415	493811	164604
2021	699008	524256	174752
2022	741153	555865	185288
2023	784271	588204	196068
2024	827707	620780	206927
2025	870808	653106	217702

考虑国务院批准引江济淮项目建议书中拟定工程总工期为60个月（5年），预计2020年建成，2021年正式投入营运，届时必将使安徽省货运量运输的分布结构产生新的调整，主要表现为有相当部分大宗货物的运输将由公路转移至水路运输，但转移的

比例无法得知，在分析2021—2025年安徽省水路与公路货运量时，将转换率分为高转换率（13%～18%）、中转换率（8%～13%）和低转换率（3%～8%）三种情况进行讨论。

表3-5　不同转换率下安徽省公水货运量预测　单位：万吨

年份	高转换率		中转换率		低转换率	
	公路	水路	公路	水路	公路	水路
2021	429890～456103	242905～269118	456103～482315	216692～242905	482315～508528	190480～216692
2022	455809～483602	257551～285344	483602～511396	229757～257551	511396～539189	201964～229757
2023	492327～511737	272534～301945	511737～541147	243124～272534	541147～570558	213714～243124
2024	509040～540079	287628～318667	540079～571118	256589～287628	571118～602157	225550～256589
2025	535547～568202	302606～335261	568202～600858	269951～302606	600858～633513	237295～269951

如表3-4、表3-5所示，到2020年安徽省公路货运量规模将达到近50亿吨，水路货运量规模或达到16亿吨。在不同的转换率下，安徽省公路、水路货运量的规模均存在较大差距。在高转换率下，2021年公路货运量的预测值在44亿吨左右，水路货运量的预测值在25亿吨左右；在中转换率下，2021年公路货运量的预测值在47亿吨左右，水路货运量的预测值在23亿吨左右；在低转换率下，2021年公路货运量的预测值在51亿吨左右，水路货运量的预测值在20亿吨左右。

思考与讨论

（1）归纳物流预测的作用和目的。

（2）查找相关资料，对安徽省货运量组合进行预测。

3.2 设施选址

3.2.1 基础知识

物流设施（Logistics Facilities）：具备物流相关功能和提供物流服务的场所。

物流中心（Logistics Center）：从事物流活动且具有完善信息网络的场所或组织。应基本符合下列要求：①主要面向社会提供公共物流服务；②物流功能健全；③集聚辐射范围大；④存储、吞吐能力强；⑤对下游配送中心客户提供物流服务。

设施选址的四个阶段：准备阶段、地区选择阶段、地点选择阶段、编制报告阶段。具体评价方法有盈亏平衡法、重心法、运输法、层次分析法、加权因素法、位置度量法等。

加权因素法的步骤：①明确决策需要；②确定决策因素；③分配因素权重；④开

发备选方案；⑤评估备选方案；⑥选择最佳方案。

3.2.2 案例：加权因素分析法

随着能源产业的发展，HN能源集团公司开采矿山的机械设备需求大增，公司拟新建一个矿山机械厂，请你进行厂址选择。采用加权因素法进行分析（见表3-6）。

表3-6　　矿山机械厂厂址选择

序号	考虑因素	权数	各方案的等级及分数			
			Ⅰ	Ⅱ	Ⅲ	Ⅳ
1	位置条件	8	A 32	A 32	I 16	I 16
2	面积大小	6	A 24	A 24	U 0	A 24
3	地形地貌	3	E 9	A 12	I 6	E 9
4	地质条件	10	A 40	E 30	I 20	U 0
5	运输条件	5	E 15	I 10	I 10	A 20
6	原料供应条件	2	I 4	E 6	A 8	O 2
7	公用基础设施	7	E 21	E 21	E 21	E 21
8	扩建条件	9	I 18	A 36	I 18	E 27
合计			163	171(Max)	99	119

注：A、E、I、O、U分别对应4、3、2、1、0分。

3.2.3 案例：位置度量法

随着金融危机的加剧，沿海地区玩具企业纷纷内迁，某公司拟在内地筹建一家玩具厂，可供选择的地点主要有甲、乙、丙三处，对应方案Ⅰ、Ⅱ、Ⅲ。各种生产成本因地点的不同而不同，采用位置度量法确定最佳方案。各因素费用如表3-7所示。

表3-7　　各因素费用

序号	因素	成本（万元）		
		Ⅰ	Ⅱ	Ⅲ
1	工资费用	250	230	248
2	运输费用	181	203	190
3	租金费用	75	83	91
4	其他费用	17	9	22
5	竞争能力	良	良	优
6	气候条件	良	中	优
7	环境影响	中	优	良

①明确必要因素：设定主观因素的重要指数依次为0.6、0.3、0.1。

②划分各种必要因素，分成本因素和非成本因素。

③确定成本因素量度值 KC_i，其中 C_i 为各种成本数值：

$$KC_i = [C_i \times \sum(1/C_i)]^{-1}$$

方案支出如表 3－8 所示。

表 3－8　　方案支出

方案	支出（万元）	总支出 C_i（万元）
Ⅰ	250＋181＋75＋17	523
Ⅱ	230＋203＋83＋9	525
Ⅲ	248＋190＋91＋22	551

$\sum(1/C_i) = 1/523 + 1/525 + 1/551 = 0.0056317$

$KC_{\text{Ⅰ}} = (523 \times 0.0056317)^{-1} = 0.3395$

$KC_{\text{Ⅱ}} = (525 \times 0.0056317)^{-1} = 0.3382$

$KC_{\text{Ⅲ}} = (551 \times 0.0056317)^{-1} = 0.3223$

④确定非成本因素评比值（见表 3－9 至表 3－11）。

表 3－9　　因素 A：竞争能力比较

方案	Ⅰ－Ⅱ	Ⅰ－Ⅲ	Ⅱ－Ⅲ	比重	得分
Ⅰ	1	0		1	0.25
Ⅱ	1		0	1	0.25
Ⅲ		1	1	2	0.5
总比重值				4	1

表 3－10　　因素 B：气候条件比较

方案	Ⅰ－Ⅱ	Ⅰ－Ⅲ	Ⅱ－Ⅲ	比重	得分
Ⅰ	1	0		1	0.33
Ⅱ	0		0	0	0
Ⅲ		1	1	2	0.67
总比重值				3	1

表 3－11　　因素 C：环境影响比较

方案	Ⅰ－Ⅱ	Ⅰ－Ⅲ	Ⅱ－Ⅲ	比重	得分
Ⅰ	0	0		0	0
Ⅱ	1		1	2	0.67
Ⅲ		0	0	1	0.25
总比重值				3	0.92

⑤确定非成本因素量度值（见表 3-12）。

表 3-12　　非成本因素量度值

因素＼方案	Ⅰ	Ⅱ	Ⅲ	重要性
A	0.25	0.25	0.5	0.6
B	0.33	0	0.67	0.3
C	0	0.67	0.33	0.1

$ZF_{\mathrm{I}}=0.6\times0.25+0.3\times0.33+0.1\times0=0.249$

$ZF_{\mathrm{II}}=0.6\times0.25+0.3\times0+0.1\times0.67=0.217$

$ZF_{\mathrm{III}}=0.6\times0.5+0.3\times0.67+0.1\times0.33=0.534$

⑥确定位置量度值 LM_i。

$LM_i=x\times ZF_i+(1-x)\times KC_i$

$LM_{\mathrm{I}}=0.5\times0.249+0.5\times0.3395=0.2943$

$LM_{\mathrm{II}}=0.5\times0.217+0.5\times0.3382=0.2776$

$LM_{\mathrm{III}}=0.5\times0.534+0.5\times0.3223=0.4281$

思考与讨论

（1）了解加权因素法、位置度量法的原理和步骤。

（2）调查所在城市的总体规划，确定物流基地的选址。

（3）海航物流集团拟进军中部六省之一的第三方物流市场，投资规模 1 亿元人民币，分析选址相关因素。

（4）某国际知名企业拟进入一个三线城市经营超市，分析选址应考虑的主要因素，不少于 10 个方面。

3.3　设施设备布置

物流强度：又称物流量，是一定时期内的物料移动量，可用吨/月、立方米/年等表示。

物流模数（Logistics Modulus）：物流设施与设备的尺寸基准。

称量装置（Load Weighing Devices）：针对起重、运输、装卸、包装、配送以及生产过程中的物料实施重量检测的设备。

工艺流程图：描述产品生产过程中各个工序之间关系图。

从至表（From - to Chart）：用来表示建筑物之间、部门之间或机器之间的物流强度。

工厂布局（Plant Layout），又称设施布置设计（Facility Layout），是指根据企业目标，在确定的空间场所内，按照原材料和外协件接收、零部件和产成品的制造，到产品的发送的全过程，适当分配和有效组合人员、设备、物料所需空间，进而获得最佳生产经济效益。

工厂布局的主要目标包括：①符合工艺流程；②充分利用空间；③最少物料搬运费用；④保持作业柔性；⑤适应组织结构合理化和管理便利；⑥提供方便、安全、舒适的作业环境。工厂布局包括工厂布置和车间布置。设施布置方法有摆样法、模型法、图解法、系统布置设计（Systematic Layout Planning，SLP）法。

产品—产量分析，又称 P—Q 曲线分析，是一种工厂布局常用的方法。P—Q 曲线分析将布置划分为三个区，M 区产品数量大、品种少，适宜采用大量生产方式，加工设备按产品原则布置，产品原则布置（Product Layout）是根据产品制造的步骤安排各组成部分；J 区产品数量少、品种多，属于单件小批量生产方式，加工设备按工艺原则布置，工艺原则布置（Process Layout）是机群布置，即同类设备和人员集中布置在一个地方的布置形式；M 区和 J 区之间的部分适合采用成组原则布置（Group Layout）；定位原则布置（Fixed Layout）。比较如表 3－13 所示。

表 3－13　　布置原则

	优点	缺点	适用生产方式	举例
产品原则布置	符合工艺过程，物流通畅	一台设备发生故障将中断整条生产线	少品种、大批量	汽车装配线、食品加工、家具制造业等
	上下工序衔接，在制品少	新产品要求重新调整布置		
	生产周期短	生产线速度取决于最慢的机器设备		
	物料搬运工作量少	投资相对较多		
	员工技能要求一般，便于培训	单调重复作业，员工易疲劳乏味		
	生产计划简单	维修保养费用高		
	使用专用设备	机器非满负荷运转		
工艺原则布置	机器设备利用率高	物流搬运工作量大	小批量、多品种	
	设备和人员的柔性高，调整品种和数量方便	生产计划和管控复杂		
	投资相对较少	生产周期长		
	员工作业多样化	库存量相对较大		
		员工技能要求高		
成组原则布置	物流通畅	生产计划要求高	中小批量生产	模具生产、专用产品生产
	机器设备利用率较高	单元之间流程不均衡，需要中间储存		
	发挥班组合作精神	人员作业技能要求较高		
	拓宽员工作业技能	减少专业机器设备的使用		

续 表

	优点	缺点	适用生产方式	举例
成组原则布置	物料搬运工作量少	—	中小批量生产	模具生产、专用产品生产
	兼有产品原则布置和工艺原则布置的优点	兼有产品原则布置和工艺原则布置的缺点		
定位原则布置	物料搬运移动工作量少	人员设备的移动增加		医疗器械
	班组方式提高作业连续性	机器设备需要重复配备		
	柔性高	员工技能要求高		

工厂布局，必须获得翔实的基础原始资料：产品（Product）、产量（Quantity）、生产线路或工艺流程（Route）、辅助服务部门（Supporting Service）、时间安排（Time）等。

第一，确定系统化布置设计程序模式，如图 3-2 所示。

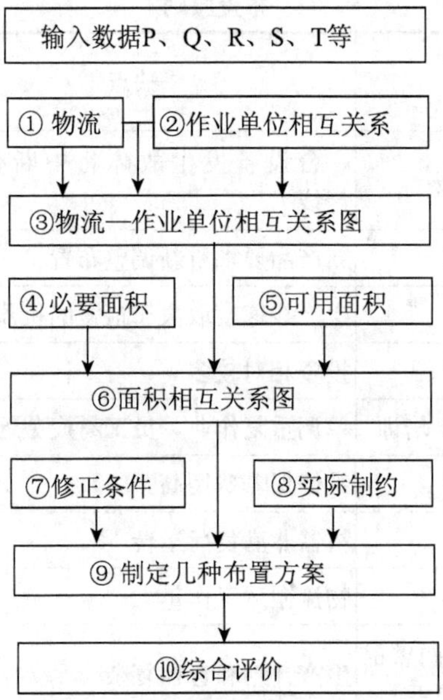

图 3-2　系统布置设计流程

第二，物流分析（R 分析），主要是工艺流程分析，依次描绘工艺流程图、编制多种产品工艺过程图（Multi-Product Process Chart），制作从至表（From-to Chart），得到建筑物之间、部门之间或机器设备之间的物流强度。

第三，作业单位相互关系分析，属于非物流分析，主要是绘制作业单位相互关系图（Relation Chart），确定相互关系等级，必须考虑物流、工作流程、作业性质设备、相同设备使用、同一场地使用、相同文件使用、相同公用设施使用、一套人员使用、联系频繁程度、监督和管理、噪声、振动、烟尘、易燃、易爆、服务频度和紧迫的影响。相互关系等级见表 3-14。

表 3-14　　相互关系等级

字母	密切程度	理由编码	理由
A	绝对必要	1	物流
E	特别重要	2	工作流程
I	重要	3	使用相同场地
U	一般	4	使用相同公共设施
O	不重要	5	使用一套人员
X	不希望	6	联系频繁程度

第四，物流与作业单位相互关系图（Meterial Flow and Activity Relationship Diagram），绘制采用图例、符号、数字、颜色，画出各个作业单位之间的相互关系。

第五，作业面积确定及面积相互关系图解，确定面积的方法主要有计算法、标准面积法、概略布置法、指标趋势法、因数法等。

第六，调整与修改。根据场地条件或周围环境、搬运方法、仓库设施设备、建筑特征、公用管线、辅助服务部门、员工的需要等实际情况进行调整和修改。

第七，利用加权因素法和费用对比法进行设施设备布置评价和决策。

思考与讨论

(1) 考虑便民连锁店的设施设备布置。

(2) 某家电配件生产企业的作业单位相关图如下，试按照一定方法绘制作业单位位置相关图。(待完整)

①收货
②粗加工
③精加工
④配件装配
⑤喷漆
⑥发运

(3) 考虑具体快速消费品工厂的设施设备布置。

3.4 物料搬运系统设计

3.4.1 基础知识

集装单元（Palletized Unit）：经过专门器具盛放或捆扎处理的，便于装卸、搬运、储存、运输的标准规格的单元货件物品。

集装单元器具（Palletized Unit Implements）：承载物品的一种载体，可把各种物品组成一个便于储运的基础单元。

集装化（Containerization）：用集装单元器具或采用捆扎方法，把物品组成集装单元的物流作业方式。

散装化（In Bulk）：用专门机械、器具、设备对未包装的散状物品进行装卸、搬运、储存、运输的物流作业方式。

集装袋（Flexible Freight Bags）：又称柔性集装箱，一种集装单元器具，配以起重机或叉车，就可以实现集装单元化运输，适用于装运大宗散状粉粒物料。

周转箱（Carton）：用于存放物品，可重复、周转使用的器具。

自备箱（Shipper's Own Container）：托运人购置、制造或租用的符合标准的集装箱，印有托运人的标记，由托运人负责管理、维修。

托盘（Pallet）：用于集装、堆放、搬运和运输的放置作为单元负荷货物和制物的水平平台装置。

仓库布局（Warehouse Layout）：在一定区域或库区内，对仓库的数量、规模、地理位置和仓库设施、道路等各要素进行科学规划和总体设计。

叉车（Fork Lift Truck）：具有各种叉具，能够对物品进行升降和移动以及装卸作业的搬运车辆。

叉车属具（Attachments of Fork Lift Trucks）：为扩大叉车对特定物品的作业而附加或替代原有货叉的装置。

站台登车桥（Dock Levelers）：当货车底板平面与货场站台平面有高度差时，为使手推车辆、叉车无障碍地进入车厢内的装置。

物料搬运系统是移动、储存、保护和控制物料的艺术与科学的结合；是在适当的成本下，采用正确的方法、顺序、方向、时机在正确的位置提供正确数量、正确条件的正确物料。企业物料搬运系统是指包含于企业的某特定范围，通过机械来移动未包装或已包装的半固态或固态的产品的所有基本作业。

设计和运作物料搬运系统需要遵循的“二十一”原则：指导原则、计划原则、系统原则、流程原则、单元负载原则、空间利用原则、标准化原则、人因化原则、机械化原则、弹性化原则、简单化原则、网络化原则、能源原则、生态原则、重力原则、安全原则、布局原则、成本原则、维护原则、汰旧原则、信息化原则。目的是减少装卸搬运环节，降低装卸搬运次数，最小化移动距离和/或时间，保证人身、设备、物品三安全，实现单元化载荷等。

单元货载（Unit Load）搬运，又称集装单元化，源于单位器具原则（the Unit Size Principle），是指不同种类、不同状态和不同大小的物品，集装成一个搬运单元，以方便搬运操作。实现单元货载的方法是集装，集装是以有效地实行物料搬运作为基本条件，把若干物品和包装货物或者零散货物有机组合，达到适应于装卸搬运设备和机械操作的程度的货物处理过程。集装的方式主要有“栈板化”“单元化”和“货柜化”。

单元货载搬运设计的程序：①依据物料之特征和作业之目的，决定单元货载的选用；②依据系统能力和限制、设备条件和介载容器特征，选择单元货载的类型；③确定介载容量的大小以及要达到的区域特征；④收集一般工业实用的介载容器及其来源资料；⑤明确单元货载的尺寸大小；⑥制定单元货载的容器外形与特征；⑦决定制成单元货载容器的方法。

选择单元货载系统容器类型的注意事项：①维护费用最低、成本最小；②容器的可变换性、可展开性、多用途性、使用一致性；③容器尺寸大小最佳、容器形状设计最佳、容器类型辨别；④载送借助传统搬运设备，无须另购搬运设备；⑤储存容易和大量堆积适合，空重最小；⑥机械强度满足搬运作业需求；⑦符合客户需求；⑧能重复使用，废弃后易于环保处理。

单元货载租赁化，是指各厂或上下游厂商都协议向同一家供应商采购且使用同一规格栈板。其中，托盘（Pallet）及其标准化是最常见的方式，逐步实现托盘装卸—托盘储存—托盘运输—托盘销售—托盘物流。托盘的种类、标准和规格尺寸分别如表 3-15、表 3-16 所示。

表 3-15　　托盘的种类

<table>
<tr><td rowspan="3">1</td><td rowspan="3">平托盘</td><td>按台面分类</td><td>单面形、单面使用形、双面使用形、翼形</td></tr>
<tr><td>按材料分类</td><td>木制平托盘、钢制平托盘、塑料平托盘、胶板制平托盘</td></tr>
<tr><td>按叉车叉入方式分类</td><td>单向叉入型、双向叉入型、四向叉入型</td></tr>
<tr><td>2</td><td>柱式托盘</td><td>按柱子是否固定分类</td><td>柱式和可卸柱式</td></tr>
<tr><td>3</td><td>箱式托盘</td><td></td><td>固定式、折叠式和可卸式</td></tr>
<tr><td>4</td><td>轮式托盘</td><td></td><td></td></tr>
<tr><td rowspan="5">5</td><td rowspan="5">特种专用托盘</td><td>航空托盘</td><td></td></tr>
<tr><td>平板玻璃集装托盘</td><td>平板玻璃集装架</td></tr>
<tr><td>油桶专用托盘</td><td></td></tr>
<tr><td>尺寸物托盘</td><td></td></tr>
<tr><td>轮胎专用托盘</td><td></td></tr>
</table>

表 3-16　　托盘标准化及规格尺寸

<table>
<tr><td>美国（ANSJ 标准）</td><td></td><td></td></tr>
<tr><td rowspan="4">ISO 世界托盘标准</td><td rowspan="4">ISO6780《联运通用平托盘重要尺寸及公差》</td><td>1200 系列</td></tr>
<tr><td>1100 系列</td></tr>
<tr><td>1140 系列</td></tr>
<tr><td>1219 系列</td></tr>
</table>

续 表

中华人民共和国托盘国家标准	联运平托盘外部尺寸系列 GB 2934—1982 标准
	木制联运平托盘技术条件 GB 4995—1985 标准
	铁路货运钢制平托盘 GB 10486—1989 标准
	塑料平托盘 GB/T 15234—1994 标准

集装箱作为一种运输设备，便于装卸搬运。集装箱的类型如表 3－17 所示。

表 3－17　　集装箱的类型

普通货物集装箱	通用集装箱	内柱式集装箱 外柱式集装箱 薄壳式集装箱 折叠式集装箱
	专用集装箱	
特种货物集装箱	干货类集装箱	
	保温类集装箱	冷藏集装箱和保温集装箱
	框架类集装箱	板架集装箱、汽车集装箱、牲畜集装箱

20ft（ft 非法定计量单位，1ft=0.3048m）的标准集装箱作为国家标准集装箱的换算标准，称为换算箱或者标准箱，简称 TEU（Twenty－foot Equivalent Unit）。

20ft=1TEU

40ft=1FEU（Forty－foot Equivalent Unit）=2TEU

1A 型 40ft（12912mm）=1B+I+1D

1B 型 30ft（9125mm）=1D+I+1D+I+1D

1C 型 20ft（6058mm）=1D+I+1D

1D 型 10ft（2991mm）

标准间距 I=3in（76mm）

集装系统的基本要素包括：①工具要素、辅助工具、装置和设施要素。工具要素主要由集装箱、托盘、网、集装袋、滑板、散装罐等各种集装工具及配套工具构成；辅助工具包括装卸辅助工具、搬运辅助工具、包装辅助工具；装置和设施要素包括集装站、集装场、集装码头、集装装卸设施、集装运输设备、集装储存设施。②管理要素，包括托盘和集装箱的周转管理、集装联运经营管理、集装信息管理等。③集装系统的支撑要素，包括法律、体制、制度软环境。

物料搬运设备包括地面输送机（Conveyors）、空中输送机、垂直升降机、起重机械（Cranes）、工业搬运车辆（Industrial Truck）以及组成单元载荷的设备和容器（Container or Unit Formation Equipment）。其中，起重机械（Cranes）包括单臂吊车（Hoists）、桥式起重机、龙门起重机、堆垛起重机（Stacker Crane）；工业搬运车辆

(Industrial Truck) 包括手推车、简易叉式搬运车、叉车、电瓶车、自动导引车等。具体使用时，需要考虑各种搬运设备的型号和数量。地面输送机如表 3-18 所示，空中输送机如表 3-19 所示。

表 3-18　　地面输送机

1	斜槽输送机		
2	带输送机	皮带宽度 500mm、650mm、800mm、1000mm、1200mm、1400mm，带速 1.25～5.0m/s	
3	凹槽输送机		
4	轮式输送机		
5	辊道输送机		
6	链式输送机	悬挂链式输送机	
		承托链式输送机	拖链输送机、差速链输送机（倍速链）
		刮板式链式输送机	
		链式提升机	
		薄板输送机、磁性带输送机、桶式输送机、螺旋式输送机	

表 3-19　　空中输送机

1	悬挂式链式输送机		
2	单轨式输送机（单轨电动小车）		适用于工厂间的运送和储存，工厂内及车间之间的运输，配送中心、单层、高层建筑物等内部多点多层间的运输
3	架空索道	双索道最大爬坡 22～27°	适用于矿山及企业内部运输

3.4.2 案例：机械化粮库

AH 省 Y 县拟新建机械化粮库容量为 100 万吨 5 座，考虑其搬运系统设施和设备的设计和选型。

思考与讨论

(1) 举出几个单位货载搬运的例子。

(2) 分析托盘、集装系统、集装箱的分类和用途。

(3) 分析单元货载标准化的优点和缺点。

(4) 搬运系统设施和设备的设计和选型应注意哪些问题？

3.5 仓储系统设计

3.5.1 基础知识

自营仓库（Private Warehouse）：由企业或各类组织自营自管，为自身提供储存服务的仓库。

公共仓库（Public Warehouse）：面向社会提供物品储存服务，并收取费用的仓库。

自动化立体仓库（Automatic Storage and Retrieval System，AS/RS）：立体仓库，自动存储取货系统，由高层货架、巷道堆垛起重机（有轨堆垛机）、入出库输送机系统、自动化控制系统、计算机仓库管理系统及其周边设备组成，可对集装单元物品实现自动化存取和控制的仓库。

收货区（Receiving Space）：对仓储物品入库前进行核查、检验的作业区域。

理货区（Tallying Space）：在物品储存、装卸过程中，对其进行分类、整理、捆扎、集装、计数和清理残损等作业的区域。

货架（Rack）：用立柱、隔板或横梁等组成的立体储存物品的设施。

重力式货架（Live Pallet Rack）：一种密集存储单元物品的货架系统。在货架每层的通道上，都安装有一定坡度的、带有轨道的导轨，入库的单元物品在重力的作用下，由入库端流向出库端。

移动式货架（Mobile Rack）：在底部安装有行走轮使其可在地面轨道上移动的货架。

驶入式货架（Drive - in Rack）：可供叉车（或带货叉的无人搬运车）驶入并存取单元托盘物品的货架。

分拣输送系统（Sorting & Picking System）：采用机械设备与自动控制技术实现物品分类、输送和存取的系统。

自动补货（Automatic Replenishment）：基于计算机信息技术，快捷、准确地获取客户销售点的需求信息，预测未来商品需求，并据此持续补充库存的一种技术。

仓储是利用仓库存放、储存未即时使用或即将使用的物品的行为；或者在特定的场所储存物品的行为。仓储的功能包括：存储（Storage）、分拣（Sorting）、集散（Consolidation and break - bulk）、加工（Processing），即分类、过磅、拆箱改包装、产品组合包装和贴标签等。仓储的具体作业流程如表 3 - 20 所示。

表 3 - 20　　仓储的具体作业流程

仓储作业			作业活动内容
入库	①进货检查 ②入库作业	商品检验 入库准备 保管标志	运输工具达到仓库；进货商品与单据核对（质量、数量核对）；搬运与装卸作业；库存保管信息处理（如贴条码）；仓库空间分配和记录（如标货架号等）

续 表

仓储作业			作业活动内容
保管	①保管作业 ②发货准备	数量管理 质量维护 流通加工	堆码或密封作业；保养维护作业；整理移库或整理移位作业；检查库存量是否适当，是否需要补充发货；检查盘点作业，保持正确的库存记录，检查库存实物与账册记录是否相符；掌握物品库存时间；按客户要求进行包装作业；根据企业管理要求贴附价格、数量、等级等标签
出库	①发货作业 ②集装配送	备货作业 分拣包装 配车安排	依据出库凭证备料，根据商品类型和包装情况进行拆垛、取货、集货等备货作业；将备货与客户订单核对（数量、型号、交付地点）；根据不同配送对象进行分拣包装作业；制作发货单据；根据发货量配车，装车后积载确认

仓储系统设计目标：①最高人力利用率；②最高设备利用率；③最高面积利用率；④最高能源利用率；⑤最大通过能力；⑥最大限度地控制货物损耗；⑦最高生产率；⑧最低费用。

仓库库区作业规划内容：①通道空间的布置规划直接影响物流效率；②收发货区的作业空间规划；③仓储区的作业空间规划；④分拣区作业空间规划；⑤集货区的规划；⑥行政区的规划；⑦厂区规划。

仓储物品存储原则：①保证储存货物安全；②符合作业规范要求；③物料周转速度合理；④同类归一且相关靠近；⑤重量对应；⑥形状对应且标记明确；⑦分层堆放；⑧考虑物品单位大小且同种物品整批形状的特定空间要求；⑨有效降低储存成本；⑩提高仓容利用率等。

物品储存位置分配方法：储存单元（Stock Keeping Unit，SKU）、随机储存（Randomized Storage，RS）应先进先出（FIFO）、定点储存（Dedicated Storage，DS）应指定储存、COI（Cube - per - order Index）储存（注：CIO 是物品的 S/R 数量和其存储空间的比值，S/R 量大且存储空间要求较少的物品存放在 I/O 口附近）、分散储存（Class - based Storage）应按照 20/80 法则存储、混合储存等。

仓库布局：在一定区域或库区内，对仓库的数量、规模、地理位置和仓库设施、道路等各要素进行科学规划和总体设计。

仓储物流（Warehousing Logistics）：就是利用自建或租赁库房、场地，储存、保管、装卸搬运、配送货物。传统的仓储定义是从物资储备的角度给出的。现代“仓储”不是传统意义上的“仓库”“仓库管理”，而是在经济全球化与供应链一体化背景下的仓储，是现代物流系统中的仓储。

3.5.2 案例：HX 物流 HF 分公司

HX 物流 HF 分公司主要有 6 种货品进出仓库，具体情况如表 3 - 21 所示，按照仓储物品存储原则和方法进行储位指派，仓库最多可以三个方向设置 I/O 口。

表 3-21　　货品进出仓

产品	进货量	进仓次数	出货批量
A	40 栈板	40	2 栈板
B	200 箱	50	5 箱
C	100 箱	25	10 箱
D	10 栈板	5	1 栈板
E	80 箱	20	10 箱
F	50 栈板	25	5 栈板

计算出仓次数、进仓次数/出仓次数，答案如表 3-22 所示。

表 3-22　　进仓次数/出仓次数

产品	进货量	进仓次数	出货批量	出仓次数	进仓次数/出仓次数
A	40 栈板	40	2 栈板	20	2
B	200 箱	50	5 箱	40	1.25
C	100 箱	25	10 箱	10	2.5
D	10 栈板	5	1 栈板	10	0.5
E	80 箱	20	10 箱	8	2.5
F	50 栈板	25	5 栈板	10	2.5

根据进仓次数/出仓次数，指定储位，如图 3-3 所示。

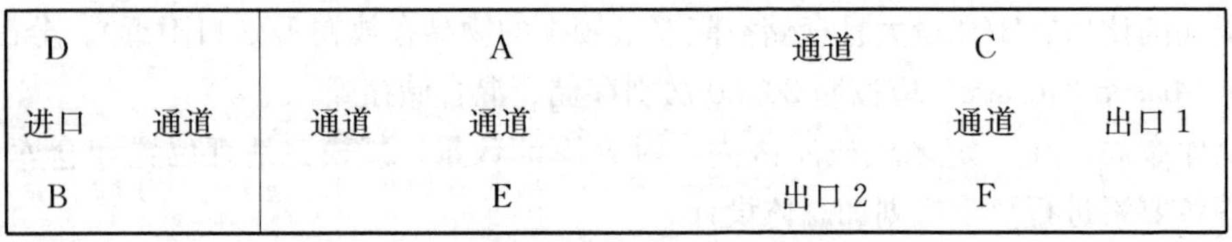

图 3-3　储位初次分配

3.5.3　案例：南北快运有限责任公司[①]

1. 企业简介

南北快运有限责任公司成立于 2002 年，自成立以来一直保持着稳健、高速的发

① 南北快运官网［EB/OL］. http://www.nbky.com.cn/index.php.［2016-05-30］.

展。在“快捷准确、立刻行动”的企业作风引导下，目前已经是皖北地区规模最大的仓储货运公司之一。公司主营安徽至广东、北京、江苏、山东以及省内多条汽运零担往返专线，并承接全国各地整车业务。公司始终专注于全国往返零担业务。科学的网络化管理、灵活的经营机制和优质的服务理念，赢得了众多的客户信赖和好评，从而为企业实现华东地区物流企业第一品牌的愿景打下了坚实的基础。安徽南北快运有限责任公司于2002年在安徽合肥注册成立，经过10年的不断发展，目前公司已跻身安徽物流企业十强行列。2011年企业又获得了安徽省诸多荣誉，并成为安徽省物流协会理事单位，公司总经理房真贵先生荣膺2011年安徽省物流行业风云人物称号。

目前公司已经在珠三角地区（广州）、安徽（合肥）、北京三地建立了大型的综合物流平台，其中合肥公司物流中心配送区域已经辐射安徽全境；北京公司业务范围辐射东北、西北、华北等多个省区。作为公司最大的物流配送基地，广州公司总部于2012年3月正式搬迁至广佛交界处的海元物流中心。公司建成后为广东地区最大的安徽专线物流仓储配送中心，业务范围辐射整个珠三角。

2. 企业文化

管理理念：走动管理、执行到位、以身作则。

企业核心价值观：诚信观、团队观、务实观。

企业使命：①客户满意。企业生存的基础，业务发展的根本保障。②股东满意。稳定发展的基础上让股东获得合理利润。③员工满意。创造持续学习的机会，让员工不断进步。④社会满意。做有高度社会责任感的专业物流企业。

企业作风：快捷准确，立刻行动。

企业愿景：打造华东地区物流企业第一品牌。

3. 南北物流园专线大联盟优势

南北物流园城际、省际专线集运平台具有六大优势。

①南北物流园毗邻合肥火车站、铜陵北路高架、北二环路，地处合肥市物流中心及瑶海区、新站区的商贸中心，地理位置优越，立体交通直达全国各地。项目与安徽大市场、国际汽车城（汽摩配）呈三足鼎立之势。

②通过南北快运的经营平台，即使没有物流经营经验的投资者，也可在短时间内入行。全国140多个营业网点能为入驻园区的公司提供“一站式”落货分流服务，实现安徽全省无缝覆盖。

③南北物流园省际、城际专线实施全程管控。园区内大型分货、自动装卸平台，是安徽规模最大、硬件设施最完备、服务领域最全面的运作平台，能为您解决终端服务问题。

④50000万平方米的集运平台，充足的操作空间，配套的网络和技术支持，用户不必自己研究开发定价、产品、系统等专业要求高的课题，就能享受到南北快运产品、服务开发带来的利益。

⑤公司设有专业的项目客户开发团队，开发全国各地的客户群体，集中到南北集运平台发运，为专线加盟者提供货源支持。

⑥南北物流园推出了“限时达”新产品。园区内省际、城际专线均实施“限时到

达”，保证了专线运输的时效性，提高了服务质量和速递效率。

思考与讨论

（1）仓储系统设计应注意哪些问题？

（2）以苏宁、国美、五星或本地家电大卖场为例，分析家电产品的仓储系统设计应考虑哪些因素。

（3）化妆品的仓储系统设计应考虑哪些因素？

（4）食品仓储系统设计应考虑哪些因素？

（5）思考仓储物流的发展与供应链管理的关系。

（6）分析南北物流园专线大联盟发展前景。

3.6 配送中心设计

3.6.1 基础知识

配送中心（Distribution Center）：从事配送业务且具有完善信息网络的场所或组织，应基本符合下列要求：①主要为特定客户或末端客户提供服务；②配送功能健全；③辐射范围小；④多品种、小批量、多批次、短周期。

配送中心重视商品流通的全方位功能，同时兼具商品储存保管、流通行销、分拣配送、流通加工及信息提供的功能。配送中心的功能区域一般分为管理区、进货区、理货区、储存区、加工区、分拣配货区、发货区、退货区、废弃物处理区、设备存放区，物流设备包括仓储设备、搬运设备、拣货设备，辅助设施包括库外道路、停车场、站台、铁路专用线等。

配送中心的规划设计必须考虑的因素：

E-ENTRY：配送的对象或客户；

I-ITEM：配送货品的种类；

Q-QUANTITY：配送货品的数量或库存量；

R-ROUTE：配送的通路；

S-SERVICE：物流服务水平；

T-TIME：物流的交货时间；

C-COST：配送中心的成本预算。

配送中心设计的步骤：

第一，规划配送中心。分析物品特征、储运单位、EIQ、订单变动趋势，按照流程分析、物流相关性分析、活动相关性分析、区域布置、修正、方案评估的程序进行系统布置设计（SLP）。

第二，规划配送中心分拣作业系统，依次进行拣选作业方式，拣选信息包括传票拣选、拣选单拣选、拣选标签、电子标签辅助拣选、RF辅助拣选、IC卡拣货、自动拣选，拣选策略包括分区策略、订单分割策略、订单分批策略、分类，拣选设备、拣选系统规划等。

第三，配送中心信息系统规划设计。

3.6.2　案例：安徽省 DH 图书有限公司

安徽省 DH 图书有限公司（简称 DH 公司），成立于 2003 年，是一家股份制形式的安徽省民营图书、教材销售企业。自成立以来，公司遵循市场经济的规律，坚持"客户第一，信誉至上"的原则，不断拓展市场，提高服务意识和质量，完善服务体系，将社会效益与经济效益的相对完美的统一作为经营理念，让客户满意是最终的目的。目前，DH 公司与全国 200 多家出版社建立了良好的业务关系，多次获得高等教育出版社、清华大学出版社、中国人民大学出版社、复旦大学出版社、华东师范大学出版社、外语教学与研究出版社等多家出版社的表彰和奖励，如高等教育出版社"一级经销商"，中国人民大学出版社"教材销售十强"，清华大学出版社"A 级优秀经销商"，华东师范大学出版社"A 级经销商"等。DH 年营业额 3000 万元以上，其规模在合肥市民营图书、教材销售公司中名列前茅。

DH 公司仓储部有员工 6 人，设仓储主管 1 名、文员 1 名、操作工 4 人。仓库为租用的砖瓦结构的老式厂房，建筑面积 400㎡，基本呈正方形。水泥地面，年久失修，不平整；建筑物高 4m 左右，设有吊顶，吊顶完好；窗户数量少，自然采光条件差；通风孔处设有排风扇，通风条件良好；仓库大门厚重，防盗能力强；但因附近有沙石场，天气不好时灰尘飞扬。设施设备有手推车 1 辆，手推叉车 1 辆，规格为 1000mm×1200mm 的标准托盘 53 个，pp（聚丙烯）打包机 1 台，规格为 1500mm×1500mm 的加工作业桌 3 张，木制货架若干，其中 2000mm×1000mm 规格的 16 个、1500mm×1000mm 规格的 4 个，带有玻璃柜门的货架 1 个，办公桌 3 张，通知看板 1 个，防火设施为灭火器若干，配送车辆 2 辆。

DH 公司信息管理工具有 2 台 PC 机，配置软件为蓝色畅想子公司分销管理系统（LDS）。该系统为高等教育出版社开发，是为与其分销商实时分享供应链的信息而建立的一套系统，LDS 系统包括基础数据管理、订单管理、收货管理、批销管理、退货管理、库房管理、盘点管理、财务管理八个模块，还包括各种业务数据的统计查询和报表功能，有效支持各级管理人员的决策。LDS 系统与高等教育出版社的主数据库平台联网，实现了分销商对高等教育出版社库存的查询、对采购订单自动上传，回告单下载、发货单下载等功能，不仅可以提高分销商的工作效率，更重要的是改进了传统的工作方式和流程，如增加客户信用检查、库存预警等功能，有效加强对业务和财务等环节的风险控制。同时，LDS 使分销商对其客户的反馈更加及时、准确，有利于提高服务质量，提升市场竞争力，最终扩大区域市场占有率。此外，主数据平台有助于分销商与高等教育出版社、分销商与分销商之间实现图书基础数据等公共信息的共享，避免重复录入等劳动，充分整合和利用现有信息资源。

DH 仓库主要由合格区、机动货位区、流通加工区、收发验货办公室、打包区、退货库存区、生活区、备用区等部分组成，如图 3－4 所示。

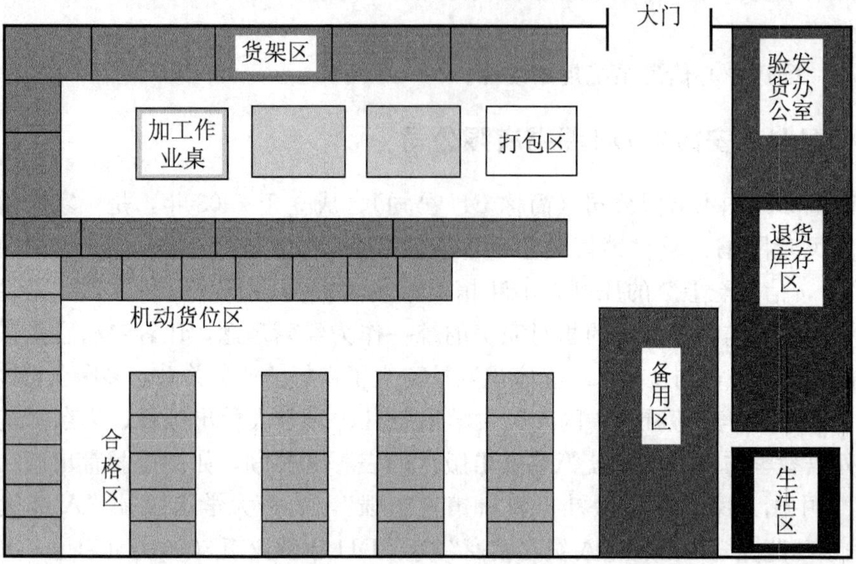

图 3-4 DH 仓库组成

其中，打包区为非固定区，可以根据需要进行机动，具有很大的灵活性；生活区为工作人员的煮饭区，且该区较为偏僻，存在一定的安全隐患；备用区在高峰季节作为自用库存区，淡季时则储存合作伙伴的塑料制品等，有效提高仓库的利用率；机动货位区可以根据需要调整，主要用来储存出入库频率高的图书；流通加工区，也称图书馆业务加工区，主要对图书进行贴磁条、盖印章、贴条码等增值业务，加工后的图书流向合肥市各高校图书馆，退货库存区主要储存客户退回的图书，以便进一步的处理，由于依据客户的需求进行采购，退货数量很少；验发货办公区，公司与供应商建立了良好的合作伙伴关系，得以收货验货与发货验货可以合并到发货时进行，节省了收货时验货。

安徽 DH 图书有限公司日常业务基本流程：接受客户订单⟶查询图书⟶订单汇总⟶发出订单进货⟶分拣⟶加工包装⟶配送⟶财务结算，具体如下：

(1) 接受订单：DH 公司主要通过 E-mail 或 Word、Excel 等形式接收各高校的图书和教材订单，有些院校同时还递送纸质订单。对于个人及书店的订单，则多采用传真或电话的方式接收，通常传真的订单还需要电话确认。

(2) 查询图书：通过 LDS 系统和各大出版社网站对接收的订单的图书目录进行查询。如果有货则接收订单；如果缺货或无货，则向客户说明情况，延期付货或取消订单。

(3) 订单汇总：对所接收的图书馆、教材科、书店等的全部订单按出版社及数目分类汇总，分为高教社图书和非高教社图书。

(4) 发出订单：对于高等教育出版社的书则利用 LDS 系统进行数据传输，在确认版本和库存之后进行采购。而其他出版社的书则通过 E-mail、传真或即时通信软件进行数据交换，并进一步确认订单。

(5) 进货：所有订购的图书都由各出版社委托第三方物流公司送货上门。对于送到的图书，公司会根据订单对书的质量和数目进行核对。对于存在出入的货品，则与第三方物流公司交接时填写图书差损表，以便与各出版社结算。对于检验合格数目质量完好的图书，存放到指定库位。

(6) 分拣：进货完成后，根据客户的紧急程度进行分拣，重点客户和紧急需求的客户具有优先权。

(7) 加工包装：对于已经分拣后的图书，根据客户的不同要求分地点或分班级进行重新打包；而对于图书馆的图书则需要进行一系列诸如盖馆藏章、贴磁条、贴条码等加工作业后，再分类打包。

(8) 配送：携带一式四联的销售单按客户指定的地点进行配送，同时还提供上架、拆包、分发、回收等售后服务；零售书店或个人所订购的图书则自提。

(9) 财务结算：该公司根据不同的客户提供的不同的结算方式，大客户可以按春秋季结算，小客户则按月或现付。而与各出版社则按半年期或一年期进行结算。

为了深入掌握DH公司的状况，采用SWOT方法进行分析。

1. 优势

第一，客户资源优势。DH是在原某大学书刊发行社发行部的基础上，为适应市场经济的发展，经过重新整合、改制，以股份制的形式于2003年成立。服务对象主要是合肥市各个高校，同时也为安徽省其他高校提供服务。DH高效的服务已广为各高校所认可，建立了长期的稳定业务关系，形成了DH的客户资源优势。

第二，增值服务优势。DH已经发展到可以为各个高校图书馆提供馆藏书的盖章、贴磁条等增值业务，并进一步向贴条码方向发展。同时，DH采用印有DH字样的缎带，打包图书，推广公司形象。打包的包装纸仍采用原出版社的自带包装纸，有利于节省配送费用，实现资源的重复利用。

第三，配送中心位置优势。DH公司仓库位于大型仓储基地合肥市南门石油库内。由于该地区有高压线，至今未可开发，故租金较低。该基地毗邻通往合肥骆岗机场的铁路支线上，又与金寨路大通道相连，交通十分便利。同时，该仓库坐落于南三环与南二环之间的中心地带，距离市中心6km，距离大学城5.5km，合肥市主要大中专院校都在其6km半径覆盖范围内，因此该配送中心既能以最快的速度又能以最低的成本为客户提供配送服务。

第四，信息化优势。DH公司与高等教育出版社建立了密切的供应链合作伙伴关系，可以共享信息资源，采用高教社的蓝色畅想分销系统，初步实现信息化管理。

2. 劣势

第一，人员配置不尽合理，旺季时工作繁忙，人员相对不足；淡季时则现有员工过多，常常无事可做，人力资源利用不合理，影响企业效益。旺季时仓库使用率高，出入库快；淡季时仓库利用率低。

第二，DH公司缺乏资本、人才、管理以及高度成熟的信息平台做支撑，企业发展面临瓶颈。

3. 机遇

第一，中国国民素质的不断提高。高等教育的快速发展，对知识的渴望，对学历的追求，带来中国图书业的空前繁荣。同时随着中部崛起战略的实施、安徽经济的发展、安徽物流业的进展，为 DH 公司业务走出合肥、辐射安徽省市场提供了有利的条件。

第二，文化产业成为新的消费热点，全国文化产业市场走俏。国内居民生活质量和人口素质逐步提高，对文化消费的数量和质量也不断提升。小康社会对文化消费的旺盛需求将有力拉动图书公司的发展，拓展了公司业务空间。

4. 威胁

第一，替代性产品（E 书、电子词典、网络教学）丰富，以及大学教材的循环使用，可能影响市场规模的大小。

第二，市场竞争加剧。新华书店的改革和国外同行的进入对民营图书公司冲击较大，如贝塔斯曼图等。

第三，网上书店的兴起，为消费者提供了一个更加快捷的选择。

第四，读者阅读习惯的改变。Internet 及手机等媒体的兴起，将一部分读者的阅读习惯由传统的纸媒介转移到电脑、手机、iPad 等现代化的电子媒体上。

思考与讨论

（1）某省级公司拟建设一个医药配送中心，请进行配送中心规划。

（2）某省级新华书店拟建设一个图书配送中心，请进行配送中心规划。

（3）某省级农资连锁公司拟建设一个农资配送中心，请进行配送中心规划。

（4）某省建立“农村书屋”，请进行配送中心规划。

3.7 物流园区规划

3.7.1 基础知识

物流园区（Logistics Park）：为了实现物流设施集约化和物流运作共同化，或者出于城市物流设施空间布局合理化的目的而在城市周边等各区域，集中建设的物流设施群与众多物流业者在地域上的物理集结地。

从投资可行性角度看，物流需求是影响物流园区规划直接且重要的因素。虽然物流量与物流需求密切相关，但物流量并非能完全代表经济社会活动对物流的需求。在物流服务能力完全满足物流需求的条件下，物流量基本上反映物流需求；在物流服务能力难以完全满足物流需求的条件下，物流量是不能代表经济社会活动对物流的需求的，仅能代表被一定物流服务设施提供的物流需求量，尚未满足的物流需求部分形成潜在的物流需求。只有改善物流服务设施、加强物流服务能力，潜在物流需求才能转化为物流需求量。

1. 物流园区货流预测

预测物流园区货流，必须考虑到物流园区的设施、服务、外部环境变化等对预测因素的影响，即条件预测。物流园区的发展与企业内部表现密切相关，货流的预测结果与园区物流系统的水平相一致。

物流园区货流需求预测如图 3 - 5 所示。

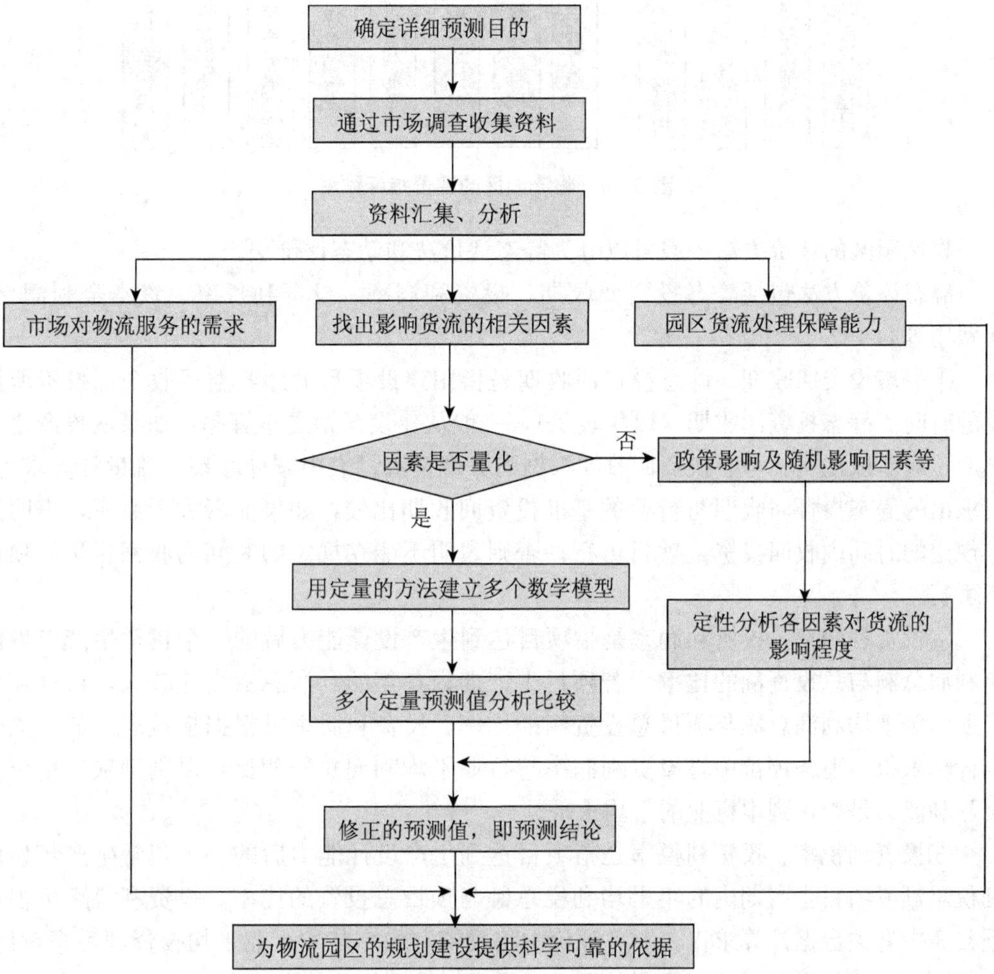

图 3 - 5　物流园区货流需求预测

物流园区货流的影响因素可分为两类：一类是对物流园区货流变化起主导作用的规律性因素，如所在地区的经济发展水平、地理位置、交通环境、园区软硬件条件等；另一类是对物流园区货流变化起辅助性作用的随机因素，如国际贸易、金融创新、区域战略等。

2. 物流园区投资可行性分析

物流园区投资的评价指标体系如图 3 - 6 所示。

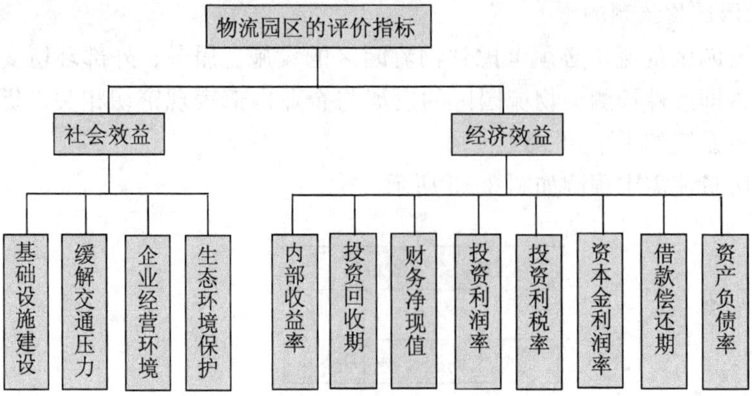

图 3－6　物流园区的评价指标体系

物流园区的评价方法一般可以分为静态评价法和动态评价法。

静态评价方法包括静态投资回收期、投资利润率、投资利税率、资本金利润率、年费用等。

①静态投资回收期。静态投资回收期是指用建设项目的净收益回收全部投资所需要的时间。静态投资回收期（以年表示），一般从建设开始之年算起，如果从投产之年算起，应予以注明。静态投资回收期根据财务现金流量表中累计净现金流量计算求得，将求出的静态投资回收期与行业的基准投资回收期比较，如果前者大于后者，表明能在规定的时间内收回投资，项目可行；否则表明不能在规定的时间内收回投资，项目不可行。

②投资利润率。投资利润率是指项目达到生产设计能力后的一个正常生产年份的年利润总额与总投资额的比率。若项目生产期内各年的利润总额变化较大，可计算生产期内年平均利润总额与项目总投资额的比率。投资利润率可根据损益表中的有关数据计算求得，财务评价中将投资利润率与行业平均利润总额相比，以判别项目单位投资盈利能力是否达到本行业的平均水平。

③投资利税率。投资利税率是指项目达到生产设计能力后的一个正常生产年份的利税总额或项目生产期内的年平均利税总额与项目总投资的比率。投资利税率可根据损益表中有关数据计算求得，财务评价中将投资利税率与本行业平均投资利税率对比，以判别项目单位投资对国家积累的贡献水平是否达到行业的平均水平。

④资本金利润率。资本金利润率是指项目达到设计生产能力后的一个正常生产年份的年利润总额或项目生产期内的年平均利润总额与资本金的比率，反映投资项目的资本金的盈利能力。

⑤年费用。年费用包括两部分：一部分为总投资按一定方法分摊到每年的投资回收费用，另一部分为年操作和维修费用。根据年费用大小决定项目的优先顺序，年费用越小的项目越优。

动态经济效果评价方法不仅考虑资金的时间价值，而且以项目的整个寿命期作为经济分析的对象。动态评价方法有动态投资回收期法、净现值法和净现值率法、净年值和净年值率法、内部收益率法、费用现值法和整用年值法等。

3. 物流园区总体规划设计内容和流程

物流园区总体规划设计内容如图 3－7 所示，物流园区规划设计流程如图 3－8 所示。

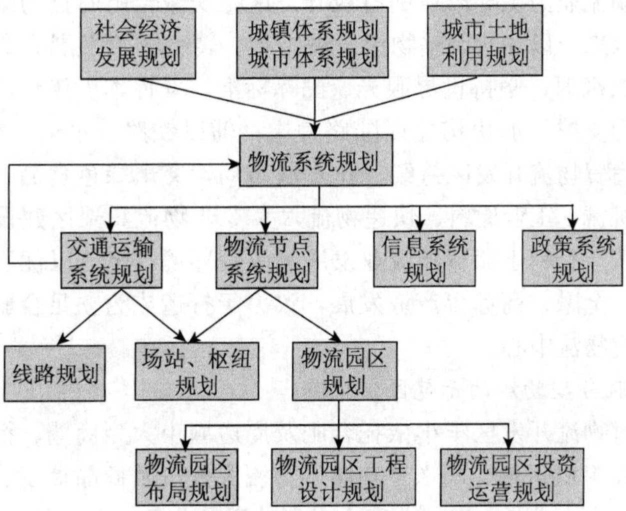

图 3－7　物流园区总体规划设计内容

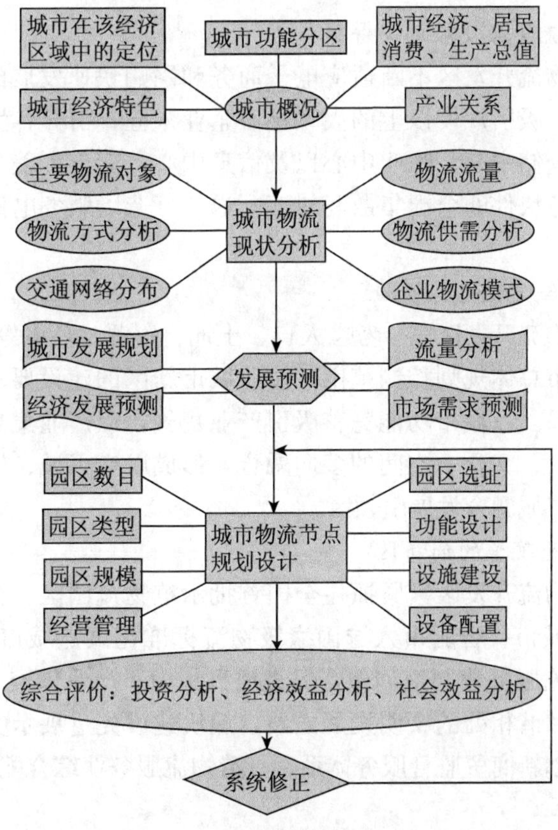

图 3－8　物流园区规划设计流程

3.7.2 案例：安徽合肥商贸物流开发区：致力于打造全国现代商贸物流新中心[①]

安徽合肥商贸物流开发区位于肥东县，2010年经安徽省人民政府批准设立，是安徽省唯一以商贸物流业为主导产业的省级开发区。安徽合肥商贸物流开发区自成立特别是“十三五”以来，以加快调整物流发展结构、转变物流发展方式、促进物流发展升级为主线，抢抓机遇，坚持世界眼光、国际标准，发挥本土优势，以市场需求为导向，以先进技术为支撑，加快构建以陆路为主，辅以铁路、水运、空运的物流体系。同时，安徽合肥商贸物流开发区持续优化发展布局，突出绿色食品、日用商品、建筑装饰材料、工程机械、工业原料、快递物流六大专业物流集聚区建设，加强物流品牌主体培育，积极营造有利于商贸物流业发展的政策环境，坚持以优质高效的物流服务促进商贸、会展、金融、商务等产业发展，致力于打造成为立足合肥、服务安徽、辐射全国的现代商贸物流中心。

1. 打造商贸服务型物流的示范区

安徽合肥商贸物流开发区牢牢依托合肥及周边城市大型商圈、批发市场、专业市场等，为商贸企业提供运输、配送、仓储等物流服务以及商品展示、电子商务、融资保险等配套服务，大力发展一般商业和大宗商品贸易业务，提升货运中转和集疏能力，形成资金、技术、信息、人才等要素流通中枢，打造安徽领先、华东一流的商贸服务型物流园区。

2. 打造快递物流集聚发展的先导区

安徽合肥商贸物流开发区不断适应电子商务和网购快速发展的新趋势，不断建设快递物流产业园区，吸引规模以上的大型核心企业入驻，引导各大知名快递企业在区内设立分拨中心、仓储中心、呼叫中心以及信息中心，完善覆盖合肥全域的快递配送网络，实现电子商务快件的仓配集散和快速配送，打造以服务电商为主导的快递物流产业集聚区。

3. 打造产城融合发展的引领区

安徽合肥商贸物流开发区充分考虑人口、土地、资源、环境等各方面的承载能力，将开发园区纳入城市总体规划控制范围，按照城市新区的建设要求规划建设，统筹安排各项建设用地布局。以城市功能完善吸引产业集聚，以产业集聚促进人口集中，实现产业、生态、人口、文化、空间的多向融合，形成以产兴城、依城促产、产城互动的发展格局，打造产城融合发展引领区。

4. 打造综合配套改革的创新区

安徽合肥商贸物流开发区紧紧抓住全国首批示范物流园区、合肥市建设全国流通领域现代物流示范城市、合肥市入选国家级物流标准化试点城市的契机，积极探索，大胆实践，开展物流服务业制度创新，促进项目集中、产业集聚、资源集约、功能集成，探索人与自然和谐相处的文明发展之路，加快建设先进展示交易平台，构筑便捷的商品贸易通道，创新商贸监管服务体系，打造物流服务业综合配套改革创新区。

---

① http://www.anhuinews.com/zhuyeguanli/system/2016/10/19/007485743.shtml［2017－01－20］.

思考与讨论

(1) 物流园区规划设计包括哪些内容？

(2) 物流园区规划设计步骤包括哪些？

(3) 调查某个城市的物流园区规划设计状况，分析优缺点。

(4) 落实物流园区规划设计需要注意哪些问题？应采取哪些措施？

3.8　物流网络规划

3.8.1　基础知识

物流网络（Logistics Network）：物流过程中相互联系的组织、设施与信息的集合。

物流系统仿真（Logistics System Simulation）：借助计算机仿真技术，对物流系统建模并进行实验，得到各种动态活动及其过程的瞬间仿效记录，进而研究物流系统性能的方法。

3.8.2　物流配送优化问题及其算法①

1. 旅行商问题（Traveling Salesman Problem，TSP）

有一个推销员，要到 n 个城市推销商品，他要找出一个包含所有 n 个城市的具有最短路程的环路。TSP 的历史很悠久，最早的描述是 1759 年欧拉研究的骑士周游问题，即对于国际象棋棋盘中的 64 个方格，走访 64 个方格一次且仅一次，并且最终返回到起始点。TSP 由美国 RAND 公司于 1948 年引入，RAND 公司因首提线性规划法而闻名，现在 TSP 已经成为一个知名且流行的问题。

2. 中国邮递员问题（Chinese Postman Problem，CPP）

一个邮递员从邮局出发，到所辖街道投递邮件，最后返回邮局，如果他必须走遍所辖的每条街道至少一次，那么他应如何选择投递路线，使所走的路程最短？该问题是我国学者管梅古谷教授于 1962 年提出且给出了一个解法的。

3. “一笔画”问题（Drawing by One Line）

采用图论语言描述：平面上有 n 个点，用最短的线将全部的点连起来，称为“一笔画”问题。

4. 配送路线问题（Route of Distribution）

一个物流配送公司，欲将 n 个客户的订货沿最短路线全部送到，如何确定最短路线，构成 TSP 问题在物流领域的描述。TSP 问题最简单的求解方法是枚举法。它的解是多维的、多局部极值的、趋于无穷大的复杂解的空间，搜索空间是 n 个点的所有排

① http：//www. hf56. net [2006 - 08 - 25].

列的集合，大小为（$n-1$)!。可以形象地把解空间看成是一个无穷大的丘陵地带，各山峰或山谷的高度即是问题的极值。求解 TSP 则是在此不能穷尽的丘陵地带中攀登以达到山顶或谷底的过程。

5. 多回路运输问题（Vehicle Routing Problem，VRP）

一个物流配送公司，针对一系列客户的需求点设计适当的路线，使车辆有序地通过它们，在满足一定的约束条件下，如货物需求量、发送量、交发货时间、车辆载重量限制、行驶里程限制、时间限制等，达到一定的优化目标，如里程最短、费用最少、时间最短，车队规模最少、车辆利用率高，构成多回路运输在物流领域的描述。VRP 问题和 TSP 问题的区别：客户群体的数量大，只有一辆车或一条路径不能满足客户的需求，必须是多辆交通工具和运输工具的行车顺序两个问题的求解。

6. 多个旅行商问题（Multiple TSP）

随着限制条件的增加，TSP 问题衍生出多个旅行商问题（MTSP)，即一个出发点，m 个旅行商的 TSP，所访问的客户没有需求限制，车辆没有装载的限制，优化目标是要遍历所有的客户，达到总里程最短。VRP 问题是 MTSP 问题的普遍化，当客户的需求不仅仅是被访问，而是有一定容积和重量的商品的装载和卸载，涉及不同种类和型号或不同载重量车辆的调度策略时，MTSP 问题转换为 VRP 问题。

7. 最近邻点法（Nearest Neighbor）

最近邻点法是一种解决 TSP 问题的启发式算法，优点是方法简单，缺点是解可能不十分理想，可以作为进一步优化的初始解。求解过程分四步：第一，从零点开始，作为整个回路的起点；第二，找到离刚刚加入到回路的上一节点最近的一个节点，并将其加入到回路中；第三，重复上一步，直到所有的节点都加入到回路中；第四，将最后一个加入的节点和起点连接起来，构成一个 TSP 问题的解。

8. 最近插入法（Nearest Insertion）

最近插入法也是求解 TSP 问题的方法。求解过程也是四步：第一，从一个节点出发，找到一个最近的节点，形成一个往返式子回路；第二，在剩下的节点中，寻找一个离子回路中某一节点最近的节点；第三，在子回路中找到一个弧，使弧的两端节点到刚寻找到的最近节点的距离之和减去弧长的值最小，实际上就是把新找到的节点加入子回路以后使得增加的路程最短；第四，重复以上过程，直到所有的节点都加入到子回路中。最近插入法比最近邻点法复杂，但可以得到相对比较满意的解。

9. 节约里程法（Saving Algorithm）

节约里程法是解决运输车辆数目不确定的 VRP 问题的启发式算法。它的核心思想是依次将运输问题中的两个回路合并为一个回路，每次使合并后的总运输距离减小的幅度最大，直到达到一辆车的装载限制时，再进行下一辆车的优化。优化过程分为并行方式和串行方式两种。

10. 扫描算法（Sweep Algorithm）

扫描算法也是求解车辆数目不限制的 VRP 问题的启发式算法。求解过程分为三步：第一，以起始点为原点建立极坐标系；第二，从最小角度的两个客户开始建立一个组，按逆时针方向将客户逐个加入到组中，直到客户的需求总量超出了车辆的载重定额；第三，建立一个新的组，继续该过程，直到将全部客户都加入到组中。

3.8.3 案例：AH省HF城市圈物流规划

上海的“三角洲大都市圈”，浙江的“杭嘉湖都市圈”“宁绍舟都市圈”以及江苏的“南京都市圈”“苏锡常都市圈”和“徐州都市圈”等城市圈的良好示范效果给城市区域发展带来新的建设热潮。自2004年明确提出促进中部地区崛起战略以来，依托中部地区的省会城市，建设省会城市圈成为中部崛起战略的重要实施措施。中部崛起的城市圈有“1＋8”武汉城市圈，包含武汉、黄石、鄂州、孝感、黄冈、咸宁、仙桃、潜江、天门。“1＋5”皖江城市带包含合肥、芜湖、马鞍山、铜陵、池州、安庆。长株潭城市群包含长沙、湘潭、株洲3个城市。中原城市群包含郑州、洛阳、开封、新乡、焦作、许昌、漯河、平顶山、济源9个城市。

四个省会城市圈通过制定相关政策，完善经济体制，优化资源，统一协调，加快发展的步伐，做好承东启西经济发展的桥梁。充分发挥中部地区的区位优势和综合经济优势，加强现代农业特别是粮食主产区建设；加强综合交通运输体系和能源、重要原材料基地建设；加快发展有竞争力的制造业和高新技术产业；开拓中部地区大市场，发展大流通。

AH省总面积13.94万平方千米，地跨长江、淮河、新安江三大流域，常称江淮大地，长江、淮河横贯东西，将全省分为淮北平原、江淮丘陵、皖南山区三大自然区域。HF是AH的省会，是全国科技名城，HF城市圈在中部崛起战略中占有重要地位。建设城市圈，物流网络规划是重要组成部分。物流网络是整个城市流通、资源调配和经济增长的基础性物质支撑，是经济长足发展和城市化进程的重要保障。

城市物流网络规划是一种特殊的网络规划。作为网络的一种形式，物流网络主要的构成要素即为物流中心、终端客户和连接这些节点的通道。因此，物流网络规划的主要内容包括物流中心等节点的位置设定以及各节点间的运输线路选择两个方面的内容。物流网络规划的主要任务就是确定产品从原材料起点到市场需求终点的整个流通渠道的结构。物流网络规划必须充分考虑空间和时间两方面的因素，空间方面是指为工厂、仓库、零售点等设施选址；时间问题是指保持产品的可得性以迎合顾客服务目标，涉及库存政策与运输管理。

在城市圈物流网络规划中，基于轴辐式物流网络理论能有效整合区域物流和区域经济等多方面的资源。城市圈轴辐式物流网络是由若干个具有综合物流功能的物流中心城市组成的经济区域范围内，以一种或多种轴辐式网络形式结合的物流网络体系。城市圈轴辐式物流体系主要以主要物流节点—轴（重要的物流中心城市）为主枢纽，以次级物流中心城市-次级枢纽节点及其涉及的经济范围为附属，与链接枢纽的主干道和链接枢纽和终端站的辐条一起，形成具有密切联系空间结构形态。轴辐式物流体系，货物从不同的出发地（Spoke）到达不同的目的地（Spoke），或者从相同的出发地到达不同的目的地，货物都必须先到达一个中间地点（Hub）进行转载，以集中交通流量和货物的分类拣选，实现规模经济效益。

HF城市圈以HF市的发展需要为基础，充分考虑城市所需要水源、自然山脉、植被、土地等，向现代化大城市发展。从HF市的四个方向延伸城市边界，扩大城市范围和增加城市人口，加强交通、金融、IT等现代服务产业基础设施建设，推动第一产业和第二产业健康快速发展。

HF地处华东腹部，从整体上看，交通基本方便，全市航空、铁路、公路互相衔接仍然有很多缺口，正处在立体交通网络建设过程中。HF连南接北，是沿海的腹地、内地的前沿，到南京、上海、武汉的高速铁路都已开通。其民用机场是国际大型的现代化机场，有直通北京、上海、武汉、广州、深圳、海口、杭州、福州、厦门、青岛、大连、沈阳、长春、哈尔滨、成都、西安、南阳、温州、安庆、阜阳、黄山等航线，还有直达香港等的定期航班。铁路贯穿南北，北至蚌埠，与京沪线、陇海线相接，南至芜湖，与皖赣、宁芜线和宣杭线相连。华东第二通道“杭州—芜湖—阜阳”线路、合九、宁（南京）西（西安）等线路均通过HF城，已建成通车。HF已成为全省公路交通中心，市内主要有5个汽车客运站，有开往本省16个地市的直达汽车。312国道和206国道在HF交会。

HF市直接与8个中小型城市接壤，物流吞吐量为200万吨/月，其具体的铁路线距离见表3-23。

表3-23　HF市与周边城市铁路线长度

	HF	LA	HN	BB	CZ	MAS	CH	WH	TL	AQ
HF	—	92	95	131	0	188	64	141	219	196
LA		—	0	0	0	0	0	0	0	0
HN			—	86	0	283	159	236	314	291
BB				—	0	262	195	272	0	287
CZ					—	0	0	0	0	0
MAS						—	124	47	125	0
CH							—	77	155	0
WH								—	78	0
TL									—	0
AQ										—

根据HF城市圈经济发展的需要，城市圈的物流网络体系建设存在如下问题。

(1) 物流网络体系落后于经济区域一体化的需要。网络节点建设与区域经济建设脱节，行政区域、经济带和物流网络之间存在不一致的情况。按照近年来各城市的GDP来看，WH、MAS等的经济快速增长需要更发达的网络支撑，但现有的网络体系不能提供快捷、方便优质的物流服务。而HF市西部的物流资源没有充分利用，并造成一定的浪费。物流园区、物流基地的中转和集散功能没有得到充分的应用。整体资源整合水平低，现有体系不支撑与外部发达地区的联系与物品的流通，作为HF与南京的重要中转地的 CZ，铁路线、公路等基础运输能力相当有限，严重影响 HF 对南京的经济承接与拉动。在 9 个城市之间，普遍存在断头路和瓶颈路；城际高等公路则“纵通横不通”，即城市之间的交通环网还没有形成，相互之间的高速公路连通大多需要绕道 HF，这样使得圈内各个城市只与武汉市联系较松散，经济联系不大，不能发挥规模经济。

(2) 物流设施落后且布局不合理，资源利用率低。物流基础设施投入不均。虽然近年在交通运输等建设上进行大规模的投入，改善物流运行环境，但各地区的物流基础设施仍不能满足其发展要求，并且各地区的差异较大。2008 年 HF 城市圈共完成城镇规模以上固定资产投资逾千亿元，占城市圈的 70%多，其他市只占 30%。行政区划分割导致协调发展不畅，地方利益保护等严重阻碍了经济资源的自由流动和跨地区的经济合作，地区之间的协调难度较大，缺乏长远的发展战略眼光和整体发展规划，区域经济联动性弱，使各个城市的物流业仅仅是立足于服务本地，在城市圈的范围内难以开展更为广泛的合作与资源共享与互补，整体利用率低等。

城市物流网络规划必须遵守一定的原则：第一，规划与实施可行性相结合原则。第二，物流标准化原则。第三，静态与动态相结合原则。根据物流网络轴辐式城市物流网络规划理论和 HF 城市圈的发展需要，通过对 HF 和周边城市物流线路和物流量的分析，以网络系统的物流总成本最小为目标，选取的 8 个点及其拓扑结构见图 3-9。

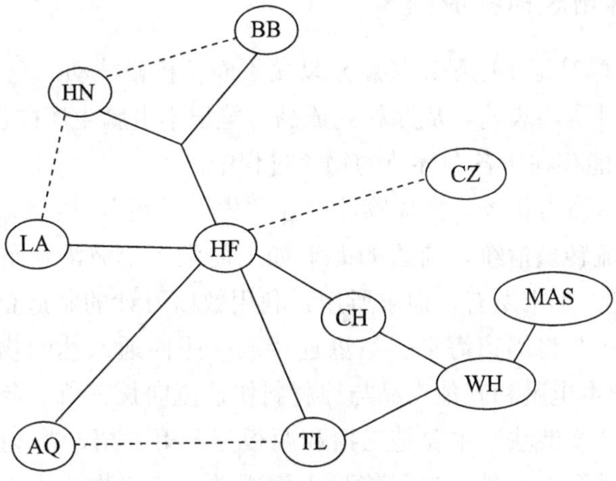

图 3-9 HF 城市圈物流网络节点拓扑图

图 3-9 中的实线是已有的道路，虚线是规划中的线路。从整体上看，在原有的基础上，在突出 HF 市核心地位的同时，即强调轴的范围，建立 LA、HF、CH 和 WH 的轴心作用。通过轴的统一规划，实现网络节点间距离经济和规模经济的协调。

在网络体系下，选择物流中转基地和优化城市交通设施。基于上述规划框架，积极和外部物流资源整合，开通 HF 到南京、上海、武汉等发展城市圈的高速铁路，缩小 HF 与外界的时空距离。在城市内部优化现有网络，迁建机场，迎接物流快运业的发展。在 HF 和 LA 之间迁建 4E 级枢纽干线机场。同时，规划 HF 的一环无红绿等工程，二环的高架桥与城市快铁工程，使城市内部和边缘城市之间的交通更为方便，提高整体网络运行效率。

思考与讨论

(1) 根据物流运作情况，考虑10种问题的具体表现。

(2) 结合HF城市物流体系状况，分析城市物流网络规划体系结构。

(3) 城市物流网络规划有哪些方法?

(4) HF城市圈物流网络规划的影响因素有哪些?

3.9 虚拟物流设计

3.9.1 基础知识

虚拟物流（Virtual Logistics）：为实现企业间物流资源共享和优化配置，以减少实体物流方式，是基于计算机信息及网络技术所进行的物流运作与管理。

物流公共信息平台（Logistics Information Platforms）：基于计算机通信网络技术，提供物流设备、技术、信息等资源共享服务的信息平台。

3.9.2 案例：苏州虚拟物流网①

21世纪初，全球笔记本电脑市场剧烈动荡不断，价格波动。究其原因，不是生产，而是物流不畅。统计资料表明，从原料到成品，笔记本电脑生产往往只占10%的时间，其他90%的时间可能存在于各个环节的物流过程中。

苏州没有海港，没有机场，发展物流产业“先天不足”，然而却不妨碍苏州成为江苏省的重要国际物流转换枢纽，周边的海港如上海港、宁波港，空港如虹桥机场、浦东机场均不姓“苏”，不求所有，但求所用，利用数以万计的制造企业在苏州聚集的规模优势，苏州物流产业将周边海港、空港连接成一张四通八达的物流蛛网，让苏州年产2000万台的笔记本电脑和其他产品与原材料快速流向长三角，走向全世界。

苏州物流产业“变戏法”主要是三招和两板斧：第一招，“虚拟海港”。苏州没有海港，当初大量的外资企业进出口只能到上海报关，苏州物流中心有限公司说当时上海港非常繁忙，一般需要一周时间才能办完，进出口企业苦不堪言。苏州提出上海海关能否虚拟延伸到苏州工业园区，企业的进出口货物直接在苏州报关，上海港免检，该方案得到国家批准，苏州因此有了一个“虚拟海港”，物流时间大为缩短。第二招，“虚拟空港”。经济发展使海运难以满足苏州企业的胃口，效率更高、速度更快的空运成为物流重要选项，可苏州没有机场，货物到上海虹桥、浦东机场报关，耽误时间。苏州提出“虚拟空港”的概念，建立了上海机场与苏州工业园区间的空陆联程快速通关模式（SZV），空运货物可一次在苏州报关。第三招，“虚拟香港”。2004年5月，苏

① http：//www.soo56.com/[2011-06-24].

州物流中心成为全国首家试点“保税物流中心（B型）”，在保税物流中心内，同一产业链上居于不同环节的企业进行交易时不征收增值税，企业无须绞尽脑汁花费大量运费将产品拉到香港再原样返回内地，保税物流中心成为苏州的“香港”。苏州物流中心的“两板斧”是VMI（供应商库存管理体系）与DC（物流配送中心）服务。VMI与DC作为一种仓储的第三方托管服务，物流公司提供独立、专业、细分的仓储和配送服务，客户无须专门的人力和物力建造自己的仓库，实现货品“零库存”，资金“零投入”，从而节省大量资金加强生产和研发；同时，物流公司凭借强大的运输网络和信息资源，在一定距离内，对客户的物流需求能够第一时间反应，为平稳生产提供保障。VMI与DC的引入为苏州物流中心创造新的经济增长点。2006年苏州物流中心园区监管的进出口货值为190亿美元，其中VMI与DC等第三方物流服务业所占的比重已经增加到20%～30%，如入驻苏州物流中心的锦海捷亚公司的VMI业务量已达总业务量35%。

思考与讨论

(1) 思考虚拟空港、虚拟海港、虚拟香港的内涵。

(2) 如何进行虚拟空港、虚拟海港的运作？

(3) 分析VMI（供应商库存管理体系）与DC（物流配送中心）服务的条件和运作流程。

3.10 物流信息系统

3.10.1 基础知识

物流信息（Logistics Information）：反映物流各种活动内容的知识、资料、图像、数据、文件的总称。

物流信息编码（Logistics Information Coding）：将物流信息用一种易于被电子计算机或人识别的符号体系表示出来的过程。

货物编码（Goods Coding）：按货物分类规则以简明的文字、符号或数字表示物品的名称、类别及其他属性并进行有序排列的一种方法。

条码（Bar Code）：由一组规则排列的条、空及其对应字符组成的标记，用以表示一定的信息。

二维码（Two - dimensional Bar Code）：在二维方向上都表示信息的条码符号。

自动识别与数据采集（Automatic Identification and Data Capture，AIDC）：对字符、影像、条码、声音等记录数据的载体进行机器识别，自动获取被识别物品的相关信息，并提供给后台的计算机处理系统来完成相关后续处理的一种技术。

条码自动识别技术（Bar Code Automatic Identification Technology）：运用条码进行自动数据采集的技术，主要包括编码技术、符号表示技术、识读技术、生成与印制技术和应用系统设计等。

条码系统（Bar Code System）：由条码符号设计、制作及扫描识读组成的系统。

条码标签（Bar Code Tag）：印有条码符号的信息载体。

条码识读器（Bar Code Reader）：识读条码符号的设备。

条码打印机（Bar Code Printer）：能制作一种供机器识别的光学形式符号文件的打印机，它的印刷有严格的技术要求和检测规范。

射频识别系统（Radio Frequency Identification System，RFID System）：由射频标签、识读器和计算机网络组成的自动识别系统。

地理信息系统（Geographical Information System，GIS）：由计算机软硬件环境、地理空间数据、系统维护和使用人员四部分组成的空间信息系统，可对整个或部分地球表层（包括大气层）空间中有关地理分布数据进行采集、储存、管理、运算、分析显示和描述。

全球定位系统（Global Positioning System，GPS）：由一组卫星组成的 24 小时提供高精度的全球范围的定位和导航信息的系统。

物流信息系统，是通过对与企业物流相关的信息进行加工处理来实现对物流的有效控制和管理，并为物流管理人员及其他管理人员提供战略和运作决策支持的人机系统。物流信息系统，是由人员、计算机硬件、软件、网络通信设备及其他办公设备组成的人机交互系统，其主要功能是进行物流信息的收集、存储、传输、加工整理、维护和输出，为物流管理者及其他组织管理人员提供战略、战术及运作决策的支持，以达到组织的战略竞优，提高物流运作的效率与效益。

物流信息分类编码标准化，是信息分类标准化工作的一个专业领域和分支，核心是将信息分类编码标准化技术应用到现代物流系统中，实现物流信息系统的自动数据采集和系统间的数据交换与资源共享，促进物流活动的社会化、现代化和合理化，在实践中实现“货畅其流”。

物流信息分类编码标准体系总表分三个层次。第一层次为门类，第二层次为类别，第三层次为项目。整个标准体系分为三个门类。第一门类为基础标准，这些标准是制定标准时所必须遵循的、全国统一的标准，是全国所有标准的技术基础和方法指南，具有较长时期的稳定性和指导性；第二门类为业务标准，它是针对装卸、搬运、仓储、运输、包装和流通加工等物流活动的技术标准，对物流信息系统建设具有指导意义；第三门类为相关标准，是专门领域标准，如 EDI（电子数据交换）应用于商业贸易和政府审批、GPS（全球定位系统）提供对运输工具和含运输物品的动态实时跟踪和导航。

物流信息分类编码标准体系包括基础标准、业务标准和相关标准。

第一，基础标准。基础标准主要包括：《标准体系表编制原则和要求》（GB/T 13016—1991）、《标准化工作导则—信息分类编码的编写规定》（GB/T 7026—1986）、《信息分类编码的维护方法和规定》、《信息分类编码标准的管理规定》、《信息分类编码标准的注册规定》、《标准化工作导则—信息分类编码的基本原则和方法》（GB/T 7027—1986）、《文件格式分类与代码编制方法》（GB/T 13959—1992）、《国家标准制定程序的阶段划分及代码》（GB/T 16733—1997）、《事务特性表定义和原理》（GB/T 10091—1989）、《数据处理—校验码系统》（GB/T 17710—1999）和 ISO 7064—83、《信息分类编码通用术语》（GB/T 10113—1988）。

第二，业务标准。业务标准分为 6 个类别：201 物品分类编码标准是描述和表征物品的分类代码，其中不同的分类代码标准适用于不同的场合；202 参与方分类代码标准用来标识物流活动参与各方，如发货人、收货人和保险人等；203 位置分类编码标准可实现对物理位置和地理位置的唯一标识，如位置码可标识出仓库、货位等具体详细物理位置；204 运输分类编码标准主要针对车辆、船舶和集装箱等进行标识；205 单证分类编码标准规定标准单证，包括单证格式、单证指标和编码等；206 时间和计量分类编码标准规定时间表示法和标准计量单位系统。其中，物品分类编码标准主要包括：《全国工农业产品（商品、物资）分类与代码》（GB/T 7635—1987）、《全国产品分类与代码—可运输产品部分》替代 GB7635—87、《全国产品分类与代码—不可运输产品部分》替代 GB7635—87、《中华人民共和国进出口商品分类和代码》、《通用商品条码》（GB/T 12904—1998）、《储运单元条码》（GB/T 16830—1997）、《货物类型、包装类型和包装材料代码》（GB/T 16472—1996）、《危险货物品名表》（GB/T 12268—1990）、《危险货物分类与品名编号》（GB/T 6944—1986）、《中国煤炭编码系统》（GB/T 16772—1997）、《瓶装压缩气体分类》（GB/T 16163—1996）等。参与方分类编码标准主要包括：《全国组织机构代码编制规则》（GB/T 11714—1997）且采用国际标准 ISO6523、《全国组织机构代码信息数据库（基本库）机读格式规范》（GB/T 16987—1997）、《位置码》（GB/T 16828—1997）、《公民身份证号码》（GB/T 11643—1998）等。位置分类编码标准主要包括：《中华人民共和国行政区划代码》（GB/T 2260—1999）、《县以下行政区划代码编制规则》（GB/T 10114—1988）、《中华人民共和国口岸及有关地点代码》（GB/T 15514—1995）、《中国及世界主要海运贸易港口代码》（GB/T 7407—1987）、《中华人民共和国铁路车站站名代码》（GB/T 13016—1991）、《世界各国和地区名称代码》（GB/T 2659—1994）并采用国际标准 ISO3166－93、《城市道路交叉口、街坊、市政工程管线编码规则》（GB/T 14395—1993）、《位置码》（GB/T 16828—1997）、国家标准《中国机场名称代码》和《仓储货位分类代码编码规则》等。运输分类编码标准主要包括：《集装箱运输状态代码》（GB/T 4290—1984）、《国际集装箱货运交接方式代码》（GB/T 15419—1994）、《集装箱代码、识别和标记》（GB/T 1836—1997）、《集装箱常用残损代码》（GB/T 15119—1994）、《货物运输常用残损代码》（GB/T 14946—1994）、《道路车辆分类与代码—机动车》（GB/T 918.1—1989）、《道路车辆分类与代码—非机动车》（GB/T 918.2—1989）、《国际航行船舶识别代码》（GB/T 12410—1990）、《内河船舶分类与代码》（GB/T 16158—1995）、《民用航空业信息分类与代码》（GB/T 16300—1996）、《道路车辆—识别代号（WIN）位置与固定》（GB/T 16735—1997）等。单证分类编码标准主要包括：《贸易单证样式》（GB/T 14392—1993）、《国际贸易交货条款代码》（GB/ T15423—1995）、《国际贸易合同代码规范》（GB/T 16963—1997）、国家标准《物流单证数据元、指标体系分类编码》等。时间和计量分类编码标准主要包括：《数据元交换格式—信息交换日期和时间表示法》（GB/T 7408—

1994）和 ISO 8601—88、《国际单位制代码》（GB/T 9648—1988）和 ISO 2955—83、《表示货币和资金的代码》（GB/T 12406—1996 和 ISO 4217—1995）、《国际贸易用计量单位代码》（GB/T 17295—1998）等。

第三，相关标准。EDI 相关代码标准主要由 EDI 基础标准（主要包括 EDIFACT 基础标准和开放式 EDI 基础标准）、EDI 代码标准（主要包括管理、贸易、运输、海关、银行、保险和检验等各行业的代码标准）、EDI 报文标准（主要包括海关报文标准、账户报文标准、退休金、卫生、社会保障、统计、通用运输、集装箱运输、危险品、转运以及各种商业报文标准等）、EDI 单证标准（主要包括各式各样的贸易单证标准，如：管理、贸易、运输、海关、银行、保险、检验等单证标准）、EDI 网络通信标准（主要包括用于 EDI 的各种通信规程和网络协议）。除以上标准外，还有 EDI 管理标准、EDI 应用标准以及 EDI 安全保密标准等。具体应用较多的有《贸易数据元目录 标准数据元》（GB/T 15191—1997）、《用于行政、商业和运输业的电子数据交换代码表》（GB/T 16833—1997）、《用于行政、商业和运输业的电子数据交换的语法实施指南》（GB/T 16703—1996）等。条码技术标准，主要包括条码规则、条码设备、条码检测方法和条码应用等方面的内容。我国条码技术标准包括《条码系统通用术语、条码符号术语》《条码符号印刷质量的检验》《三九条码》《库德巴条码》《通用商品条码》《通用商品条码符号位置》《中国标准书号（ESBN 部分）条码》《417 条码》等国家条码标准。GPS 代码标准主要包括：《地理格网代码》（GB/T 12409－1990）、《地理点位置的纬度、经度和高程的标准表示法》（GB/T 16831—1997）、《1：500 1：1000 1：2000 地形图要素分类与代码》（GB/T 14804—1993）、《1：5000 1：10000 1：50000 1：100000 地形图要素分类与代码》（GB/T 15660—1995）等。

3.10.2 案例：运满满 App

运满满是国内首家基于移动互联网技术开发的全免费手机 App 应用产品，致力于为公路运输物流行业提供高效的管车配货工具，同时为车找货（配货）、货找车（托运）提供全面的信息及交易服务。运满满隶属江苏满运软件科技有限公司，公司总部位于江苏省南京市雨花台区软件大道 206 号 3 号楼，由阿里巴巴多位高管及众多物流行业专家共同组建。

运满满以创新的理念和极佳的用户体验赢得物流从业人员的青睐，2014 年 5 月荣获物流行业精选管车配货工具中最佳 App 应用，服务对象涵盖所有类型的货物和车辆，全面满足物流公司、信息部及中小企业的公路长途整车运输需求，同时提高车主配货效率，降低空返率；提升货主找车效率，改善整体物流行业的运行效率。运满满作为干线货运平台第一品牌，凭借推动传统物流行业向互联网转型进程中的优异表现，被中国国际物流节授予“互联网＋物流创新金奖”，同时获“物流科技服务金奖”。

运满满是国内节能减排、智能物流的样板项目，使公路运输“货运满满”从业者“好运满满”。运满满在江苏、浙江、上海、安徽、河南、山东、福建等省均设有分公司和办事处，并计划开放更多车源和货源信息，布局全国公路运输信息网络，以促进中国公路运输行业进入一个高效低空返的移动互联网时代。

图 3-10 为运满满北斗七星价值观。

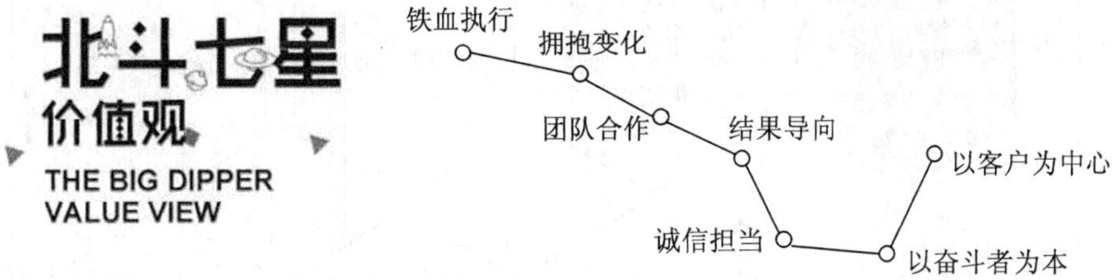

图 3-10 运满满北斗七星价值观

运满满是基于移动互联网技术开发的全免费手机管车配货平台，致力于公路运输行业，为车找货（配货）、货找车（托运）提供全面的信息及交易服务。

运满满是全国首个基于移动互联网自主开发的手机货运平台，分为货主版和司机版。货主版可实现手机随时发货，动态可视化货物跟踪。司机版服务于广大货车司机，让他们随时手机配货，预订回程货，减少等待时间，降低空返。借助大数据、云计算，运满满整合闲散运力，提高配货效率，改变了过去传统物流“小散乱差”的局面，创造了经济和社会双重价值。

作为目前货运互联网领头羊，运满满平台已经聚集了海量的货主和司机，进行着高频次的交易。凭借这一平台，运满满建立了全套的评价机制，对司机形成了有效约束，推动服务的标准化形成。目前在运满满平台上的卡车司机已超 350 万，货主超 50 万，市场占有率达 70%，由于运满满是一款免费智能找车配货平台，目前其已经对接保险、违章查询等第三方服务作为自己的盈利方式，今后将围绕货运物流产业链上的需求，开发加油、汽配、租赁、车辆置换等服务，以此来建立自己的完整货运生态系统，打造全生命周期物流服务。

运满满正发力从运力调度平台向卡车出行和运输平台升级，在现有服务的基础上，围绕产业链上的需求纳入更加多元的服务，塑造强黏性多元化服务生态系统。这个系统将囊括卡车司机的食宿生活、汽车后市场（包括卡车加油、维修保养等）、金融（如保险、贷款业务）等，为用户提供全方位立体化服务。

运满满标准化流程如图 3-11 所示。

运满满通过用户的评价体系挑选所谓的“标杆司机”，以他们的货运流程和服务细节作为整个行业的榜样，在线下的优良服务中寻找整个行业服务标准应该达到的基准线。

运满满打破中国公路货运信息不对称的痛点，以尖端的大数据、云计算技术实现卡车与货物的快速、精准匹配，以强大的地推建立起百万量级用户数的门槛，全国 90%的货物信息和 70%的重卡司机在这个平台上形成高效、健康运转，产生了惊人的“化学效应”：2015 年运满满平台上司机的月行里数由 9000km 提高到 11000km，运力利用率得到显著提升；2014 年公路货运空驶率高达 37%，2015 年运满满通过智慧、精准匹配司机与货主，降低空驶率达 10%，实现经济、环保效益双丰收。

中国的物流市场是一个典型的非标准化市场，在长久的历史发展过程中，一直没

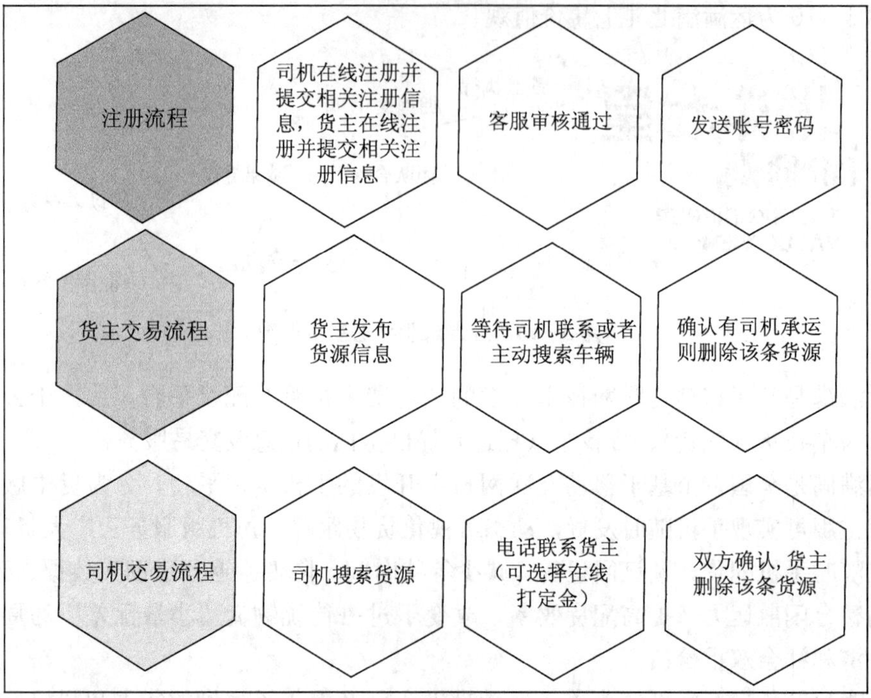

图 3-11　运满满标准化流程

有出现一个全国性的公路货运网，粗放的市场形态是导致物流效率低下的重要原因。运满满通过对 300 多个物流重镇的布局，编织成全国性公路货运网络，宏观上做到了从天网看地网，全国一盘棋，根据客观的货物流向，调度“全国大车队”的运转，统筹地给司机规划线路，找到了降低空返率、空驶率的根本之路。运满满用短短几年时间的艰苦卓绝证实了全国货运网建成的可能性，为行业实现标准化趟出一条道路，给未来物流业的发展带来无限想象力。微观上，运满满依靠日益壮大的数据库及先进的算法，将人工智能引入到车货匹配中来，使精准度达到了米的量级。很多司机实现在某工厂仓库卸货之后原地配货，不仅提高了匹配效率，降低空驶率，降低运输成本，还有效降低了生产企业货物周转周期，从而降低仓储成本。这对于物流成本占商品成本高企的中国制造业来说是一大福音，对于提高我国制造企业的国际竞争力具有重大意义。

思考与讨论

（1）建立物流信息管理系统的主要步骤包括哪些？

（2）物流信息管理系统规划、设计、实施、测试、运行、维护可能存在哪些风险？如何有效应对？

（3）画出运满满标准化服务流程。

3.11 物流地产

3.11.1 基础知识

物流地产，属于工业地产的范畴，是指投资商投资开发的物流设施，比如物流仓库、配送中心、分拨中心等，这里的投资商可以是房地产开发商、物流商、专业投资商。现代物流地产的范畴包括物流园区、物流仓库、配送中心、分拨中心等物流业务的不动产载体。同传统的物流地产相比，它更强调管理的现代化、规模效应、协同效应。物流地产的范畴包括物流仓库、配送中心和分拨中心等物流业务的不动产载体。

投资和建设主体的不同导致其运作能力存在差异性，在开发经营过程中重点也不尽相同，因此形成不一样的运营模式。通过对国内外物流地产建设经验的总结和案例的学习，发现物流地产项目的运营模式大致可分为四种类型，包括地产企业主导型、物流企业主导型、地产企业与物流企业合作型、第三方牵头合作型。四种运营模式对照如表 3 - 24 所示。

表 3 - 24　　四种运营模式对照

名称 属性	地产企业主导型	物流企业主导型	地产企业与物流企业合作型	第三方牵头合作型
优点	资金实力强大、物流设施标准高、设备比较先进	专业优势、开发运营费用较低、租金低廉	集合领域优势	利用第三方独立审查，避免物流、地产企业信用风险，规避后期矛盾
缺点	较高的投资回报率、租金过高	地产开发阶段管理水平低、非专业导致建设成本高，运营阶段物业管理水平和效率较低	信用风险、利益分配、风险分担易起争议	对第三方要求极高

3.11.2 案例：普洛斯、华南城、京商商贸城

1. 普洛斯物流地产运营模式案例

普洛斯在中国 35 个主要城市投资，建设并管理着 134 个物流园，基本形成了覆盖中国主要空港、海港、高速公路、加工基地和消费城市的物流配送网络。公司已进入的城市包括北京、长春、长沙、常州、成都、重庆、大连、东莞、福州、广州、佛山、杭州、哈尔滨、合肥、济南、廊坊、南京、南宁、南通、宁波、青岛、上海、沈阳、深圳、苏州、天津、温州、武汉、芜湖、无锡、厦门、西安、扬州、郑州、珠海。普洛斯于 2003 年携带“物流地产”这个新概念登陆中国市场，开始了紧锣密鼓的布阵。2004 年 4 月，普洛斯在上海桃浦成立合作公司，收购乐购配送设施及取得上海西北物

流园物流设施独家开发权。

2004年4月28日，普洛斯与苏州物流中心有限公司合资并正式签约。合资双方各持50%的股份，总投资3亿美元，其中苏州物流中心以现有的仓库和土地形式入股。2004年年底，由于遭遇国家宏观调控和一系列土地风波之后，普洛斯从长三角转战珠三角，并分别敲定了（广州）保税物流园区和云埔物流园项目。随后不久，普洛斯又转战深圳。经过数月谈判后，于2005年4月底将深圳盐田港正式纳入普洛斯的势力范围。与此同时，普洛斯北京空港物流园和天津泰达物流园项目也尘埃落定。2005年9月，普洛斯和上海临港集团合作，共同投资开发“上海临港普洛斯国际物流园”，该项目总投资约1亿美元，双方各持股50%。通过这次合作，普洛斯成为临港产业园内引入的唯一国际物流园开发商。2005年年底，普洛斯在中国投资额达3亿美元，在华投资已覆盖华东、华南、华北和西南地区。在普洛斯未来版图上，杭州、厦门、大连、宁波等沿海城市，甚至包括重庆等内地城市都将好戏连台。在进入中国物流市场以来，截至2013年年底普洛斯在中国35个主要城市共建有134个物流园区，总建筑面积1700万平方米，其中完工物业约870万平方米，发展渠道约830万平方米，土地储备约1240万平方米。

（1）运作模式。

普洛斯的运作模式（见图3－12）是在全球范围内投资建设优质高效的物流仓库设施，出租给客户并为其提供物业管理服务，但绝不参与客户的日常业务经营，其本质是一家地产开发商而非物流公司，收益来源于物流设施租金与管理费。普洛斯的运营系统提供的强大物流配送服务网络涵盖了仓储设施的整个流程。普洛斯模式主要通过策划、构建与设施管理来实现。它的客户可以分为三大类：物流业、制造业和零售业。

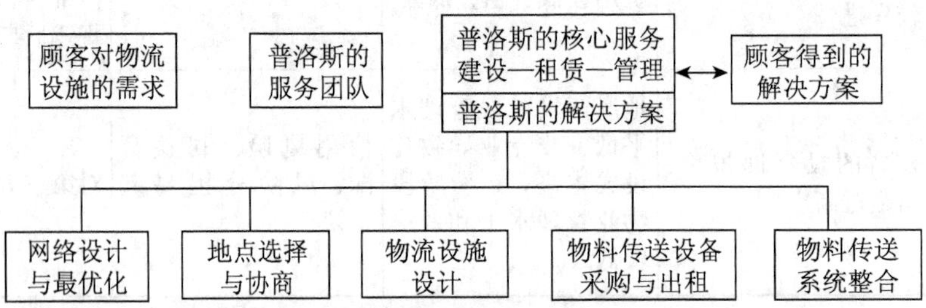

图3－12　普洛斯物流地产的运作模式

（2）服务范围。

自建租赁。自行开发建设物流设施，再将其出租给客户，并提供物业管理服务，这是普洛斯物流地产的最主要的运营模式，也是其最主要的特征。灵活机动的仓储设施降低客户的经营风险。

收购与回租。为了满足客户不断增加的财务目标，普洛斯采用收购回租的方式将客户目前拥有的物流设施购买回来，将其设计规划后，根据长期业务关系签订租约再回租给客户，让客户继续使用这些物流设施。通过普洛斯提供的收购和回租方案，物流公司可以削减对固定资产的回报率，减少企业的负债率。

咨询服务。普洛斯依靠经验丰富的专业管理团队，为客户提供咨询服务以及完整的问题解决方案，帮助客户设计或改善供应链管理流程。正是有了普洛斯的大力支持，客户才得以实现快速扩张。

（3）运营模式的价值创新。

定制服务。普洛斯根据客户的固定需求，选择合适的地点建设与管理其专用的物流设施，即使设施地点是普洛斯公司根据其战略性决策所选定的，它也会在设施规模、合同条款等方面满足客户制定的要求，为客户提供便捷、高性价比的物流设施与物业管理服务。

标准化建设。每一个地点的物流设施常由多个客户在不同时段共同使用，普洛斯所建设的仓储设施以及周边设施都是标准化的，如其仓储区的净高为9～10m，最小楼面承载力为3t/m，照明强度为200lux等。通用的物流设施在满足客户的基础需求的同时，也为普洛斯的标准化管理提供了便利。

（4）规模经济。

由于涉及地产的投资与开发，因此物流地产项目的投资通常比较大，所以物流地产模式的成功有赖于雄厚的资金支持。普洛斯具备强大的资金实力，通过在全球最具战略性的地点大规模兴建物流设施，构建了四通八达的全球仓储设施网络，受到众多跨国公司的青睐，实现了规模经济效应，从而获得了不菲的经济收益，抵补了巨额的固定资产，因此能够使租赁价格保持在相对较低的水平。

（5）普洛斯在市场中的优势。

①雄厚的资金基础。主要来源于三个渠道：一是普洛斯是一家上市公司，可以在资本市场上进行融资；二是可以通过银行贷款；三是作为一家信托公司，普洛斯还拥有80亿美元的管理资金。强大的融资能力为其在全球的扩张打下了良好的基础。

②独到的市场分析能力。普洛斯是全球最大的物流配送设施发展商，作为世界工业物流地产的龙头企业，其向来以大手笔的投资而闻名。翻开普洛斯在国外的布局不难发现，普洛斯投资建设的物流配送设施几乎都是临港而建，在世界前75大港口中的18个港口里能找到普洛斯的身影，其物业总面积达到6100万平方英尺。其中北美、欧洲和亚洲各占据五大港口，在中国的开发市场也是如此，临近港口，使其拥有充分的交通优势。

③强大的网络支持。客户网络和市场网络保证销售员能以很快的速度找到好客户，把物业填满，并尽可能实现长期的租用。

④最大化的客户需求。客户需求是普洛斯评估投资好坏的唯一方式。普洛斯的经营理念：客户需求的最大化才能实现投资的最大化。一直有客户需求才是最好的投资，同时以客户需求来发展生产，不仅能大大减少空置率，而且使普洛斯每一次大手笔运作都获得了丰富的客户回报。目前，普洛斯已与全球400多家企业建立良好合作关系，其中宝洁、通用汽车、联合利华、惠普以及UPS（美国联合包裹速递公司）全球五大物流公司以及世界1000强企业中近一半成为客户。

（6）普洛斯物流地产的盈利模式。

普洛斯公司的收益来自三大业务部门：地产开发部门、地产运营部门和地产基金管理部门。

地产开发部门：经营地产开发业务，把地产建设成可以使用的物流中心，然后将开发建成的物流中心出售给普洛斯地产基金或是第三方获取收益，或者将建成的地产交付给地产运营部门用于出租。

地产运营部门：将物流地产开发业务部门开发建成的“物流地产”或是“零售地产”出租给客户使用从而取得租赁收入。

地产基金管理部门：组织投资者募集资金、收购地产、设立基金，由普洛斯作为基金经理管理基金以及基金旗下的地产，从而获取基金管理费收入和基金分红收益。普洛斯地产基金主要通过向地产开发部门收购或是向第三方收购获取地产。

（8）普洛斯物流地产模式启示。

普洛斯市场的扩张是由客户引导的，并由此开创了以客户为中心的运作方式。作为物流设施的长期业主，普洛斯不仅为客户提供新颖、灵活的租赁项目，还为客户提供整套的物流配送服务和解决方案，帮助客户应对诸如周期性变化、竞争性挑战等瞬息变化的环境。普洛斯运营系统的成功之处就在于能够提供强大的物流配送服务网络涵盖物流设施的整个流程，包括策划、构建与管理。但是，这种全球化网络并不是每个公司都能复制的，特别是国内很多物流园区的投资建设者还远远不具备普洛斯的规模与实力，其物流设施国际标准化、为客户服务的能力和水平、品牌影响力等也与普洛斯相去甚远。因此，国内物流地产企业没必要照搬普洛斯模式，而是要结合实际，走出自己的品牌创新之路。

2．华南城物流地产运营模式①

国内物流地产商主要来源有两种途径。

其一为房地产开发商，作为房地产开发商进军物流地产是资本扩张的一条出路，物流地产与房地产有相似的地方，从房地产商转型为物流地产商，条件相比其他的投资商要成熟很多，经过3～5年的市场培育后就进入良性循环，每月都可以有可观的租金收益，能吸纳大量的现金流支持企业进一步发展，而且对于企业品牌延伸也很有好处。对于物流地产开发商来说，影响其开发利润的关键在于土地成本，而廉价的土地正是支撑其项目发展并取得不俗回报的最重要的资本。物流业是当前国家鼓励发展的重点行业，所以，即使在土地资源出让收紧的大背景下，物流地产商也比较容易拿到土地。物流地产项目大多位于中心城市的郊区和边缘地带，土地价格原本就比中心区便宜，而且房地产大幅圈地，地价自然更加便宜。

其二为物流企业，一类是身为物流业务的企业涉足物流地产，比如中储、中铁、中外运等，这类企业圈地一部分为自用，另一部分超过自用需求的圈地，以后逐渐转做租赁，获取租金收益。另一类企业因处于优越的经济与地理区位，拥有成熟的产业集群和物流需求，逐步从第三方物流企业转向建立物流园区，转型为物流平台提供商，他们通过将地产资源和其他资源整合，通过带动人流、物流、信息流、资金流的全面汇集，实现资源价值最大化，如传化物流基地。

五大交易中心是深圳华南城的发展主体，对整个商贸物流城的集成化影响最大，

① 华南城官网［EB/OL］. http：//www. csc86. com/［2015-10-30］.

其发展结构如下：一是华南城国际纺织服装及面辅料交易中心，总建筑面积约为43万平方米，展示位约7400个，主要经营纺织原料、辅料、面料、家纺面料等各类服装用品和床上用品；二是华南城电子原材料及成品交易中心，总建筑面积约为22万平方米，首期建成开业面积约为4万平方米，主要经营电子元器件、电子工具、电子材料及辅料、电子设备、电脑、通信、数码产品等；三是华南城国际印刷纸品包装交易中心，总建筑面积约为37万平方米，首期建成开业面积约5万平方米，主要经营各类纸张、材料、油墨、印刷包装设备、印刷包装成品等；四是华南城国际皮革皮具及原辅料交易中心，总建筑面积约为48万平方米，展示位约9300个，首期建成开业面积约为10万平方米，主要经营合成革、制成革、靴材、皮革、五金配件等；五是华南城国际化工塑料交易中心，总建筑面积约为37万平方米，首期建成开业面积约为8万平方米，主要经营五金工具、机械设备、五金饰品、配件类、塑料类等。

深圳华南城开发共分为两期，一期启动建筑面积50万平方米，主要为五大专业市场及配套商务设施，二期主要增建两大交易广场，并升级和完善商业、商务和居住等功能。华南城用380天创造了“华南城速度”，用短短7年时间打造了蜚声海外的名动珠三角的国际工业原料城，并且“华南城模式”世界各地开花。

深圳华南城主要以物流工业用地价格取得土地，并与政府约定30%的物业销售、70%的物业租赁，以保证政府、企业和商户的利益。华南城的主要盈利点在物业销售。截至2013年3月，年度总收入较2012年增长42%，增长迅速。

除此之外，深圳华南城还有以下配套项目：两个四星级酒店已经投入运营，规划中还有两栋超高层五星酒店；住宅——华南西苑，项目占地39992平方米，总建筑面积161341.25平方米，户型以1房38平方米、2房73平方米、3房111平方米为主，2007年入市，2008年交房。当时售价5000元左右，没有产权，只有50年的使用权；写字楼，底层租金50～60元/平方米/月，高层租金70～80元/平方米/月。

华南城的成功经验主要有以下因素。首先是选址策略：①交通因素，以平湖铁路货运编组站为中心，形成四通八达的立体交通网络，辐射范围广泛，货物运输可至全世界；②产业因素，与制造业发达的珠三角广阔腹地相连，150km半径范围内聚集了数十万间工厂及企业，具备强劲的原材料需求与供给保障。其次是资源整合：①企业结构，其自身由香港五大实力制造商构成，具备雄厚的资金实力、广泛的产业资源、丰富的市场开发运作经验；②社会资源，充分发挥了五大集团的关系网，整合国内外资源；政府的扶持也是其迅速发展的一个重要因素，华南城连续四年成为深圳市重点建设项目，从取地到运营过程中得到政府各部门的大力支持，其支持主要表现在：征地拆迁、基础设施、行政支持和税费优惠，其中，交通道路的改善和引进政府相关部门对园区建设起到相当大的作用；华南城的创新模式即“集成服务模式”，也是其成功的一个必不可少的要素，通过综合物流商贸园区会展经济和电子商务，实现一站式采购和一站式物流配送服务，降低了企业的采购成本和物流成本，并且提供了完善的金融和行政支持，建立线上和线下交易平台，降低了仓储物流成本。最后品牌造势也促成了其成功，国内外媒体的推介，各类展销活动及关系网营销使华南城在较短时间内迅速提升知名度和影响力，建立国际形象。

3. 京商商贸城物流地产运营模式

由于物流地产稳定的投资回报率及资产稳步升值受到市场的关注，被纳入开发商和投资商的发展计划中，参与者主要是政府下属企业和外资专业物流企业。前者是将物流当作政府职能的一部分，后者则是将国外模式复制到国内，使国内市场进入其全球的物流网络。但这两个类型的开发都是较为简单的进行纯物流物业的开发。在物流资源相对分散且不足的三、四线城市，如何将分散的资源整合集中成为新的物流地产发展的探讨方向。

商贸与物流叠加开发模式是近年来逐步发展起来的新型物流地产开发模式。其主要操作模式是物流地产平台开发运营商通过物流、商贸平台的开发，整合分散的物流量与市场资源，以信息技术为手段，形成商贸与物流的良性互动，构成整个平台的和谐发展。物流商贸地产通过前后端平台的建设，引进前后端有经验实力的经营者，后端物流直接服务于前端市场，形成综合的外向竞争实力。在整个体系中，平台开发商是前后端市场的整合者，前后端的营运者是各自领域内的专业者，三方可以形成强势的互补。

商贸物流叠加开发的具体模式在国内主要体现为物流商贸城。物流商贸城有别于国外Shopping Mall（大型购物中心）以及Outlets（奥特莱斯）的形式，实质是一种多元专业市场的复合，通过前后端的互动将商业与物流更好地融合在一起，主要分布于城市中心区以外，尤其是城市副中心、新城、大型居住组团、工业区、交通枢纽等附近，兼顾批发和零售，多栋物业按照不同的专业市场类别分成若干片区，每个片区内又具备交易、展示、仓储、运输、信息处理、办公、营销及休闲等功能，可以被看成专业市场的最终形式。京商商贸城就是比较成功的案例。

京商商贸城充分利用物流地产的机会，可是现实中企业物流成本占销售额的比重还是比较大的，尤其是终端零售。如果可以有效降低成本，对于吸引客户是有很强竞争优势的。简单来说，京商商贸城通过建立商贸与物流叠加组合，降低商品在物流环节的成本，给入驻企业带来价格优势，并通过商贸城的规模效应吸引更大范围的客户，达到多方共赢。

京商商贸城的发展，除了考虑专业市场的需求支持，还有较好的物流基础，即有较好的区位优势、便利的交通运输和物流解决方案，否则不但会增加商家的物流成本，而且会增加消费者的交通和时间成本。好的物流支持可以消除其他影响，但是即使有了物流的支持，如果所产生的需求不足以支撑所开发的体量，那么物流商贸城还是难以维系，所以必须事先对市场方向和需求进行准确的预测和定位；此外，京商商贸城开发商具有良好的持续运营能力，涵盖商贸与物流两个领域的专业能力，不断给项目注入新元素，使整个园区能够保持良好的增长态势，有调整和升级的潜力。

京商商贸物流综合开发模式竞争性体现在“融合、集聚、网络、增值”方面。

①融合：整个商贸物流平台是物流、商流、信息流、资金流等价值链的载体，通过产品的交易、物流，将信息、金融、商业等经营融为一体，促进商业与物流业的相互渗透与产业融合，从而创造新的市场需求与价值增值。

②集聚：以市场为导向，将运输、仓储、包装、装卸、销售、配送等环节进行整

合集聚，产生市场和物流基地的集聚效应。

③网络：以综合性信息管理系统专业化管理的商贸服务型物流园区，具备运输、保管、装卸、包装、信息、交易、展示、保税等多种功能，不但可满足市场各类需求，且可形成区域信息流有助于市场信息向外辐射，并培育城际物流配送资源，最终形成区域性配送网络。

④增值：开发商不仅可以出色地获得商业部分的物业收入，从第三方物流整合中获取利润，同时可以通过信息化系统的引入获得增值收益。更重要的是通过该模式运作凝聚人气做旺市场，实现项目全面升值。

4. 普洛斯、华南城、京商商贸城物流地产运营模式比较（见表3-25）

表3-25　普洛斯、华南城、京商商贸城物流地产运营模式比较

企业	普洛斯	华南城	京商商贸城
运营模式	投资建设优质高效的物流仓库设施，出租给客户并为其提供物业管理服务，不参与客户的日常业务经营	五大交易中心是其发展主体	商贸与物流叠加开发模式，整合分散的物流量和市场资源，以信息为手段，形成商贸与物流的良性互动
服务范围	自建租赁、收购与回租、咨询服务	除了租赁仓库外还涉足酒店、住宅、写字楼等	主要分布在城市中心区以外，片区内具备交易展示、仓储、物流信息处理，办公、营销及休闲等功能
价值创新	定制服务、标准化建设	以物流工业用地价格取得土地，并与政府约定30%的物业销售、70%的物业租赁，以保证政府、企业、商户的利益	融合、集聚、网络、增值
规模	构建了四通八达的全球仓储设施网络，实现了规模经济效应	在国内拥有五大基地，全部建成后总面积将超过3376万平方米	主要分布在城市副中心、新城、大型居住组团、工业区交通枢纽附近，规模较小

思考与讨论

（1）物流地产与普通地产相比具有哪些特点？

（2）案例中三种不同的地产运营模式分别有哪些优势？

3.12 物流金融

3.12.1 基础知识

仓单（Warehouse Receipt）：保管人（仓库）在与存货人签订仓储保管合同的基础上，对存货人所交付的仓储物品进行验收之后出具的物权凭证。

仓单质押融资（Warehouse Receipt Loan）：出质人以保管人的仓单为质物，向质权人出具的申请贷款的业务，保管人对仓单的真实性和唯一性负责，是物流企业参与下的权利质押业务。

存货质押融资（Inventory Financing）：需要融资的企业（即借方），将其拥有的存货作为质物，向资金提供企业（即贷方）出质，同时将质物转交给具有合法保管存货资格的物流企业（中介方）进行保管，以获得贷方贷款的业务活动，是物流企业参与下的动产质押业务。

融通仓（Financing Warehouse）：以周边中小企业为主要服务对象，以流动商品仓储为基础，涵盖中小企业信用整合与再造、实物配送、电子商务与传统商业的综合性服务平台。

依据民法理论，质押又称为质权，是指债权人与债务人或与债务人提供的第三人以协商订立书面合同的方式，转移债务人或其提供的第三人的动产或权利的占有，担保债权人的债权优先受偿的法律行为。质押关系中的提供动产或权利的债务人或第三人为出质人，债权人为质权人，转移的动产或权利为质物。

质押融资分动产质押和权利质押两种形式。动产质押是指债务人或者第三人将其动产移交债权人占有、将该动产作为债权的担保。债务人不履行债务时，债权人有权依照《担保法》规定以该动产折价或者以拍卖、变卖该动产的价款优先受偿。基于动产质押的物流金融业务模式，又称存货质押融资，是指借方企业将其拥有的动产作为担保，向资金提供方如银行出资。同时，将质物转交给具有合法保管动产资格的物流企业（中介方）进行保管，以获得贷款的业务活动。权利质押是指债务人或者第三人以其财产权利作为特定债权的担保。《担保法》明确规定可以质押的权利分四类：第一，汇票、支票、本票、债券、存款单、仓单、提单；第二，依法可以转让的股份、股票；第三，依法可以转让的商标专用权、专利权、著作权中的财产权；第四，依法可以质押的其他权利。基于权利质押的物流金融业务模式，又称仓单质押融资，是指借方企业以物流企业（中介方）开出的仓单作为质押物向银行申请贷款的信贷业务。

供应链融资是指从整个产业供应链的角度展开授信的贸易融资，是贸易融资顺应供应链整合发展趋势的一种创新。供应链融资围绕“1”家核心企业，通过现货质押和未来货权质押的结合，打通从原材料采购、中间及制成品，到最后经由销售把产品送到消费者手中这一链条，将供应商、制造商、分销商、零售商直到最终用户连成一个整体，全方位地为链条上的“N”个企业提供融资服务，通过相关企业的职能分工与合作，实现整个供应链的持续增值。

3.12.2 案例：SFLFF仓单质押

SFLFF有限公司是一家生产复合肥的国有企业。2008年爆发的金融危机导致资金周转困难，为了维持企业的正常运营和消除资金周转困难，2009年企业通过向GD银行贷款290万元人民币。GD银行为减少放贷风险，以使放贷金额能在合约到期时本息能如数收回，特与ZWYHF物流有限公司合作，让其作为第三方企业SFLFF有限公司的部分货物（高浓度复合肥）进行监管。

质押监管业务一般涉及三方，即贷款人（客户）、金融机构（银行为主）和物流企业（监管方）。贷款人SFLFF把质押物（高浓度复合肥）寄存在物流企业ZWYHF的仓库，然后凭借ZWYHF开具的仓单向金融机构GD银行申请贷款融资，物流企业ZWYHF作为公正的第三方对客户的货物进行监管；当SFLFF需要提货时，只需要出具金融机构GD银行的放行条就可以获准放行。

第一，接收质物：①根据真实相关资料、单据核查出质方交付的货物及现有的库存，并明确应控制的监管复合肥最低价值线，以及监管复合肥的型号、数量和价值等信息；②监管员制作质押物的货场示意图，联系出质人确认该信息并商定入场盘点接收质押物的时间；③监管员与出质方相关人员约定一同盘点和接收监管货物的型号、包装规格、编号、货位等信息，盘点结束后将结果签字盖章后交由银行。

第二，打款提取质物：①根据银行出具的相关资料，证实其真实性后由现场监管员随同出质方一起进行提取货物；②提取货物后，监管员将库存情况反映给银行方负责人。

第三，日常监管：①每日对监管物进行盘点并进行记录；②每周一向银行有关负责人发送《复合肥盘点清单》；③记录跟踪相关单证，遇突发事件及时上报公司及银行。

第四，突发事件的紧急应急预案。2009年8月5日下午在货场实地盘点发现实际库存比提供数据少300t，并且监管货物的实际库存（2191t）接近三方约定的警戒线（2150t）。按照《突发事件紧急应急预案》的指导，采取相应措施，以防损失的发生。①派人现场监管，禁止一切监管货物的在出库；②与SFLFF有关人事协商，要求其配合工作，近期加大监管货物的生产力度，增加入库量，或是向银行方面打款，降低监管货物的数量；③通知ZWYHF有关负责人，让其做好应急的准备；④通知GD银行方面，要求其与SFLFF取得联系并采取相应措施；⑤向SFLFF递交《质押物临界风险控制线通知书》，并交GD银行一份。

思考与讨论

（1）物流金融涉及的利益相关者包括哪些？

（2）画出仓单质押的运作流程。

（3）物流金融涉及哪些法律法规？

（4）物流金融可能存在哪些风险？如何防范风险？

3.13 物流保险

3.13.1 基础知识

物流保险，是指针对物流活动过程中各个主要环节运作风险的控制与保障。广义的物流保险是指对物流各个主要环节涉及的各类风险的保险；狭义的物流保险仅指物流责任保险。物流责任保险是指将第三方物流经营人承担的运输中承运人的责任以及仓储、流通加工过程中保管人的责任融合为一起，由保险人承保物流业务经营过程中的综合责任的保险。

国际货物运输保险（International Transportation Cargo Insurance）：以运输过程中的各种货物作为保险标的，投保人（或称被保险人）向承保人（或称保险人）按一定金额投保一定的险别，并缴纳保险费，取得保险单据，承保人负责对投保货物在运输过程中遭受投保险别责任范围内的损失，按投保金额及损失程度给予保险单据持有人经济上的补偿。

2004 年 7 月 1 日中国人民财产保险股份有限公司发布《物流责任保险条款》规定，保险涉及保险责任、责任免除、责任限额、保险费、特约条款、附加险等方面。

索赔是指保险人或被保险人在发生保险事故、遭受财产损失后，要求保险人履行赔偿义务的行为。理赔是指保险事故发生后，保险人对被保险人提出的索赔案件的处理。被保险人遭受保险事故后，应立即或通过理赔代理人对保险人提出索赔申请，根据保险单的规定提交各种单证，查明损失原因是否属于保险责任范围，估算损失程度，确定保险赔偿金额。索赔和理赔的一般步骤：第一，出险通知；第二，提交索赔申请书和单证；第三，立案检验；第四，审查单证，审核责任；第五，核算损失；第六，损余处理；第七，支付赔款；第八，行使代位求偿权。

3.13.2 案例：运输飞机失事货物保险

2008 年 7 月 17 日，DX 电子股份公司（托运人或被保险人）通过北京 KDHY 代理公司珠海分公司和美国 HSD 国际快递公司，承运一批电子显像管，自珠海运抵澳门，然后由 HSD 快速租赁一架货运飞机，将货物从澳门空运至印度尼西亚，KDHY 珠海分公司签发了航空运单，运单抬头为 OYHK 货物运输公司，另外托运人与美国 HSD 快递公司签订了一份货物运输租赁协议。2008 年 8 月 5 日，印度尼西亚当地时间 18 时，承运飞机在印度尼西亚境内因天气突然变化撞山坠毁，机上 5 人全部遇难，承运货物全部损毁。该批货物在中国 RMCC 财产保险股份有限公司珠海市分公司（保险公司）处投保了货物运输保险，保险公司聘任澳门的 YJ 公估公司对货物损失进行公估，并于 2008 年 12 月 5 日向被保险人支付了保险赔款 173.7 万美元，被保险人向保险公司出具了权益转让书。保险公司向 KDHY 和 HSD 快递要求货物损失，均遭拒绝。2009 年 3 月 5 日，保险公司在广东省珠海市 D 区人民法院对 KDHY 及其珠海分公司提起诉讼，要求两被告赔偿原告货运损失。

思考与讨论

(1) 画图说明各方当事人之间的关系。

(2) 保险公司能否胜诉？分析理由。

3.14 物流可行性分析

3.14.1 基础知识

可行性研究（Feasibility Study，FS）：是一种包括机会研究、初步可行性研究和详细可行性研究三个阶段的系统的投资决策分析研究方法。可行性研究的步骤包括：开始阶段、调查研究阶段、优化与选择方案阶段、详细研究阶段、编制可行性研究报告、编制资金筹措计划等。

3.14.2 案例：ABC 项目物流可行性分析

ZGY 能源集团有限公司是一家在香港注册成立，为煤炭供应链提升价值的跨国公司。公司致力于在亚洲发展能源项目，一直运用其在国际市场的知名度和行业经验，进行天然气、煤炭、石油等贸易。公司的核心目标是引进国外先进配煤技术，整合国内外煤炭资源，构建全国最大规模的连锁式煤炭供应体系。公司管理团队拥有国际经济、国际能源、商品贸易以及能源基础设施创新发展和现代管理的丰富经验，丰富的项目策划、组织和实施经验，广泛的媒体资源和成功的运作模式，是一支高层次、高素质、高效率的现代化国际管理团队。

公司主营项目包括：ABC（配煤中心）项目、煤炭国内外贸易和煤矿安全设备、电子商务等。公司和印度尼西亚、越南、俄罗斯煤炭供应商存在广泛的协作关系，并积极与中国煤炭生产商和发电厂进行深入合作。

该项目建设地点是江苏省连云港市。江苏省连云港港口位于太平洋西海岸、黄海海州湾西南岸，中国南北走向海岸线的脐部。地理坐标北纬 34°～35°7′N，东经 118°24′～119°48′E。项目目标是：为适应中国电力市场对符合环保型规格煤炭的需要，引进荷兰先进的 ABC 配煤技术，利用连云港港口优越的配套设施，建设现代化的 ABC 项目，为实现中国煤炭能源的可持续发展和有效利用做出贡献。连云港 ABC 项目要建成年处理煤能力达到 1000 万吨的配煤中心。

连云港是我国沿海铁路主骨架和国道主干线的重要节点，是全国 25 个沿海主要港口和 12 个区域性主枢纽港之一，是江苏省最大的海港。此外，陇海兰新干线铁路、沿海铁路大通道和连云港至霍尔果斯、同江至三亚两条高速公路在连云港纵横交会，国、省道密布，内河水系丰富，运输方式齐备，立体交通网络四通八达。

由于连云港 ABC 项目年生产量为 1000 万吨，需要通过铁路、公路、水运等交通运输网络完成其采购和销售过程。因此分析 ABC 项目在采购和销售过程中的物流可行性十分必要。以下为根据不同煤源地、不同客户所在地进行的不同运输路线、方式的分析结果。

1. 煤炭铁路运输供需分析

煤炭产品从中西部运输至连云港经过的铁路局有太原铁路局、郑州铁路局和济南铁路局。太原铁路局管辖同蒲、大秦、京包、京原、石太、太焦、侯月、侯西等九大干线和宁岢、太古岚等十条支线，铁路营业里程 2760km，下设 33 个运输生产站段。太原铁路局的煤炭发运量占全路运量的 1/3 左右。郑州铁路局是国有特大型铁路运输企业，位于全国路网中心。与北京、广州、济南、兰州、成都、上海、南昌局相邻。2002 年全局管辖营业线路 38 条（包括支线），营业里程 6634km，线路总延展长度 15928.3km，其中正线 10086.6km。2004 年郑州铁路局煤炭运输量为 16924 万吨。济南铁路局连接青岛、烟台、日照、连云港四大港口。管内铁路跨及山东全境和江苏、安徽、河南三省部分地区，总营业里程 2793.4km。2004 年济南铁路局煤炭运输量为 6331 万吨。

（1）铁路运输供给能力。

连云港港口位于横跨亚欧两大洲、连接太平洋和大西洋的国际铁路运输大通道的最东端，是新亚欧大陆桥的桥头堡。目前，连云港 ABC 项目的煤源主要是山西、河南平顶山、安徽淮南、淮北、徐州，属于北煤南运、西煤东运，符合国家煤炭流向。连云港 ABC 项目的煤炭主要通过线路为陇海线，占总运输量的绝大部分。

①山西煤炭线路。

山西的煤炭供应占全国煤炭供应的 1/3，这也是连云港主要的煤炭供应地。连云港 ABC 项目的山西煤源主要集中在霍州和临汾。其中，霍州煤炭运输线路如图 3-13 所示。

a. 霍州。

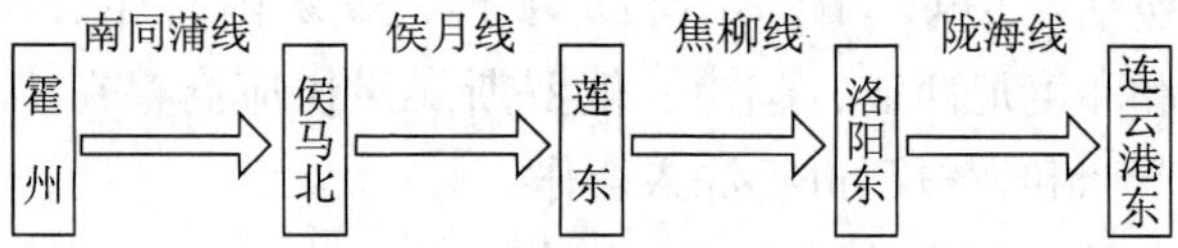

图 3-13　霍州至连云港铁路运输线路

从图 3-13 可以看出，从霍州经南同蒲线至侯马北（125km），接着从侯马北经侯月线至莲东（221km），再从莲东经焦柳线至洛阳东（78km），从此地转至陇海线运输至连云港境内中云站（691km）。在中云站，列车进行重新编组运输至连云港东站。此线路全长约 1200km。

b. 临汾。

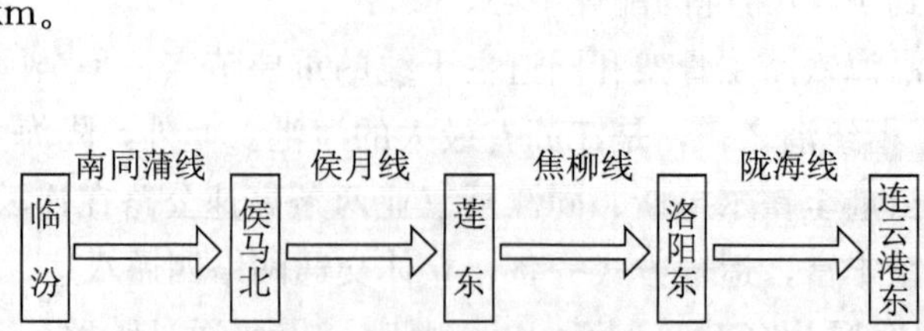

图 3-14　临汾至连云港铁路运输线路

从图 3－14 可以看出，汾西之煤炭从临汾车站上南同蒲线，之后线路与霍州煤炭运输线路相同。从临汾至连云港东全长近 1200km。

山西煤炭从出发，经装车、编组、等待、重新编组等环节运输至连云港，铁路运费为 92.68 元/吨。

②河南煤炭线路。

河南煤炭对连云港 ABC 项目来说意义重大。一方面河南煤炭供应量大，每年可供给 300 万吨以上；另一方面则是路程很近，节约物流费用和时间。

连云港 ABC 项目对河南煤需求的煤源地为平顶山、鹤壁及永城。

a. 平顶山。

平顶山煤炭运输具体线路如图 3－15 所示。

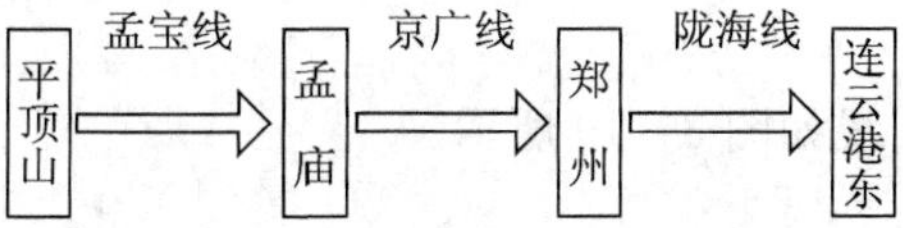

图 3－15　平顶山煤炭运输线路

从图 3－15 可以看出，煤炭从平顶山经孟宝线至孟庙，再从孟庙经京广线至郑州，转至陇海线运输至连云港中云站。在中云站，列车进行重新编组运输至连云港东站。此线路全长 784km，铁路运输费用为 64 元/吨。

b. 鹤壁。

鹤壁煤炭运输具体线路如图 3－16 所示。

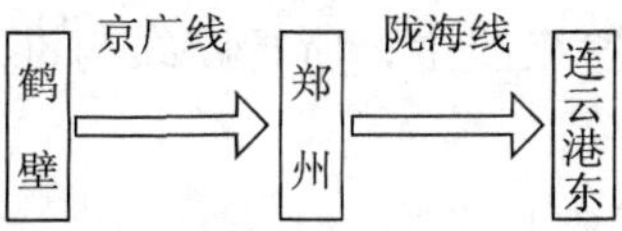

图 3－16　鹤壁至连云港铁路运输线路

从图 3－16 可以看出，煤炭从鹤壁经京广线至郑州（146km），再从郑州经陇海线至连云港东（572km），全长 718km，运输费用为 67.36 元/吨。

c. 永城。

永城煤炭主要来自神火集团和永煤集团，经过的路线相同，如图 3－17 所示。

图 3－17　永城至连云港铁路运输线路

从图 3－17 可以看出，煤炭主要通过永青线、濉阜线、符夹线以及陇海线，全长约 360km，运输费用为 30 元/吨。

③安徽煤炭线路。

安徽省毗邻江苏省，是距离连云港 ABC 项目最近的外省煤源地，主要出自淮北、皖北和淮南地区的煤矿。

a. 淮北。

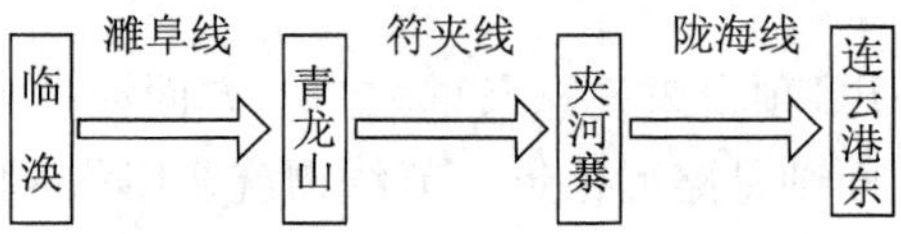

图 3－18　淮北至连云港铁路运输线路

从图 3－18 可以看出，煤炭经濉阜线至青龙山，再从青龙山站经符夹线转至夹河寨，转至陇海线运输至连云港东，全长 333km，运费为 53.83 元/吨。

b. 淮南。

淮南矿区煤炭运输路线如图 3－19 所示。

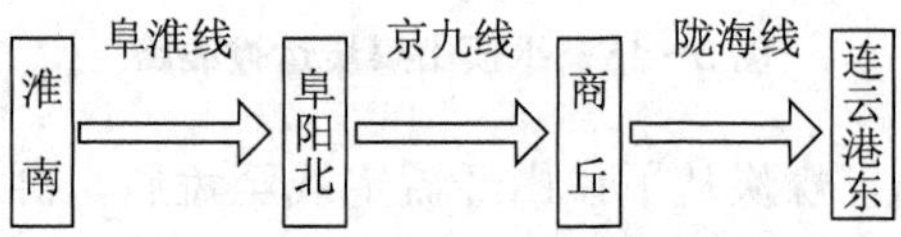

图 3－19　淮南至连云港铁路运输线路

从图 3－19 可以看出，煤炭经阜淮线至阜阳北，再从阜阳北经京九线转至商丘，之后经陇海线至连云港，全长 600km，运费为 44.91 元/吨。

c. 皖北矿区。

皖北矿区在濉溪县，位于符夹线上，所行路线与淮北煤炭线路基本相同。但铁路运费则为 34.76 元/吨。

④江苏煤炭线路。

江苏境内煤源地主要指徐州和大屯，其具体线路如图 3－20、图 3－21 所示。

a. 徐州。

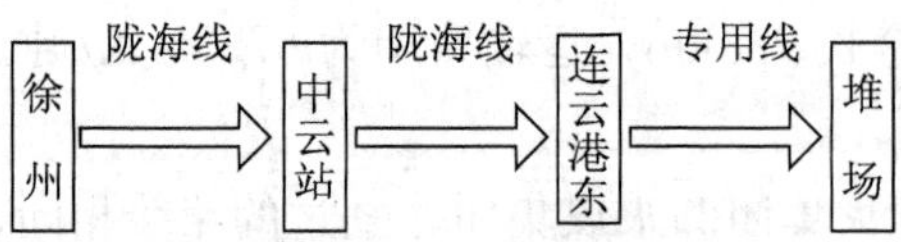

图 3－20　徐州至连云港铁路运输线路

从图 3－20 可以看出，煤炭经过陇海线徐州至连云港东区段，里程为 223km，运输费用为 48 元/吨。

b. 大屯。

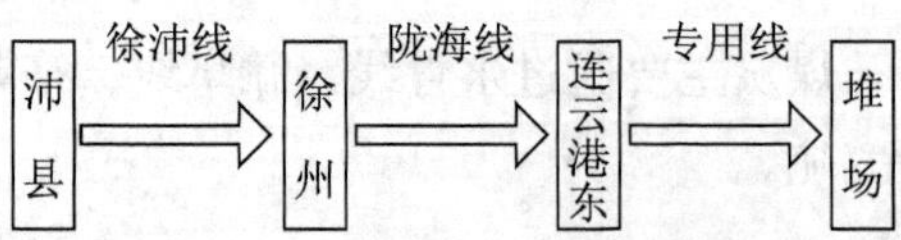

图 3－21　大屯至连云港铁路运输线路

从图 3－21 可以看出，煤炭从沛县经徐沛线至徐州（70km），经陇海线至连云港东（223km），全长近 300km，运输费用为 22.6 元/吨。

⑤山东煤炭线路。

山东至连云港的煤炭主要出自兖州和枣庄，如图 3－22、图 3－23 所示。

a. 兖州。

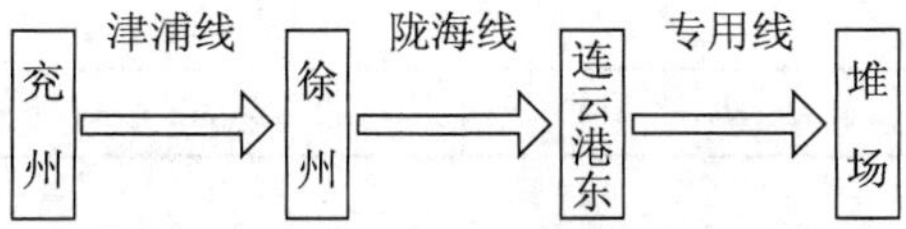

图 3－22 兖州至连云港铁路运输线路

从图 3－22 可以看出，煤炭从兖州经津浦线至徐州（161km），再从徐州经陇海线至连云港东（223km），全长 380km，铁路运输费用为 48.18 元/吨。

b. 枣庄。

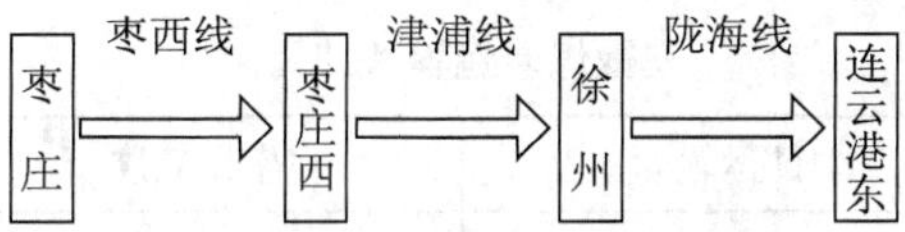

图 3－23 枣庄至连云港铁路运输线路

从图 3－23 可以看出，煤炭从枣庄经枣西线至枣庄西（30km），再转至津浦线至徐州（68km），全线全长为 320km，运输费用为 27.18 元/吨。

（2）铁路运输需求量。

连云港 ABC 项目的计划生产量为 1000 万吨/年，则日生产量为 2.8 万吨。据此，每天从煤源地运至连云港 ABC 项目的煤炭量应该保证在 3 万吨左右，其中，连云港 ABC 项目煤炭需求的 2/3 是通过铁路运输实现的。由此，可建立如下模型：

假设山西煤炭日需求量为 d_1 万 t，河南煤的日需求量为 d_2 万 t，安徽煤的日需求量为 d_3 万 t，江苏煤的日需求量为 d_4 万 t，山东煤的日需求量为 d_5 万 t。

则：

$$d_1+d_2+d_3+d_4+d_5=20000\text{t}$$

基于上述公式，下面根据不同煤源地，分析铁路运输需求量。

①山西煤炭线路。

根据假设，ABC 对山西煤的日需求量为 d_1 万吨，每列车平均装载 0.4 万吨，列车日需求数为$\frac{d_1}{0.4}$辆。从山西霍州和临汾至连云港的线路只有一条。

②河南煤炭线路。

根据假设，ABC 对河南煤的日需求量为 d_2 万吨，每列车平均装载 0.4 万吨，列车日需求数为$\frac{d_2}{0.4}$辆。河南煤源地有三处，假设平顶山、鹤壁和永城的需求分别为$\frac{d_{21}}{0.4}$、

$\frac{d_{22}}{0.4}$、$\frac{d_{23}}{0.4}$，则河南煤炭需求量如表 3 - 26 所示。

表 3 - 26　　河南煤炭需求量

线路	日运输量	需求车数	运输费用
平顶山	d_{21}	$d_{21}/0.4$	64 元/吨
鹤壁	d_{22}	$d_{22}/0.4$	67 元/吨
永成	d_{23}	$d_{23}/0.4$	30 元/吨

③安徽煤炭线路。

根据假设，ABC 对安徽煤的日需求量为 d_3 万吨，每列车可装载 0.4 万吨，列车日需求数为$\frac{d_3}{0.4}$辆。安徽的主要煤源为淮北、淮南和皖北三处，设需求量分别为 d_{31}、d_{32}、d_{33}，则安徽煤炭需求量如表 3 - 27 所示。

表 3 - 27　　安徽煤炭运输线路需求

线路	日运输量	需求车数	日最低费用
淮北	d_{31}	$d_{31}/0.4$	54 元/吨
淮南	d_{32}	$d_{32}/0.4$	45 元/吨
皖北	d_{33}	$d_{33}/0.4$	44 元/吨

④江苏煤炭线路。

根据假设，ABC 对徐州煤的日需求量为 d_4 万吨，每列车可装载 0.4 万吨，列车日需求数为$\frac{d_4}{0.4}$辆。江苏的煤源地主要有徐州和大屯两处，需求量分别为 d_{41}、d_{42}，则江苏煤炭需求量如表 3 - 28 所示。

表 3 - 28　　江苏煤炭运输线路需求

线路	日运输量	需求车数	运输费用
徐州	d_{41}	$d_{41}/0.4$	48 元/吨
大屯	d_{42}	$d_{42}/0.4$	23 元/吨

⑤山东煤炭线路。

根据假设，ABC 对徐州煤的日需求量为 d_5 万吨，每列车可装载 0.4 万吨，列车日需求数为$\frac{d_5}{0.4}$辆（假设每辆 60 节车皮）。江苏的煤源地主要有兖州和枣庄两处，需求量分别为 d_{51}、d_{52}，则山东煤炭需求量如表 3 - 29 所示。

表 3-29　　山东煤炭运输线路需求

线路	日运输量	需求车数	运输费用
兖州	d_{51}	$d_{51}/0.4$	48 元/吨
枣庄	d_{52}	$d_{52}/0.4$	27 元/吨

(3) 铁路运输供需比较。

根据上述分析结果可知，连云港 ABC 项目对铁路运输的需求主要集中在通过量方面。下面将根据上述各地煤炭铁路运输的供给能力和连云港 ABC 项目需求量分析结果，针对各地煤炭铁路运输经由的主要线路通过现状，考察现有铁路资源能否满足 ABC 项目建成后每日增加的 20000t 运量需求。

①山西。

山西煤炭的主要运输线路有南同蒲、侯月、焦柳、陇海等。其中，南同蒲线共 15 个区段。侯马→礼元、礼元→东镇、东镇→运城、运城→永济、永济→风陵渡 5 个区段为单线，其余为双线。

根据上述分析方法，南同蒲线可增加列车通过能力如表 3-30 所示。

表 3-30　　南同蒲线可增加的通过能力分析

南同蒲线区段	平行运行图通过能力	平行运行图规定列车对数（客）	平行运行图规定列车对数（货）	非平行计算能力	目前平通利用率（%）	可增加列车对数
介休至介休上场	144	19	61	102	67	41
	144	18	61	99	73	38
	144	18	67	99	78	32
	144	18	69	99	79	30
	144	18	70	99	80	29
临汾至侯马北	144	21	68	95	81	27

侯月线为双线，共有 5 个区段，目前每个区段的运力都比较充足，根据上述分析方法，侯月线可增加的通过能力如表 3-31 所示。

表 3-31　　侯月线可增加的通过能力分析

侯月线区段	平行运行图通过能力	平行运行图规定列车对数（客）	平行运行图规定列车对数（货）	非平行计算能力	目前平通利用率（%）	可增加列车对数
侯马北至上交	166.2	4	96	152	66	56

续 表

侯月线区段	平行运行图通过能力	平行运行图规定列车对数（客）	平行运行图规定列车对数（货）	非平行计算能力	目前平通利用率（%）	可增加列车对数
	166.2	4	60	152	44	92
	166.2	4	66	152	48	86
	166.2	4	68	152	49	84
盘古寺至莲东	166.2	4	69	152	49	83

根据上述分析方法，焦柳线可增加的通过能力如表 3－32 所示。

表 3－32　焦柳线可增加的通过能力分析

焦柳线区段	平行运行图通过能力	平行运行图规定列车对数（客）	平行运行图规定列车对数（货）	非平行计算能力	目前平通利用率（%）	可增加列车对数
月山至济源	166.2	3	62	154	44	92
济源至王庄	166.2	7	35	145	34	110
王庄至洛阳北	166.2	7	42	145	38	103

陇海线从华山至连云港东共 34 个区段，目前情况，郑州至连阳区段的平行运行图通过能力利用率为 100%，不可能再增加车辆运输连云港 ABC 项目所需煤炭。

可见，现阶段煤炭通过南同蒲线、侯月线、焦柳线和陇海线运输至连云港，所需增加的通过能力存在很大的困难。连云港 ABC 项目对此线路物流的需求和此线路的供给能力比较如表 3－33 所示。

表 3－33　山西煤炭运输可增加的通过能力分析

线路	需求列车	最多供给列车	是否可行
南同蒲线	$\frac{d_1}{0.4}$	8	d_1 小于 3.2 万吨，则可行
侯月线		56	d_1 小于 22.4 万吨，则可行
焦柳线		92	d_1 小于 36.8 万吨，则可行
陇海线		0	不可行

②河南。

a. 平顶山：孟宝线、京广线（孟庙至郑州）、陇海线。

孟宝线全线共分为 4 个区段，根据上述分析方法，每个区段可增加的通过能力如表 3－34 所示。

表 3－34 孟宝线可增加的通过能力分析

孟宝线区段	平行运行图通过能力	平行运行图规定列车对数（客）	平行运行图规定列车对数（货）	非平行计算能力	目前平通利用率（%）	可增加列车对数
孟庙至丁营	45	8	21	33.5	22	12.5
	43.6	8	18	32	63	14
	43.6	8	21	32	49	11
前摄至平顶山	40	7	10	29.5	74	19.5

从表 3－34 可以看出，孟宝线的各个区段可增加的列车对数均在 10 对以上，可见此线通过能力没有问题。

京广线（孟庙至郑州）共有 3 个区段，通过能力利用率不是很高，根据上述分析方法，可增加的通过能力如表 3－35 所示。

表 3－35 京广线可增加的通过能力分析

平行运行图通过能力	平行运行图规定列车对数（客）	平行运行图规定列车对数（货）	非平行计算能力	目前平通利用率（%）	可增加列车对数
190	52	48	72	87	24
190	46	48	85	80	37
190	52	48	72	72	24

从表 3－35 可以看出，京广线此区段的通过能力也比较有空余。

根据上述分析方法可得，陇海线郑州以东区段通过能力空余都比较多。

综上，将 3 条线各个空余最少的区段综合进行比较，结合连云港 ABC 项目需求，分析结果如表 3－36 所示。

表 3－36 平顶山煤炭运输可增加的通过能力分析

线路	需求列车	最多供给列车	是否可行
孟宝线	$d_{21}/0.4$	11	d_{21}小于 4.4 万吨，则可行
京广线	$d_{21}/0.4$	24	d_{21}小于 9.6 万吨，则可行
陇海线	$d_{21}/0.4$	17	d_{21}小于 6.8 万吨，则可行

b. 鹤壁：京广线（鹤壁至郑州北）、陇海线。

京广线新乡至新乡北场、新乡南场至七里营、亢村至广武、广武至郑州北 4 个区段的利用率均为 100%，没有可增加的通过车辆，故此线路不可行。

c. 永城。

永青线为铁路专用线，运力不存在问题；濉阜线也为地方铁路，可满足云炭运输需求；符夹线可增加的车辆有限，还要承担淮北地区的运输任务，较为困难；陇海线可满足需求。

③安徽。

a. 濉阜线、符夹线、陇海线。

濉阜线为地方铁路，主要用于淮北地区煤炭的外运，具体可增加通过能力如表3-37所示。

表3-37 濉阜线可增加的通过能力分析

濉阜线区段	平行运行图通过能力	平行运行图规定列车对数（客）	平行运行图规定列车对数（货）	非平行计算能力	目前平通利用率（%）	可增加列车对数
	43	5	29	35.5	83	6.5

根据上述分析方法可得，其可增加列车对数为6.5列，每列换长70节。

根据上述分析方法，符夹线可增加的通过能力如表3-38所示。

表3-38 符夹线可增加的通过能力分析

符夹线区段	平行运行图通过能力	平行运行图规定列车对数（客）	平行运行图规定列车对数（货）	非平行计算能力	目前平通利用率（%）	可增加列车对数
	84.7	4	9	79	17	70
	5.3	4	9	49.5	26	40.5
青龙山至濉溪	45.7	9	30	32.5	91	2.5
	65.4	9	29	52.5	62	23.5
	80	5	29	72	44	43
	60	5	26	52	54	26
	48	5	24	40.5	64	16.5
	60	5	23	52.5	49	29.5
	45	5	22	37.5	63	15.5

从表3-38可以看出，青龙山至濉溪段通过能力比较紧张，只能增加2.5对车/天。

陇海线在此区段，可满足需求。

综上，可以得出如下结论：符夹线可增加运量为10000吨/天，濉阜线可增加2.6万吨/天，总体上通过能力较为紧张。如表3-39所示。

表 3-39　淮北线可增加的通过能力分析

线路	需求列车	供给列车	是否可行
濉阜线	$d_{31}/0.4$	6.5	d_{31}小于 2.6 万吨，则可行
符夹线	$d_{31}/0.4$	2.5	d_{31}小于 1 万吨，则可行
陇海线	$d_{31}/0.4$		可行

b. 阜淮线、京九线（阜阳北至商丘北）、陇海线。

阜淮线全程为双线，共有 4 个区段，通过能力利用率都比较低，根据上述分析方法，可增加的通过能力如表 3-40 所示。

表 3-40　阜淮线可增加的通过能力分析

平行运行图通过能力	平行运行图规定列车对数（客）	平行运行图规定列车对数（货）	非平行计算能力	目前平通利用率（%）	可增加列车对数
180	18	60	122	56	62
180	18	61	122	57	61
180	18	72	134	63	62
180	18	72	132	63	60

此线所能增加的列车数均在 60 对以上，故通过能力可行。

京广线（阜阳北至商丘北）线路，共有 6 个区段，全部为双线，每个区段的通过能力较为宽裕，根据上述分析方法，可增加的通过能力如表 3-41 所示。

表 3-41　京九线可增加的通过能力分析

平行运行图通过能力	平行运行图规定列车对数（客）	平行运行图规定列车对数（货）	非平行计算能力	目前平通利用率（%）	可增加列车对数
144	16	55	108	63	53
144	21	56	97	71	41
144	21	56	97	71	41
205.7	21	50	153	49	103
205.7	23	50	148	51	98
205.7	23	53	148	53	95

此外，陇海线商丘以东的通过能力也有很大的空余。

综上，可以看出，此条线路的通过能力对于 ABC 项目完全可以满足。

c. 皖北煤炭。

皖北煤炭需求量为 d_{33}，所行线路与淮北相同，只要 $d_{33}+d_{31}$ 小于 10000t 即可实现运输。

④江苏。

徐州至连云港东线路，通过能力很宽裕，利用率最高的区段为连云港东至中云为 58%，可增加的列车对数为 17 对，可满足徐州至连云港东的需求。

此外还有大屯煤炭运输，沛县隶属于徐州，故运输不存在问题。

⑤山东。

a. 兖州：津浦线、陇海线。

此线路经过的津浦线区段为兖州至徐州区段，此区段最少能增加的车辆为 26 列，顾客充分满足兖州煤炭运输需求。具体如表 3－42 所示。

表 3－42　　津浦线可增加的通过能力分析

津浦线区段	平行运行图通过能力	平行运行图规定列车对数（客）	平行运行图规定列车对数（货）	非平行计算能力	目前平通利用率（%）	可增加列车对数
兖州至程家庄	205.7	59	56	86	77	30
	205.7	55	55	93	83	38
	205.7	55	54	93	83	39
	205.7	55	53	93	83	40
	205.7	55	58	93	83	35
枣庄西至利国	205.7	55	62	93	83	31
	205.7	55	63	93	83	30
	205.7	55	67	93	85	26
徐州北至徐州	205.7	57	2	94	55	92

b. 枣庄：枣西线、津浦线、陇海线。

枣西线最少可增加的辆为 19 列，故可满足枣庄煤炭运输的需求。具体如表 3－43 所示。

表 3－43　　枣西线可增加的通过能力分析

枣西线区段	平行运行图通过能力	平行运行图规定列车对数（客）	平行运行图规定列车对数（货）	非平行计算能力	目前平通利用率（%）	可增加列车对数
枣庄西至山家林	28.8	4	4	23.5	32	19.5
山家林至枣庄	40	4	3	34.5	20	31.5

(4) 小结。

以上对山西、河南、安徽、江苏和山东的煤炭铁路运输进行了供需分析，有可满足需求的，有不可满足需求的，现针对煤源地和所经铁路线进行总结，如表 3－44 所示。

首先针对煤源地的运输情况进行总结。

第一，山西煤炭来自霍州和临汾，目前路线中郑州至洛阳区段可能不可行，特此需要重点解决此问题或者改行侯月线、焦柳线、新焦线、新菏线、京九线转陇海线至连云港东或者新菏线、兖菏线、津浦线转陇海线至连云港东。这两条线路都经过新菏线，而新菏线通过能力比较紧张。

第二，河南煤炭来自平顶山、鹤壁及永城。平顶山煤炭铁路运输经过孟宝线、京广线和陇海线，此线路可满足煤炭运输需求；鹤壁煤炭运输主要经过京广线和陇海线，但京广线新乡至郑州段通过能力利用率为 100%，无法满足运量增加的需求，特此需要重点解决此段问题或者改行新菏线、京九线转陇海线至连云港东或者新菏线、兖菏线、津浦线转陇海线至连云港东。这两条线路都经过新菏线，而新菏线通过能力比较紧张。

第三，安徽煤炭来自淮北、淮南和皖北地区。淮北和皖北的煤炭运输线路相同，为濉阜线、符夹线和陇海线，需要重点解决的为符夹线青龙山至夹河寨区段的问题。淮南的煤炭主要经过阜淮线、京九线和陇海线，可满足煤炭运输需求。

第四，江苏煤炭来源于大屯矿区和徐州矿务，煤炭运输不存在问题。

第五，山东煤炭来源于兖州和枣庄，此两煤源地全部经津浦线、陇海线至连云港，此线路可满足需求。

对所经线路进行总结如下。

此五省的煤炭运输经过的主要线路如下：

南同蒲线、侯月线、焦柳线、新焦线、新菏线、兖菏线、京九线、孟宝线、京广线、濉阜线、符夹线、阜淮线、枣西线、津浦线、陇海线。通过能力较为紧张的为新菏线、符夹线等。

煤源地和所经线路综合如图 3－24 所示。

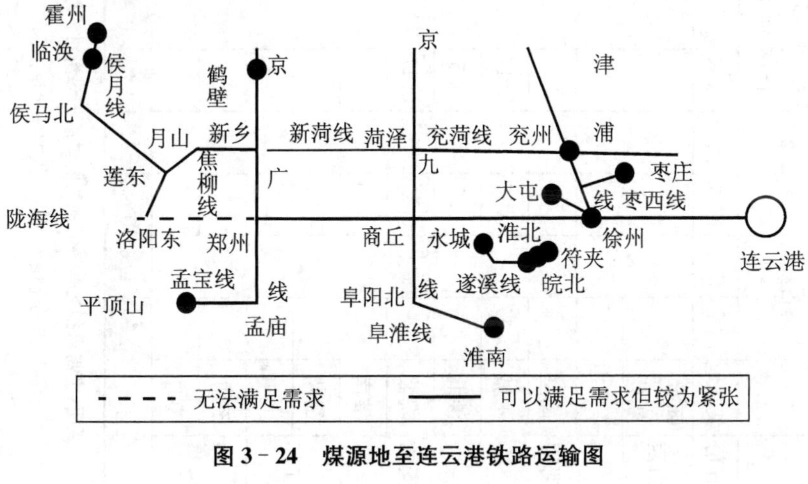

图 3－24 煤源地至连云港铁路运输图

表 3-44　　煤源地至连云港铁路线可增加通过能力分析

		潍阜线		阜淮线		符夹线青龙山至夹河寨		孟宝线		京广线鹤壁至新乡		京广线孟庙至郑州		新菏线		兖菏线		京九线菏泽至阜阳北		津浦线兖州至徐州		枣西线		陇海线郑州至连云港东	
省份	煤源地	需求	供给	需求	供给	需求	供给	需求	供给	需求	供给	需求	供给	需求	供给	需求	供给	需求	供给	需求	供给	需求	供给	需求	供给
山西	临汾、霍州													d_1		d_1		d_1		d_1				d_1	
河南	平顶山							0.34				0.34												0.34	
	鹤壁									0.1				0.1		0.1		0.1		0.1				0.1	
安徽	永城	0.17		0.17		0.17																		0.17	
	淮北			0.5		0.5																		0.5	
	皖北		2.6	0.17	24	0.17	1		4.4		5		12		0.8		24		16		10		7.8	0.17	6.8
	淮南			0.14								0.14						0.14						0.14	
江苏	徐州																							0.5	
	大屯																							0.54	
山东	兖州																			1				1	
	枣庄																			0.84		0.84		0.84	
合计		0.17	2.6	0.98	24	0.84	1	0.34	4.4	0.1	5	0.48	12	0.1	0.8	0.1	24	0.24	16	1.94	10	0.84	7.8	4.3	6.8

说明：①需求指的是煤源地所能供给的煤炭对铁路的需求；供给指的是铁路线所能提供的通过能力；单位均为万吨/日。

②d_1 指的是山西所能提供的煤炭量。

从图 3－24 我们可以看出，陇海线的洛阳东至郑州段、京广线的新乡至郑州段均无法通行，从而导致山西煤炭运输至连云港要通过新菏线通行，而新菏线还要承担鹤壁至连云港的煤炭运输任务，故此线的通过能力比较紧张。

此外，侯月线、东陇海线的提速改造和电气化改造已于 2006 年动工。这两条铁路线的改造将会大大改善连云港 ABC 项目所需的物流条件，很大程度上缓解山西等地煤炭的通过能力紧张问题，使得连云港 ABC 项目生产能够顺利进行。

2. 煤炭公路运输供需分析

煤炭从各个煤源地运输至连云港几乎全部是通过铁路完成的，但由于存在时间要求紧、铁路运输忙的情况，在这种情况下，为了满足煤炭生产的需要，则需要运输比较灵活的公路运输。基于以上现状，本章主要对山西、河南、安徽以及江苏煤源地的主要公路线进行分析，对支线暂不考虑。

(1) 公路运输供给能力。

①山西。

山西煤炭运输至连云港，铁路运输最为紧张，故最有可能存在公路运输的情况。在此，选择霍州和临汾两地作为山西煤炭公路运输的出发点，进行线路分析。

a. 霍州至连云港。

霍州至连云港有 1 条主要线路（绿色线路），如图 3－25 所示。

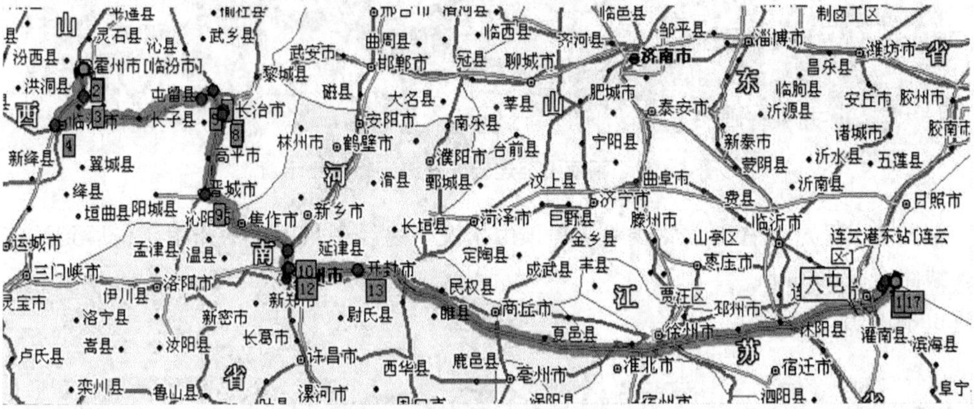

图 3－25　霍州至连云港公路运输线路示意

从图 3－25 可以看出，此线路从霍州出发，经由长治市、郑州市、开封市等地，全长约 1054km。

b. 临汾至连云港。

临汾至连云港公路有 1 条主要线路，如图 3－26 所示。

从图 3－26 可以看出，此线路从临汾出发，经由邯郸市、聊城市、济南市等地，全长约 952km。

图 3-26　临汾至连云港公路运输线路示意

②河南。

a. 平顶山至连云港，如图 3-27 所示。

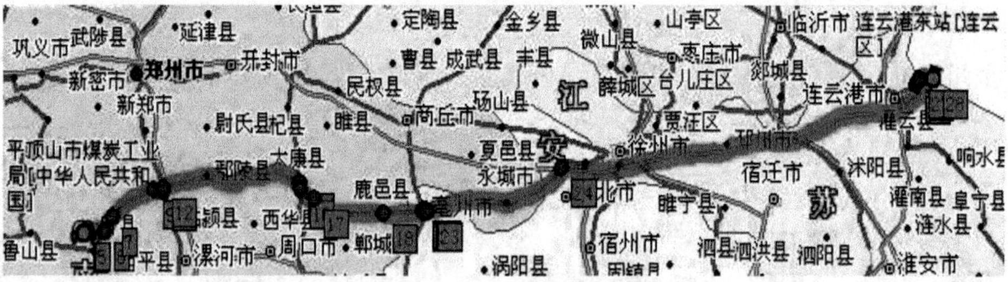

图 3-27　平顶山至连云港公路运输线路示意

从图 3-27 可以看出，此线路从平顶山出发，途经亳州市、徐州市，最后到达连云港，线路全长 650km。

b. 鹤壁至连云港。

图 3-28　鹤壁至连云港公路运输线路示意

从图 3－28 可以看出，此线路从鹤壁出发经郑州等地至连云港东，全长约 752km。

c. 永城至连云港。如图 3－29 所示。

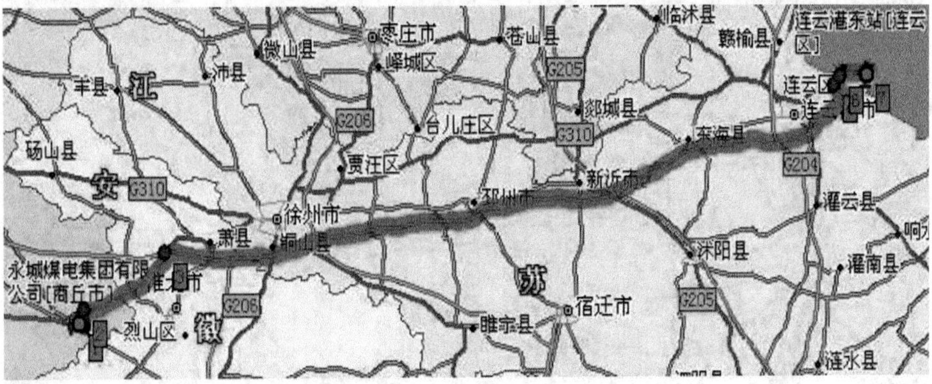

图 3－29　永城至连云港公路运输线路示意

从图 3－29 可以看出，此线路从永城出发经铜山县、东海县抵达连云港，线路全长为 320 多千米。

③安徽。

安徽运输至连云港煤炭主要出自淮北和淮南地区，此两地区主要公路线分别有 1 条。

a. 淮北地区。

图 3－30　淮北至连云港公路运输线路示意

从图 3－30 可以看出，此线路从淮北出发，途经徐州铜山县到达连云港，线路全长 286km。

b. 淮南地区。

从图 3－31 可以看出，此线路从淮南地区出发，途经怀远县、徐州铜山县，到达连云港，线路全长 451km。

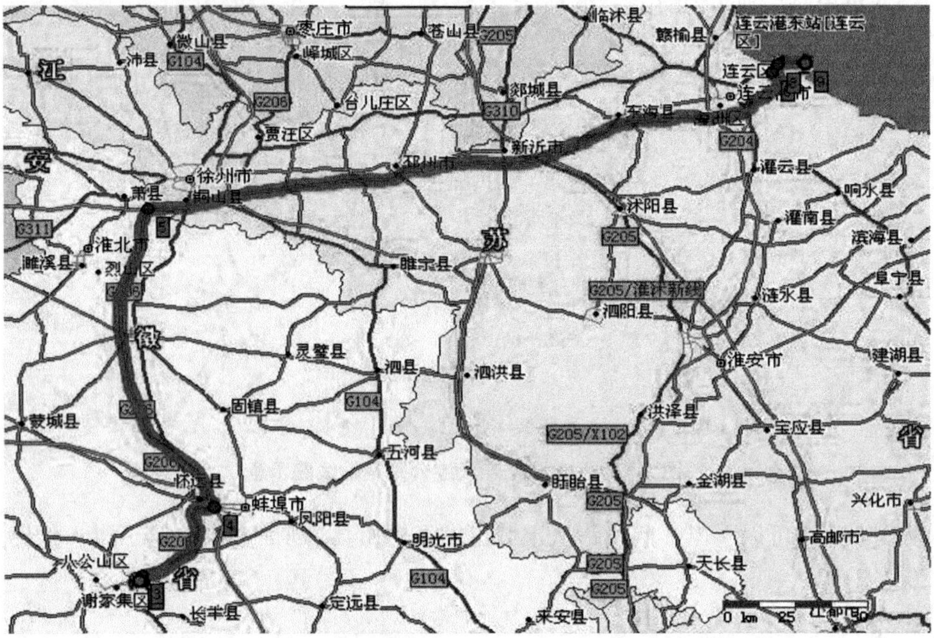

图 3-31　淮南至连云港公路运输线路示意

c. 皖北至连云港。如图 3-32 所示。

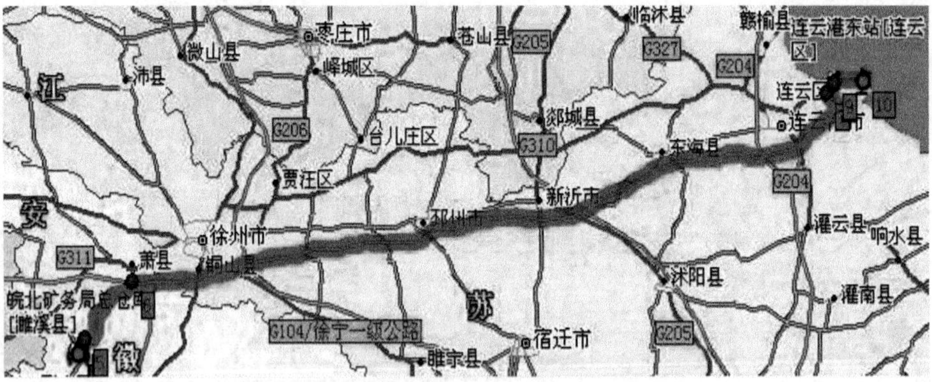

图 3-32　皖北至连云港公路运输线路示意

从图 3-32 可以看出，此线路从濉溪县出发，途经怀远县、徐州铜山县，到达连云港，线路全长 290 多千米。

④江苏。

a. 徐州至连云港。

从图 3-33 可以看出，此线路从徐州出发，途经邳州、东海县，到达连云港，线路全长 246km。

图 3-33 徐州至连云港公路运输线路示意

b. 大屯至连云港。

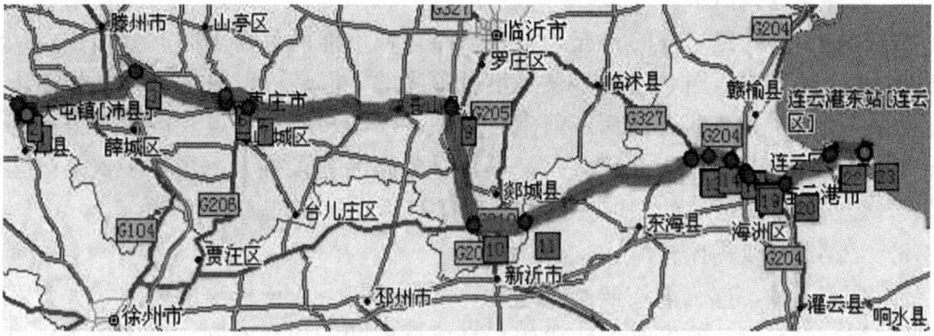

图 3-34 大屯至连云港公路运输线路示意

从图 3-34 可以看出，此线路从沛县出发，经枣庄市、苍山等地到达连云港，线路全长 300km。

⑤山东。

a. 兖州至连云港。

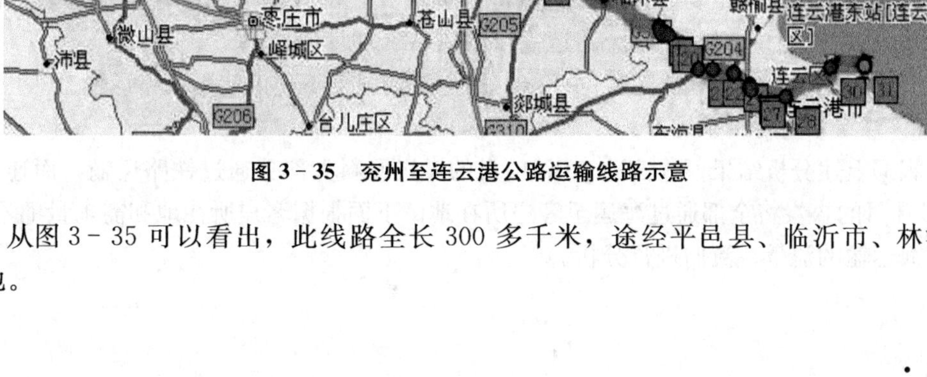

图 3-35 兖州至连云港公路运输线路示意

从图 3-35 可以看出，此线路全长 300 多千米，途经平邑县、临沂市、林沭县等地。

b. 枣庄至连云港。

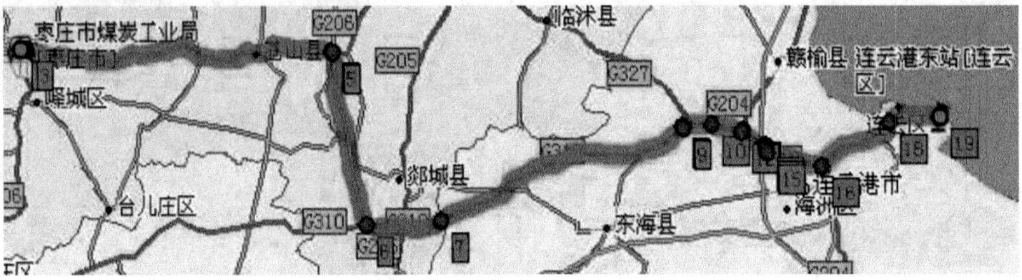

图 3-36　枣庄至连云港公路运输线路示意

从图 3-36 可以看出，此线路全长 220 多千米。

（2）公路运输线需求。

公路运输作为铁路运输的补充，只在铁路运输不能满足需求的时候启用，从经济角度讲太差。而煤炭运输对公路需求是不可预测的，但是可以根据季节性的需求进行定性分析。从这个角度讲，山西、河南、安徽、江苏和山东的煤炭运输对公路都是有需求的。当处于铁路运输旺季的时候，煤炭对公路的需求较大；当处于铁路运输淡季的时候，煤炭运输对公路的需求较小或者没有需求。

（3）公路运输供需比较。

针对公路运输，连云港按照总量增加、结构合理、质量提高的要求，大力发展一级公路，提高县乡村公路等级，建成依托高速公路的骨架公路网，形成较为完善的干线公路网和农村公路网。加快构筑对外高速通道，提升区域内国、省道公路等级，重点建设连云港至临沂高速公路、连盐高速公路、连云港机场专用公路、204 国道连云港段、310 国道拓宽改线、242 省道青口至杨集段、236 省道、产业大道（226 省道延伸）、新东方大道接 327 国道工程、324 省道灌云至燕尾港段拓宽改建、沭堆公路田楼至堆沟段、海堤大道等工程。

到 2010 年区域公路总里程达 8600km，其中干线公路里程达 1280km。实现区域中心城市至省会、周边地级市通高速公路，区域中心城市至县级中心城市以及县级中心城市之间一级以上公路直通，县城至中心镇二级以上公路直通，中心镇至其他镇三级以上公路直通，普通镇之间等级公路直通，农村公路村村通，使路网整体服务水平适度超前社会经济、城镇体系发展水平，交通适应性达 85%以上。

（4）小结。

公路运输在这里主要作为铁路运输的补充方式，即在由于季节性波动煤炭铁路运输不能及时满足需求时，启动公路运输以供应 ABC 项目的需求。

公路运输费用约为铁路运输的 2 倍，故一般情况下不建议使用公路运输。

3. 煤炭沿海运输供需分析

根据上述分析结果，连云港 ABC 项目的煤炭原料大部分通过铁路运输，而连云港 ABC 项目的煤炭将全部通过海运至客户所在地。下面根据客户所在地和需求量的不同，对沿海运输的流量、流向进行分析。

(1) 沿海水运供给能力。

目前，连云港港口开辟了国际集装箱远洋、近洋航线和内贸班轮航线 20 余条，月航班 200 余个。

连云港至各个煤炭需求客户的海运航线全部是国内贸易，但目前连云港没有此三条航线，即连云港港至潮州港、宁德港、宁波港三条航线。

(2) 海运水运需求。

根据客户分析结果可得，在连云港 ABC 项目的目标客户中，一类客户主要是 DT 国际在南方省市的三个在建电厂，分别是潮州发电公司（广东省）、宁德发电公司（福建省）和乌沙山发电公司（浙江省）。

①潮州发电公司。广东 DT 国际潮洲发电有限责任公司预计年需求量至少 250 万吨。据此可推算出其每周的煤炭需求量至少为 5 万吨，即需要 5 万吨级周班货轮一艘。

②宁德发电公司。福建 DT 国际宁德发电有限责任公司的煤炭需求量为每年至少 250 万吨，据此可推算其煤炭需求量至少为 5 万吨，即需要 5 万吨级周班货轮一艘。

③乌沙山发电公司。浙江 DT 国际乌沙山发电有限公司的煤炭需求量每年至少 500 万吨。据此可推算出其煤炭需求量至少为 5 万吨，即需要 5 万吨级周班货轮 2 艘或者 10 万吨级周班 1 艘。

(3) 小结。

从以上分析可得，目前潮州发电公司、宁德发电公司和乌沙山发电公司都靠近港口，且港口分别建有 2 万～10 万吨级的码头和泊位，都有接收煤炭产品的能力。但是从连云港到这 3 处发电厂，目前都没有开通航线。供需情况如表 3 - 45 所示。

表 3 - 45　　DT 发电厂海运供需分析

客户	需求量	航线	航班	级别	目前满足否	能否满足
潮州	5 万吨/周	连云港至潮州	周班	5 万吨	否	能
宁德	5 万吨/周	连云港至宁德	周班	5 万吨	否	能
乌沙山	10 万吨/周	连云港至宁波	周班	10 万吨或 2 班 5 万吨	否	能

4. 煤炭运输节点装卸供需分析

(1) 连云港港。

①铁路专用线卸车能力。

中云站是港口铁路专用线与国铁的交接站。2007 年 10 月连云港至兰州实现双向电气化。港口内有铁路专用线 3 条，目前每条专用线可停靠、装卸 13 节车皮。在煤炭的堆场有 14 台卸煤设备，每条线可处理 13 节车皮。每辆车进堆场、卸车、出堆场共需要 150 分钟。列车从国铁下来之后，经重新编组、装卸车等作业到最后出来，所需时间近 5 个小时。

中云站的编组能力可以满足 ABC 项目的需求，但是铁路专用线需要进行适当改进。从堆场到码头共有 2 条皮带传送机，皮带一部分位于地上，一部分位于地下。如果ABC项目要建设皮带传输机，新建的皮带机需要与原有的皮带传输机衔接，并建立中转站。

铁路专用线卸车能力如表3－46所示。

表3－46　连云港专用线供给分析

线路	卸煤机数/条	效率（t/h）	现有台时数	已占用台时数	供给台时数
1	14/3	350～400	70	20	50
2	14/3	350～400	70	20	50
3	14/3	350～400	70	20	50
合计	14	350～400	210	60	150

连云港ABC项目对煤炭的日需求量为20000t，每列车可装载4000t，列车日需求数为2～6辆。每条专用线的日平均运输量为7000t，即每条线需要处理车皮100多个。目前每辆卸车机的效率是350～400t，有14辆卸车机。

则ABC项目对铁路专用线的需求如表3－47所示。

表3－47　连云港煤炭运输专用线路需求

线路	运输量/日（t）	需求车数	日处理车皮数（节）	卸车机效率（t/h）	需求卸车机台时数
1	7000	2	110	350～400	17.5～20
2	7000	2	110	350～400	17.5～20
3	7000	2	110	350～400	17.5～20
合计	21000	7	330	350～400	52.2～60

供给和需求对比如表3－48所示。

表3－48　连云港专用线供需分析

线路	需求卸车机台时数	供给台时数	剩余台时数
1	17.5～20	50	30～32.5
2	17.5～20	50	30～32.5
3	17.5～20	50	30～32.5
合计	52.2～60	150	90～97.5

可见目前的设备能满足ABC项目的需求。

②码头卸船能力。

印度尼西亚煤炭在目前的34号、35号和36号矿石码头卸船，港口码头现有2台装卸煤用的抓斗式装卸船机，卸船效率为1200t/h，因为其主要是装卸矿石，在此我们估算其效率为1000t/h。

从印度尼西亚运输至连云港的煤炭为300多万吨，则平均每天约10000t的需求量。由于连云港至印度尼西亚的航班为周航班，则每周至少运输量为7t。码头的卸船能力分析如表3-49所示。

表3-49 连云港港口卸船能力分析

码头	卸船机台	效率（t/h）	台时数	已用台时数	可用台时数	需求台时数	剩余台时数
金属矿码头	1	1000	24	11	13	5	8
	1	1000	24	11	13	5	8
合计	2	2000	48	22	26	10	16

从表3-49可以看出，煤炭的卸船能力也可以满足ABC项目的需求。

但是，金属矿石和煤炭共用一条港内输送装置，不但需要注意各种矿石的残渣对煤炭产品化学性能的影响，还应该注意矿石和煤炭输送作业的协调问题。

③码头装船能力。

煤炭运输在连云港港的码头为38号和39号，泊位分别为5万吨级和3.5万吨级。两个码头的设计装船能力分别为1200万吨（实际可达1800万吨）和300万吨。目前有装船机2台，每台装船效率3000t/h，最高时可达3600t/h。由此可知，如果2台装船机同时运作，那么5万吨级的运煤船不到10小时就可以装满。如表3-50所示。

表3-50 连云港港口煤炭装卸需求分析

码头	级别（万吨）	装船机台	效率（t/h）	台时数	已用台时数	可用台时数	需求台时数	剩余台时数
38号	5	1	3600	24	10	14	5	9
39号	3.5	1	3600	24	10	14	5	9
合计	8.5	2	7200	48	20	28	10	18

从表3-50可以看出，码头的煤炭装船能力非常充足，可以满足ABC项目销售煤炭产品所需要的装船能力。

煤炭的装卸由港务局负责，实行包干价（具体价目请见资料）。在堆场的堆存费用采用的计费标准是：每票货物不超过15天时，不收堆存费，超过15天的部分，按照8分/天/吨收费，收费标准是参照交通部的有关规定制定的。

（2）潮州港。

北京DT发电股份有限公司选址在潮州港，投资200多亿元的发电厂及配套的5万吨级煤码头项目。到目前为止，码头已经投入使用。

（3）宁德港。

DT 宁德电厂 2005 年建于福建省宁德市的三都澳白马角，介于福州与温州之间，有 5 万吨级码头泊位和通航航道。码头设计靠泊 5 万吨级船舶，最大可靠泊 70000t 级船舶。码头上建有 36.5t 平臂岸吊两部，设计卸货速率为 1800t/h。

（4）宁波港。

宁波港由北仑港区、镇海港区、宁波港区、大榭港区、穿山港区组成，是一个集内河港、河口港和海港于一体的多功能、综合性的现代化深水大港。现有生产性泊位 198 座，其中万吨级以上深水泊位 39 座。最大的有 25 万吨级原油码头、20 万吨级（可兼靠 30 万吨船）的卸矿码头。宁波港煤炭运输码头具体分析如表 3-51 所示。

表 3-51　　宁波港泊位能力分析

港区	码头名称	用途	吨级（万吨）	泊位长（m）	泊位（个）	前沿水深（m）
北仑港区	煤炭装船码头	煤炭	1	160	1	13.5
	煤炭装船码头	煤炭	5	254	1	13.5
	煤炭装船码头	煤炭	0.7～3	400	1	13.5
	北仑电厂码	煤炭	5	524	2	15
镇海港区	煤码头	煤炭	0.3	130	1	7
	煤码头	煤炭	1	340	2	9.5

数据来源：http://www.cnradio.com/zhuanti/gkwlx/zjgk/t20050628_504078163.html

乌沙山带电厂所用港口为宁波港，从目前分析可以得出，港口有煤炭装卸的专用码头和相关设施，足以满足 ABC 客户的需求。

（5）小结。

这里运输节点主要是指港口：连云港港口、潮州港口、宁德港口及宁波港口，这 4 个港口的作业能力基本都能满足 ABC 项目的运营需求。

3.14.3　案例：TD 路工业物流项目可行性研究

一、总论

（一）项目背景

1. 项目名称

2. 立项企业概况

3. 可行性研究报告编制依据

4. 立项依据

（二）项目概况

1. 建设地点

2. 项目目标和建设规模

3. 项目建设可行性

4. 项目投资依据
5. 项目投入总资金及效益
6. 主要技术经济指标
7. 风险及对策
二、工业物流项目建设环境分析
(一) 政策环境
1. 国家政策
2. 省政策
3. 市及开发区政策
(二) 自然环境
1. 地理环境概况
2. 自然条件
(三) 经济环境
1. 经济环境
2. 工业物流环境
(四) 物流发展环境
(五) 小结
三、工业物流项目市场分析
(一) 物流服务市场供给分析
1. 冷链服务供给
2. 仓储服务供给
3. 配送服务供给
4. 增值服务供给
(二) 物流服务市场需求分析
1. 冷链服务需求
2. 仓储服务需求
3. 配送服务需求
4. 增值服务需求
(三) 物流服务市场供需预测
1. 冷链服务预测
2. 仓储服务预测
3. 配送服务预测
4. 增值服务预测
(四) 小结
四、工业物流项目物流规划
(一) 功能规划
1. 建设目标
2. 市场定位

3. 主要物流功能及能力设计
（二）设施规划
1. 总布局规划
2. 主要物流设施设备规划
3. 公用设施与配套设备规划
（三）物流量规划
（四）小结
五、工业物流项目技术可行性分析
（一）项目组成
（二）生产技术方案
（三）总平面布置
（四）土建工程
六、工业物流项目可行性分析
（一）冷链服务费用分析
（二）仓储服务费用分析
（三）配送服务费用分析
（四）增值服务费用分析
（五）小结
七、工业物流项目经济效益评价
（一）投资估算
1. 建设投资估算
2. 流动资金估算
（二）财务评价
1. 评价基础数据及参数选取
2. 收入与成本费用
3. 盈利能力分析
4. 财务评价结论
（三）风险及对策分析
1. 风险类别
2. 对策
八、研究结论

思考与讨论

（1）物流可行性研究的步骤包括哪些？
（2）如何进行物流需求预测？
（3）如何进行物流经济效益分析？
（4）如何做好物流可行性研究的信息工作？

3.15 物流项目管理

3.15.1 基础知识

物流项目（Logistics Project）：是指需要相关物流组织实施完成的一次性工作。

物流项目管理（Logistics Project Management）：是指在物流项目活动中运用相关知识、技能、工具，以实现物流项目的目标。换句话说，物流项目管理是把各种资源应用于物流项目，以实现项目的目标。

物流方案（Logistics Scheme）：是指一系列以相互协调方式管理且获得利润的物流项目的集合，物流项目管理是物流方案管理的子集。物流项目通常可以被分解成易于管理的单元或子项目，进而可以外包给外部企业或项目执行组织中的职能单位完成。从实施者角度看，物流子项目常被视作一种服务而非产品，且这种服务是独一无二的，也可以作为项目进行管理。

在一定程度上，物流项目是具有唯一性的工作，包含一定程度的不确定性，组织在实施项目时可以将每个项目分解为若干阶段，以便更好地管理和控制。物流项目的各个阶段构成物流项目的全生命周期，每个物流项目阶段以完成一个或一个以上的工作成果为标志，这种工作成果必须是有形的、可以鉴定的，比如一份物流项目可行性报告、一份详尽的物流设计图或一个物流工作模型。物流项目的各个阶段是总体逻辑顺序安排的一部分，而逻辑顺序可以确保正确地界定物流项目的产品。一个物流项目阶段的结束通常以对关键的工作成果和项目实施情况的回顾为标志，目的有两个：①决定该项目是否进入下一个阶段；②尽可能以较小的代价查明和纠正错误。阶段性的回顾，又称阶段出口、进阶之门或关键点。每个物流项目阶段一般规定一系列物流工作任务，以便物流管理控制达到既定的水平；阶段通常根据工作任务命名：识别需求、设计、构建、测试、启动、运转，以及其他恰当的名称。同时，设定物流项目生命周期，确定在物流项目结束时包括或不包括具体过渡措施，进而将项目组织和运营组织的连续性操作衔接起来。

物流项目利益相关者，是指积极参与物流项目工作的个体和组织，或者是受物流项目的实施或物流项目的成功产生正面或负面影响的个体和组织。物流项目管理必须识别项目的利益相关者的组成及其需求和期望，然后想方设法满足和影响这些需求和期望，确保物流项目圆满完成。每个物流项目的主要利益相关者如表 3-52 所示。

表 3-52　　物流项目的主要利益相关者

序号	名称	说明
1	物流项目经理	负责管理物流项目的个人
2	客户	使用物流项目产品的个人或组织
3	执行组织	雇用员工直接从事物流项目工作的企业

续 表

序号	名称	说明
4	发起者	执行组织中为该项目提供现金或其他财政支持的个人或团体
5	其他相关人员	物流项目内部的和外部的人员，包括物流项目所有人和投资者、供应商和承包商、工作成员及其家属、政府机构、媒介、个体公民等

物流项目管理必须以物流合理化为目标，具体包括：距离短、时间少、整合好、质量高、费用低、安全、准确、环保。

3.15.2 案例：和路雪的供应链优化①

和路雪是荷兰 Margarine Unie 人造奶油公司和英国 Lever Brothers 香皂公司于1929年合并而成的联合利华集团的旗下企业，联合利华总部设于荷兰鹿特丹和英国伦敦，和路雪是总部位于英国的冰激凌企业，在全球拥有多家分公司，1994年和路雪（中国）有限公司成立，在中国生产“和路雪”品牌冰激凌，市场占有率排名前列。和路雪作为一家典型的快消品企业，物流效率的提升并非简单地依靠新设备、新技术的引入，而是来自自身供应链的持续优化。

1. 供应链与物流模式

和路雪（中国）有限公司具有典型的快消品供应链网络架构，在江苏太仓、北京、广东河源、湖北仙桃建设4家工厂，再根据工厂位置在太仓、北京、广州和武汉设立4个区域物流中心，物流中心大体上对应负责华东、华北、华南、中西部的区域物流配送，各个区域物流分拨中心之间也会有少量的产品区域调拨。和路雪在区域物流中心的下一级，设有12个城市物流配送中心，负责周边城市的物流配送，最终配送至全国2万多个超市、商场、零售店等销售终端。

和路雪的整体供应链系统主要设置四大功能模块，从前至后分别为计划、采购、生产和物流。执行物流任务，涉及整个供应链系统的运作，而非单个仓储管理系统。制订生产计划，根据每隔固定一段时间的产品销售预测加上生产能力以及变动的计划生成；供应链系统生成生产计划后，根据已有原料清单、库存信息等再生产采购计划与工厂的生产日程安排，最后是物流管理与配送。产品生产下线后进入与工厂相连的冷库或区域物流分拨中心暂存。

和路雪产品通过直营渠道和经销商渠道销售，经销商通过系统向和路雪客服部门下达订单，订单经过系统汇总分析再分配给各个区域物流分拨中心，区域物流分拨中心按配送区域进行订单汇总分拣出货，通过大量货物的干线运输到下一级城市物流配送中心，之后再经过小批量城市配送到终端客户。

和路雪在物流操作中，产品从生产线下线后就处于带板状态，无论是在仓储状态，还是在运输状态，一直到经销商为止，与其他快消品公司不同。很多快消品公司在物

① http://www.chinawuliu.com.cn/zhxw/201403/26/286930.shtml [2017-01-18].

流操作中，只是在仓储过程中带板，运输过程多数是散箱状态。

和路雪采取带板物流，与产品物流量大且要求快速响应分不开。相对散箱操作，带板状态下的物流过程尤其是装卸、搬运、运输过程，省去产品从工厂到区域物流分拨中心再到城市物流配送中心，最后到终端客户时，不同级别物流网络衔接时的产品物流包装的倒换，减少了中间环节，大大降低了产品的损坏率，保障了配送到终端时的产品质量，也节省了大量的人力；更重要的是，带板操作大大缩短了装卸过程的操作时间，提高了响应速度，这对于快消品物流来说至关重要。

2. 托盘自购变租赁

按照带板运输的物流操作模式，和路雪需要配置大量的托盘以满足物流需求。但是作为典型的快消品，乳品冷饮具有明显的淡旺季差异，夏季物流高峰期与冬季低谷期差异巨大，采用自购托盘往往存在一些麻烦，主要表现为：产品销售季节性强，按照旺季峰值需求采购托盘，不仅造成托盘利用率低，而且淡季存放闲置托盘占用大量场地；带板运输到异地，需要安排运力回收空托盘到工厂重新使用，特别是长距离托盘回收造成很高的托盘回收成本；托盘损耗较大，每年需要采购大量新托盘进行补充。

为了解决上述问题，和路雪决定变自购托盘为租赁，2012 年开始与专业从事托盘共用租赁业务的招商路凯中国公司合作，执行新的解决方案，即招商路凯以回购方式将客户自购托盘一次性替换成招商路凯的标准化 ECR（有效客户反应）托盘，以招商路凯的全国服务网络支持客户在各区域间的异地起租/退租，并且配合该客户将托盘循环共用模式在更大范围内推广实施。

和路雪执行托盘租赁的解决方案后，供应链的成本和效率得到进一步改善，主要体现在：根据淡旺季生产计划，按需租赁托盘，节省了资金；托盘在生产地起租，在销售地退租，大幅度降低了空托盘的回收成本，特别是长距离托盘回收，据测算与自购相比大约减少了 50%的空托盘调运；无须再持续投入人力和资金对托盘进行维修，托盘由招商路凯在全国各地服务网点回收后统一免费维修；降低了碳排放并保护了一部分森林资源，托盘租赁模式减少了约 14%的 CO_2 排放，充分践行绿色物流的理念。

3. 带板运输的持续优化

和路雪采取托盘租赁后，明显改善了供应链效率。但是，供应链优化是一项持续的系统工程，和路雪持续优化带板运输的效率。

和路雪长距离运输占了物流过程的相当大一部分比例，带板运输提升了效率与响应速度，但长距离运输过程减少了货物运输数量，导致了成本增加。和路雪为了减小成本压力，尝试改变每托盘货物的高度，希望将高度提升至 2m，以此增加长距离运输中的货物数量。此举看似简单，却要求产品包装、仓储货架规格、车辆车型等一系列设施设备都进行相应调整，需要整个物流系统的配合，推行步骤需待细化。同时，和路雪采用优化措施调整物流网络，如为了进一步提升响应速度并缩短物流距离，正在研究取消城市物流配送中心，取而代之地理位置更合理的、数量更少的物流分拨点，目前正在进行物流分拨点的位置选择、数量设置等研究工作。

4. 冷链的系统控制

和路雪产品为乳品冷饮，产品在物流过程中需要一直处于低温环境。因此，冷链控制是其相对于其他快消品物流的一个明显不同之处。冷链控制主要是对外包物流服务商的监督和过程的监控。在选择外包物流服务商时，首先需要考察外包物流服务商的冷链服务能力，比如冷库的制冷温度、安全资质等，服务能力达标后才考虑价格。在外包过程中，需要对运输车辆实施有效监控，服务车辆要求安装有温度监控设备与全球卫星定位系统（GPS）或北斗卫星导航系统（BDS），并且车辆还要求可实时监控温度和位置。

车辆将温度与位置等信息实时上传到和路雪的数据外包公司信息中心，该中心对车辆状态进行实时监控，发现异常，马上对司机进行电话报警。每隔一段时间，信息中心就监控记录出具详细报表提交和路雪。和路雪根据监控报表分析日常运输管理中所出现的问题根源，并寻求解决办法。总之，冷链面临的问题多数集中于运作模式、操作流程、车辆设备本身等方面。换言之，这也是和路雪提升冷链控制能力的几个重点改善方向。

思考与讨论

（1）物流项目管理包括哪些内容？

（2）物流项目管理全生命周期可以分成哪些阶段？各个阶段应注意哪些事项？

（3）从物流项目管理的角度分析和路雪的供应链优化服务。

4 行业物流案例

4.1 IT 企业物流

4.1.1 基础知识

物流信息技术（Logistics Information Technology）：物流各环节中应用的信息技术，包括计算机、网络、信息分类编码、自动识别、电子数据交换、全球定位系统、地理信息系统等技术。

4.1.2 案例：连邦软件“赢在连锁”①

20 世纪 90 年代，盗版软件一度猖狂。在软件盗版的丛林中，首创正版软件连锁经营是连邦。1994—1999 年，连邦在全国 145 个城市组建近 300 家专卖店，独创的“连邦软件销售排行榜”被誉为中国软件市场的“晴雨表”。1999 年连邦开始大规模进军电子商务领域，建成以“珠穆朗玛”网站为核心的电子商务体系。连邦最具特色的是其独特的“连锁经营”模式，连邦的“连锁经营”既有“直营连锁”又有“特许加盟连锁”。

在连锁经营中，正规连锁又称直营连锁，需要投入大量资金，发展往往受到限制，而特许连锁的优势是总部无须增加资金投入，就可控制众多独立店铺扩大经营，占据市场，获得利益。在连邦的连锁专卖店中，特许经营店占总数的 4/5。连邦总部采用正规连锁与特许连锁并行的方式。一方面采用正规连锁建立直营店，如北京、上海、广州、武汉、成都等重要城市由总部直接投资或控股经营，在产权上是从属关系；另一方面采用特许连锁在其他一些城市建立特许加盟店，又称授权专卖店或特许店，如在合肥、太原、长沙等地特许授权给加盟者，由加盟者经营，产权上与总部没有从属关系。一般地，在开设一定数量的直营店后，连锁企业会考虑用特许连锁的方法发展加盟店。原因有三：其一是直营店可以成为加盟店的样板店、培训店；其二是加盟店无须总部较大投资；其三是中小型商店在世界各国零售业占总数的大部分，具有加入连锁体系的选择可能性，存在着庞大的、现成的加盟者市场。

连邦采取直营连锁＋特许加盟连锁模式，从 1994 年成立之初建立 7 个直营店后，就紧锣密鼓地、大规模地建立特许加盟店。特许加盟店虽无须总部投入过多资金，但是要成功经营却并非易事。连邦总部通过一整套运作模式以获得成功。第一，连邦努

① www.cflp.org.cn [2014－05－30].

力将开办加盟店风险降至最低，只有详尽的调查分析合作伙伴的选择、资金实力、店址选择等后，才开始谈合作；第二，确保加盟者遵循总部规定的模式和经营规范；第三，持续地协助和引导加盟店：总部市场部定期检查加盟店，帮助加盟店订立营业计划，进行市场及营业分析，支持广告宣传，改善经营绩效；第四，监督考核加盟店，经常保持总部与加盟店的有效沟通，纠正加盟店的不良做法。总部事先约定各个专卖店的信用额度，超过额度，总部有权停止供货，限期付清账款，若长期拖欠总部货款，总部有权取消其加盟店资格。

连邦软件销售连锁组织的物流配送随着整个组织规模的变化而不断发展，从规模较小时的总店制，逐渐发展成储运部，直至成立物流中心。物流配送组织的演变充分反映连锁组织总部的组织调整策略适应市场和组织系统变化的格局。

连邦软件的商品采购可分下列几种。

首批采购：商品采购一般分为首批采购和日常采购。首批采购是指对新上市产品进行的第一批采购，日常采购是指除首批采购外的其他采购行为。对于畅销产品的首批采购，确定合适的采购量至关重要。若采购量小，则可能缺货，失去宝贵的热卖机会，造成经济损失，倘若再碰上厂商因压盘紧张等原因缺货，损失更大。相反，若采购量大，轻则造成资金占用，重则造成死库存，损失也可能更大。对于畅销产品的首批采购量，连邦采取谨慎采购原则，一般由产品经理根据各地专卖店的征订量，考虑其他综合因素后，凭经验确定。首批采购量不会因量大造成死库存，在于首批采购量中设定200～500套代销量，即使产生少量死库存，可因与厂商的良好合作关系与厂商调换。但若订货量偏小，可能难以满足专卖店的需求，回头再找厂商要货，既延误时间，又会因厂商处可能缺货时，厂商会优先支持连邦，因为连邦走货都是直接销售给最终客户，不会去炒货。

日常采购：日常采购量的决定主要依据订单管理系统。对于每种产品，连邦定期设置一个最低库存量和一个最高库存量值，且定期调整。最低库存量值与最大库存量值的设定，往往根据产品的畅销程度、产品所处的销售生命周期、资金占用大小、采购厂商是北京还是外地供货、厂商送货还是连邦自提、货源紧张程度等情况进行的人为设置，人为设置必须根据实际销售经验确定。例如，KV300属于特别畅销的产品，最低库存为500套，最高库存量为2000套。一般一周采购一次，一次1500套左右，产品体积不大，畅销无月份差别。连邦收到各地专卖店的订货单后，订单管理系统会自动汇总，库存数与订货数相减，若低于最低库存量，则立即安排采购，若高于最高库存量，说明采购量过大，则采取措施减少库存。库存管理系统包含订单管理系统，根据库存数和订单数，每天早晨自动生成当天的采购清单，由采购部安排采购事宜。

总部给各地专卖店配发货品一般分为三类：代销产品、配货产品、订货产品。装箱清单明确注明各产品的发货性质。软件开发商根据与连邦总部的合作协议，提供一定代销量的产品给连邦总部，总部根据代销总数量依据各地专卖店的销售能力和付款信誉确定给专卖店的代销量。代销产品无须预先支付货款，代销期间内销售不出去可以通过总部退还厂商，无任何库存风险。产品的代销期一般设定为半年至一年。代销期结束后，总部发通知要求各地专卖店退回代销产品。

配货产品是总部依据事先与专卖店的约定数量，主动配发给专卖店的产品。针对市场一些当期不太畅销的产品，连邦总部事先不发通知要求各地专卖店征订，而是依据这些产品的销售程度和专卖店的销售能力，直接给各专卖店作为配货产品配发一定数量的产品，一般大城市的专卖店为3～5套，小城市为1～2套。配货产品先收取货款，由各地专卖店承担库存风险，各专卖店在收到货后1～2个月内可以退回总部，超过期限不允许退回总部。实施配货产品政策，一是减少由专卖店订货到总部确认发货这个环节过程，加快产品到货速度；二是鼓励专卖店努力开发本地市场，变不太畅销的产品为畅销产品，拓宽畅销产品范围。订货产品是指根据专卖店的订货单配发的产品，包含首批征订的产品和日常订购的产品。

订货产品，是各专卖店自行负责制定订货品种和数量，订货产品先收取货款，由各地专卖店承担库存风险，无特殊情况不允许退回总部。连邦探索出一条由厂商直接供货而结算由总部统一负责的途径，既具有规模优势，又加快供应各个专卖店货物速度。

为了保持连邦专卖店名副其实的“大而全”的产品形象，连邦总部和厂商签署协议，由厂商直接供货，总部统一和厂商结算，其中关键是单据传递。连邦和厂商约定，厂商制作一份发货单，传真一份给专卖店，一份给连邦总部。专卖店收到由厂商直接发的货并检验无误后，在发货单上盖章签字后传真给连邦总部，总部根据专卖店的确认单制作专卖店的物流单，再办理产品入库手续，按规定和厂商结算。如此，不仅提高连邦总部的工作效率，加快产品到各专卖店的速度，而且降低成本，运输费、包装费由厂商承担，减少资金占用。

思考与讨论

(1) IT产品物流的特点包括哪些？

(2) 连邦软件物流策略的优缺点有哪些？

4.2 农产品物流

4.2.1 基础知识

等级标签（Grade Labeling）：在产品的包装上用以说明产品品质级别的标志。

农产品物流是指农产品从生产者到消费者的实体和信息流动过程，它包括农产品生产、运输、储存、装卸、搬运、包装、流通加工、配送、信息处理等一系列环节，具有如下特点：第一，农产品物流的数量大、品种多；第二，农产品物流对信息要求高；第三，农产品物流对仓储与运输的要求高；第四，农产品物流具有地域性、分散性。

农业物流是指从农业生产资料的采购、农业生产的组织到农产品加工、储运、分销等，实现从生产地到消费地、生产者到消费者过程中所形成的物质产品流动。按照物流每个阶段的任务和形式的不同，现代农业物流可以分成产前、产中、产后，即上游、中游、下游三段过程，分别对应农业供应物流、农业生产物流、农业销售物流。

农业供应物流是为保证农业生产正常运行，供给和补充农村生产所需生产资料和生活资料的物流，具有如下特点：第一，以组织农业生产资料（化肥、种子、农药、农业机具）的物流为主要内容。第二，农业供应物流绝大部分是工业产品，故供应物流的起点是工业城市，终点是广大农村的农民，通过干线和支线运输，以及相关货场和货栈到达农民手中。物流量由大到小呈扩散型。第三，农业供应物流由于农业消费的季节性，物流活动也具有很强的季节性。

农业生产物流是指从农作物耕种（动物饲养、微生物培养）、管理到收获整个过程所形成的物流，具有如下特点：第一，农业生产物流决定着农业生产成本和效率。我国农业生产物流一部分由农业生产企业运作，绝大多数由个体农户形成。农业生产物流按照内容和形式的不同，分为三级物流形式：一是耕种、养殖物流，即为了耕种、养殖配置生产要素的物流；二是管理物流，即为了培育动植物苗壮成长的物流活动；三是收获物流，即为了收获农产品而形成的物流。第二，农业生产物流的对象不需要反复搬运、装放、暂存，而进行上述物流活动的是劳动手段，如肥、水、药等。第三，农业一个周期的生产物流活动，停滞时间长而运动时间短，农业生产物流周期长且有季节性。

农业销售物流是指由农产品的销售、加工行为而产生的一系列物流活动，包括农产品的保鲜、运输、储存、初深精加工、销售等作业，由经销商的收购、储存、加工、包装、运输、分销等环节组成，具有如下特点：第一，农业销售物流的方向、方式与农业供应物流恰好相反，是从农村到城镇，从农户或农业生产企业到农产品初、深、精加工企业，流通形式呈集中状态；第二，销售物流环节、物流组织、物流载体与农业供应（采购）物流基本相同，其中储存功能的需求较高，储存量较大，且储存时间长，“蓄水池”功能要求较高。

鉴于农业生产的不同特点，我国形成了不同规模、不同层次、不同渠道的农业物流组织机构，具体包括：各级专业农资公司、种子公司、粮食收购部门、粮食储运机构、加工销售部门、供销合作社、农业科技部门、综合服务公司、农业信息中心及农业技术推广机构等。

农业物流是将资源、生产、加工、流通等环节在市场机制下紧密结合起来，进而实现农、工、商的一体化经营的一种方式，其中主要是农资连锁经营配送、农产品物流等。农资连锁经营配送体系是负责农资存储、分拣、流通加工、配货、运输等方面业务的后勤保障体系，保证按照各网点销售需求的要求按时、保质、保量、低费用、高效率地送达指定网点。农产品物流管理主要包括农产品运输管理、农产品储存管理、农产品包装管理等。

4.2.2 案例：安徽徽商农家福有限公司①

1. 公司介绍

安徽徽商农家福有限公司以农资连锁分销和专业市场开发为主营业务，按照现代企业制度管理的专业化涉农服务企业，注册资本 5000 万元。公司拥有 8 家控股子公司，27 家直营店，100 余家专卖店，2500 余家连锁店，业务范围覆盖安徽全省，并辐射江苏、江西、湖北、山东、河南等省份。公司是商务部全国"万村千乡市场工程"先进企业、农业部"全国测土配方推广试点企业""中国连锁企业百强""全国农资连锁经营重点企业""安徽省银行诚信客户"，并曾获得"中国零售业十大优秀特许品牌""中国最具成长力特许品牌""全国农药诚信经营十佳单位"等荣誉称号。"农家福"商标被授予"安徽省著名商标"。

作为全国农资连锁经营的探路者之一，自 2002 年 7 月创设以来，徽商农家福将连锁经营、专业农技服务、信息技术和现代流通技术导入农资流通领域，通过广泛整合社会资源构建直接面向农村的新型农村流通体系，实现农资分销和农技服务有机结合，加盟连锁与直营连锁协同发展，产前、产中、产后一体化服务，开创了一条以农资连锁经营为先导、全面服务农村市场的全新之路。"十二五"期间，公司全力提升主业竞争能力，完善内部管理，加快人才集聚，全力打造农资供应链领先企业。

2. 业务板块

(1) 农资连锁分销。

大力发展以市县级批发商为主要客户群体的批发分销。建立了一批忠实可靠的市县级批发商，在渠道和资源供应上与连锁经营相互弥补，促进公司规模、效益不断扩大。

积极探索直销业务，以品牌影响力为基础，加强农业产业化企业、土地流转大户、农业合作社的合作力度，进一步减少流通环节。

(2) 专业市场开发。

在经济发达的县城，建设便捷、规范的新型专业流通市场，构建"工业品下乡、农产品进城"的双向流通体系，实现农产品、日用品、建材商品、农资商品等一站式流通服务，促进城乡一体化发展，提升农村流通水平，繁荣农村市场，扩大农村消费、助推县域经济发展，建设和谐的新农村。

思考与讨论

(1) 农产品物流具有哪些特点？

(2) 如何开展农资连锁经营？

(3) 如何进行农产品安全放心流通？

---

① www.hsnjf.com/ [2015 - 11 - 30].

4.3 生鲜品物流

4.3.1 基础知识

物流技术（Logistics Technology）：物流活动中所采用的自然科学与社会科学方面的理论、方法，以及设施、设备、装置与工艺的总称。

4.3.2 案例：上海联华生鲜食品加工配送中心①

上海联华生鲜食品加工配送中心有限公司总占地面积22500m²（自有），建筑面积36000m²。其中包括生产车间、冷库、配送场地、待发库、仓库（地下室）、办公楼、生活楼等。冷库8700t；运输车辆46辆（其中24辆为制冷保温车）；生产加工设备：进口的包装机、封口机、流水线、灌装机、切片丝丁机、金属探测、称重、贴标、自动分拣打印一体机等共50余台（套），保证商品安全生产，快速流通。

上海联华生鲜食品加工配送中心有限公司物流部冷库建于1984年，是本市大型冷库之一，总储藏量为8700t，其中高温库2000t，低温库6700t，速冻能力20t。冷库是上海市冷藏库协会的理事单位，冷冻、冷藏和服务功能齐全。它保证联华超市自有1400余家门店冷冻商品配送外，还为100余家社会客户储存各类冷冻、冷藏商品。

企业精神：创新务实、敬业奉献、勇争第一。

经营理念：顾客第一，唯一的第一。

生鲜商品可以按照不同标准进行分类：按称重包装属性分为定量商品、称重商品和散装商品；按物流类型分为储存型、中转型、加工型和直送型；按储存运输属性分为常温品、低温品和冷冻品；按商品的用途分为原料、辅料、半成品、产成品和通常商品。生鲜商品大部分需要冷藏，其物流流转周期必须短，以节约成本；同时，生鲜商品保质期短，客户对其色泽等要求高，故物流过程需要快速流转。可见生鲜配送中心的两个评判标准是“快”和“准”。

LH生鲜食品加工配送中心业务流程如下。

(1) 订单管理。

门店的要货订单通过LH数据通信平台，实时传输到生鲜配送中心，在订单上制定各商品的数量和相应的到货日期。生鲜配送中心接收门店的要货数据后，立即在系统中生成门店要货订单，按不同的商品物流类型进行不同的处理。第一种，储存型的商品：系统计算当前的有效库存，对比门店的要货需求以及日均配货量和相应的供应商送货周期，自动生成各储存型商品的建议补货订单，采购人员根据此订单再结合实际的情况修改，即形成正式的供应商订单。第二种，中转型商品：该种商品没有库存，直进直出，系统根据门店的需求汇总按到货日期直接生成供应商的订单。第三种，直送型商品：根据到货日期，分配各门店直送经营的供应商，直接生成供应商直送订单，

---

① www.blemall.com/lhsx [2014-11-30].

并通过EDI系统直接发送到供应商。第四种，加工型商品：系统按日期汇总门店要货，根据各产成品/半成品的BOM（物料清单）表计算物料耗用，对比当前有效的库存，系统生成加工原料的建议订单，计划员根据实际需求进行调整，发送采购部生成供应商原料订单。各种不同的订单在生产完成或手工创建后，通过系统中的供应商服务系统自动发送给各供应商，时间不超过10分钟。

（2）物流计划。

在获得门店的订单且汇总后，物流计划部根据第二天的收货、配送和生产任务制订物流计划。第一，线路计划：根据各线路门店的订货数量和品种，调整线路以保证运输效率。第二，批次计划：根据总量和车辆人员情况设定加工和配送的批次，实现资源循环使用，提高效率；在批次计划中，将各线路分别分配到各批次。第三，生产计划：根据批次计划，制订生产计划，将量大的商品分批投料加工，设定各线路的加工顺序，保证与配送运输协调。第四，配货计划：根据批次计划，结合场地和物流设施设备状况，安排配货。

（3）储存型物流运作。

商品进货时先接受订单的品种和数量的预检，预检通过后验货，验货时需进行不同要求的品质检验，终端系统检验商品条码和记录数量。定量的商品的进货数量不允许大于订单的数量，不定量的商品设定一个超值区间。重量计量的进货，系统和电子秤系统连接，自动去皮取值。拣货采用播种方式，根据汇总取货，汇总单标识从各个仓位取货的数量，取货数量为本批配货的总量，取货完成后系统预扣库存，被取商品从仓库仓间拉到待发区。配货分配人员根据各路线各门店配货数量对各门店进行播种配货，并检查总量是否正确，如不正确向上校核，若商品的数量不足或因其他原因造成门店的实配量小于应配量，配货人员应通过手持终端调整实发数量，配货检验无误后使用手持终端确认配货数据。值得注意的是，冷藏和常温商品在配货时被分置在不同的待发区。

（4）中转型物流运作。

供应商送货先预检，预检通过后验货配货；供应商把中转商品卸货到中转配货区，配货员使用中转配货系统按商品—路线—门店的顺序分配商品，数量根据系统配货指令的执行，贴物流标签。配完的商品采用播种的方式放到指定的路线门店位置，配货完成统计单个商品的总数量/总重量，再根据配货的总数量生成进货单。

（5）加工型物流运作。

生鲜的加工按原料和成品的对应关系分为组合和分割两种类型：两种类型在BOM设置、原料计算、成本核算方面存在相当差异。在BOM中每个产品设定一个加工车间，只属于唯一的车间，在产品上区分最终产品、半成品和配送产品，商品的包装分为定量和不定量的加工，对于称重的产品/半成品需要设定加工产品的换算率（单位产品的标准重量），原料类型区划分为最终原料和中间原料，设定各原料相对于单位成品的耗用量。生产计划/任务需要对多级产品链计算嵌套的生产计划/任务，并生成各种包装生产设备的加工指令。对于生产管理，在计划完成后，系统按计划内容出标准领料清单，指导生产人员从仓库领取原料和生产投料。生产计划充分考虑产品链中前道与后道的衔接，各种加工指令、商品资料、门店资料、成分资料等下发到各生产自动化设备。加工车间人员根据加工批次调度，协调不同量商品间的加工关系，满足配送要求。

(6) 配送运作。

商品分拣完成后，都堆放在待发库区，按正常的配送计划，商品于晚上送到各门店，门店第二天早上将新鲜的商品上架。在装车时按计划依路线门店顺序进行，同时抽样检查准确性。在货物装车的同时，系统自动算出包装物（笼车、周转箱）的各门店使用清单，装货人员据此核对差异。发车之前，系统根据各车的配载情况出各运输车辆随车商品清单、各门店的交接签收单和发货单。商品到门店后，由于数量的高度准确性，在门店验货时只要清点总的包装数量，退回上次配送使用的包装物，完成交接手续即可，一般一个门店的配送商品交接只需要5分钟。

思考与讨论

(1) 评判物流系统的标准是什么？上海联华物流标准包括哪些？

(2) 上海联华制订物流计划需要考虑哪些因素？

(3) 画图比较储存型物流运作、中转型物流运作、加工型物流运作的异同。

4.4 花卉物流

4.4.1 基础知识

花卉物流（Flower Logistics）：花卉物流是花卉从生产者到消费者的实体流和信息流，控制花卉从产到销，以花卉运输为主的一系列行业物流。

城乡花卉物流（Urban and Rural Flower Logistics）：服务于城乡农业经济发展的产业物流，通过组织协调城乡花卉物流的产业集群和市场开拓，来促进和保障城乡生态文明社会的实现与运行。

城乡花卉物流网络（Urban and Rural Flower Logistics Network）：新农村建设和信息交互条件下，适应城乡花卉产业规模化运作和精细化生产，由城市花卉配送系统、农村花卉产销系统、信息交互系统集合而成的城乡花卉物流服务体系。

4.4.2 案例：昆明市城乡花卉物流

1. 昆明花卉介绍

昆明花卉主要以鲜切花为主，形成以玫瑰、非洲菊、满天星为主产品，其他130多个品类的花卉产品为辅的生产格局。其中，2014年玫瑰鲜切花种植面积约30000多亩，年交易量15亿枝左右①。鲜花种植点最多的是云南的玉溪、昆明、曲靖，昆明市

① 云南玫瑰花的三个“第一”［EB/OL］(2015-04-22)［2015-05-30］. http://www.kifa.net.cn/search.do?method=show&key=玫瑰&contentId=206862015-04-22.

晋宁县集中种植玫瑰、康乃馨、百合、非洲菊，种植面积已到4万亩，产量18.5亿枝，产值6.05亿元。其中康乃馨切花生产面积产量占全省切花总面积和总产量的20%和35%，对应为2.5万亩和18.4亿枝，是云南省第二大切花品种，销往内地大中城市、日本、韩国和中国香港等地，康乃馨种苗占全国90%的市场份额。呈贡县主要种植玫瑰，切花、切叶、切枝总产量12900万枝①。晋宁县和呈贡县肩负着昆明国际花卉拍卖市场的花卉种植量，产量大。

2. 昆明市花卉物流网络

昆明市花卉产区分布：昆明的富民县、西山区、呈贡县、晋宁县主要为鲜切花产地，官渡区、宜良县、嵩明县多为苗木花卉。这7个产区中，大型花卉市场有：西山区斗南花卉种植示范基地、官渡区花卉土特产工艺品交易中心、呈贡县国际花卉拍卖中心、晋宁县国际花卉拍卖中心鲜花接货站；宜良县昆明泛亚花木城，花卉流向昆明国际花卉拍卖市场，富民县和嵩明县没有大型花卉市场。

昆明市花卉流量流向：昆明市花卉运输线路和具体流向如图4-1所示，图中线条粗细表示流量大小，具体流量值如表4-1所示。

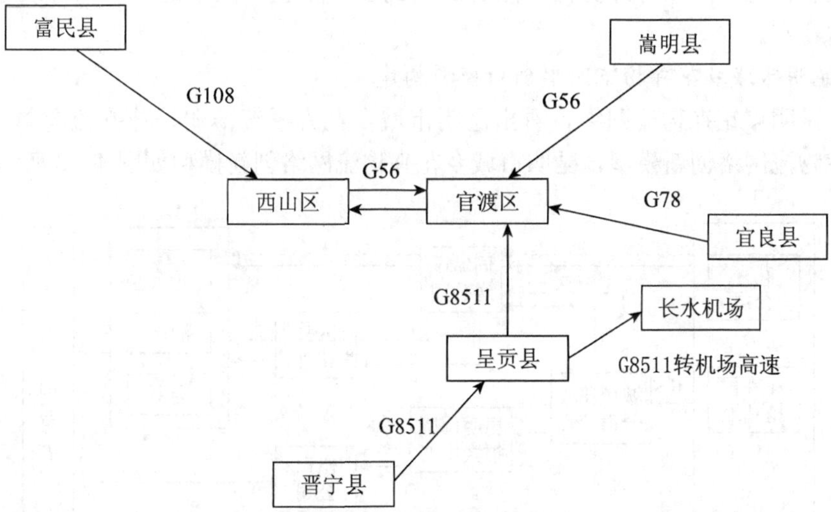

图4-1 昆明市花卉流向流量

表4-1 **昆明各地花卉流入量** 单位：枝

地区	西山区	官渡区	富民县	呈贡县	晋宁县	嵩明县	宜良县
流入量	4698694	5792708	11775120	21900341	355608292	4151579	3663022

昆明市花卉物流网络模式：从图4-1可以得到昆明市花卉物流网络模式，昆明市

① 段建华．云南：呈贡推进花卉标准化生产和运营［EB/OL］(2014-10-29)［2015-05-15］.http：//www.kifa.net.cn/news.do?method=show&contentId=20381.

花卉物流网络如图 4-2 所示。

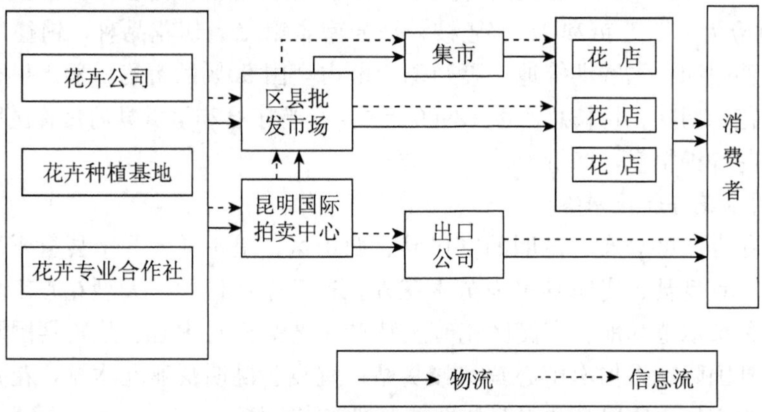

图 4-2 昆明市花卉物流网络

这种网络模型主要在几个主产区发生流量交换，花卉从城市到城市，产区到集市，较少涉及农村花卉，农村鲜切花只能自产自销，对于整个网络的唯一贡献在于提供充足的苗木花卉。

3. *昆明市城乡花卉物流网络创新模型构建*

基于昆明市花卉物流网络，看出昆明市城乡花卉系统薄弱，花卉流向单一，提出城乡花卉物流网络创新模型，昆明市城乡花卉物流网络创新模型如图 4-3 所示。

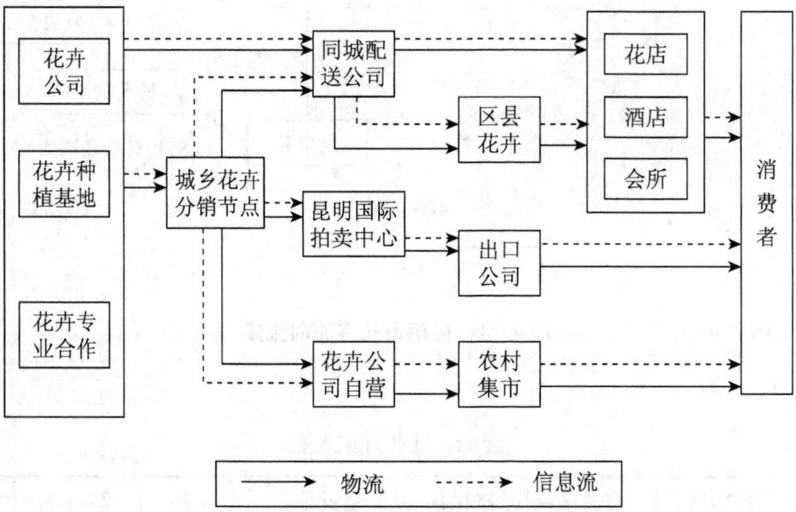

图 4-3 昆明市城乡花卉物流网络创新模型

结合图 4-2、图 4-3 看出创新模型增加城乡花卉分销节点，把城市花卉物流、出口花卉物流、农村花卉物流做了明确区分。在城乡花卉分销节点，对拍卖花卉进行分级处理，品质高的花卉直接进入出口物流，其余的进入城市物流、农村物流。通过同城快递公司，城市花卉物流更加专业，业务范围扩大；通过花卉公司自营物流，在昆明市乡镇建立花店，使销售范围更大。

思考与讨论

(1) 花卉物流有哪些特点？选择物流企业时应注意哪些问题？

(2) 昆明城乡花卉物流网络核心是什么？

(3) 昆明市花卉物流网络的成功之处在哪里？哪些方面还需要完善和提高？

4.5 日用品物流

4.5.1 基础知识

ABC 分类管理（ABC Classification）：将库存物品按品种和占用资金的多少分为特别重要的库存（A 类）、一般重要的库存（B 类）和不重要的库存（C 类）三个等级，然后针对不同等级分别进行控制。

经常库存（Cycle Stock）：为满足日常需要而设立的库存。

存货控制（Inventory Control）：在保障供应的前提下，使库存物品的数量合理所进行的有效管理的技术经济措施。

4.5.2 案例：HLT 物流公司

安徽 HLT 物流公司成立于 2002 年，是白手起家，公司既没有雄厚的资金基础，也没有过硬的后台撑腰，取得的成就都是靠辛勤劳作，一步一个脚印奋斗得来的。回顾从业历程，从创业时的托运、送货，到形成集运输、仓储、配送第三方物流的形成，公司创始人见证了中国物流业的飞速发展历程。目前，HLT 公司拥有员工 200 多人，自有车辆和协作车辆超过 100 台，货运种类涉及食品、日用品、文化办公用品、药品、服装和电器等领域，具体业务包括物资仓储、装卸、配送、金属材料加工、电子交易、信息咨询等，货运网络服务体系已经覆盖了全省 80％～90％的地市县。

安徽 HLT 物流公司总经理 BHS，创业始于温州，接触物流主要是当时做温州到安徽的货物运输。在温州他凭借不怕吃苦、坚韧不拔的徽商禀赋得到同行和客户的认可和信任，构建了双赢的合作关系与和谐的人际关系。同时，有着“东方威尼斯商人”美誉的温州商人在经商和做人两方面的能吃苦、善创新、开放、敢于冒险深深地影响着 BHS。几年的辛勤努力获得一番成就，考虑到家庭原因，BHS 忍痛放弃了温州的基业，回到了老家 HF，开始二次创业。几乎从零开始的他一度陷入迷茫，直到 2002 年拥有一定的资金、经验和客户时，BHS 果断成立了安徽省 HLT 物流有限责任公司，开始事业的新一轮发展。回到 HF 后，BHS 仍与温州人保持着良好的关系，并加入 HF 市温州商会，“以商会友、聚智集财”。BHS 告诉记者，HLT 公司之所以能够走到今天，是同浙江人分不开的。像温州的鞋、柳市的电器等进入 HF 市场，都是通过 HLT 公司运往安徽全省。

HLT 公司自成立后，BHS 考虑到物流与传统托运的不同，根据客户的需求进行业务延伸，立足运输，拓展仓储、包装、配送等，形成一个完整的体系。HLT 公司盈利项目主要是由省外发往 HF 的货物，而省内从合肥发往安徽各地的运输业务利润很低。随着企业间的竞争加剧，实行强强联合势在必行。HLT 公司逐步同河南、山东、福建和浙江等地的物流企业合作，互相借助对方的网络优势，形成资源共享、优势互补，真正形成区域范围内的联网。BHS 是一个善于学习的人，他通过相关讲座、物流师培训等，学习物流方面的知识和经验。为了加强公司内部管理，提高顾客满意度，还开始 ISO 9001：2000 国际质量体系贯标的认证工作，动员全体员工全力打造符合国际标准质量管理体系的模式。同时，他注重人才的培养和任用，鼓励员工学习物流知识，对员工进行物流知识培训，为年轻人提供更多的实践机会，让有发展潜力的员工到分公司独当一面。此外，HLT 公司还在提升运营效率的同时，成立党支部开展党建工作。

目前，HLT 公司已经进入了一个良性发展的轨道。公司业务网络除覆盖本省外，省外网络已经发展到河北、山东、江苏、浙江、福建和广东等省市。公司核心竞争力一方面是拥有本省的优势业务网络，另一方面是公司拥有稳定的客户群，通过帮助别人，得到认可，形成了良好的人际关系。此外，公司还具有一些独到的竞争手段——能够为客户提供免费送货，这是其他物流企业做不到的。HLT 公司开始打入浙江省柳市市场时，曾为其免费送货一年，通过自己付出的精力和财力，终于在这条线路形成了专有的核心竞争力。在市场竞争方面，公司凭借服务和信誉占据许多运输线路运输量的大部分份额。经营企业与做人一样，“日久见人心”，要得到别人的认可，就要做出模样来，有付出才能有回报，努力打造企业品牌。HLT 完全赞同“众口铄金”的道理，只有得到客户的认可，合作才能持久。

自古以来，成功者自有其道。传统徽商企业管理的核心是伦理管理，而现代企业管理的核心却是科学管理。在这方面，BHS 可谓是自成一派，在与合作伙伴建立良好的人脉关系基础上，让企业的知名度得到最大程度的提升。一个例子是 HLT 公司与江苏 FS 集团的合作，FS 集团通过先期在安徽的市场调查，了解到 HLT 公司除业务网络覆盖安徽全省外，不但服务质量和效率方面能够做到及时、到位，还独有超过行规的 1∶10 的诚信赔付。于是，FS 集团主动找到 HLT 公司，委托进行货物配送。又一个例子是蚌埠市场，因蚌埠的产品不可能只在当地销售，要销往安徽全省，甚至全国。HLT 通过市场调研寻找一些企业达成意向，让每个网络深入下去，使合肥和蚌埠之间货物实现顺利周转。虽然两地之间的货运量很小，但填补业务网络空白，通过慢慢地发展，大大降低企业成本。现在 HLT 公司的大部分客户是看中其网络优势而主动上门的。

HLT 公司认为，要实现真正的物流企业成功，关键是与大企业合作，形成实实在在的网络，实现成本最小化，真正实现企业的第三利润源。HLT 公司的目标是进一步完善大本营的业务网络建设，在做好本省后，逐步辐射全国。这是 HLT 公司的地域定位，也是服务特色之处。HLT 公司的主要工作是将本省的网络、网点的优势发掘出来，使分公司所在地的企业能够同总部在安徽任何地方进行整合，实现网络的合理利用。同时，到上海发展业务，做面向安徽的物流，这样公司在湖北、安徽、河南、福建、山东等地就能够形成一个网络，为公司实现做大做强提供坚实的后盾。HLT 认为，越落后的地方，物流业的发展潜力越大。众所周知，现代企业的发展需要完善的管理体系和优秀的团队协作来实现，更要有创新，寻找新的突破口，获得新的利润源。HLT 公司实行强强联合，达成区域协作，创办物流培训学校，条件成熟后让公司员工持有一定比例的股份，通过激励机制，保障企业富有生命力，进而做大做强。

曾经听人说，"商人是活得最累的人。有些打工仔之所以不愿当老板，是因为打工仔有打工仔的好处，活得比较自在，没有多少烦心事，有钱时可以出去玩玩，没钱就找份工作干点活，自得其乐"。但是，一个真正的商人决不会贪图享乐、贪图钱财。毕竟贪图享乐只会使人堕落、丧志、耗财；贪图钱财必然使人目光短浅、舍本求末。倘若如此，也成不了真正的商人。

思考与讨论

(1) HLT 公司的独特之处在哪里？

(2) 如何进行物流创业？

(3) 如何进行物流发展，做大做强物流？

4.6 快速消费品物流

4.6.1 基础知识

快速消费品物流（Fast Moving Consumer Goods Logistics，FMCG Logistics）：快速消费品物流是指快速消费品从制造商、分销商、零售商到消费者的流动过程，主要包含供应物流、销售物流、逆向物流等环节。

快速消费品（Fast Moving Consumer Goods）：是指那些使用寿命较短，消费速度较快的消费品。快速消费品一般是日常用品，它们依靠消费者高频次和重复的使用与消耗及规模的销售量来获得利润。

4.6.2 案例：LHLH 快速消费品物流发展

LHLH 快速消费品制造企业物流业务采取集成外包策略，要求第三方物流公司 BG 必须拥有专用仓储设施或租赁经营专用设施，包括仓库、货盘、货架、铲车等，提供存货收受、存货清点、配货、装车、存货签发、订单运作专门服务，且第三方物流公司 BG 应该安排专门人员负责以上作业和管理，同时有专业管理软件辅助以上作业和管理，并提供相关作业、管理和存货报告。

BG 物流公司现获得此快速消费品制造企业的一项配送任务（从重庆经长江水路后转公路运往郑州送往各乡镇），客户对物流任务具体要求如表 4-2 所示，由于此次配送任务量大，BG 物流公司无法独立完成，则组建了动态物流联盟。由于动态物流联盟物流资源众多，需要在众多的物流资源中选择最佳的物流资源。配送任务的详细信息如

表 4－3 所示。现需确定最优的配送任务的物流资源配置方案。

表 4－2　　客户对物流任务的具体要求

物流任务	数量	总物流成本	最晚交货期	最低合格率	服务得分
快速消费品由重庆配送至郑州	1t	70 万元	15 天	95％	90 分

表 4－3　　配送任务的详细信息

子任务	名称	候选资源	时间（天）	费用（万元）	质量（％）	服务（分）
T1	快消品由制造企业运送至码头	车队 r11	0.8	1	99.5	99
		车队 r12	1	0.7	99.9	98
		车队 r13	1	0.8	99.9	99
T2	港口堆场（重庆）	码头 r21	1	0	99.9	99
		码头 r22	2	0	99.7	98
T3	装卸船操作	操作人员 r31	0.5	0.3	100	95
		操作人员 r32	1	0.4	100	98
T4	快速消费品水路运输	运输船 r41	4	34	99	99
		运输船 r42	4	35	99.5	98
		运输船 r43	5	37	99.5	97
T5	港口堆存（武汉）	堆场 r51	1	1.2	99.9	97
		堆场 r52	1.5	1.5	99.8	99
T6	质量检测	检测人员 r61	0.4	0.2	100	98
		检测人员 r62	0.5	0.25	100	99
T7	公路运输	车队 r71	0.5	0.3	99.5	97
		车队 r72	0.8	0.4	99.9	98
T8	RDC（区域分拨中心）管理（郑州）	RDC r81	1.5	26	99	95
		RDC r82	2	27	99.5	96
		RDC r83	2	29	99.5	97
T9	农村配送运输	车队 r91	1	1	99.5	96
		车队 r92	1	1.2	99.9	98

在进行物流资源整合配置时追求的是整个动态物流联盟物流效益综合最优，在进行动态物流联盟资源配置时考虑的是运行成本（C）最低、交付时间（T）最短、交付质量（Q）最优和过程服务（S）最优四大目标的综合最优。因此动态物流联盟的物流资源配置问题可以表述为一个多目标优化问题，则多目标函数表述如下。

①成本最低：

$$c=\min(\sum_{i-1}^{n}\sum_{j-1}^{ki}c_{ij}H_{if})/C_p \tag{1}$$

②时间最短：

$$T=\min[\sum_{i-1}^{a}\sum_{j=1}^{ki}t_{ij}H_{ij}+\sum_{p=1}^{b}\max(\sum_{j=1}^{ki}H_{ij}t_{ij},\sum_{j=1}^{ki}H_{ij}t_{(i+1)j},\sum_{j=1}^{ki}H_{ij}t_{(i+k_p-1)j})]/T_p \tag{2}$$

③质量最高：

$$Q=\min q_p/[\prod_{i=1}^{n}(\sum_{j=1}^{ki}H_{ij}q_{ij})] \tag{3}$$

④服务满意度最优：

$$S=\min S_p/\left[\frac{1}{n}\sum_{i=1}^{n}\sum_{i=1}^{ki}H_{ij}s_{ij}\right] \tag{4}$$

在式（1）、式（2）、式（3）、式（4）中，C_p为快消品制造企业计划的总成本；T_p为制造企业计划的物流运作总时间；q_p为快消品制造企业要求的最低货品完好率；S_p为客户服务满意度目标值。动态物流联盟物流资源配置是一个复杂的多目标规划问题，在实际物流任务运行过程中，时间、质量、成本、服务等属性之间存在着“背反效应”，配置的结果常常难以使所有目标达到最优，只能获取一组帕累托最优解。

动态物流联盟物流资源配置的多目标优化模型所受的约束条件是多方面的，主要受来自客户对运行总成本、运行时间、交付质量、过程服务、决策变量等方面要求的条件约束，具体如下：

①成本约束：物流任务执行总成本不能超过客户计划成本 C_p：

$$(\sum_{i=1}^{n}\sum_{j=1}^{ki}c_{ij}H_{ij})\leqslant C_p \tag{5}$$

②时间约束：所有物流子任务执行时间的总和不能超过客户要求计划时间 T_p：

$$\sum_{i=1}^{a}\sum_{j=1}^{ki}t_{ij}H_{ij}+\sum_{p=1}^{b}\max(\sum_{j=1}^{ki}H_{ij}t_{ij},\sum_{j=1}^{ki}H_{ij}t_{(i+1)j},L\sum_{j=1}^{ki}H_{ij}t\ (i+kp-1)j)\leqslant T_p \tag{6}$$

③质量约束：物流任务执行后实际的货品完好率不能低于客户要求的最低完好率 q_p：

$$\prod_{i=1}^{n}(\sum_{j=1}^{ki}H_{ij}q_{ij})\geqslant q_p \tag{7}$$

④服务约束：物流任务执行过程中客户服务评价不得低于客户要求的目标值 s_p：

$$\frac{1}{n}\sum_{i=1}^{n}\sum_{j=1}^{ki}H_{ij}s_{ij}\geqslant s_p \tag{8}$$

⑤决策变量约束：

$$H_{ij}\in\{0,1\},\sum_{j=1}^{r_{ij}}H_{ij}=1$$

式中，H_{ij}——决策变量。

将本实例在数学仿真软件 Matlab7.0 上编写程序代码实现遗传算法的模型求解。将遗传算法参数设置为如下：种群规模 $m=20$，最大迭代代数为 150，交叉概率 $P_c=$

0.6，变异概率 P_m=0.04，权重分别取 0.25、0.2、0.35、0.2，β_1=2，β_2=3。

通过该算法运算后，迭代次数为 77 次，得到的最小目标值为 0.896，最优的调度方案为［r12r21r31r42r51r61r71r82r92］。此时，配送任务各目标值分别为：服务总成本为 64.7 万元，服务总时间为 10.5 天，服务质量为 98%，过程服务得分为 97.3，均满足客户的个性化需求，物流资源配置结果如表 4－4 所示。

表 4－4　　动态联盟物流资源最终配置结果

物流子任务	名称	候选物流资源
T1	快消品由制造企业运送至码头	r12
T2	港口堆场（重庆）	r21
T3	装卸船操作	r31
T4	快速消费品水路运输	r42
T5	港口堆存（武汉）	R51
T6	质量检测	r61
T7	公路运输	r71
T8	RDC 管理（郑州）	r82
T9	配送运输	r92

思考与讨论

（1）如何对快速消费品分类？分析具体品种及其物流量和流通渠道。

（2）快速消费品物流具有哪些特点？可能存在的风险有哪些？

4.7　家电物流

4.7.1　基础知识

有效客户反应（Efficient Customer Response，ECR）：以满足客户要求和最大限度降低物流过程费用为原则，能及时做出准确反应，使提供的物品供应或服务流程最佳化的一种供应链管理策略。

快速反应（Quick Response，QR）：供应链成员企业之间建立战略合作伙伴关系，利用 EDI 等信息技术进行信息交换与信息共享，采用高频率小批量配送方式补货，以实现缩短交货周期、减少库存、提高客户服务水平和企业竞争力为目的的一种供应链管理策略。

4.7.2 案例：合肥宝元物流有限公司[①]

1. 企业简介

安徽省宝元物流有限公司创建于2002年，总部位于合肥市桃花工业园，是一家以家电、配件、快速消费品物流为主，较早开展以现代物流理念运营的第三方物流企业，公司为客户提供基地仓储、中转作业、干线运输、分销配送、外包管理等一体化物流服务，同时为客户提供供应链解决方案及物流咨询服务，是华东地区最具规模、最具影响力、最领先的第三方物流企业之一。

宝元物流秉承“成为中国最具影响力的物流服务品牌”的企业使命，倡导客户意识（Customer Focus）、经营意识（Business Oriented）、沟通意识（Communication）、安全意识（Security Consciousness）、危机意识（Crisis Consciousness），不断汲取先进的管理理念和管理方法，通过完善的信息系统、健全的运作网络、高效的运作流程，最大限度地满足客户需求，并取得独特的区域竞争优势。宝元先后通过ISO9001质量体系认证、OHSAS18000认证，荣获国家4A级综合物流服务企业、安徽省重点流通企业等称号。

“以客户为中心，为客户创造性价值，与客户共成长”是宝元物流不断学习进取、服务创新的动力；“诚信经营，高效服务”是宝元物流扎根物流产业的宗旨和追求。

2. 组织结构

宝元物流有限公司组织结构如图4－4所示。

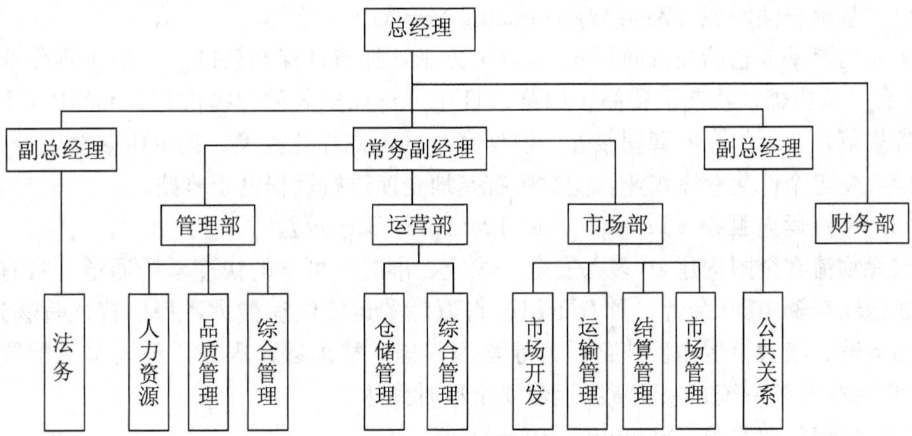

图4－4 宝元物流有限公司组织结构

宝元物流有限公司物流服务平台如图4－5所示。

① http：//www.boyoo56.com/index.php［2017－01－23］.

<table>
<tr><td colspan="120">宝元总部</td></tr>
<tr><td colspan="120">华南物流营运中心</td></tr>
<tr><td colspan="60" rowspan="2">广州分公司</td><td colspan="60">深圳办事处</td></tr>
<tr><td colspan="60">东莞办事处</td></tr>
<tr><td colspan="120">东北物流营运中心</td></tr>
<tr><td colspan="30">哈尔滨分公司</td><td colspan="30">沈阳分公司</td><td colspan="30">长春办事处</td><td colspan="30">牡丹江分公司</td></tr>
<tr><td colspan="120">华北物流营运中心</td></tr>
<tr><td colspan="20">北京分公司</td><td colspan="20">天津分公司</td><td colspan="20">青岛分公司</td><td colspan="20">淄博办事处</td><td colspan="20">临沂办事处</td><td colspan="20">抚顺办事处</td></tr>
<tr><td colspan="120">华东物流营运中心</td></tr>
<tr><td colspan="60" rowspan="2">上海分公司</td><td colspan="30">杭州分公司</td><td colspan="30">无锡分公司</td></tr>
<tr><td colspan="15">宁波办事处</td><td colspan="15">嘉兴办事处</td><td colspan="15">泰州办事处</td><td colspan="15">常熟办事处</td></tr>
<tr><td colspan="120">南京分公司</td></tr>
<tr><td colspan="60">芜湖办事处</td><td colspan="60">滁州办事处</td></tr>
<tr><td colspan="120">西部物流营运中心</td></tr>
<tr><td colspan="24">西安分公司</td><td colspan="24">咸阳分公司</td><td colspan="24">重庆分公司</td><td colspan="24">成都办事处</td><td colspan="24">贵阳办事处</td></tr>
</table>

图 4-5　宝元物流有限公司物流服务平台

3. 主营业务

(1) 基地仓储服务 (Base Warehousing Service)。

宝元物流基地仓储经营面积60多万平方米，拥有环保高效的叉、抱工程作业设备150多台，为电器、快速消费品、烟草、日化等行业知名品牌提供符合GMP（生产质量管理规范）要求的仓库管理服务，根据客户的不同作业类型，提供中转仓、分销仓、基地中心仓等个性化仓库作业，能对所有基地仓库进行远程电子监控。

(2) 干线运输服务 (Trunk-road Transport Service)。

宝元物流在全国构建20多条安全、稳定、准时、可靠的快速干线通道，自有和协议干线运输车辆1000余台，具有年超过百万吨的运输组织能力，提供普通货物运输、危险品运输、集装箱运输、铁路托运等全国零担、整车运输服务，干线车辆配置智能GPS或BDS监控系统，保证货物运输安全准时到达。

(3) 中转作业服务 (Staging Service)。

宝元物流自有中转车辆100余台，专业装卸搬运员工500余人，提供产品下线装卸搬运、中转装卸搬运、外租库装卸搬运、装柜等外包服务，提供厂区中转、市区短驳、铁路站点转运服务。

(4) 分销配送服务 (Distribution Service)。

宝元物流在20多个城市建立物流服务网络平台（分公司），提供省内门到门分销配送服务，同时积极搭建B2B、B2C深度配送网络，拓展市场。

(5) 信息技术服务 (Information Technology Service)。

宝元物流开发拥有自主知识产权的物流仓储信息管理系统 (LMS),可实现包括货物出入库、产品扫码、仓库盘点、计划下单、车辆调度、车辆安检、发车管理、车辆跟踪、异常处理、回单签收、运费结算、客户查询等功能,同时物流信息管理系统可与客户 ERP 系统、营销 IT 系统进行对接。

(6) 一站式服务 (One - Stop Service)。

宝元物流提供一体化物流服务,实现工厂跟线下装卸搬运服务、工厂装卸货服务、中转运输服务、仓库租赁服务、仓库管理服务、干线运输服务、物流信息咨询服务等,协助客户专注于核心事务。

4. 家电物流特色

经过十多年持续发展,宝元物流公司逐步在家电物流行业中形成自身的特色,具体包括:

第一,以客户利益为目标。战略利益是集中精力与聚焦核心业务,提供服务帮助客户创造更高的价值;财务利益是减少客户资本性支出,降低物流运营成本,实现成本透明和可控;营运利益是简化作业环节,营造更好的作业环境。公司提供 24 小时执勤服务保障、收发货及时率大于 99%、单据流转及时率等于 100%、破损率小于 0.01%、订单完成率等于 100%的服务质量承诺。

第二,一体化。以价值链为导向,涵盖客户物流的全过程,形成强大的设计和实施定制化客户供应链解决方案能力。

第三,技术化。打造先进的信息技术平台,形成专业化的、适用于多客户的 IT 系统,具备分流模式及路径设计、计划与预警管理功能,实现网络查询的全程业务跟踪。

第四,可靠性。依托自营车辆和自有大型现代化仓库,拓展外协车辆和外租仓库,实施管理和业务操作过程的标准化和信息化,针对客户需求进行物流设计和测试,构建 KPI 指标体系,保证物流全过程的可控,满足客户投诉处理及时率 100%、客户满意度 99.8%、规范管理评分 95、数据核算准确率 100%、费用结算准确率 100%等客户评价指标要求。

第五,全国性物流业务网络。构建遍布全国的多层次物流基地、物流中心、配送中心,形成全国网络布局。

第六,优秀的员工和管理团队。积累 10 余年物流运作经验,培养一大批熟练的员工,拥有专业化的物流运营团队。

第七,成本优势。具有多式联运、仓配一体化等规模优势,形成立足行业专业化的运营管理模式。

5. 增值服务和服务帮助

宝元物流合肥大杨基地占地 120 余亩,仓储面积 60000m^2,可存储 10 万个标准箱或 18 万立方的商品,年周转货物 200 万托盘,同一时间最多可为 24 部车辆提供装卸作业,每天可处理 4000 张订单,24000 台家电作业。基地运用现代化物流基地规划设计理念,采用高站台、大型采光天棚、多层货架模式,配备电子监控系统、消防喷淋系统等,建设高效的仓储信息管理系统。

宝元物流的支持保障体系，通过订单管理系统与客户系统进行 EDI 数据对接、网上下单等，库存管理系统、订单管理系统可以进行货物编码、入库出库管理、仓库库存管理、交叉理货、先进先出、批次控制、库位管理、报表定制、权限管理。

宝元物流提供丰富的增值服务和服务帮助，见表 4－5 和图 4－6。

表 4－5　　宝元物流的增值服务

	包装、分拣	流通加工	产品回收	拼装拆箱、保险	存货控制	生产后置的组装、装配
家电类						
食品类						
饮料类						
快消品类						

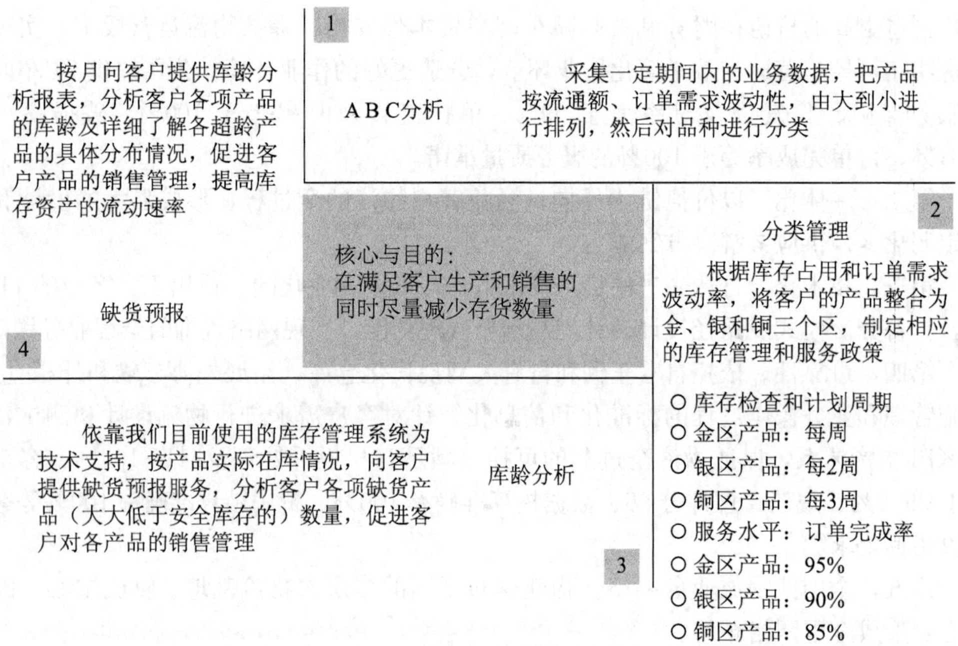

图 4－6　宝元物流的服务帮助

思考与讨论

（1）家电物流有哪些特点？

（2）宝元物流如何打造核心竞争力，实现可持续发展？

（3）运输和配送物流公司选择全球卫星导航系统 GPS 或中国北斗卫星导航系统 DBS 需注意哪些方面？

（4）如何对仓储物资进行 ABC 分类管理？

（5）宝元物流提供哪些专业特色服务？它是通过哪些技术、方法和手段实现的？

4.8 汽车物流

4.8.1 基础知识

延迟策略（Postponement Strategy）：为了降低供应链的整体风险，减少错误生产或不准确的库存安排，有效地满足客户个性化的需求，将最后的生产环节或物流环节推迟到客户提供订单以后进行的一种经营战略。

4.8.2 案例：AJTD 汽车物流有限公司

AJTD汽车物流有限公司，简称AJTD，是由国内著名的一家汽车工业销售有限公司（SAISC）和国际著名跨国集团Apollo管理公司下属的CEVA物流各出资50%组建而成的国内首家汽车物流合资企业，注册资本3000万美元。公司主要从事汽车、零部件物流以及相关物流策划、物流技术咨询、规划、管理、培训等服务，是一家专业化运作，能为客户提供一体化、技术化、网络化、可靠的、独特解决方案的第三方物流供应商。

SAISC是国内知名的汽车服务企业，公司业务覆盖物流、汽车租赁、汽车贸易、汽车俱乐部等领域。2001年销售收入达19.5亿元。公司控股的AJTD公司是国内最大的汽车物流服务供应商之一，在国内拥有船务、铁路、公路等6家专业化的轿车运输公司及25家仓库配送中心，仓库面积近80万平方米，年运输和吞吐量超过50万辆，并且全部实现联网运营。公司员工4300多人，主要服务于SVWSC、SGM、华晨金杯等汽车厂商。2001年物流销售收入达7.2亿元。Apollo是专注于配送、运输和物流业的私募股权基金之一，对配送、运输和物流业的投资包括国际多式联运物流服务商Pacer国际和散装运送服务商Quality配送。CEVA物流是Apollo管理公司的子公司，专业提供物流服务，其在收购美国CTI后成为全球最大的汽车物流供应商。

AJTD公司使命：通过优质的服务使投资人的利益最大化，为员工营造良好的奋斗空间。培养和造就一支注重学习，富有使命感，具备团队合作精神的员工队伍；通过专业化运作，为客户提供一体化、网络化、技术化和独特的高质量物流集成服务；不断改进，积极创新，追求卓越，赢得客户满意，使公司成为国内领先、具有国际竞争力的第三方物流供应商。

“沧海横流，方显英雄本色。”在竞争激烈的汽车物流市场，AJTD自成立以来始终致力于打造汽车物流供应链，致力于汽车整车、零部件入厂、售后以及汽车进出口物流业务的开拓，先后与中国物流与采购联合会、上海市科学技术委员会以及各高校建立了良好的合作关系，是中国物流采购联合会汽车物流分会理事长单位。

“海纳百川，有容乃大。”公司矢志于创建多客户、多业务的统一平台，通过自身的不断完善以及与业界同行的战略合作，构筑了遍布全国并延伸至海外的物流服务网络；基于以人为本的理念，公司始终贯彻“投资于人”的经营方针，将努力培养一支

“国际化、专业化”的优秀团队视为公司的核心竞争力。

“海阔凭鱼跃，天高任鸟飞。”中国汽车工业的蓬勃发展为企业描绘了广阔的未来，公司致力于通过全体员工的共同创造，努力向实现“成为国内第一，国际一流的专业汽车供应链管理和服务供应商”的远大目标迈进，力争为中国现代汽车物流业的发展做出应有的贡献。

1. 竞争优势

第一，一体化。从客户的整体供应链角度出发，涵盖物流全过程、流程的制定、业务和管理的标准化、物流配送的实施、KPI 考评和满意度考评、项目分析与管理、物流规划和方案咨询。第二，技术化。大型的、专业化的、适用于多客户的 IT 系统，采用分流模式及路径设计、计划与预警管理、可网上查询的业务跟踪系统、仓库选址和内部规划、仓库管理系统、运输管理系统、Matrix 系统、三维模拟装载等核心技术。第三，网络化。公路、铁路、水路的多运输方式，联运年运输能力 150 万辆，遍布全国的多层次物流中心，全国联网、实时更新的网络，CEVA 全球化。第四，透明化。实现物流全过程可控化，实现物流成本结构透明化、可视化，呼叫中心/ 网上连接/800 电话。第五，可靠性。公司及其分供方通过 ISO9002 认证，质保体系通过 ISO9002/14000/OHASA18000 一体化认证，实现管理及业务操作过程的标准化，具有针对客户产品的捆扎设计和测试能力，建立 KPI 指标体系，保证物流全过程的可控。第六，成本优势。年运输量超过 150 万辆形成规模优势，属地员工本地化，储运设施的多客户分摊。第七，人力资源。经过 10 余年物流运作经验的积累，培养了一大批员工，与 CEVA 专家多年的合作，形成本地化经验、全球化理念与物流专业知识的三者结合。

2. 核心业务范围

第一，整车物流。VLSP——整车物流服务提供商；VDC——整车分拨中心（即临近主机厂的总库）；VSC——整车仓储中心（即各区域的中转总库）。第二，售后物流。售后物流一体化解决方案、物流的流程再造、仓库管理/运作、精益物流管理/5S 管理/6S 管理、运输管理、快运、直运；逆向物流、危险品运输与仓库管理、预装配、多式联运（陆运/海运/铁路）、标准化管理、质量管理。

3. 进出口物流

从客户一体化供应链出发，物流业务范围涵盖全球化供应链的进出口业务整合、国内外供应商的集货物流、国内供应商的仓储方案设计、全国区域物流配送方案设计、KPI 项目考评、国际贸易。

4. 入场物流

入场物流如图 4 - 7 所示。

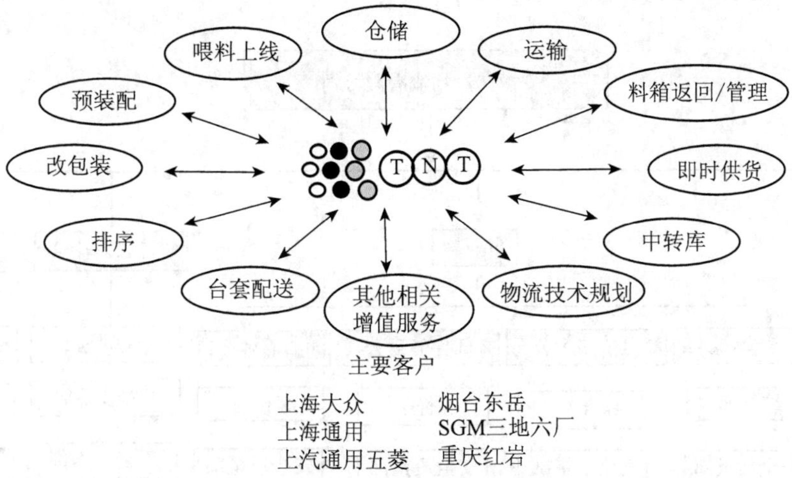

图 4-7 入场物流

4.8.3 案例：江汽物流

安徽江汽物流有限公司成立于 2003 年 1 月，前身是合肥江淮汽车制造厂运输车队，由安徽江淮汽车集团有限公司控股，是隶属于江淮汽车集团的独立法人。公司于 2015 年 4 月整体并入安徽江淮汽车股份有限公司，正式成为上市公司子公司。公司注册资本 6800 万元，多年来主要经营指标保持持续增长，2015 年实现营业收入 9.87 亿元。公司注册地——合肥市经济技术开发区紫蓬路 1325 号。

公司现拥有零部件、整车仓储和配送中心 5 座，自有仓储面积 32000m²，租赁仓储面积 32534m²，整车库面积 24.7 万 m²。公司连续 4 年获得省、市 A 级纳税企业，银行 A 级授信企业。2010 年荣获全国先进物流企业称号，2011 年 6 月被评为国家 4A 级物流企业。2013 年荣获安徽省信息化优秀应用企业称号。2014 年荣获全国先进物流企业并成为当年度汽车物流行业十年突出贡献企业。2015 年发展成为中物联汽车物流分会副会长单位。

公司业务几乎涵盖了汽车物流的全部过程，包括整车物流、零部件物流、仓储配送、生产物流、产成品物流。此外，公司还承担车辆管理和维修、通勤客运与汽车租赁服务等一系列业务。经过多年发展公司现已形成乘用车储运公司、商用车储运公司、零部件储运公司、客运服务公司四大事业部和七大管理平台，并下辖两个全资子公司——合肥和瑞出租车有限公司和安徽和勤租赁有限公司。

作为江淮汽车实现“十三五”战略目标的重要战略支撑，公司在“十三五”期间，以“服务好主业，发展为主业”为使命，坚持“汽车物流解决方案服务商”的战略定位，协同构筑整车市场竞争优势。以“整车物流”为核心业务，以“零部件物流”为战略业务，发展出租、团体租赁、公车服务业务，形成多个利润支柱。公司力争“十三五”末实现营业收入 20 亿元，建成 5A 级物流企业，创建成为国家级物流技术中心，发展成为 4PL 物流企业，实现公司跨越式发展。

江淮物流组织架构如图 4－8 所示。

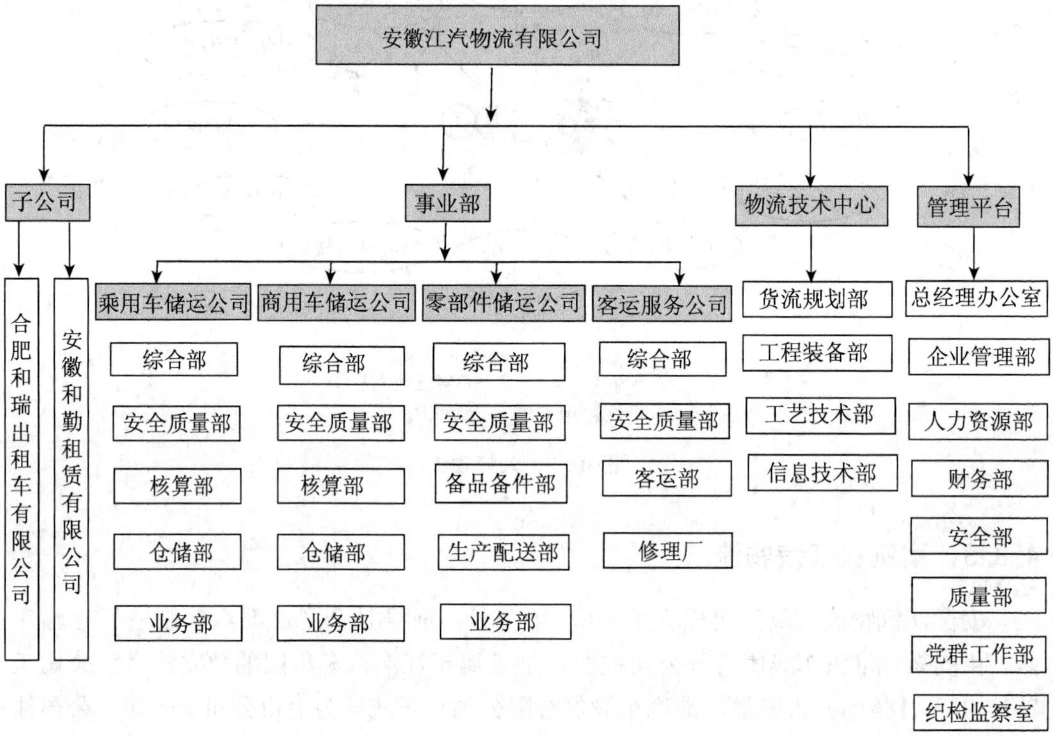

图 4－8　江汽物流组织架构

思考与讨论

(1) AJTD 的供应链一体化解决方案是什么？

(2) AJTD 的竞争优势主要有哪些？如何打造竞争优势？

(3) 比较多运输方式与多式联运的异同。

(4) 比较整车物流和售后物流的异同。

4.9 冷链物流

4.9.1 基础知识

冷链（Cold Chain）：根据物品特性，为保持物品的品质而采用的从生产到消费的过程中始终处于低温状态的物流网络。

控湿储存区（Humidity Controlled Space）：仓库内配有湿度调制设备，使内部湿度可调的库房区域。

冷藏区（Chill Space）：仓库内温度保持在 0～10℃范围的区域。

冷冻区（Freeze Space）：仓库内温度保持在 0℃以下的区域。

4.9.2 案例：冷链马甲[①]

1. 企业介绍

冷链马甲（www.lenglianmajia.com）是郑州金色马甲电子商务有限公司旗下的冷链物流行业公共信息服务平台。“冷链马甲”作为面向全国的冷链物流交易平台，为车源、货源、库源提供交易撮合、物流在线支付、供应链金融服务、保险优惠代理、冷链物流行情指数发布、冷链知识等服务。

“冷链马甲”致力于以电子商务和网络公共平台为依托，整合国内冷链物流行业资源，构建厂家和商家面向物流供应商的网络物流集中采购渠道、物流供应商面向厂家和商家的网络营销渠道、物流供应商之间的同行网络共赢合作渠道，打造国内最有影响力的冷链物流行业平台。

“冷链马甲”在货源、车源、物流招投标、专线搜索、商业供求信息发布与查询功能的基础上，不断结合市场需求，为冷链物流企业、生产企业、商贸企业、专业市场、货车司机等量身定做产品和服务，推出网上商铺、资源库、诚信指数、价格指数、手机定位、货物跟踪查询、三证验证、在线投保、短信订阅、网上银行、金融支付等实用功能和增值服务。平台通过整合物流各节点资源，优化交易方式，创新商业模式，解决物流行业信息不对称和诚信缺失两大瓶颈和难题，专注于为厂家、商家、物流企业、司机和各类会员降低物流成本，提高服务效率，致力于提供“诚信、高效、省时、省心”的一站式物流服务，以更加个性化、多元化的模式引领冷链物流行业网络化的进程。

“冷链马甲”为货主、物流公司、司机、信息部等提供保险服务，货物类型包括：冷冻类，如冻鱼虾蟹、冻牛羊猪肉、速冻食品、雪糕等；保鲜类，如水果、蔬菜、饮料、鲜奶制品、花草苗木、熟食制品等各类糕点、食品原料等；恒温类，如巧克力、糖果、药品、化工产品等。

2. 交易须知

（1）冷链马甲交易谨慎原则。

①不要随意在可疑网站注册。如果注册，请尽量不要使用在冷链马甲的用户名和密码。

②如果您是货主，交易时如果对方告知您最近手头很紧，希望您先确认收货，请不要轻信对方。

③在您选择车辆、货物，仓库时，为规避因协商不当引起的交易纠纷，请再次联系相关车主、货主、库主核实信息及重要事项。

④交易可以用余额支付、快捷支付和网银支付，请确保账户的安全，如果您的账号出现异常请不要输入密码，冷链马甲提供支付渠道，不对相关的款项安全负责。

（2）冷链马甲交易支付。

冷链马甲提供款项支付渠道，货主提交订单付款至冷链马甲易支付资金账户，待

---

① http://www.lenglianmajia.com/［2017-01-16］.

货主确认收货后，冷链马甲易资金账户将货款转至车主在冷链马甲绑定的账户。

(3) 保证交易安全。

冷链马甲旨在为车主、货主、库主提供精准可靠、方便快捷的交易信息服务；由于网站上所有信息为自由发布，尽管冷链马甲会对客户信息进行严格的审核筛选，但冷链马甲不对所发信息的准确性、真实性以及合法性承担责任。友情提示：在交易前请再次审查客户资质、信誉。

①对客户信誉进行调查。

②对发布的信息进行严格审核。

③参考其他用户评价。

(4) 支付密码找回方法。

如果忘记支付密码，可以通过以下方式找回：在会员中心—账户中心—账户安全—支付密码修改中有“忘记支付密码”，可以通过此处按照系统提示找回支付密码。

(5) 绑定银行卡付款。

通过会员中心—账户中心—支付账户绑定银行卡号，银行卡的用户名称必须和您认证时的姓名或者是企业名称保持一致，然后再进行付款操作。

(6) 账户资金不足。

如果您绑定的银行卡账户中资金不足以支付您的订单金额，可以使用其他网银进行支付。

(7) 支付异常。

①如果您在操作的时候遇到网络中断或者其他原因而导致支付流程未完成时，请进入用户中心查询“我的订单”付款状态，或者致电售后服务热线 900 - 663 - 5656 进行查询。

②如果您确定订单支付未成功，您可以重新下单进行支付，也可以与我们联系更改为其他支付方式。

(8) 超时规定。

用户须按照冷链马甲系统设置的交易流程进行交易。

①除货到付款及上门自提订单外，客户下单后 3 小时未付款的订单，系统会自动取消订单并关闭交易；订单状态为已完成或已取消的，客户可以删除订单。

②客户自付款成功之时起可申请退款。

③客户申请退款/退货后，按照以下情况分别处理：

a. 订单完成前，商家退款审核通过后，退款给客户；订单完成后，退货依照冷链马甲售后政策或/和规则处理。

b. 商家拒绝退款/退货的，客户可要求冷链马甲直接介入，冷链马甲根据商家回馈的拒绝退款原因/售后服务条款给予判定。

c. 客户提出退货并在系统中上传快递单号后，15 日内如商家未回馈处理意见，冷链马甲视商家同意冷链马甲先行退款给客户，在结算时冷链马甲扣除商家相应货款。

d. 另行约定发货时间的商品或服务除外，双方交易达成后如客户投诉商家延迟发货成立，商家须向客户支付一定的违约金。

e. 特定事件或特定时期的发货时效要求及处理以冷链马甲开放平台公告或通知为准，包括但不限于标错类事件、国家法定节假日、不可抗力等情形。

（9）业务交易规则。

①库货交易管理办法。

a. 冷链马甲平台为商家和客户提供真实的库源信息，平台提供代收仓库租金、保险费用、仓库设备监控系统等服务。平台用户需按照平台的规章制度进行业务操作，不得在平台上进行违法操作。

b. 出租方商户需要将仓库所在位置、面积、所有权证书、使用用途等信息明示于冷链马甲平台。

c. 下列物品承租方客户严禁入库：

国家明令禁止交易的；三无产品、假冒伪劣产品等违反国家相关法律、法规的商品；变质腐败、有异味、不符合卫生要求的；患有传染病畜禽的肉类商品；有强挥发气味的商品；肉禽类无动检证商品；其他违反出租方商家管理规定以及双方协商不一致拒绝入库的产品等；出租方商户和承租方客户违反本条规定，造成不良后果应负全部责任，如给对方造成损失的，应当承担相应的赔偿责任。

d. 因自然灾害或电力电路故障等法定不可抗力情形影响承租方客户的利益，出租方商户应当快速联系电业系统修复，以保证出租方商户的利益，如有此造成损失的，根据法律法规规定各自承担相应责任。

e. 承租方客户应当向出租方商户提供货物详情、产品清单等相关材料。

f. 承租方客户必须保证按时交纳冷库的租赁费。如不按时交纳，出租方商户有权终止合同。

g. 承租方客户货物所有权发生转变时或承租方商户相关仓库所有人发生转移时，须及时通知对方，若未告知对方所造成的全部损失由过错方自行承担。

h. 如果存在下列情况的，出租方商户有权停止承租方继续承租相关仓库：承租方商户未能按时缴纳租金的；未经出租方书面同意承租方擅自转租的；存放国家明令禁止交易物品的；存放三无产品、假冒伪劣产品等违反国家相关法律、法规的商品；存放物品变质腐败、有异味、不符合卫生要求的；存放物品为患有传染病畜禽的肉类商品的；存放有强挥发气味的商品的；存放肉禽类无动检证商品的。

②车货交易管理办法。

a. 冷链马甲平台为车主提供真实的货源、车源信息，平台提供信息的佣金、运费、代收货款、保险费用、身份校验费用等服务。冷链马甲平台对运输途中的异常不做负责。

b. 车主商户需按照平台的规章制度进行业务操作，承接订单后需执行订单，途中出现异常，及时和货主客户沟通，必要时冷链马甲平台负责监督协商。

c. 车主商户和客户必须按照平台的要求来操作，不得违反平台章程，平台作为一个资源展示和交易的平台。

d. 冷链马甲平台为平台用户提供保险、金融、物联网等服务，平台上交易的用户自主选择使用相关的服务项目。

e. 冷链马甲对于线下进行的交易以及相关运费支付不做任何保证，不承担任何责任。

f. 车主商家须遵守国家有关法律规定，按照批准的经营范围，取得能够履行本协议中公路运输业务的合法运营资格。

g. 车主商家运输途中如因手续不全、车况不良造成的事故、超载罚款等，由其承担相应责任。

h. 运输途中出现异常情况，车主商家应及时与承运方沟通并提供解决方案。协商不成，应当通过相应解决方式进行解决，冷链马甲平台不参与双方的纠纷处理过程。

i. 承运商/车主/司机的运输要求应当按照货主提出的标准执行。当承运商/车主/司机未按照货主要求来运输，出现任何问题由其与货主共同协商解决，协商不成，应当通过相应解决方式进行解决，冷链马甲平台不参与双方的纠纷处理过程。

③车、货、库交易管理办法。

a. 冷链马甲平台为用户提供货源、车源、库源信息展示和交易平台，平台提供相关车辆监控端口，确保平台注册车辆的实时监控。如果运输途中的车辆或货物异常，与平台无关，由货主/信息中介、承运商/车主/司机沟通解决，平台仅负责协商以及提供相关数据信息等。

b. 各类商家和客户必须按照规定使用冷链马甲平台进行操作，严禁使用非法手段进行攻击冷链马甲平台或使用冷链马甲平台进行非法活动。

c. 商家和客户在冷链马甲平台上产生订单交易后，必须按照平台的操作章程进行，严禁恶意抢单或抵触其他同行。

d. 平台交易撮合成功后，由交易双方确认相关交易信息，一经双方确认后订单立即生效。

e. 车主商家应当在规定的时间内将货物运抵目的地，做好货物的交接签收工作。

f. 冷链马甲平台为用户提供在线交易、车辆查询等服务。

g. 冷链马甲平台为用户提供在线交易、运费结算等相关资金流动渠道。

思考与讨论

（1）冷链物流的特点有哪些？

（2）生鲜制品的冷链要求有哪些？

（3）深海产品的冷链物流应注意哪些事项？

（4）如何实现全程冷链物流？

4.10 服装物流

4.10.1 基础知识

服装，泛指衣服鞋包玩具饰品等的总称，多指衣服。服装主要分为上衣、裤子和连体服，其中：上衣包括毛衣、衬衣、半袖、外套、羽绒服、西服、胸罩等；裤子包括短裤、裤衩、内裤、长裤、西裤等；连体服包括休闲连体服和运动连体服等。

服装按照面料与工艺分为中式服装、西式服装、刺绣服装、呢绒服装、丝绸服装、棉布服装、毛皮服装、针织服装、羽绒服装等。

商品名称及编码协调制度（The Harmonized Commodity Description and Coding System)，简称协调制度（HS），HS编码以六位码表示其分类代号，前两位码代表章次，第三、第四位码为各该产品于该章的位置（按加工层次顺序排列），第一至第四位码为节（Heading)，其后续接的第五、第六位码称为目（Subheading)，前面六位码各国均一致。第七位码以后是各国根据本身需要制订的码数。服装属HS分类制的第十一类及第61、62章，第61章为针织或钩编制品，编号从6101.1000～6101.9000共120个；第62章为非针织或非钩编织服装及衣着附件。适用于除絮胎以外，任何纺织物的制成品。编号从6201.1100～6217.9000，共155个编码，分别是按款式、性别、年龄、原材料的不同来进行分类，如棉制男式羽绒大衣的HS编号为：6201.1210，棉制女式羽绒大衣的HS编码为6202.1210。针、梭织成衣及衣着附件其编序依照产品特性由外套类至内衣类，针、梭织相互对应，再次则为其他产品。如6203.1100为羊毛或动物细毛制男式西服套装（为外衣），6207.1100为棉制男内裤（为内衣、编码在后），又如：6104.3100为羊毛或动物细毛制针织或钩编的女式上衣，与此相对应的6204.3100为羊毛或动物细毛制女式上衣。

根据服装种类的不同，可以采用平装（折装）或挂装的包装方式。在平装或折装的过程中，员工将每件成衣根据客户的要求折好，放进胶袋里面；如客户需要挂装式的，成衣也会吊在衣架上，然后挂上胶袋，封上胶袋口，至此完成包装工序。在储存和运输过程中，大部分正装和高级时装采用挂装方式，需要不同大小和规格的海运或空运的挂衣箱；休闲服饰和内衣一般采用平装方式。

4.10.2 案例：高梵服装物流

1. 高梵公司

高梵公司总部位于合肥，旗下品牌“高梵”（GOLDFARM）源自英国，以轻时尚羽绒服，简约、舒适、百搭的品牌定位，彰显出有品位、有修养女性独特的优雅气质和成熟魅力。2004年3月，创始人吴昆明创建高梵品牌，定位女士高端羽绒服，以传统时尚款为主，主打修身；2010年公司转型涉足电子商务领域。公司通过10多年的不懈努力，已发展成一个集研发、生产、销售和自营进出口贸易于一体的大型服装企业，主营产品有男女装羽绒服、女装羽绒服、羽绒裤、高档毛衫、皮草、大衣等，形成集羽绒服的设计研发、生产、电子商务 B2C 销售及线下专柜 O2O 销售于一体的新型互联网品牌。品牌主张“轻时尚、简生活”，产品定位“舒适、简约、百搭”，以女士羽绒服为主，逐渐向男装、童装扩展，开发全家人的轻时尚羽绒服。2014 年全年线上销售达 2 亿元，位列全国羽绒服品牌第三名。

高梵公司进军电商之前，曾是中国规模最大、技术最先进的服装生产企业之一，曾被中国名牌战略推进委员会推举为“具有国际竞争力，向世界名牌进军”的十六大中国名牌企业之一。2010 年高梵公司开始向电子商务进军；2011 年高梵通过当当网、天猫等电子商务平台实现网上销售额达 860 万元；2012 年高梵网上销售额达 4800 万元；2103 年高梵创建安徽贵谷电子商务公司，组建高梵电商团队；2014 年高梵借助当当网新品闪购平台上线再次发力，“双 11”高梵羽绒服销售突破 3100 万元，单款销售过千万元，位列羽绒服单品销售第一名，全年线上销售达 2 亿元，位列全国羽绒服品牌第三名。2015 年是高梵的品质打造之年，是高梵打造百年品牌的元年，12 月高梵成为中国电子商务 B2C 通过 CQC（中国质量认证中心）认证的第一家品牌，编号 001。

2. 高梵公司物流

高梵公司自进军电商起，特别是销售额连续多年高速增长，离不开合理高效的供应链物流。高梵公司十分强调柔性供应链建设，根据市场实际情况，快速反应，合理组织生产、销售、配送等。通常线下服装企业的供应链反应时间是 3 个月，线上同行业的反应时间平均是 25 天，但高梵公司的供应链反应时间仅 7 天。高梵在构建供应链体系时，全面梳理服装供应链物流的每个环节，逐一确定解决方案，其中将 40%物流快递业务量外包给顺丰。高梵公司在选择物流快递企业时，主要根据用户的满意程度来选择，建立动态反应体系，持续优化供应链物流服务，力争打造同行业的物流标准。但是，占市场主导地位的品牌时装，本身具有强烈的季节性和短暂的流行周期。用行话来说，服装的发布具有“季”；这里的“季”摆脱了原来“季节”的概念，变成一种产品更新换代的符号；发布服装时，厂商不再单纯依据四季气候，而是跟着市场走，增加更多时尚的元素，多数服装厂商每年有多达 8～12 个“季”。这种“季”服装销售的不规则性，服装企业仓库管理人员和客服人员工作量不均，容易导致仓库爆仓和缺货发生、买家咨询的衣服没有合适的颜色或尺码、发货较慢等问题，是服装物流值得注意的问题。

思考与讨论

（1）服装物流“小批量、多批次、快出货”的表现有哪些？

（2）服装物流信息系统应具备哪些功能？

（3）物流公司如何应用服装企业“季”的不规则性？

（4）出口服装如何进行物流活动？

4.11 图书物流

4.11.1 基础知识

销售时点系统（Point of Sale，POS）：利用光学式自动读取设备，按照商品的最小类别读取实时销售信息以及采购、配送等阶段发生的各种信息，并通过通信网络将其传送给计算机系统进行加工、处理和传送，以便各部门可以根据各自的目的有效地利用上述信息的系统。

4.11.2 案例：APG 集团物流产业园

APG 集团物流产业园坐落于 HF 市 LY 工业区内，区内印刷业十分发达，配套产业齐全，基础设施健全，交通便利。作为集团的物流中心，产业园主要业务涵盖运输、仓储，包括图书、音像、印刷物资等。产业园的目标是既能辐射华东市场，又承接长三角地区的产业转移。一期已投资 5000 万元，建成现代化钢结构仓库六座，生活办公楼一栋，建筑面积 $27000m^2$。其中两座仓库被用作生产厂房，其余为 AHRM 出版社、AHKJ 出版社、AHSE 出版社、ANHWY 文艺出版社、AHMS 出版社、HS 出版社六家企业共同使用。

产业园建立仓库 4 座，占地面积 $43000m^2$，库区面积 $18240m^2$。六家企业拥有 5 辆配送车，互不协作，配送路线重合且迂回。AHKJ 出版社是园内物流软件和硬件较为完善的部门，拥有自营仓库一座。仓库按区域划分，每个区域的储位设有唯一固定标识，配有简易货架和图书托盘，出入口设有图书打包机，用于将零散的图书凑整打包以备发运。

产业园六家企业共有四座现代化钢结构仓库，如图 4-9 所示。A、B 仓库规模为

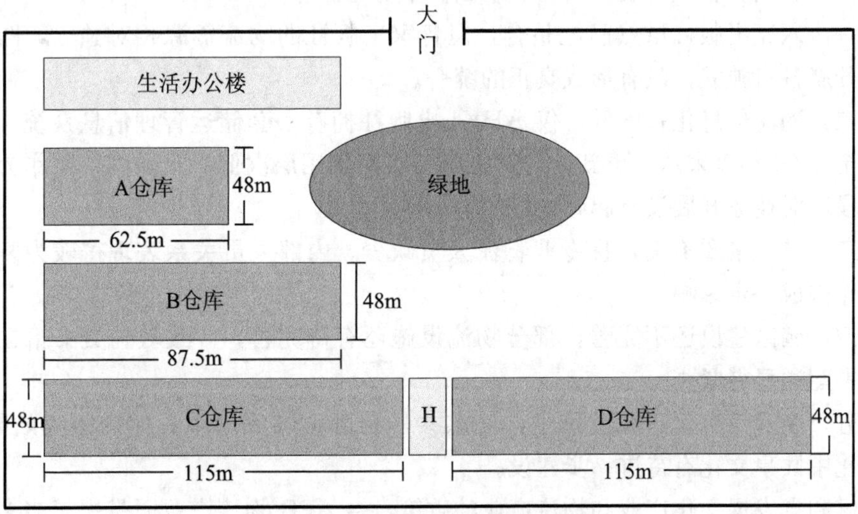

图 4-9 仓库相对位置及规格

7200m^2，C、D仓库规模为11040m^2，A、B仓库面积为C、D面积的65%。仓库间作业规划不合理，如图中C仓库与D仓库之间的H区经常出现交通堵塞。在H区，两家企业的进出货、退货都聚集一起，而H区道路狭窄，相互影响彼此作业。

园区内信息化程度较低，六家企业中除科技出版社采用信息系统管理外，其他均为纯手工操作，且科技出版社的信息系统只能进行简单的数据存储传输。该系统名为储运管理信息系统，于2000年投入使用，是园内唯一的一套图书存储和运输管理软件，负责仓库的图书出入库控制和基本业务处理。但之后不久，系统的设计单位由于经营不善而退出软件市场，至此储运管理系统就没有更新和完善，难以适应企业业务增长的需要。

为了真正把握APG的状况，采用SWOT方法进行分析。

APG物流产业园近年整合省内六家图书出版社，实行集团化运作后凸现出明显的资源优势和规模优势，具有一定的优势。

第一，整合后的六家出版社由集团统一领导，一致行动。原有各家出版社的诸多活动如采购在集团统一领导下形成规模采购优势，降低了整体运作成本。

第二，物流产业园内拥有现代化钢结构仓库四座，仓库以现代标准化仓库要求建造，预留充足的后续仓储空间，目前主要用于六家出版社图书的仓储，五辆图书配送车担负图书的配送任务。

第三，随着企业制度的改革，集团人事制度逐渐趋于完善，良好的人事制度有利于吸引和留住人才。

第四，集团领导人的企业信息化意识强烈，信息化建设也在不断开展之中。办公自动化系统的投入使用，为企业办公工作提供了极大的便利。

第五，长期的图书物流运作经验是各家出版社所具有的另一项优势。被整合之前的小而全的企业运作模式，使各家出版社都具有一定的图书物流运作经验。

APG物流产业园虽然具有众多的企业内部优势，但来自企业内部诸多的劣势也同样存在，并影响着企业发展，具体表现出若干劣势。

第一，六家出版社虽然已经整合，但各家出版社的物流资源相对独立，图书物流业务的开展各自独立，没有形成真正的统一。

第二，物流信息化程度低，仅AHKJ出版社拥有一套储运管理信息系统，并且这套系统至2000年以来从未更新。计算机与互联网使用层次低，互联网主要作为企业宣传的手段，对业务开展没有起到很好的辅助作用。

第三，员工素质不高，且专业物流人员缺少。内部人员关系表现得较为复杂，对正常工作构成一定影响。

第四，园区建设还不完善，部分物流设施还有待完善，导致教辅类书籍在需求旺季时图书配送显得紧张。

第五，企业信息化建设过程中，信息共享制度不够完善，具体的落实效果不佳，企业文化中共享文化有待进一步建设。

国家和省发展文化产业和物流产业的政策，给APG物流产业园带来了诸多的发展机会，具体如下。

第一，国家创建“学习型社会”，企业创建“学习型组织”，个人也在努力成为一个学习型的人才，全社会范围的浓厚学习氛围对图书表现出旺盛的需求。

第二，信息化软件厂商经过20多年的市场洗礼，软件行业逐步趋于完善，企业物流信息化管理软件不断走向成熟。物流IT技术与互联网技术的飞跃发展，为图书业务的拓展提供崭新的渠道。

第三，第三方图书物流服务商大量涌现，激烈的市场竞争促使第三方物流公司各项物流设施不断完善，业务运作趋于正规。

第四，六家出版社主营教辅类书籍多年，形成了较为稳定的教辅书消费群。

第五，基于企业业务协同运作的供应链管理思想的成熟，使企业具有强烈的供应链整体意识。

但是，也存在一定的外部威胁，具体分析如下。

第一，良好的图书市场行情带来各类大小出版社不断增多，随着图书出版市场的逐步开放，国外出版企业也开始大举进入。

第二，Internet网络飞速发展，e-book（电子书）及众多网络媒体和新形式的阅读方式开始流行，向传统的纸质阅读方式提出挑战。

第三，除国家金融系统外，社会与企业的诚信机制普遍不完善。

第四，供应链企业实际业务运作协同能力不强，上下游企业物流配套设施不平衡。

综合APG物流产业园的优势、劣势、机会和威胁的分析结果，对于企业的优势和外部机会应当加以发挥和利用，对于企业劣势和来自外部的威胁应当最大程度加以避免。表4-6给出了APG物流产业园的优势、劣势、机会和威胁，并就四种因素的不同组合提出了应对战略。

表4-6　　　　APG物流产业园的SWOT分析

内部因素 / 外部因素	优势	劣势
	·集团统一领导，一致行动 ·现代化仓库与车辆 ·众多人力资源 ·长期图书物流运作经验 ·强烈的信息化意识	·物流资源相对独立 ·物流信息化程度低 ·员工素质不高、关系复杂 ·信息共享制度缺失 ·园区建设不完善
机会		
·图书需求旺盛 ·物流信息化管理软件成熟 ·第三方图书物流支持 ·稳定的教辅书消费群 ·供应链管理思想的成熟	·以教辅书书籍出版为主，积极进入大众图书市场 ·联合专业第三方图书物流企业，做精做强图书物流 ·全面企业信息化，增强企业效率	·整合物流资源，形成集团统一物流活动 ·加大员工业务技能和先进信息技术培训力度 ·信息共享意识融入到企业制度建设中

续 表

威胁		
·图书出版企业增多 ·新阅读方式逐渐流行 ·社会诚信机制的不完善 ·供应链协同机制不足	·充分发挥整合优势，增强企业核心竞争力 ·立足图书，开发相关音像电子产品 ·完善企业信用机制	·减少单个出版社的物流设施投资，施行统一计划 ·避免各出版社单独行动

思考与讨论

(1) 什么是SWOT分析？如何进行SWOT分析？

(2) 图书物流的特点是什么？

(3) 图书物流如何实施物流信息管理系统？

(4) 公民知识消费需求的改变对图书物流有哪些影响？

4.12 烟草物流

4.12.1 基础知识

电子订货系统（Electronic Order System，EOS）：不同组织间利用通信网络和终端设备进行订货作业与订货信息交换的体系。

4.12.2 案例：YN烟叶物流

我国的烟草行业是国家高度垄断的行业，NY烟草在长期的实践中，积极推进物流改善，取得了显著的成绩。YN烟草为推进精细化管理，加强各部门之间的沟通与协调，制定了《云南省烟草烟叶公司生产业务管理规定》，拟订了公司生产流程图。在复烤加工过程中，严格按照生产计划和客户的要求合理组织生产，并充分考虑客户及其相关的工艺要求，努力使生产工艺与国际标准接轨，兼顾公司、客户、生产部门利益，合理协调，妥善安排，搞好服务，对于保证和稳定产品质量，进一步调动和提高生产部门积极性起到了重要的作用。①

第一，取消合并装卸搬运环节和次数。装卸搬运不仅不增加烟叶的价值和使用价值，相反，随着流通环节的增加和流程的繁杂，烟叶的“综合碎耗”和生产成本随之增加。YN烟草公司在生产物流系统设计中研究了各项装卸搬运作业的必要性，千方百计地取消合并装卸搬运环节和次数。

第二，实现生产物流作业的集中和集散分工。众所周知，集中作业能使生产作业量达到一定的水平，公司在安排存储保管物流系统的卸载点和装载点时尽量集中，以

① http：//www.leadzil.com/ljs/wuliu/129589.asp [2008-03-30].

保证实现机械化、自动化生产。在货场内部，同一等级、产地的烟叶尽量集中在同一区域进行物流作业，如建立专业货区、专业卸载平台等。

第三，进行托架单元化组合，充分利用机械进行物流作业。公司在实施物流系统作业过程中要充分利用和发挥机械作业，如叉车、平板货车等，增大操作单位，提高作业效率和生产物流“活性”，实现物流作业标准化。

第四，合理分解装卸搬运程序，改进装卸搬运各项作业，提高装卸搬运效率，力争在最短时间内完成烟叶加工的所有工艺流程。

第五，着力提高生产物流的快速反应能力。公司通过烟叶数据库的建设，促进网络信息的发展，将物流的各个环节连成一个整体，按照统一的生产计划准时地实现烟叶物资的流动。

第六，简化生产工艺流程。公司通过完成“加湿降尘”和“加湿降碎”系统的技术改造，完善加湿系统上的皮带加湿改造，改进和调整初烟解包投料方法，充分利用新建成使用的加湿系统，做到计划投料，加湿保湿。同时，公司改进烟叶的传统堆码方法，改变了过去初烟解包码板后再进挑选容易形成二次三次造碎的方法，采用整包保湿，在挑选工序完成烟叶解包的方式，有效地减少了解包挑选工序的烟叶损耗。此外，对挑选生产的主要物流载体如烟笼、托盘等进行技术改造。公司在烟笼原结构基础上加装“斜三角支撑”，堆码高度由原来的三层增加到四层，实现了挑选生产系统和存储保管系统烟叶物流的“托架一体化运输”，有效地降低烟叶生产的“综合碎耗”和生产成本投入。

生产物流是公司烟叶产品成本的一个重要关键点。通过对生产物流系统的建设和完善，强化生产现场管理，整合公司的现场管理系统，降低烟叶的综合损耗，为降低企业的生产成本奠定了坚实的基础。例如，企业通过挑选设备的各项技改及技术创新项目的实施，实现了挑选设备良好的“人机配合”，增加了输送皮带的表面湿润度和车间内的环境湿度，降低了室内空气中的扬尘，使烟叶在解包挑选分级过程中的水分保持在16%～18%，不易破碎，缓解了打叶车间“回潮”工序的压力，极大地降低了烟叶的综合损耗，大大改善职工的工作环境，促进现场管理水平的提高。同时，通过实施物流管理系统，活化了各生产物流子系统及其相互间的作业关系，简化了生产作业流程，实现了标准化物流模式，有效地降低了烟叶的综合碎耗和生产成本。2003年烤季与2002年烤季相比，“综合碎烟损耗”从2122442kg（2122.4t）降至111.3061kg（111.3t），比上一年减少1009.4t，下降幅度为47.55%，按每担400元计算，共产生效益874.7万元；2004年烤季与2003年烤季相比，“综合碎烟损耗”从111.3061kg（111.3t）降至489308kg（489.3t），比2003年减少623.7t，下降幅度为56%，按每担400元计算，直接效益498.96万元。此外，企业对挑选生产的烟笼、托盘等主要物流载体进行大规模的技改维修，实现初烤烟的“一体化投料”模式，成品库房容积率增加近1/3，提高了叉车作业率，降低了烟叶综合碎耗，节约了人工、辅料和库房的投资，提高了烟叶堆码稳定性和安全性，杜绝了歪斜倒塌现象。

思考与讨论

(1) YN烟叶企业内部存在哪些物流活动？哪些环节具有物流增加值？哪些环节没有物流增加值？

(2) YN烟叶企业实施物流改善采用哪些方法？哪些具有推广意义？

4.13 医药物流

4.13.1 基础知识

电子认证（Electronic Authentication）：采用电子技术检验用户合法性的操作。其主要内容有三个方面：一是保证自报姓名的个人和法人的合法性的本人确认；二是保证个人或企业间收发信息在通信的途中和到达后不被改变的信息认证；三是数字签名。

电子报表（E-report）：用网络进行提交、传送、存储和管理的数字化报表。

4.13.2 案例：九州通医药集团物流

1. 集团简介

九州通医药集团股份有限公司是一家以西药、中药、器械为主要经营产品，以医疗机构、批发企业、零售药店为主要客户对象，并为客户提供信息、物流等各项增值服务的大型企业集团。公司立足于医药健康行业，是中国医药商业领域具有全国性网络的少数几家企业之一，于2010年11月2日在上海证券交易所挂牌上市（股票简称：九州通，证券代码：600998），是在中国医药商业行业处于领先地位的上市公司。公司连续多年位列中国医药商业企业前列，中国民营医药商业企业第1位，并以40亿元的品牌价值位居“2015胡润品牌榜”第128位，2016年位列《财富》（中文版）500强第122位。

九州通成立于1999年3月，总部位于湖北省武汉市。截至2016年9月30日，注册资本16.47亿余元，总资产375.99亿元。2016年截至三季度末实现营业收入452.32亿元，净利润4.57亿元，较2015年同期分别增长24.08%和21.86%。公司员工万余人，直营和加盟零售连锁药店863家。

2. 物流状况

大力发展现代物流是构筑医药销售企业核心竞争力的关键，九州通秉承“技术让服务更卓越”的理念，着力打造企业核心竞争力，致力于现代物流技术的引进吸收和自主创新。

早在2001年，九州通就开始了医药物流现代化的研究，探索将国内外先进的物流理念与中国国情相结合的物流模式。

2003年九州通对物流中心进行硬件改造，利用现代化的自动存储、自动分拣设备和功能齐全的仓储管理信息系统，对进出库商品和配送流程进行管理。2005年集团董事长刘宝林东渡扶桑、飞越太平洋，对世界一流的物流企业日本东邦、美国麦卡锡进行实地考察，学习借鉴别人的成功经验，建设大型现代化医药物流配送中心，培育九州通集团核心竞争力。

九州通拥有全国性的营销网络和丰富的上下游资源，先后在湖北、北京、河南、新疆、上海、广东等大部分区域中心城市和省会城市兴建了28家省级子公司（大型医药物流中心），49家地市级分子公司（地区配送中心），建立了覆盖全国90%以上行政区域的营销网络。公司经营品种品规达25万多个，上游供货商7000多家，下游客户8万多家，取得了国内240多种药品的全国或区域总经销或总代理资格，保障了客户多样化的需求，满足“一站式”的采购体验。

九州通拥有先进的物流技术和增值服务能力。全集团仓储面积达120万平方米，存储能力400万件，出货效率达10000行/小时，出库准确率高达99.99%，自有配送车辆1140余台。秉持“技术让服务更卓越”的理念，公司致力于现代物流技术和信息技术的开发和应用，通过自行设计、规划、系统集成，已完成了旗下70余个现代化医药物流中心的建设，并广泛使用了具有自主知识产权的仓储管理系统（LMIS）、设备控制系统（WCS）、运输管理系统（TMS）、第三方物流平台、药品监管码采集等系统，实现了行业领先的物流配送服务能力，是目前国内唯一具备独立整合物流规划、物流实施、系统集成能力的医药分销企业，并获得了国内医药行业唯一的“中国物流改革开放30年旗帜企业”的荣誉称号。凭借领先于国内同行的现代物流信息技术和丰富管理经验，九州通具备了向上下游客户提供需求解决方案及增值服务的能力。将各类技术增值服务延伸到了上下游产业链，形成了独具特色的物流管理、供应链管理、医院管理三大产品线，满足客户对技术的最高要求。2011年九州通开发的“医院内统一配送、智能化药房改造和医院药库外延”三大医药物流延伸服务模式，被商务部评选为我国医院医药物流延伸服务示范企业之一。

九州通四大优势：

第一，中国大陆唯一具备独立集成规划能力的现代医药物流企业。九州通医药集团早在2001年就开始了对医药现代物流的研究和探索，一方面以开放的心态积极向国外先进的医药物流企业学习，加强合作与交流；另一方面努力探索将国外先进的物流理念与中国国情相结合的医药物流模式，致力于自主研发。

第二，丰富的自主研发成果保证了九州通在国内医药物流界的绝对领先地位。凭借九州通一流研发实力的技术团队和丰富的物流与供应链管理经验，公司面向医药健康行业先后开发了物流管理系统、医院管理系统、医疗机构管理平台、ERP系统、集中采购管理平台等30余个软件产品，全部取得了自主知识产权，并形成了独具特色的物流管理、供应链管理、医院管理三大产品线，能广泛覆盖医药行业客户的信息化需求。

第三，行业领先的物流配送能力。在健全的营销网络和现代医药物流中心的支撑下，在成本控制和效率提升方面，九州通远远领先于国内同行，“低成本、高效率”的模式被中国医药界誉为“九州通模式”。

第四，顶尖的技术研发与物流管理团队。九州通不仅从世界顶级企业引进高级管理人员，也从清华大学等著名学府引进专业人才，现拥有物流规划、物流运营及技术研发人员500余人，其中90%具有大专及以上学历。雄厚的人才力量，融合专业团队的服务品质，帮助客户实现价值最大化。

思考与讨论

(1) 医药物流与普通货物运输相比，有哪些共同点和不同点？

(2) 九州通医药集团物流的主要功能有哪些？如何打造物流核心竞争力？

4.14 煤炭物流

4.14.1 基础知识

煤炭配送为煤炭及其产品在煤炭生产企业和用户之间的实体流动。煤炭具有物理性质、化学性质和工艺性质。煤的物理性质主要包括煤的密度、表面性质、光学性质、电性质、磁性质、热性质和机械性质。煤的化学性质是指煤与各种化学试剂在一定条件下发生化学反应的性质，以及煤用不同溶剂萃取的性质。煤的工艺性质主要包括黏结性、结焦性、发热量、反应性等。

煤炭是散堆装货物，具有大宗货物占地面积较大、库存质量标准要求不高、运输方式简单，运输途中易发生风蚀、散失或自燃，装卸作业易污染环境等特点。可见煤炭物流具有运输周期长、不需包装、时效性一般等特点。

煤炭配送一般采用袋装或散装的装运方式，流程为：进货—散装或袋装装运—储存加工—装运—送达。其中，储存加工是在储煤库或配送中心进行，按照具体的客户订单对所采购的煤质的要求实行配煤。配煤是将两种或两种以上不同的煤按照一定的比例混合后装运的生产方式，控制和保证配煤比例的准确度和配煤的均匀度是准确完成配煤的关键。

煤炭配送方式主要有铁路配送、水路配送、公路配送、多式联运，比较如表4－7所示。其中，多式联运又分为驮背配送和鱼背配送。铁路与公路联运，即公铁联运，又称驮背配送，是指在铁路平板车上载运卡车拖车，托运人在合理的价格下享受长距离门到门运输服务。公路或铁路与水路联运，称为鱼背运输，即将卡车拖车、火车车厢或集装箱转载驳船或船舶上进行长途运输。

表4－7　四种配送方式的比较

	优点	缺点
铁路配送	适合长距离的集中运输； 运载量大、速度快； 远距离运输费用低； 不受气候因素影响，准时性较强； 安全系数较大	受线路、货站限制，营运缺乏弹性； 受运行时刻、配车、编组等因素影响； 不能适应用户的紧急需要； 货损较高

续 表

	优点	缺点
水路配送	运输能力大、能源消耗低； 单位运输成本最低	货运速度较慢、周期长； 港口的装卸搬运费用较高； 航运、装卸作业受气候条件的影响较大； 波动性大难以均衡
公路配送	承担水路、铁路运输难以到达地区的长途、大批量货运及铁路、水运难以发挥优势的短途运输； 灵活性很强、速度快，受地形气候限制小； 保证煤质，减少货损； 可以实现“门到门”服务	载运量较小、效率低； 长途运输成本较高、能耗大； 污染环境严重； 易发生事故
多式联运	综合多种配送方式的优点，既灵活、快捷，又可满足长距离运输，运输费用较低	管理难度大，对管理和技术等水平的要求较高； 协调的复杂性较大

4.14.2 案例：HNPB 煤矿的煤炭配送

HN 矿区位于华东经济发达区腹地，AH 省中北部，横跨 HN 和 FY 两市。矿区东西长约 100km，南北倾斜宽约 30km，面积约 3000km^2。煤炭储量丰富，总储量占 AH 省的 74%，华东地区的 50%，已探明储量 300 多亿吨，其中可采储量 175 亿吨，并有丰富的煤层气、高岭土等煤炭伴生资源；煤炭质量优，煤种齐全，属 1/3 焦煤为主的多种优质炼焦煤和动力煤，深部有肥煤、焦煤、瘦煤，具有特低硫、特低磷、高发热量、高灰熔点等特性，有“环保产品”“绿色能源”的美称；区位优势明显，市场广阔，煤炭产品主销江、浙、沪、闽、粤、赣、皖六省一市。

HN 矿业集团下属的 PB 煤矿地处 PJ 镇，位于 HN 市西北，紧邻 FT 县、FY 市、LX 县、MC 县、HY 县，距周边县市均为 30～40km，距 HN 市区 25km，距阜淮铁路 8km，合徐高速公路、205 国道 25 公里，225 省道穿境而过，地理位置优越，交通运输便捷，铁路、公路、水路四通八达。PB 煤矿与 PY、PE、PS、ZJ、XQ 矿井共用 HN 矿业集团全长 110km 的铁路专用线。该铁路专用线共设 10 个车站，配 12 台内燃机车，经阜淮线 PJX 站与国铁线路接轨，由矿区铁路集配站 TJ 站进入各矿车站。PJ 站设有正线 2 条，到发线 8 条，货物线 1 条。其中 8 条到发线中有 3 条为矿区货车交接股道。矿区专用线为专用线Ⅰ级，运行速度最高 55km/h，TJ 站为矿区铁路集配站，空重列车均必须经该站送达各矿或潘集站。TJ 站设正线 2 股，到发线 4 股，并有机务段管线与该站相接。机务出入库均影响正线接车。PB 煤矿临近淮河，水路运输条件优越。从事煤炭运往华东地区的中转港口是裕溪口港，位于长江左岸，地处老 HN 铁路终点，港区地面平坦，江面宽阔，水路运输条件较优。

PB 煤矿的组织结构如图 4－10 所示。

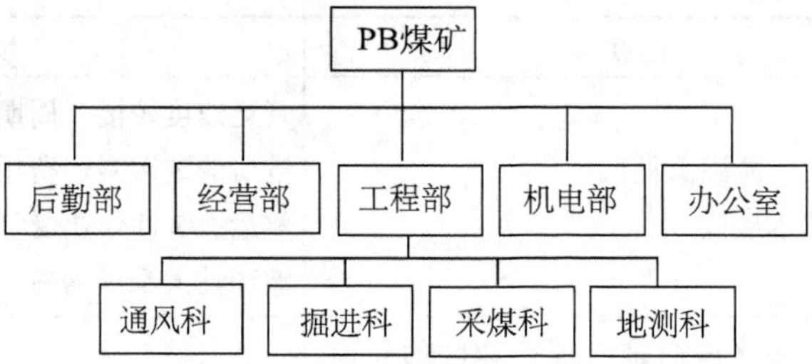

图 4-10　PB 煤矿的组织结构

PB 煤矿遵循“抓大户、理通道、树正气”的营销战略，根据“用量、通道、回款、品种、直供、优化”六要素原则，将用户分成 A、B、C 三类，如表 4-8 所示。

表 4-8　PB 煤矿的客户分类

A 类用户	B 类用户	C 类用户
①属战略大户、重点用户 ②用户用量大且稳定、信誉好、回款及时 ③与集团公司有长期良好合作基础及发展前景	①煤炭用量较大、回款较及时、信誉好的一般直供户 ②与集团公司有长期良好合作关系的燃料公司 ③信誉好、供集团公司重点用户的经营大户 ④一般精煤用户	一般经营户、现金小户

同时，PB 煤矿实施客户关系管理：第一，明确各类客户的定义、对象，定期考评并在必要的时候做出更改，以确保企业自身的利益。第二，建立系统化的全流程煤炭配送组织、技术管理、信息管理和客户关系管理方法。第三，规范煤炭大客户管理与其他相关业务流程的接口流程和信息流内容，保证跨部门紧密合作和快速有效的相应支持体系。第四，加强对大客户年运量完成情况、直达运输兑现率和服务质量等的检查监督和考核，确保大客户战略有效实施。第五，利用技术手段，建立客户关系管理支撑系统和信息交流平台，维护与各类客户的良好长期合作关系。

针对不同客户，PK 煤矿实施分类配送。

(1) A 类用户的煤炭配送。

A 类用户为潘北煤矿的大客户，实施大客户管理，深悉客户需求，集中优势人力、物力、运力，按照客户要求选煤、配煤，不断致力于为客户提供优质的配送服务，为企业自身和客户创造长期、稳定的较大收益，最终实现共赢。PB 煤矿对于 A 类用户采取全月均衡发运，主要采用铁路配送模式，一般配送流程为：备货—储存—订单处理—装车—铁路输送—送达—卸货。

具体地，PB 煤矿煤炭销售配送的备货工作由经营部完成，接受用户订货或配送要求，审查订货单证，核对库存情况，向工程部传递补货信息，及时组织生产从而满足用户的订货量。生产出来的煤炭通常采用露天堆放，因为企业是根据客户订单和科学的市场预测适时、适量地开展生产作业，企业库存基本可以维持在很低的水平内，煤炭露天堆放时间不会太长，不会影响煤质，使煤炭发生受潮、自燃等破坏现象。营销部针对客户订单中指出的特殊要求，向煤质科传递洗煤、选煤等信息，使选煤后的煤质指标符合用户需求，并进入磅房称重计量。订单处理完毕后，运输科开取发煤通知单、填制发货单证，财务科登记账簿、编制日报表，营销科和运输科共同制订车辆调度计划，组织装车和发运。驻外销售处负责货物到站后的验收和实现货物交接、完成卸货或者一些商务纠纷的处理。当然，企业也会根据不同客户的个性化要求或实际情况更改具体的配送模式，有时采用铁水联运的配送模式。特殊配送流程为：备货—储存—订单处理—装车—铁路输送—港口中转—水路输送—送达—卸货。铁水联运追求以终端用户需求为拉动，实现市场需求、船舶运力、港口场存、铁路运力和煤炭供给的科学合理的无缝隙链接。

铁水联运的物流服务链如图 4－11 所示。

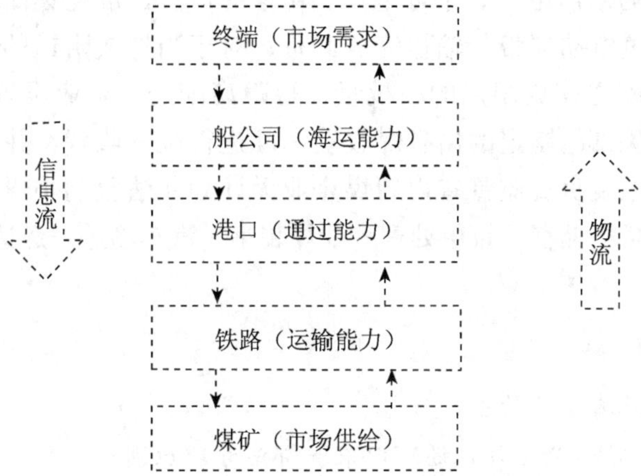

图 4－11　铁水联运的物流服务链

(2) B 类用户的煤炭配送模式——水路配送或铁水联运。

对于 B 类用户，潘北煤矿一般每月 10 日开始发运，通常采用水路配送或铁水联运配送模式。一般配送流程为：备货—储存—订单处理—配煤装船—水路输送—送达—卸货。PB 煤矿在保证原有运量、维护原有客户的同时，正在致力于逐步完善企业自身的水路配送体系，以更好地满足老客户，发展新客户。在充分挖掘自有运力的同时，加大对外联系组织运力，与江苏、河南和本省十几家航运公司建立良好合作关系。加强对船队的调度、协调和跟踪服务，在重点船闸派员驻闸加快船队运转。为稳定运力，与 26 个船队签订合同实行专线管理。同时，PB 煤矿为了解决运力紧张的局势，在港口投资建立煤炭配送中心，建立配煤基地，开展港口配煤质量管理。港口配煤是通过几台堆取料机在不同品种的煤垛上按比例取料，经装船胶带输送机配混装船或装船门机在不同品种的煤垛上按比例取料装船。主要包括合理制订配煤方案、配煤前的杂质清理准备、配煤质量指标的管理、配煤控制系统的建立和应用等方面。通过配煤，既可以满足不同客户对不同煤质的需求，提高煤炭的送达服务质量，提高客户的满意度和忠诚度，又能与其他矿区的煤炭产品进行配煤，从而达到改变本公司煤炭的某些固有特性，适应市场需求的变化，提高企业的经济效益，使全国的煤炭资源得到充分利用。此外，企业正在进行海煤进江运输的尝试，采取承租方式，租用地方海轮进江运送煤炭，扩大经营领域，达到取得更好的经济效益的目的，积极开展和更新煤炭运力，依江促海，扩大江海联运煤炭运量。PB煤矿在管理煤炭的水路配送中，强调配送途中的安全管理，并制定预防措施：第一，装货前须告诉承运人（主要是船长）该煤系属易于释放甲烷还是易于自燃，并协助承运人针对不同煤系采取不同预防措施。第二，在货区放置禁止吸烟和使用明火的警告牌。第三，装货前，对货物处所和舱底进行彻底清扫，保持货板、舱底清洁、干燥。第四，对于长途海运，正确使用测量工具，定期检测有无高温或易燃气体存在。第五，确保货物表面已合理平整避免形成气阱。

(3) C类用户的煤炭配送模式——公路配送或铁路专用线。

对于C类用户，PB煤矿一般每月20日开始发运，通常采用公路配送或铁路配送模式，如对于当地的洛河电厂、平圩电厂、田家庵电厂、淮化集团，采用铁路专用线完成煤炭配送，通过电动皮带传输机完成卸货；对于当地或附近的一些现金小户、经营小户，采用公路配送完成用户的小批量、短距离配送。企业设置公路出省管理站，主要负责按省里有关部门制定的出省煤收费标准进行统一收费，并且在省内大型企业设置用煤管理站，主要负责监督省内用煤企业无计划非法收购小煤窑。企业的公路配送模式一般为：备货—储存—订单处理—配煤装车—汽车输送—送达—卸货。

思考与讨论

(1) 煤炭物流具有哪些特点？

(2) 除了采用ABC分类外，还可以采取哪些管理原则？

(3) 如何实施煤炭物流相关政策？

4.15 商贸物流

4.15.1 基础知识

商贸物流（Commercial Logistics）在商业贸易中产生的物流过程，即商品流通过程中商品实体的时空运动体系；与批发、零售、住宿、餐饮、居民服务等商贸服务业及进出口贸易相关的物流服务活动；商贸物流属于产业物流，是商品流通的重要组成部分。

自营物流模式（Self - support Logistics Mode）：自营物流主要是指企业自己营业的物流，而它的主要的经济来源不在于物流，如海尔就是自营物流。但是它的最大利润源却不是物流，但它有能力自身承担物流业务并且从中获利。自营物流是企业物流模式的一种。趋势：没有能力承担物流业务的企业把其物流业务外包给专业的第三方物流公司。由于我国物流体系制度很不完善，经过分析第三方物流也不是一个很好的解决办法，所以有许多生产型企业两难，不知道是该自营还是该外包。这也是目前我国物流行业的重要矛盾之一。

外包物流模式（Outsourcing Logistics mode）：又称为“第三方物流”，它是现代物流业的主要表现形式与发展方向，同时，物流外包服务的占有率与物流产业水平间存在正相关。发达国家物流业实证分析研究表明：“当物流外包服务占社会总物流的50%以上时，物流产业才真正形成”。所以第三方物流的发展程度有效反映和体现了一个国家物流产业的整体水平。物流外包是物流专业化的一种重要表现形式，是由商品供、需方之外的外包服务商提供物流服务，外包服务商不参与商品供、需方之间的交易，而只是承担从生产到销售整个过程中的物流业务：包括商品的包装、储存、运输、配送等服务。通过物流外包，物流需求企业不再由内部运作物流，而是将物流业务交给物流外包服务企业，以整合和利用外部资源、降低成本、强化核心竞争力，提升企业的应变能力。商贸企业的物流外包服务一般依次集中于配送、仓储、干线运输这三个方面。

电子商务物流模式（E - commerce Logistics mode）：我国物流公司大多是由传统的储运公司转变而来的，还不能满足电子商务的物流需求，因此，很多企业借助于它们开展电子商务的经验也开展物流业务，即电子商务企业自身经营物流。目前，在我国，采取自营模式的电子商务企业主要有两类：一类是资金实力雄厚且业务规模较大的电子商务公司。电子商务在我国兴起的时候，国内第三方物流的服务水平远不能满足电子商务公司的要求。另一类是传统的大型制造企业或批发企业经营的电子商务网站，由于其自身在长期的传统商务中已经建立起初具规模的营销网络和物流配送体系，在开展电子商务时只需将其加以改进、完善，可满足电子商务条件下对物流配送的要求。选用自营物流，可以使企业对物流环节有较强的控制能力，易于与其他环节密切配合，全力专门地服务于本企业的运营管理，使企业的供应链更好地保持协调、简洁与稳定。此外，自营物流能够保证供货的准确和及时，保证顾客服务的质量，维护了企业和顾客间的长期关系。但自营物流所需的投入非常大，建成后对规模的要求很高，大规模才能降低成本，否则将会长期处于不盈利的境地。而且投资成本较大、时间较长，对于企业柔性有不利影响。另外，自建庞大的物流体系，需要占用大量的流动资金。更重要的是，自营物流需要较强的物流管理能力，建成之后需要工作人员具有专业化的物流管理能力。

供应链物流（Supply Chain Logistics）：供应链物流是为了顺利实现与经济活动有关的物流，协调运作生产、供应活动、销售活动和物流活动，进行综合性管理的战略机能。供应链物流是以物流活动为核心，协调供应领域的生产和进货计划、销售领域的客户服务和订货处理业务，以及财务领域的库存控制等活动。包括对涉及采购、外包、转化等过程的全部计划和管理活动及全部物流管理活动。更重要的是，也包括与渠道伙伴之间的协调和协作，涉及供应商、中间商、第三方服务供应商和客户。据协调运作生产、供应活动、销售活动和物流活动的机能的差异性，可以把生产企业供应链物流归纳成三种模式：批量物流、订单物流和准时物流。

4.15.2 案例：徽商物流城市商贸业共同配送

1. 企业概况

安徽省徽商物流有限公司是由原安徽省商业储运公司和原徽商物流公司整体改制重组而成的现代物流企业。公司注册资本1亿元，是国家4A级物流企业，并通过国家四星级仓库认证。公司的主要经营范围涵盖生产资料物流与生活资料物流领域，包括货物仓储，国内、国际货物运输代理，港口运营，物流信息咨询、配载服务，日用百货、家用电器、建材金属材料、化工产品销售，物流设备销售、安装及租赁，房屋租赁，项目投资等。目前，物流方面业务主要为物流园区运营、供应链合作、物流金融及第三方合同物流。

公司在省内主要城市合肥、芜湖、蚌埠等地拥有徽商同济物流公司、徽商天济港口物流公司、徽商工贸公司、芜湖物资公司等多家子公司和运营网点，拥有8个泊位的淮河港口和1条铁路专用线，自有与管理各类仓库面积达30万平方米，其中自有仓库面积12万平方米，同TCL、海信、张裕、安徽电信器材、安徽省薄钢科技有限公司、浙江纳爱斯集团等众多知名企业长期合作。

徽商物流公司组织架构如图4-12所示。

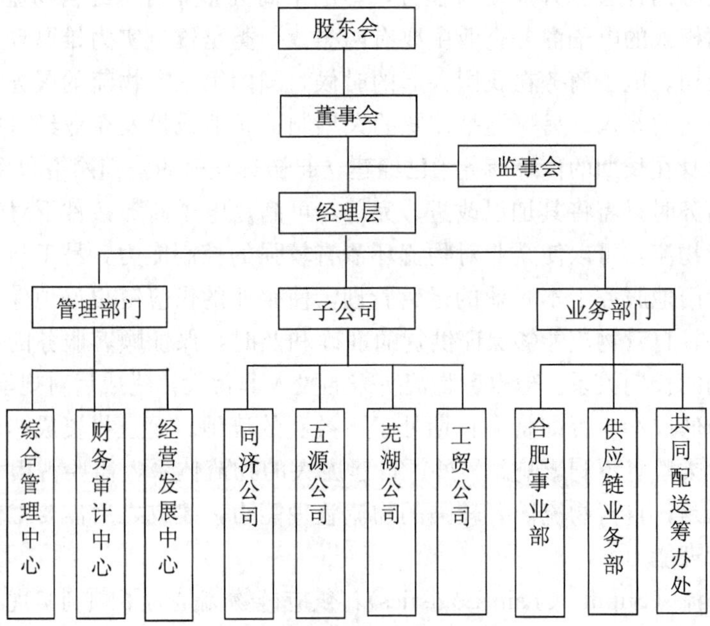

图4-12 徽商物流公司组织架构

速派得：公司全称北京速派得物流信息技术有限公司，成立于2014年，总部位于北京，是一家专注做城市物流的互联网公司，致力于为用户提供经济高效的同城快运服务，目前开通服务的城市达到20个，覆盖大部分的一二线城市。

速派得借助移动互联网技术、使用O2O模式在物流行业中搭建一个同城货物快速配送的服务平台。速派得同城快运服务平台以自主搭建自身网站为主，配以司机响应系统（App）以及智能路由调度引擎系统，将所有有效运力进行整体调度，从而形成速派得特有的商业特点：1小时响应、2小时送达、7×24小时服务，按方计费的新模式。

2. 徽商物流共同配送项目发展现状

(1) 项目概况。

"徽商·速派得"项目是徽商物流公司依托北京速派得的技术和运营体系搭建的合肥同城物流配送服务平台。"徽商·速派得"项目是公司落实商务局发展合肥市城市共同配送课题的试水，共同配送项目的实现通过利用速派得的App具有配载优化、线路优化、安全快捷支付的优势，综合徽商物流的客户资源，配送中心有针对性地解决合肥城市共同配送问题。平台通过对小批量、多批次的城市配送服务需求快速反应，为干线物流公司、商贸企业、电商平台和其他配送需求方解决"最后一公里"难题以及提供快捷、实惠、标准的同城快运服务。

徽商物流公司目前正从项目设施空间布局、配送体系建立、信息平台运作、政策把控四个方面进一步细化和优化，加快推进合肥市城市共同配送体系建设。

(2) 业务内容。

整车配送、按需配送、小件配送，点对点配送，还有包装、装卸、上楼、代收货款、代收回单、按方付费、运单自动投保等增值服务。

盈利的方式也很简单直接，一是批发零售，就是买下货车的容量再零售给货主；二是介绍费，也就是收取帮助货车找到货主的佣金。

(3) 共同配送运作模式。

速派得具体的运作模式可以概括为速派得先收集货主的需求，再通过中央调度系统按照距离远近和货物大小把需求分配给货车，货车按照速派得提供的路线接货送货。

图4-13为徽商·速派得共同配送模式运作。

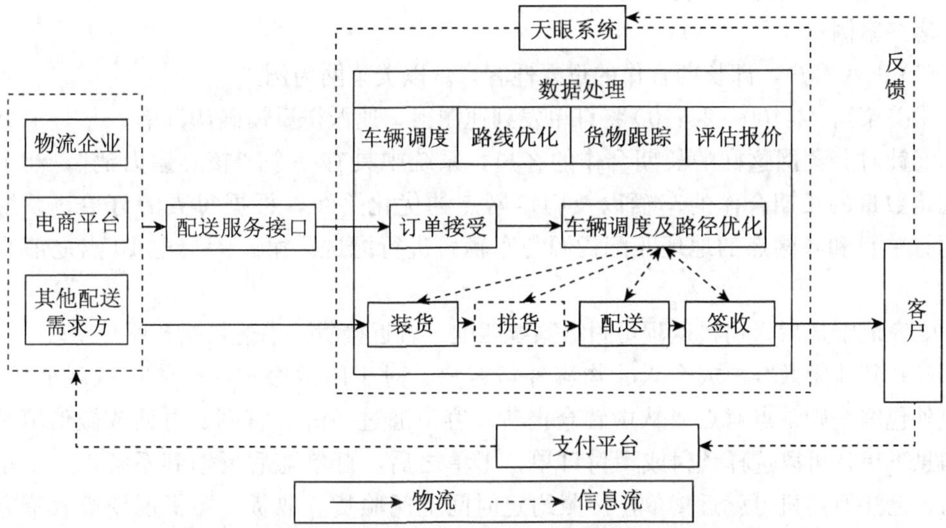

图4-13 徽商·速派得共同配送模式运作

①配送需求方通过 App、微信平台、官网或电话预定提交订单，客户可选择整车配送、按需配送、支付方式，订单中包括详细订单信息。

②订单发送到系统，系统对货物信息、配送时间、配送末端位置等分析评估形成差异化报价并反馈给客户。

③客户确认预付或到付，订单确认。

④货运订单一经确认，运输需求反馈到系统，便会由系统根据货运需求时间自动判断最适合的社会车辆，按照货物信息与车辆信息进行匹配，进行车辆调度和路径优化。在将需求发给驾驶员的同时，会计算出驾驶员最适合的路线和到达目的地的时间。同时向客户提供货物跟踪功能。

⑤车辆司机按照系统调度到发货地接货，可提供包装、装货等服务。

⑥司机进行配送，中途按照系统路径优化情况可再次接货进行拼货，进而进行整货配送。

⑦客户签收货物并与司机结算运费（到付）。

⑧司机反馈签收信息，进行评价。系统收集评价信息，进行配送或司机的培训改进。

说明：

订单信息：包括发货人信息（发货时间、发货地址、发货人姓名、发货人号码），收货人信息（收货地址、收货人姓名、收货人手机号码）和货物信息（货物体积、货物数量、简单货物描述）。

客户下单方式：官网预定、电话预订、微信下单、App 软件。

车辆：个体司机车辆或合作物流公司的车辆，司机提前注册徽商·速派得货运平台，后需经过正规培训学习司机端的操作。

结算方式：到付或预付。

客户案例：

(1) KA 客户，即长期合作的重要性客户。以美莱网为例。

①美莱网 22：00～24：00 将订单发到速派得，速派得反馈确认订单。

②针对美莱网这样的长期合作的客户，系统中具有一个“核心运力池”，池中汇集固定数量的长期合作的车辆以及固定网点的优化路线，根据每天的订单，系统将根据订单量和各网点的地址匹配货源与车辆，进行配送。第二天早上 10 点之前全部送达。

③完成配送后，司机返程可根据系统匹配，就近接货，沿途拼货，避免空驶。

(2) 其他闲散客户或个人、物流外包客户。对于闲散客户，个体司机就近接货，物流外包客户则是点对点或从中转仓提货。客户通过 App、官网、电话或微信填写货物信息下单，可以选择预付或到付订单，下单之后，订单随后反馈到系统，一个小时之后，已注册司机可就近接单，按照约定时间上门验货、取货，司机现场给收货方打电话确认信息及到达时间，到达后，收货人根据手机收到的系统验证码签收。

（3）徽商·速派得共同配送模式分析及对策。

①模式分析。

通过速派得系统的统一调配，配送车辆可以多点取送，多装多卸，提升车辆的装载率、降低空驶率。每台在路上行驶的车辆，都变成了速派得的营业网点和仓库，将原来定点集货（依靠实际网点、仓库）变成了移动集货和仓储，突破了网点地理位置的限制和车辆物理空间容量的限制，也降低了仓储物流成本。但是，在发展初期阶段，徽商·速派得的共同配送项目也面临着一些问题尚需改进。综合实地调研访谈中访谈人员提到的问题和详细分析当前的模式发现，徽商·速派得的模式还存在着以下问题：

推广问题：徽商·速派得项目刚刚实施，合作企业少；目前，合肥市场的配送形式比较传统，企业人们“互联网＋”共同配送模式的意识薄弱，而且部分司机对于App信息平台较抵触，认为麻烦。

设施设备：配送车辆一般都是金杯车、平板三轮车、厢式货车等，车辆散而乱。配送中心使用的均是柴油叉车，设施设备陈旧传统，比较危险。

订单驱动业务：以美莱网电商平台为例，平台的运作根据每晚美莱网提供的订单进行货物、车辆匹配，而且车辆基本固定，比较被动化，有时会出现车辆不足的情况。

标准规范：司机就近接单，按照自己的判断，自主拼货装车，运输依靠百度地图确定最优路线并不标准规范，虽然提高了车辆利用率，但是并不能像所希望的达到的情况，装载率较低。

②发展及改进对策。

徽商物流牵头共同配送发展，聚拢更多的企业加入共配项目。联合政府部门加大推广力度，让司机、客户了解自己的产品和服务并最终发展成为公司用户。

规范系统注册车辆的标准，确保加入车辆不仅质量安全达标，而且整洁、规范化，以免给客户脏乱差的观感。速派得在合肥还未实施使用新能源车辆，可布局规划使用，推进合肥城市绿色共同配送的发展。

建立物流大数据公共信息平台。建立公共信息平台，徽商·速派得共同配送项目参与企业，司机均可以注册加入其中。

利用信息平台收集各类数据，不仅可以收集配送车辆的地理位置信息、装载率、货物类型等实时信息，还可以收集订单信息、行驶路径、取送货时间，签收信息、交通信息和天气信息等。

批发商、客户可以发布货源信息、分享需求货物需求信息等。

依靠这些数据，系统可以在原有分析货物信息、车辆信息进行车辆调度、配载调度、路线安排、货物跟踪、评估报价的基础上，增加订购分析和签收分析。

系统需要考虑的因素包括从信息平台获取的数据，例如，从合肥各个区域的货源分布情况、到货与发货比、路线长短、交通拥堵程度等多方面进行综合数据分析，对配送路线重新规划，还可利用签收数据对区域业务热度进行分析，哪些区域用车需求较大但车辆较少，对比用户历史交易位置轨迹进行大数据统计。系统收集反馈信息，用作以后改进的服务能力历史数据。从而建立一个高效低成本的配送网络。

通过强大的云计算分析这些庞大数据，经过复杂的运算（考虑车辆位置、装载情况、行驶路径、取送货时间等）再将信息推送给合适的司机，为司机提供合理的路线安排。安排司机进行服务。商家也可以通过数据雷达对物流订单实施管理，揽收率、在途率、签收率等一目了然。

信息平台运作的优势就在于，通过大量数据的收集、整合、分析，能使人、车、货和行车路线得到最佳整合，能使客户需求得到最大满足。这将从根本上扭转货车利用率低的问题，同时也必将成为徽商核心竞争力的重要组成部分。通过数据分析，为货车的装载设计出合适的货物配装比例，解决车辆不足的问题。从配送站到被签收这段时间产生的数据也可以被上传到云端进行分析，用来指导配送。

思考与讨论

(1) 分别从商贸结构和商贸活动角度对商贸物流进行定位。

(2) 商贸物流运营模式有哪些，分别有哪些优点和缺点？

(3) 从电子商务的角度，如何实现商贸物流的创新、协调、绿色、开放和共享？

4.16 电子商务物流

4.16.1 基础知识

电子商务物流（E-commerce Logistics）：电子商务物流又称网上物流，就是基于互联网技术，旨在创造性地推动物流行业发展的新商业模式。

电商物流产业生态圈（E-commerce Logistics Industry Ecosystem）：在某个地域范围内形成的以某些企业为核心的包括电商物流服务供给者、需求者、政府、行业协会、中介组织、环境等要素，且具有较强市场竞争力和可持续发展特征的地域产业多维网络体系。

4.16.2 案例：安徽青年电商产业园物流生态圈的构建

安徽青年电子商务产业园位于全国文明城市的“大湖名城、创新高地”的合肥市，园区总占地 80.4 亩，建筑面积达 16.2 万平方米，总投资 10 亿元；其中一期占地 26.35 亩，建筑面积 5.1 万平方米，已投入使用，入驻企业 130 余家，其中合肥以外企业占总数的 60%；二期占地 54.05 亩，建筑面积 11.1 万平方米，近期将投入使用。园区入驻企业 130 余家，其中合肥市以外企业占 60%，以“羚羊早安”“北京中软高科”“上海马克华菲”“宅急送”“德邦”“中通”等省内外知名电商和物流企业为主，从北京、上海、广州、深圳、杭州等地引进上市公司入驻，形成“园中园”产业特色，计划在未来三年内培育一批知名网商品牌、互联网骨干企业、电子商务上市公司和电商物流领军企业，构建“鼠标＋水泥＋链条”跨地区、连锁型、综合性的电子商务生态产业链企业集聚平台，通过集中、集聚、集群，努力将园区打造成全国有影响力的

“互联网＋”产业发展基地。结合安徽青年电商产业园现状和规划，从提供高质量配套物流服务的角度，基于生态学 DICE① 模式的要素分布、结构互动、竞争运转和发展演化构建安徽青年电商园的物流生态圈。

1. 安徽青年电子商务产业园的要素分布（Distribution）

安徽青年电商产业园分为生产者、消费者、分解者、服务机构、生态圈环境五个部分。各要素各司其职，具体要素内容及分工见表 4－9。

表 4－9　　安徽青年电子商务产业园要素分析

一级	二级	生态圈地位	主要功能	园区特色（问题）
生产者	宅急送、申通、天天快递（电商物流企业）	处于生态圈的核心地位	为电商企业提供物流配送服务	园区与多家国内著名快递公司、网络运营商建立长期合作关系，快递单件国内提供优惠价
	自营电商（唯品会、小也香水等）			
消费者	羚羊早安（全球十佳网商）	处于生态圈的主体位置，是生态圈运转的原动力	生态圈的主体和动力，解决上市、人流、资金流的问题	以知名企业和品牌带动本地企业快速发展，培育一批知名网商品牌、互联网骨干企业以及电子商务上市公司
	北京中网在线控股有限公司（上市公司）			
	马克华菲（国际品牌）			
	最终消费者			
分解者	孵化器	处于生态圈的分支位置	通过一系列的服务和扶持，降低创业者的创业成本，减小创业风险，推动企业自主创新	以大学生、本地电商、个体及小微网商等为输入物，经过校企合作、项目对接、学生创业帮扶等，以人才孵化、项目孵化、创业孵化为输出物
	物流行业协会		引导会员开展自律工作，监督产业园内企业的规范运作，确保优胜劣汰机制有效运行，实现良性竞争和合作	

① DICE：即分布（distribution）、互动（interaction）、竞争（competition）、演化（evolution）。

续 表

一级	二级	生态圈地位	主要功能	园区特色（问题）
服务机构	人才招聘中心（九大服务中心之一）	处于生态圈的分支位置	整合企业需求，以青电园为主体进行招聘，为企业输送对口人才；鼓励高等院校、研究机构和企业开展电商、物流、大数据、“互联网+”、智慧城市等创意人才的国际交流	
	政府业务指导中心（九大服务中心之一）		为企业提供注册、工商、税务、海关等业务服务，指导企业争取政策扶持及项目申报等	设有会议培训中心、商务洽谈中心、财务管理服务中心、品牌推广服务中心等，从科技、金融、人才、工艺、经营、法律等方面全方位完善电商生态圈的配套服务，解决企业的后顾之忧
	基础法律和政府服务		引入律师事务所，为中小型企业提供基础法律服务，指导和帮助企业合规经营，完善企业职能架构	
	融资服务		设立创投中心，为园区企业提供30万～500万元额度资金，帮助电商、物流企业解决资金难问题	
生态圈环境	政治环境	无时无刻广泛存在于生态圈各部分，渗透每条产业链	推动园区向前发展，确保生态圈总体行驶在良性轨道上	配套政策和减免政策（房租减免、低价快递、拍摄空间支持等）；举办各种专题活动，创造良好的文化氛围
	经济环境			
	社会环境			
	文化环境			

2. *结构互动、竞争运转及发展演化*——(Interaction, Competition and Evolution)

电子商务物流产业生态圈通过核心企业的选择、平台搭建、生态产业链构建、管理体系的形成、企业之间的内部竞合、外部互动进行运转，经历初始孕育期、成长发展期，向成熟期发展，特别应重视关键环节的运作。

平台搭建：平台是建立在海量端点和通用介质基础上的交互空间，通过一定的规则和机制促进海量端点之间的协作与交互，是各类资源共享的基础设施。安徽青年电子商务产业园通过一流的硬件平台、立体化的八大平台、特色化的四项增值服务搭建提供集商务办公、产品展示、在线交易、仓储物流、人才培训、技术交流、生活配套等多功能的综合性服务平台，结合 9 个服务中心实现园区内部的信息、技术、人才等资源共享，为广大中小企业发展电子商务创造一个低成本、可持续发展的电子商务物流产业生态圈。

八大平台包括多渠道规模化融资服务平台、利好性一步化项目申报平台、高端人力系统培训平台、专业高效优质技术支持平台、畅通互动便捷信息网络平台、24 小时管家式物业服务平台、全方位个性化商务中介平台、开拓型实利性营销服务平台；四项增值服务包括基础法律和政策服务、企业管理咨询服务、财务管理服务和品牌推广服务。九大服务中心包括人才招聘中心、网络服务中心、商务洽谈中心、休闲互动中心、综合服务受理中心、运动健身中心、图文制作中心、政府业务指导中心、会议培训中心。通过立体化的平台和服务中心的搭建打造一个实体与网络互相结合、电商与物流协同发展的电子商务物流全产业链的综合性服务平台，全方位为中小企业拓展电子商务提供配套支撑服务，建设和完善一个可持续发展的电商物流生态圈。

内部互动：安徽青年电商产业园的内部互动重点是企业培训交流、园区孵化器的活动及相关专题活动的举办：①产业园成立"青网电商学院"，不定期邀请阿里巴巴高管、省内外知名电商和物流精英为入园企业免费提供帮扶，组织企业赴杭州、上海等地知名园区考察学习；②孵化器不定期举办导师接待日、创业诊断沙龙、在孵及毕业企业交流会、专题讲座等，帮助企业解决在发展过程中遇到的各种难题，最大限度免除企业创业之初的后顾之忧，助推企业快速壮大；③产业园成立"创投基金中心"，为入园企业提供资金帮扶，助力企业健康成长；④产业园内部不定期举办电商物流技能交流会、青年创业经验交流会、小微企业创新发展座谈会、电子商务物流创业技能培训等各式主题活动，实现信息、人才、资金、经验等资源的交流互动，不断提升不同企业之间互动的强度和频度。

安徽青年电商产业园的路径演化：安徽青年电商产业园于 2013 年 9 月开园运营，初期因经验不足、政策不协调、管理体系不完备等因素导致企业之间难以真正实现信息、技术、资金等资源共享，造成一定程度的基础设施重复建设、"废物"资源未得到再利用、仓库布局不合理、物流流程不顺畅等物流资源的浪费，目前产业园内电商物流企业尚不能有效满足园区电商企业的物流需求量和服务质量的要求。因此，安徽青年电商园应统筹施策，加快物流等资源聚集，促进物流产业生态圈的可持续发展。①产业园在引进包括"香港颂智商贸""百度""新疆中一"等省内外知名企业 130 家的基础上，进一步整合招商资源、优化招商网络，采用合作招商、以商引商、自主招商、产业链招商等创新举措，形成招商合力，引进外地电商和物流企业。②扎实推进电商运营中心、物流仓储中心建设，加强水、电、气、管、路、通信、网络、仓储等要素保障，优化网络平台，将电商运营企业、传统生产制造业、第三方物流服务企业整合互补，资源共享，建设全国地域优秀"互联网+"产业园示范基地。③发挥现有物流服务商等资源优势，重点通过市场化手段为电商企业提供更完善更全面的解决方案，且不断向其他领域延伸，探索建立物流和电商服务联盟，围绕入驻企业发展痛点，打造个性化的定位更准、配置效率更佳的公共服务平台，解决信息、商流、人流、资金流、物流的引流问题。④产业园配备先进的物流装卸搬运设备、安防设备及操作系统，通过WMS电商仓储管理系统等对入园企业进行信息化管理，利用DPS数据化拣货系统等为网商提供集货、分货、拣选、配货、包装等多功能物流服务，整合包括“宅急送”“天天”“汇通”“中通”“圆通”“韵达”等物流快递企业为电商企业提供组织货品发送服务，使网商不出办公地即可通过DSMS物流配送服务监控系统实时掌握仓库货品配送信息，通过产业园区内部各物流快递企业之间的资源整合、信息交换、自动立体化仓库（ASW）、自动导向车（AGV）、射频识别技术（RFID）等先进物流装备技术的应用开展智能物流运作。⑤积极开展回收业务，一方面促进再生资源的回收利用，另一方面使A企业的“排放物”成为B企业的“投入物”，减少企业废物量，减轻环境压力，实现企业之间物资循环、废物资源化。⑥大力开展共同配送，避免不必要的物流浪费，在节约企业经营成本的同时保护环境，实现“生态化运作”。通过完善园区平台建设、形成生态圈管理体系、开展企业良性合作式竞争，使安徽青年电子商务产业园区逐步实现企业内部的小循环、企业之间的中循环和宏观社会层面的大循环，最终形成安徽青年电商园物流产业生态圈，借助生态圈，产业园内企业之间逐步增强协同效应，不断丰富电商物流生态产业链条，促进经济效益、社会效益、生态效益交叉循环层级式上升，为合肥市乃至安徽省的经济社会发展贡献力量。

思考与讨论

（1）电子商务物流有哪些特点？

（2）电子商务物流运营模式有哪些，分别有哪些优点和缺点？

（3）如何实现电子商务和物流的协同发展？

4.17 电子物流

4.17.1 基础知识

电子数据交换（Electronic Data Interchange，EDI）：采用标准化的格式，利用计算机网络进行业务数据的传输和处理。

电子通关（Electronic Clearance）：对符合特定条件的报关单证，海关采用处理电子单证数据的方法，利用计算机完成单证审核、征收税费、放行等海关作业的通关方式。

基于网络的电子商务的迅速发展促使电子物流（E－Logistics）的兴起。企业通过互联网加强了企业内部、企业与供应商、企业与消费者、企业与政府部门的联系和沟通，相互协调，相互合作。消费者可以直接在网上获取有关产品或服务信息，实现网上购物。网上购物的“直通方式”使企业能迅速、准确、全面地了解需求信息，实现基于顾客订货的生产模式（Build to Order，BTO）和物流服务。同时，电子物流可以在线追踪发出的货物、在线规划投递路线、在线进行物流调度、在线进行货运检查等。

实现全球化或区域化的物流服务，企业规模扩大形成规模效益。规模的扩大既可以是企业合并，也可以是企业间的合作与联盟，主要表现在两个方面：一是物流园区的建设需要信息技术。物流企业之间和物流企业与其他企业、政府部门之间相互联结，信息技术必不可少。二是物流企业的规模扩张需要信息系统管理。美国和欧洲的一些大型物流企业跨越国境展开连横合纵式的并购，拓展国际物流市场。世界上各行业企业间的国际联合与并购，必然带动国际物流业加速向全球化方向发展，物流全球化的发展走势必然推动和促进各国物流企业的联合和并购活动。新组成的物流联合企业、跨国公司将充分发挥互联网的优势及时准确地掌握全球的物流动态信息，调动自己在世界各地的物流网点，构筑起全球一体化的物流网络，节省时间和费用，将空载率压缩到最低限度，战胜竞争对手，为货主提供优质服务。

4.17.2 案例：德国汉堡（Hamburg）

政府部门（如海关、消防警察、交通部门等）、物流企业（如船公司、铁路公司、公路运输企业、货运代理企业、理货公司、装卸转运公司等）、进出口公司、工商企业使用同一信息平台 DAKOSY，汉堡 700 多家物流公司中有 600 多家使用 DAKOSY。DAKOSY 意为数据共享系统，可以实现电子报关、危险品报关、危险品定位、集装箱接收发运管理等多种功能，并能与不来梅（Bremen）的 DAKOSY 实现无缝联结。

思考与讨论

（1）电子物流与传统物流有什么联系与区别？

（2）电子物流适合于哪些商品领域？

（3）电子物流如何影响物流企业的兼并和重组？

4.18 危险品物流

4.18.1 基础知识

危险品，又称危险货物，是指具有爆炸、易燃、毒害、腐蚀、放射性等性质，在运输、装卸和保管储存过程中容易造成人身伤亡和财产损毁而需要特别防护的货品。危险品物流主要问题：①危险品物流效率低、事故多，社会关联影响大；②多头管理，职能交叉、效能不足；③危险品物流企业规模较小，现代化水平低；④挂靠车辆、从业人员素质低；⑤事故应急机制落后。发展危险品物流的主要对策：①建立统一、规范的危险品物流行业标准；②合理规划、设计危险品物流网络；③用信息化推动物流现代化；④发展专业化危险品物流，提倡发展第三方物流；⑤建立全国性的危险品物流管理信息平台。

危险品的运输包装必须按照国家标准《危险货物运输包装通用技术条件》进行，

该标准规定危险品运输包装的分级、基本要求、性能测试和测试方法、包装容器类型和标记代号，除爆炸品、压缩气体、液化气体、感染性货品的包装外，危险品包装按照其防护性能分三级：Ⅰ类包装，适用于盛装高度危险性的货品的包装；Ⅱ类包装，适用于盛装中度危险性的货品的包装；Ⅲ类包装，适用于盛装低度危险性的货品的包装。

4.18.2 案例：ZJBH 物流有限公司

ZJBH 物流有限公司，简称 BH 公司，是一家专业从事危险化学品运输的民营物流企业。公司占地面积 141 亩，现有员工 210 余人，其中管理人员 30 余人，平均年龄 35 岁，均具大专以上学历。公司总投资人民币 2.8 亿元，一期投资 1.8 亿元，购置 VOLVO FM 系列牵引车 100 辆，罐式集装箱半挂车 150 辆，已全部投入营运。BH 公司现已具备年化学品运量 120 万吨以上的营运能力，并在上海、南京、深圳、宁波、张家港、扬州、泉州等地开设了办事处，初步形成危化品运输的网络布局。BH 努力为化学品生产经营企业提供高效、一流的现代化服务，具体业务包括：物流规划、货物运输、分销配送、储存信息服务等一系列专业物流服务。

随着我国国民经济建设的不断发展和对能源需求的快速增长，我国危化品的公路运输量急剧增加。据统计，截至 2006 年年底，我国共有道路危化品货物运输公司 6776 家，拥有车辆 11.64 万辆，从业人员 21.46 万人。近年来，在危化品公路运输过程中，各类重大事故如火灾、爆炸、泄漏等频繁发生，这些事故给人民生命和国家财产造成了巨大损失，同时造成了极坏的社会影响。我国危险化学品道路运输安全事故多发有六大原因：危险化学品运输车辆严重超载；车辆和槽罐质量状况差，带病运营；运输单位从业人员素质不高，缺乏必要的危险化学品安全常识，遇紧急情况时不能及时有效地处置；承运单位不具备相应的资质，违规运输；液氯等生产、充装企业违规违章；道路运输安全监管不严，路面控制措施不力。

BH 物流公司肩负社会和市场的双重使命，以高标准、高起点进入中国危险品运输市场。公司的核心目标是致力发展成为国内危险品运输行业的标杆企业，将责任关怀理念融入运营管理全过程，并制定了相应的方针和政策，具体包括质量方针：遵纪守法，交优良服务；信守合同，让业主满意；坚持改进，达行业先进。环境方针：遵守法律法规，强化环保意识，保持清洁服务，防治环境污染，节约能源资源，实现持续发展。职业健康安全方针：安全第一，预防为主，以人为本，强化服务管理，遵守法规，保障健康，提高绩效，不断持续改进。宝华物流的具体做法如下。

第一，高标准运输装备奠定高安全标准基础。危险品运输的特殊性，对车辆提出更高的要求，BH 公司坚持采用符合世界最高安全标准 ADR（危险品公路运输欧洲协议）配置的运输装备。宝华一次性购入了 100 台 VOLVO 牵引车和中集集团的 150 台挂车及罐式集装箱，并于 2006 年第二季度全部投入营运。BH 物流运输装备的精准性、高完好率能有效确保高效、准时、准点；危险品运输需要车辆具有超强的减震性能，BH 运输车均采用世界一流的空气悬挂技术，进一步提高了公路运输的安全性和稳定性。为了加强货物运输途中的监控管理力度，BH 运输车辆均配置了 GPS 全球定位系统和行驶记录仪，可全天候对所有在途车辆进行实时监控。为了更加安全、快捷地运输危险化学品，公司还配备有专用的应急车辆，为可能发生的一切事故提供应急救援和维修服务。此外，公司内还设有修理厂及安全检测线，对运输车辆定时进行全面检修，保障每台运输车辆都处于最佳运营状态，确保了生产安全。

第二，员工队伍建设和员工关怀。BH 公司视员工为企业核心资源，为员工提供了一系列全面保障措施，包括为全体员工提供健全的医疗及养老保险；场区配备设施精良的食堂，为员工提供膳食保障，特别是为出车和夜归的司机提供便携式饭盒和夜宵；为丰富员工业余生活，给员工提供身心舒畅的休息环境，宝华在场区内专门修建了篮球场和网球场，在员工宿舍内设置了澡堂和活动室。此外，合理的激励机制、晋升机制、定期培训机制等，都为员工安心工作、以良好的状态投入生产运营提供了保障。

第三，体系制度建设。为确保运输安全，BH 物流公司制定了一套现代化的管理模式、科学的调度监控模式、规范化的运作模式，严格的人员培训考核和奖惩机制等。公司要求管理人员不放过任何微小的安全隐患，从源头上杜绝意外事故的发生。公司坚持对所有的管理人员、驾驶员和押运员都定期进行安全培训和演练。要求驾驶员必须掌握危险品运输的安全知识，经政府交通部门考核合格，取得上岗资格证，方可上岗作业；驾驶员必须了解所运载的危险物品的性质、危害特性、包装容器的使用特性和发生意外时的应急措施；运输危险物品，必须配备应急处理器材和防护用品。此外，公司还制定了完善合理的应急处理预案，以确保快速、及时地避免一切安全事故。BH 物流在 2006 年 10 月已经通过 ISO9000、ISO14000、ISO18000 的一体化评审，2007 年年底成为亚洲首家通过国际化学品制造商协会（AICM）组织的 RSQAS 评审合格的物流公司。公司在销售和营销方面提供更加安全、更加规范、更加全面、更加符合大型规范企业的采购要求的服务，以及通过为客户量身定做符合其需求的物流解决方案与客户达成战略合作的伙伴关系，没有因自身安全问题给客户带来任何损失，在行业内具有极高的知名度和美誉度。公司积极嵌入高端价值链市场。公司的目标市场从建立之初起就牢牢锁定世界领先的、规范的、以安全和效益为共同考量的化学品生产企业，已与世界 500 强中若干顶级化工企业如巴斯夫、陶氏化学、埃克森美孚、德国瓦克化学、法国罗地亚化学等 30 多家，建立了长期的物流服务合作关系，市场规模领先。总之，BH 以一流的装备、优质的服务、安全的运作，在全国化工物流行业崭露头角，力争用几年的时间打造一个物流畅通、机构健全，平台高效的网络化运营平台，立志成为中国最安全的危化品运输企业，推动中国危化品运输行业的规范和安全进程。

思考与讨论

（1）危险品物流具有哪些特点？

（2）实施危险品物流的步骤包括哪些？

（3）危险品仓储和运输需要注意哪些问题？

（4）讨论鞭炮、石油、硫酸的物流组织方式。

4.19　特种物流

4.19.1　基础知识

特种物流是指物流的服务对象在性能、运输条件、安全、质量、时效等方面具有不同的特殊要求的专业物流。或者说特种物流是在物流过程中需要采取特殊条件、设备和手段的物流过程。特种物流的特点包括：①货物本身的特殊性；②载运工具的专用性；③储运过程的安全性；④监控过程的完整性；⑤人员素质的综合性。其中一个重要部分是大件物流。

大件物流的货品，是指符合下列条件之一的货品：①货品外形尺寸。长度在 14 米以上或宽度在 3.5 米以上或高度在 3 米以上的货品；②重量在 20t 以上的单体货物或不可解体的成组（捆）货品。大件物流的货源市场，货源类型主要有发电机定子、转子、锅炉汽包、水冷壁、除氧水箱、大板梁等，上下机架、主轴、座环、导水机构、闸门启闭机、主变压器、化工反应器、一些常用军工设备如战斗机部件等。大件物流具有以下特点：①大件运输的对象都具有超长、超大、超高、超重的特征，即要运用牵引车、全挂平板车、各类型平板门架、汽车吊等运输工具进行接驳转运直至目的地；②大件运输的前期工作复杂运输过程对空间、技术要求高。中国大件运输企业主要采取两种方式：①对国家电力、化工、石油等行业的大型建设项目物流进行投标、竞标，中标之后负责部分或全部的物资承运，即总承包；②与设备制造厂建立合作关系，长期负责该厂的各类设备运输业务。大件物流必须牢记：细节决定安全、细节决定通畅、细节决定效益、细节决定成败。

特种物流从原先单一的特种货物运输到一体化全程物流服务。特种物流组织与管理应突破单一运输方式的局限性，将公路运输与铁路运输、水路运输和航空运输形成一体，构筑多式联运功能体系，从为大型工程、厂家等提供专项设备运输服务拓展到全程物流服务。

4.19.2　案例：陕西大件汽车运输有限责任公司①

陕西大件汽车运输有限责任公司成立于 1995 年，位于西安市丰禾路 336 号，注册资金 5000 万元，2006 年年产值超过 1.2 亿元。主要经营国家重点工程成套设备运输和货运代理总承包运输业务；提供水、公、铁多种方式联运业务；进出口货物的国际运输代理业务；可独立承担运输“长度在 40m 及以上，宽度在 6m 及以上，高度在 5m 及以上，重量在 300t 以上”的货物；提供超限货物交通运输咨询监理及运输最佳方案设计业务；自营和代理各类商品的技术的进出口。精通于电力工程建设项目的成套、大型设备运输业务。是西北地区以公路运输超长、超宽、超重物件为主的大型运输企业。

公司拥有百吨以上运输车辆 38 台，总运力 6000t 以上，可分别整体承载 30～2200t

① http：//www.sxdajian.cn/main.asp［2015－11－30］.

的各类大型物件。载重30～350t等不同规格的凹底板车适合运输超高、超长、超宽类货物。目前拥有上海水工机械厂制造的全自动液压升降平板车。2006年12月9日在苏州接回国内第一台110轴线全自动液压升降转向模块式平板车，单件载重2500t，可横向拼接5纵列，并具有与之配套的德国曼、沃尔沃、奔驰等重型牵引车。公司购置400t电子液压起升推力装置，用于人工装卸上台就位。为提高运输的安全性和服务质量，所有牵引车安装了GPS实时监控系统，对所有承担运输工作的车辆实施24小时监控，通过加装的内、外摄像头，调度室可观察到司机的驾驶操作和设备的装载状态。为货物安全、稳妥、及时运输提供了有力的保证。

公司成立以来，一直秉承“创新守信，稳健求是，博才广进，开拓进取”的经营理念，深化内部改革，转变经营机制，强化科技兴企，夯实基础管理，取得了令人瞩目的业绩，使企业综合实力达到了西北地区同行业首位，创造高原运输三项世界纪录。

2000年6月29日，陕西大件运输公司参与西部大开发战略的标志性工程——青藏铁路。这条铁路长达1118km，纵贯青海、西藏两省区而成为沟通西藏、青海与内地联系的具有战略意义的大通道，同时也成为西部腹地路网骨架的重要组成部分。为了缩短工期，施工方需要从两头开工，需要翻越唐古拉山将几十台火车头运往海拔5000多米的安多基地。由于面临的地形复杂，海拔高，没有运输公司敢冒如此大的风险。2004年6月青藏铁路二期工程，格尔木至拉萨段的铁路建设中，陕西大件汽车运输有限责任公司作为两个火车头和一个青藏线最长吊臂的承运方，要穿越海拔5200m被誉为“世界屋脊”的唐古拉山。途中的平均气温－6℃，24小时不间断地工作，总行程共400km，每小时20km，每50km检查一次，用2天的时间成功到达目的地。

2003年，陕西312国道某隧道路段内发生重大交通事故，湖北的一个大件运输100多吨的车辆堵在隧道里，起重车、吊车都进不去。最后通过交通部署，“陕西大件”的专业起重队伍连续工作了20多个小时，将道路全部疏通。这次抢险行动因“陕西大件”的快速反应和专业素质，使公司名声大噪，也得到了当地省市各级领导的肯定。

“在大件运输方面我们把服务质量和安全排在第一，把成本控制排在第二位。我们最关注的就是保证按时地完成客户交付的运输任务，要把货物运到，这是信誉的问题，信誉是要被放在一切之上的，是企业和做人的根本。建立了信誉，路也就会越走越宽，作为领导，一个企业能做多大，和企业老总的作风和人品是有关系的。”对大件运输来说，过硬的装备水平更是走向成功的关键，这也往往是中外大件运输差距的关键所在。不同于一般的物流，大件运输对运输装备的要求非常之高。由于大部分大件设备都是国家重点项目的核心设施，一旦货物发生意外，将有可能影响某个国家重点项目的开工和建设周期。货物的安全性对大件运输来说至关重要。因此大件运输对运输设备的高质量和高可靠性要求非常严格。大件运输的长途性要求运输设备的网络服务必须完备及时。

正是基于大件运输的这种特点，“快”字非常关键，要想“快”必须要好、要精，做精以后才能“快”。要在最短的时间内完善管理，打造队伍、提升装备。通过长期的市场实践和相互信赖，更让陕西大件坚定了选择国际知名卡车品牌合作的决心。2006年投入资金连续购进8台沃尔沃卡车，就是考虑服务网络覆盖能在车辆运输途中提供应急保障和保养服务。

2007 年面对日益增长的西部能源需要，齐鲁石化急需在四川华阴山部署几个重达 350t 以上的设备。陕西大件毅然接受了这项挑战，面对陡峭的山路和年久失修的老县级路，只能进不能退。结果陕西运输团队动用了 5 个拖头和 4 个装卸机，克服了堵车和急转弯等恶劣路况，硬是将长达 40m 的货车安全运到了目的地。

现在，周涛倡导的“延安精神”已经融入“陕西大件”企业的方方面面，形成了独特的企业文化，形成他和他的员工们所取之不尽的动力和精神支柱。“尤其在这个社会，经济利益放到第一位的时候，大家求效益、求利益的情况下延安传统的精神更应该发扬。在大件运输中，人的因素对于大件运输作业的成功起了关键作用。大件运输要求运输团队必须具有顽强的战斗力、执行力和纪律，关键的时候要求上，必须上。”在“陕西大件”的车队中有一部分司机来自部队的复员军人，军人身上所独有的一种刚毅、顽强的气质和训练有素的战斗力、执行力、纪律性正是公司所需要的。

周涛先生的一个心愿是做强做大“陕西大件”品牌，让中国民营大件运输业能够在走向国际，与国外品牌平起平坐。西部大开发为更多物流厂家提供了发展前景，同时也需要更多的物流厂家、大件运输公司不断提高服务水平和服务质量。“陕西大件”的实践证明，只有投身于时代的洪流，才能在时代中成就未来。我们期待着更多的像“陕西大件”这样的大件运输公司打造出中国的品牌，走向世界！

思考与讨论

（1）特种物流包括哪些方面？

（2）大件物流具有哪些特点？举例说明如何根据特点制订物流方案。

（3）开展大件物流的条件包括哪些？

（4）如何进行大件物流企业的管理？

5 物流发展案例

5.1 生产物流

5.1.1 基础知识

生产物流（Production Logistics）：企业生产过程发生的涉及原材料、在制品、半成品、产成品等所进行的物流活动。也就是说，生产物流是指原材料、燃料、外购件等经过下料、发料，然后运送到各个加工点或存储点，以在制品的形态，从一个生产单位（或仓库）流入另一个生产单位（或仓库），按照规定的工艺流程进行加工、存储，借助一定的运输装置，在某个点内流转，又从某个点内流出，始终体现着物料实物形态流转的全过程。生产物流始于原材料、外购件的投入，止于成品仓库，贯穿整个生产过程。在这个过程中，物料随着时间进程不断改变自己的实物形态和场所位置，物流不是处于加工、装配状态，就是处于存储、搬运和等待状态。

定量订货制（Fixed-quantity System，FQS）：当库存量下降到预定的库存数量（订货点）时，按经济订货批量为标准进行订货的一种库存管理方式。

定期订货制（Fixed-interval System，FIS）：按预先确定的订货间隔期进行订货的一种库存管理方式。

物料需求计划（Material Requirements Planning，MRP）：制造企业内的物料计划管理模式。根据产品结构各层次物品的从属和数量关系，以每个物品为计划对象，以完工日期为时间基准倒排计划，按提前期长短区别各个物品下达计划时间的先后顺序。

制造资源计划（Manufacturing Resource Planning，MRPⅡ）：在 MRP 的基础上，增加营销、财务和采购功能，对企业制造资源和生产经营各环节实行合理有效的计划、组织、协调与控制，达到既能连续均衡生产，又能最大限度地降低各种物品的库存量，进而提高企业经济效益的管理方法。

企业资源计划（Enterprise Resource Planning，ERP）：在 MRPⅡ 的基础上，通过前馈的物流和反馈的信息流、资金流，把客户需求和企业内部的生产经营活动以及供应商的资源整合在一起，体现完全按用户需求进行经营管理的一种全新的管理方法。

5.1.2 案例：L 公司压缩机生产物流系统分析

1. L 公司介绍

L 公司成立于 2009 年 12 月，共投资 14.8 亿元，占地面积约 35.3 万平方米。一期工程于 2009 年 12 月 28 日正式建设，2010 年年底投入生产运营，年产压缩机 600 万台，创造当年生产、当年盈利的业内最好成绩。主要产品如表 5-1 所示。

表 5-1　现有产品方案　单位：万台

产品名称	年产量
C—39 空调压缩机	150
C—44 空调压缩机	150
C—48 空调压缩机	150
C—55 空调压缩机	150

由于产能规划需要 L 公司预计投资 5097 万元进行扩建计划，改造原规划占地 13608m² 的配套物料和粗加工区域，并将珠海龙山一期的空调压缩机生产线搬迁至此车间，使其具备 270 万台/年的新型节能环保家用空调压缩机产能。扩建项目产品方案如表 5-2 所示。

表 5-2　扩建项目产品方案　单位：万台

产品名称	年产量
C—39 空调压缩机	70
C—44 空调压缩机	70
C—48 空调压缩机	70
C—55 空调压缩机	60

2. L 公司压缩机生产物流分析

(1) 生产物流现状。

L 公司压缩机采用流水线方式生产，待加工件根据已定工艺流程，按顺序加工，产品在每个工位停留时间固定，称为生产节拍，即按照统一的节拍进行顺序生产的一种生产方式。生产特征可概括为以下 5 点：第一，工位专业化程度比较高，在各个点完成规定工序；第二，生产过程具有密闭性，通常在一个工段的工序在一条生产线上进行加工；第三，工位一般呈几何链条排布，且待加工产品只能按照规定工序顺序加工，不能逆流向上；第四，生产连续且具有节奏性，待加工产品在每一个工位停留固定时间，保证整条生产线同步进行；第五，该生产模式能够保证各工序之间协调生产，保证物料供给平衡。使用流水线生产方式能够有效提高生产效率，保证生产线平衡，并且能保持产品质量稳定，生产管理较为合理简化；但是该种方式灵活性较差，不能根据需求变化快速调整。

L 公司压缩机生产主要分为泵体车间、电机车间、冲压车间和总装车间四个车间，前三个车间负责零部件加工，总装车间负责将各零部件组装成压缩机成品，不同类型物件流动路线如图 5-1 所示。

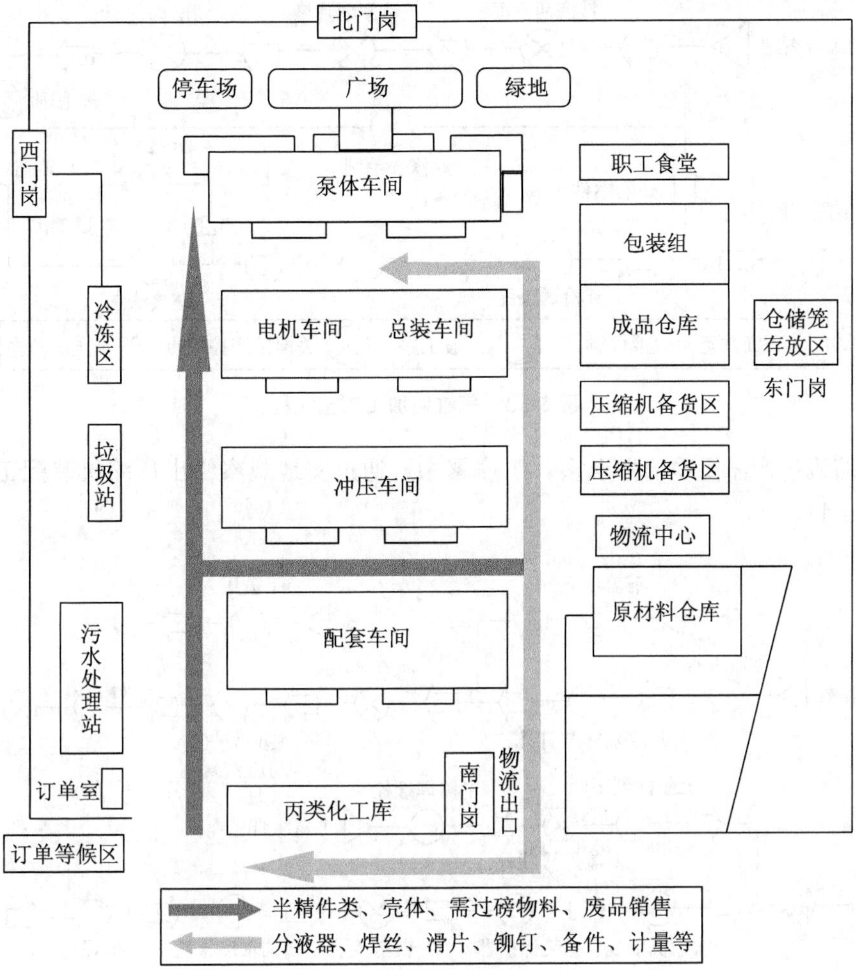

图 5－1　L 公司厂区物流路线

（2）压缩机生产工艺流程。

L 公司压缩机总体生产工序见图 5－2，气缸精加工工艺流程见图 5－3。

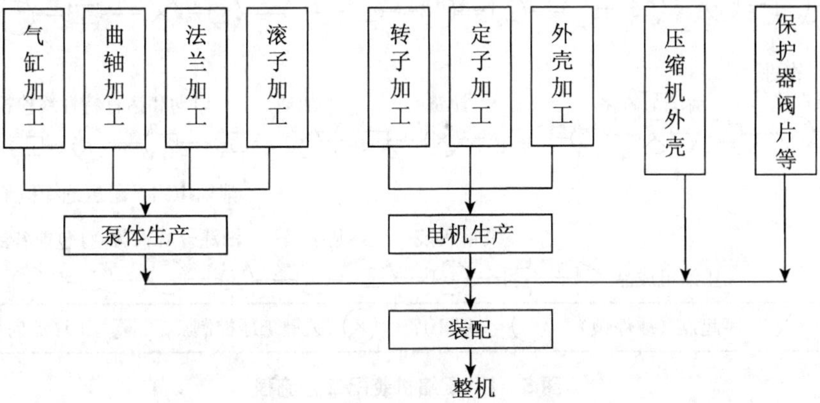

图 5－2　压缩机总体生产工序

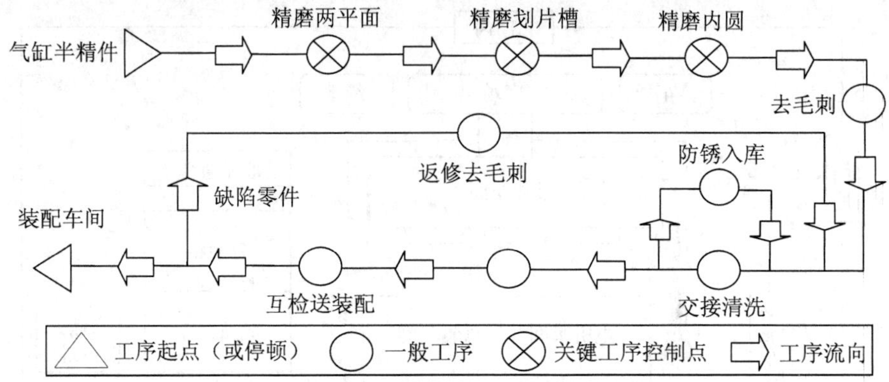

图 5-3　气缸精加工工艺流程

压缩机生产需要零部件众多，工序繁杂，通过实地观察绘出压缩机装配工艺流程（见图5-4）。

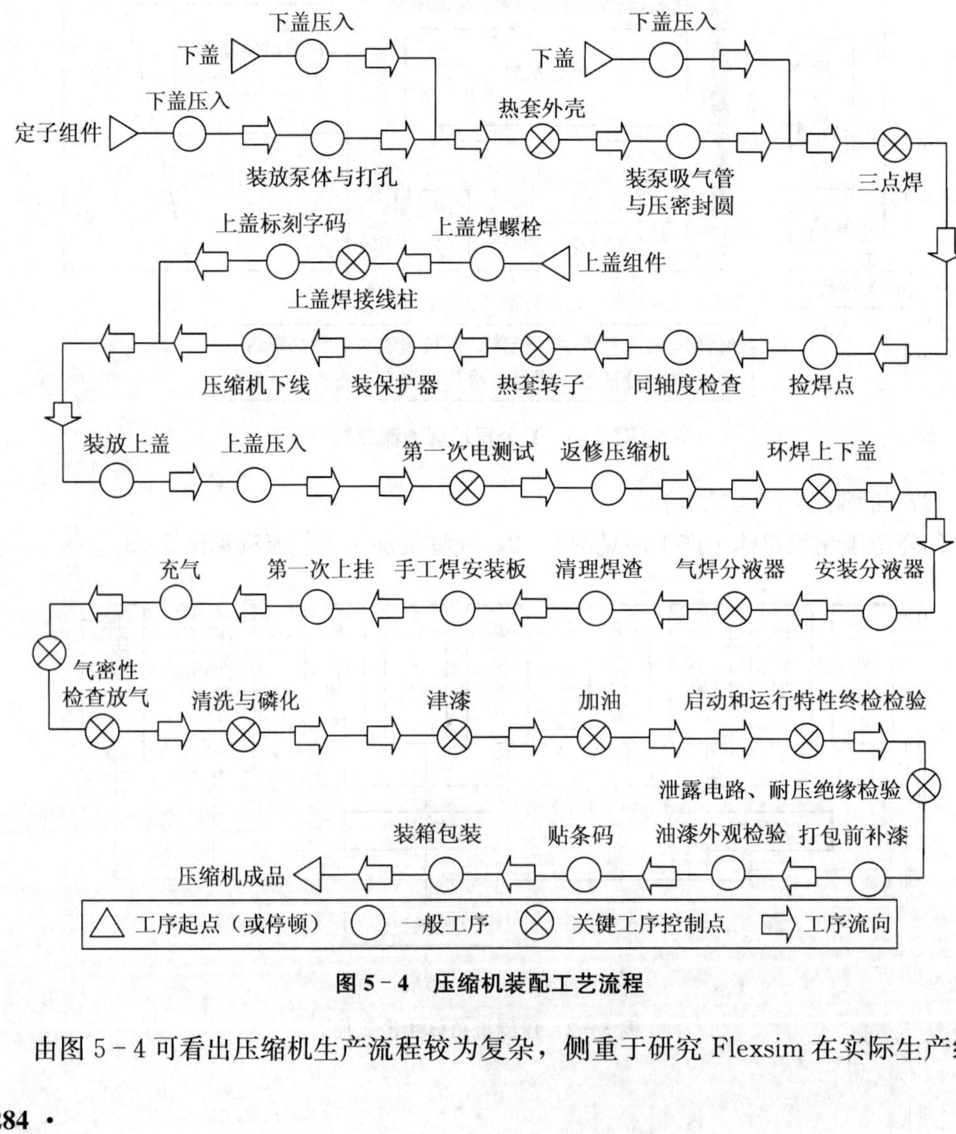

图 5-4　压缩机装配工艺流程

由图 5-4 可看出压缩机生产流程较为复杂，侧重于研究 Flexsim 在实际生产线仿真中的应用，查出工位的闲置和堵塞问题，提出优化方案。因此本书选择代表性强的工段进行仿真研究。根据实地调研访问，气缸精加工、滚子精加工、下法兰精加工、曲轴精加工等工艺流程类似，其中以气缸精加工最具有代表性，该生产线也最易出现产生不平衡现象，即有的工位经常在生产节拍内不能完成操作，而有的工位限制时间过长，因此选择气缸精加工工段来对生产物流运作效率进行研究。

(3) 压缩机生产运作流程。

L公司运作系统从上到下主要包括管理层、控制层、操作层三部分。管理层是对企业的日常运作进行管理，控制层则控制生产计划和生产成本，执行层就是直接从事与生产相关的部分，主要包括生产部门和采购部门等。其生产运作流程见图5-5。

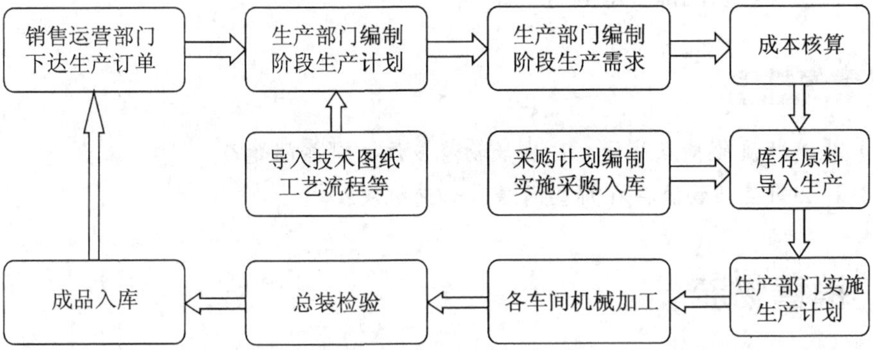

图5-5 生产运作流程

为了避免盲目生产，减轻产品积压，该公司一般都是根据客户的订单要求安排生产，因此客户需求就是整个企业生产流程系统的主要对象，整个企业都要根据需求展开各项作业。销售部负责获取客户需求并把需求信息传达给生产部。生产部按照客户要求制订出合适的生产计划。根据所制订的生产计划，确定生产所需原材料等各项需求，采购部门结合库存状况列出物料需求清单（BOM），实施采购工作采购。原材料到达加工车间后，实施压缩机生产作业。零部件加工是整个生产过程中的主要部分。此过程是将原材料毛坯件精加工成为装配可用零部件。将加工好的各类零部件与外购件组装成压缩机整体，并对成品进行总体测试，对不合格的压缩机进行返修或重新装配。对合格的压缩机成品进行包装工作后，暂存于成品仓库，等待销售运营部门的调度，交付给客户，完成订单。

3. L公司生产物流系统中存在的问题

经过数次详细调研分析，总结出该压缩机厂物流具有以下特点。

①生产部门承载载荷过重：90%以上产品生产任务和资源都聚集在生产部门中。

②生产工艺单一：完全按照压缩机生产工艺安排生产，因此零部件的流动受到生产工艺严格制约。

③生产设备分配不均匀：部分设备较为先进，作业效率高；但一部分机器老化问题严重，影响整体作业效率。

④作业单位布置有诸多不科学之处，例如联系较大的一些作业单位距离较远，加

重搬运负担。

根据实地观察及以上对压缩机生产流程分析可知，此公司的生产物流方面主要存在以下几方面问题。

①企业内部系统化管理不够合理；②部门之间的信息闭塞；③供应链自动化、信息化、网络化都很低；④生产设备负载分布失衡，部分粗加工设备使用率高，负载率高，机器老化严重，而一些精加工设备闲置率偏高。

上述问题原因主要是欠缺物流方面专业人才，较少使用计算机管理生产物流，生产设备老化严重，运输路线不够科学。近年来公司较为注重改善物流管理，但效果不明显。仓库物流水平低，出入库程序繁多，零部件摆放散乱不够精确，出库效率不高，对供应物流和生产物流都有影响。

思考与讨论

(1) 生产物流的特点是什么？生产物流应注意哪些问题？

(2) L公司生产物流存在哪些问题，如何解决？

5.2 销售物流

5.2.1 基础知识

销售物流（Distribution Logistics）：企业在出售商品过程中所发生的物流活动。

5.2.2 案例：上海华联超市物流公司[①]

上海华联超市通过对公司优质存量资产的重新配置，将华联超市原有的配送系统独立出来，组建了上海华联超市物流有限公司。上海华联超市物流公司计划通过一定年限的建设，建成全国一流的现代物流配送网络，成为全国一流的第三方物流服务供应商。上海华联超市物流公司成立后，以现代物流业的发展为契机，以物流、信息流、资金流的重建为管理平台，发挥公司现有的品牌优势、技术优势、管理优势、地理优势和政策优势，通过引入新的物流经营理念，完善法人治理结构，进行产业化经营和管理，向客户提供全方位、优质的物流服务。

上海华联超市物流公司实现社会化配送，以优惠的价格向国内外的连锁超市及其他零售商、批发商、国外代理商等广大客户提供全方位的商品配送服务和物流服务；一方面，满足上海华联超市本身的商品配送需要；另一方面，面向社会提供物流配送服务，成为第三方物流的提供者。上海华联超市物流公司成立，进一步加强同国内有实力的跨国公司、企业集团、投资银行、物流公司和民营企业的合资合作，广泛吸纳海内外资金，实现规模化运作，通过共同努力实现股东利益的最大化。

---

① www.jctrans.com [2008-06-30].

华联物流公司在配送能力的基础上，合资建设15万平方米的集工业配送和商业配送为一体的物流基地，先进的信息网络管理技术吸引国内外优秀的仓储、运输、物流企业进行业务合作，根据核心资源优势互补的原则，在全国乃至全球范围内建立起网络时代的现代物流配送体系，构建物流战略联盟。上海华联超市面向社会就物流公司的合资合作招商项目，包括新建15万平方米物流基地、生鲜冷链系统改造、计算机系统改造、物流设备及运输设备招标采购等项目。物流公司的成立，极大地增强华联超市的核心竞争力，并成为华联超市新的经济增长点。华联超市最终要建立“配销联盟”，是包容供货商、销售商与终端客户的完整的供应链。

华联超市董事长认为物流的好坏决定企业经营的好坏。长期以来，华联超市坚持“勇于挑战极限，追求效益超越”的企业精神，在激烈的市场竞争中迅速崛起，发展成为全国最大的连锁超市企业之一；2000年华联超市以骄人的业绩成为中国连锁超市业的第一家上市公司。华联超市迅速稳健发展的核心支撑是华联超市的配送系统。早在华联超市创业初期的2000年，上海华联公司的领导层就敏锐地认识到公司的发展规模和经济效益离不开物流配送的强有力支持。为改变原有仓库功能单一、技术落后阻碍公司发展的状况，上海华联投资在上海桃浦新建国内先进的现代化物流配送中心，采用物流管理条码化和作业无纸化等先进管理和技术，建立了自动补货系统，完善了储存型、直送型和越库中转型的商品配送体系，物流管理达到国内先进水平。自2000年华联超市与上海捷强集团公司、宝洁公司建立了自动补货系统，将“连锁超市补货”转变为“供货商补货”以来，华联超市已与200多家供货商实现了自动补货。同时，华联超市绝大多数门店已实现网上“点菜”，门店店长坐在商场办公室里，便可向距离几百公里的上海总部配送中心“点菜”要货。华联配送的物流二期工程是把电子订货提升为“智能化的自动点菜系统”。华联配送的拆零商品已达3000多个品种，通过采用现代化的电子标签拆零商品拣选系统，进一步扩大拆零商品的品种数。

上海华联超市以上海为中心，在上海、北京和南京共有五座现代化管理的相互联网的配送中心，初步形成了全国物流配送框架，向华联超市分布在全国各地的近千家零售店配送。上海华联超市物流配送系统仓储面积达8万平方米，库存量90万箱，日均吞吐15万箱。毋庸讳言，尽管华联超市的物流配送在国内处于一流的水平，但和世界上的著名连锁超市相比还有不小的差距。如沃尔玛85%的商品是通过配送中心配送的，其中的80%通过“零库存”的越库配送形式来完成。沃尔玛采用“越库配送”和“自动补货”的供应链技术，使商品的在库周转期降低到2天；像商品的进货费用占整个商品成本的比例，沃尔玛一般在3%，而行业平均比例在4.5%～5%；沃尔玛的商品损耗也比整个市场水平要低3%。显然，要缩短差距，上海华联超市还需付出加倍的努力。

思考与讨论

(1) 华联为什么甘当物流“第三者”？

(2) 什么是越库配送？如何实施越库配送？

(3) 什么是自动补货？如何实施自动补货？

5.3 城市物流

5.3.1 基础知识

配送需求计划（Distribution Requirements Planning，DRP）：一种既保证有效地满足市场需求，又使得物流资源配置费用最省的计划方法，是MRP原理与方法在物品配送中的运用。

配送资源计划（Distribution Resource Planning，DRPⅡ）：在DRP的基础上提高配送各环节的物流能力，达到系统优化运行目的的企业内物品配送计划管理方法。

城市共同配送（City Joint Distribution）：通过货运共同化来减少交错运输，从而达到有效缓解城市交通拥堵的目标。

表5-3为城市共同配送模式对比。

表5-3 城市共同配送模式对比

类型	特点	适用情况	优点	缺陷	规模效应
商超连锁主导型共同配送	大型商超连锁店通过自营物流对外共享资源，实现门对门配送	城市区域连锁店比较多，且规模以上门店自建物流系统	商超连锁产品同类，资源更易整合	现有大型连锁店配送系统对外开放难度大	实现商超连锁产业链规模经济，形成连锁产品品种规模
第三方物流主导型共同配送	委托第三方物流企业开展配送业务，可实现多种商品多区域配送	城市第三方物流发达	企业无须自建物流，节约成本；配送专业化程度高；服务群体多样化	企业与第三方物流协调困难，涉及成本利益分配问题	实现城市范围内规模经济
电商快递主导型末端共同配送	直面终端消费者，实现直送或自取，依赖于终端自提柜的建立	城市电子商务发达，且配送直接面向终端客户，如社区、学校、商务楼宇、零售门店等	满足消费者个性化需求	配送区域局限于社区等小范围；智能自提柜一次性投入成本大	实现社区等小范围规模经济

5.3.2 案例：城市共同配送规模经济实例应用分析

1. H市城市共同配送现状

H市已列入现代物流技术应用和共同配送综合试点城市，据2013年数据统计，拥有14个分拨中心、23个物流园区，2014年公里货运总量达36209万吨，城市物流业务需求较大，但H市物流企业共同配送业务发展进展较慢，城市共同配送成效并不十分显著。

H市城市共同配送设施不足，“三难”问题突出，尤其是社区、高校、商业区等人口小范围集聚的终端区域，配套的配送设施明显不足，导致城市配送车辆通行难、停靠难、卸货难等。连锁企业物流配送体系不完善，公用型配送点较少，且末端网点布局不合理，各级网络之间缺乏高效的协同管理，尚未形成城市共同配送三级网络；缺少智能城市共同配送公共信息平台，物流企业信息化建设相对落后，信息资源整合力度较弱，难以发挥信息共享带来的规模效应；共同配送组织化程度低，缺乏高度集中的组织对城市共同配送进行统一管理，难以有效整合资源，没有标准化的共同配送车队，车辆缺乏统一管理，配送比较混乱，迂回空载和资源浪费现象严重；城市配送通道不畅，尤其在城市末端节点配送车辆交通受限，进入社区、高校等终端区域配送车辆分散，数量多，加剧城市交通压力，特别是H市城市配送车辆尚未普及绿色环保技术，污染较严重，对城市环境造成负面影响。

2. H市绿色、低碳、智能共同配送模式构建

依据H市城市共同配送现状，本着“资源整合、规模经济、绿色环保，智能服务”原则推动城市配送共同化进程。根据H市已有资源选择合适的共同配送模式，尝试城市共同配送本土化，打造城市共同配送功能区和H市物流“微循环”，最终建设绿色、低碳、智能的城市共同配送模式。

(1) H市城市绿色、低碳、智能共同配送模式。

应用现代规模经济思想构建H市城市共同配送模式，如图5-6所示。整个H市城市共同配送模式以H市为规模经济圈，在圈内构建分拨中心、配送中心、末端网点三级网络体系，依据H市城市布局融合三种共同配送模式，搭建H市智能共同配送公共信息平台，以期解决H市城市配送问题，促进城市配送绿色、低碳、可持续发展。

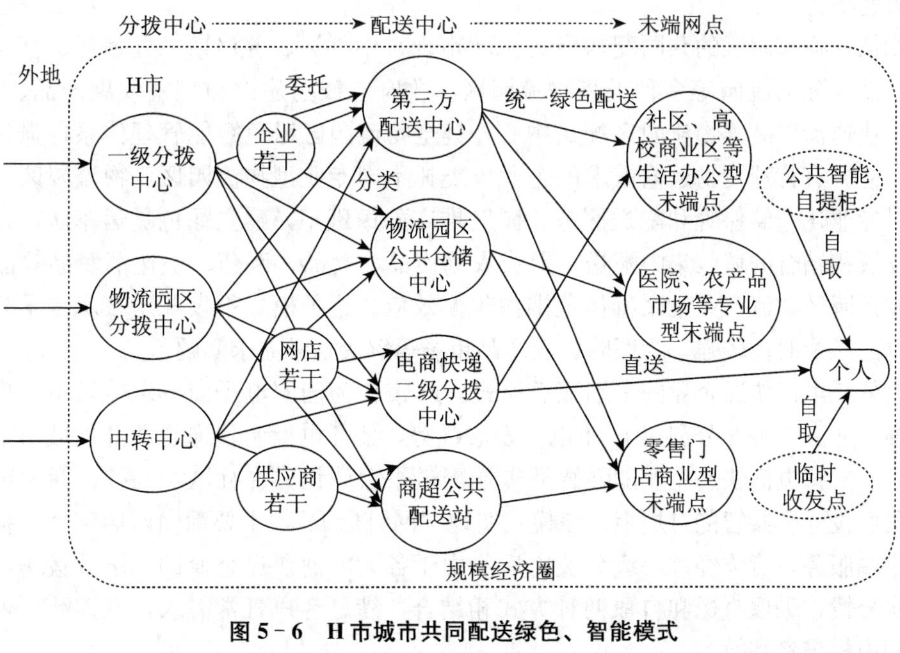

图5-6 H市城市共同配送绿色、智能模式

城市共同配送三级网络体系是城市共同配送得以运行的重要支撑。依托H市现有

资源，全力打造全覆盖的三级配送网络：一级网络即分拨中心，包括一级分拨中心、物流园区分拨中心和中转中心，主要分布于H市环城高速之外的城市边缘地区，用于本市与外地货物交接，外地货物在分拨中心进行首次分拨分拣之后再发往下一级网络节点，而本市发往外地的货物也经过分拨中心进行汇总，统一发往各地；二级网络即配送中心，包括第三方配送中心、物流园区公共仓储中心、电商快递二级分拨中心和商超公共配送站，一般设立于城市区域内部，依第三方物流企业、物流园区、电商快递企业和大型商场超市位置而建，也可考虑现实需要增设配送中心点，货物在二级网点处相当于进行二次分拨，依客户需求智能分拣配送；三级网络即末端网点，包括社区、高校、商业区等生活办公型末端点，医院、农产品市场等专业型末端点和零售门店商业型末端点，其中生活办公型末端点可设立公共智能自提柜，方便客户随时取件；专业型末端点依赖于第三方物流和物流园区的专业配送，建立绿色车辆临时停靠点便于货物装卸；商业型末端点主要服务于大型商场超市等连锁企业的下属门店，次要服务零散的零售小门店，并考虑在门店处建立临时收发点，为客户提供自取寄送服务等。为促进H城市共同配送发展，融合多种配送模式，主要包括以下四种类型。

①依托第三方物流企业的共同配送模式。鉴于H市第三方物流发展状况不乐观，政府应大力扶持第三方物流企业发展，鼓励第三方物流企业强化核心竞争力，争取做大做强。各企业考虑将配送业务完全委托给第三方物流企业，第三方物流根据企业的不同货运需求和配送货品种类将货物智能集中于其不同配送中心，经过配送中心的绿色分拣、理货、包装等作业活动，最后依据客户订单要求智能分区整合，并尝试多温层配送，扩大配送产品品种规模，一般不提供配送至个人的服务，旨在实现城市范围内规模经济。

②依托物流园区的共同配送模式。H市现有中外运、普洛斯、九州通、百大周谷堆农产品国际物流园等多种类型物流园区，政府应鼓励建设和完善农副产品、食品、医药、快速消费品等物流园区配送中心，健全物流园区绿色智能管理体系，强化物流园区功能。有特殊货物运输需求的企业可委托不同专业型物流园区，物流园区仓储中心提供专业化仓储保管和配送服务，园区推广配送班车，建立绿色货运车队，开展干线与支线相结合的城区集中配送，形成农副产品、食品、医药、快速消费品等品种规模，发挥园区物流产业集聚群体范围内规模效应。这种模式不仅配送技术水平高，而且货物配送及时性较强，为医院、农产品市场等解决日常需求问题。

③依托电商快递企业的末端配送模式。H市作为国家电子商务示范城市，现有多家电商产业园，可充分利用H市电商发展优势，依托电商和快递企业开展城市末端共同配送。支持电商快递企业加强智慧末端配送平台建设，在社区、高校、商业区等人口密集区设立公共智能自提柜。该模式实现“网订店取”，主要面向网店和个人提供个性化末端服务，货物经过一级分拨之后集中于各大电商快递企业的二级分拨中心，进行二次分拨，采取直送和自取两种方式相结合，满足客户日常需求，发挥社区末端节点范围内规模经济效益。

④依托大型连锁店的共同配送模式。H市拥有大润发、永辉、家乐福、华润苏果、

合家福等大型连锁企业，应支持大型连锁零售企业通过集中采购提高统一配送效率，利用物流系统为所属门店和社会企业统一配送。众多供应商货物将集中于商超公共配送站，依据订单统一智能理货配货，最后由共同配送绿色车辆分区配送至各零售门店，发挥企业连锁商业链内的连锁商品品种规模效应。

(2) H市城市智能共同配送公共信息平台。

城市智能共同配送公共信息平台是城市绿色、低碳、智能共同配送模式运行的核心要素，为城市范围内实现物流配送规模经济提供信息技术支撑。遵循“开放性、安全性、智能性”原则，重点建设城市共同配送“一网五平台”，“一网”即H市城市智能共同配送公共信息网，“五平台”即智能公共信息平台、车辆智能调度平台、专项服务平台、数据服务平台和系统智能管理平台，如图5-7所示。城市共同配送参与企业必须加强绿色化、标准化、信息化建设，促进公共信息网与各企业平台衔接，实现城市共同配送“大平台+小平台”协同运作。

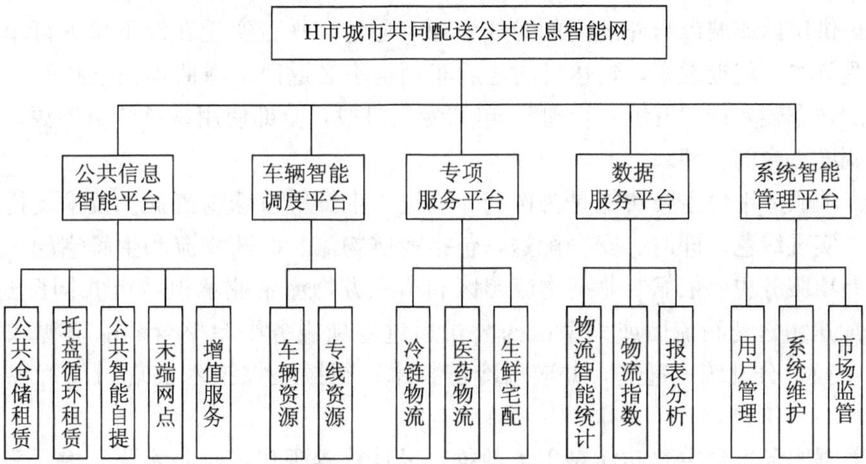

图5-7 H市城市智能共同配送公共信息平台功能结构

H市城市智能共同配送公共信息网可在商务主管部门指导下，由大型物流企业、商贸企业等联合牵手信息技术公司以联盟或共同持股形式共同构建。H市城市智能共同配送公共信息网除提供行业资讯、会员动态、政策法规等信息之外，核心是智能公共信息平台、车辆智能调度平台、专项服务平台、数据服务平台和系统智能管理平台五大平台。

①智能公共信息平台主要功能是采集城市物流配送信息，应用大数据技术，整合海量资源，集聚城市规模内信息要素，为平台会员及时提供H市城市配送需求消息等，其功能模块包括公共仓储租赁、托盘循环租赁、公共智能自提柜、末端网点和增值服务。公共仓储租赁提供仓库信息，实行对外租赁，有空置库房的企业可在该功能模块发布仓库信息，有需求的企业可以根据自身需要在线申请租赁或是合租；托盘循环租赁功能类似于公共仓储租赁，实现在线托盘租赁，并建立托盘循环共用管理系统以及在城市设立托盘回收中心，实现H托盘循环共用，节约资源；公共智能自提柜是面向末端网点的功能模块，面向市内各大电商快递企业提供末端智能配送服务，并负责公

共智能自提柜在各社区、高校等洽谈设立工作以及后期自提柜的维护和客户管理等；末端网点模块网罗 H 市城市布局网点信息，提供配送中心、仓储中心、末端配送网点、物流园区等信息查询和物流地图功能；增值服务模块功能主要是物流金融、园区服务、危化品管理和应急管理等，物流金融不仅涉及平台运营资金的管理，还为会员企业提供物流融资服务。园区服务主要面向物流园区，对园区内企业物流运作、物流管理等信息进行采集、整理、分析、发布和管理等。危化品管理利用无线射频（RFID）技术、导航定位（GPS）技术等现代物流技术对危化品配送过程进行有效监控管理，保障城市物流配送安全。应急管理是应对城市突发事件进行应急物资运输、配送等特殊物流活动管理的功能模块。

②车辆智能调度平台主要功能是负责城市共同配送车辆智能管理与调度，依托 GPS/北斗卫星导航系统、地理信息系统（GIS）和视频监控系统等，整合车辆资源，提高运力利用效率，有效降低配送成本，增加物流效益。车辆资源和专线资源是车辆调度平台的两大功能模块，其中车辆资源模块负责提供市内车辆信息资源，而专线资源负责提供市内或城市与外地间的专线资源，通过该平台实现在线下单或订单，一旦车辆接受订单，就近发车，到达目的之后车辆也不必返回，降低车辆空载率。H 市城市共同配送车辆实行“五统一管理”，申请专用号段，全部使用绿色清洁能源，统一接受车辆调度平台的管理。

③专项服务平台主要功能是为医药、冷链、生鲜等特殊物流提供技术支持和专业化服务，实现绿色、即时、安全配送，包括冷链物流、医药物流和生鲜宅配三个功能模块。专项服务主要依靠专业型物流园区和第三方物流企业承担城市共同配送重任，如药品配送由医药物流园或大型医药公司通过专项服务平台整合药品资源和智能优化配送路径，分批统一配送，并应用冷链技术、视频监控技术实现药品可视化安全配送。

④数据服务平台主要功能是以大数据、云计算等现代信息技术为支撑，采集、整理、分析、反馈和管理整个信息网数据，为会员提供数据服务，包括物流智能统计、物流指数和报表分析三大功能模块，物流智能统计模块通过整理城市物流数据，统计城市物流企业、物流园区、物流节点等情况；物流指数主要提供会员企业的指数报告，使会员企业之间相互了解，为促进合作提供条件；报表分析包括城市物流发展报告解析和企业单位报表分析两部分，通过报表解读，发现潜在问题，促使企业加以改进，同时为其他企业提供经验教训。

⑤系统智能管理平台负责 H 市城市共同配送信息网的维护管理，是“一网五平台”有效运行的重要保障，主要包括用户管理、系统维护和市场监管三个功能，其中用户管理涉及平台用户的注册、资格认证、用户信息资料保管和更新等服务，形成对平台用户的机制约束；系统维护负责检查平台运作状况，进行定期维护和平台升级开发工作；市场监管侧重整个平台运行秩序的管理与维护，建立诚信考核制度，对平台交易和会员活动进行监管。

思考与讨论

(1) 详述城市物流的特点。

(2) 城市共同配送的优势和劣势有哪些？

(3) H市城市共同配送模式存在哪些问题？如何解决？

5.4 农村物流

5.4.1 基础知识

农村物流（Rural Logistics）：泛指农户从物质采购到农产品的形成，从农产品储藏、农产品流通加工到农产品销售（消费）的多种活动以及农村区域内农民生活用品的购买活动的集成，具有分散性、季节性、多样性和差异性等特点。

5.4.2 案例：农村合作共赢模式阜阳市王店镇的应用

1. 阜阳市农村快递简介

阜阳市地处安徽省西北部，面积9979km^2，耕地58.5万公顷。户籍人口1014.8万，常住人口为782.6万人，是安徽省人口最多的城市，农村富余劳动力200多万人，是全国重要的劳务输出基地。阜阳交通优越，是安徽三大枢纽之一，市内铁路、公路、航空、水运发达，为安徽前列。阜阳经济与商业发达，商品零售金额仅次于省会合肥，为安徽第二；GDP为安徽第六，发展潜力巨大。另外，阜阳市积极推进各个乡镇的城市化建设，提高居民居住密集度。

王店镇是阜阳市颍州区下的一个普通乡镇，镇上有王店镇中学、王店小学两所学校。中学约有学生2000人，教职工133人。目前在镇上有中通、韵达两家快递加盟网点，韵达快递网点在街最南面的中心学校对面，中通则在街北面的菜市场旁边。镇上有1家邮局、1家中国农业银行、2家省内银行。镇上居民多做餐饮、服装、百货、食品生意，服务于周边居民。王店镇快递需求来自于电子商务网购、外出人员邮寄行李、礼物，本地居民邮寄礼物、行李，但是业务量少，就目前来看没有发展特色快递的产品，另外当地也没有可供合作的电商企业。因此直营快递企业在这里开展直营业务是不经济的。下面从经营成本上考量比较加盟直营混合模式和末端快递合作模式的成本。

2. 末端快递动态合作模式模拟应用

如图5－8展示建立动态合作关系。阜阳市市区内多家快递公司在此地建立合作联盟，网点经营权由其中一家全国性快递公司负责，或是由当地民营快递公司负责。网点共同运输、投递。前期对各家快递公司都是有利的，各个承包商应该是有意愿在业务量较少的地区达成合作的。在初期，选择是否加入联盟，在业务量达到一定数量时各个快递公司有选择是否退出合作的权利。

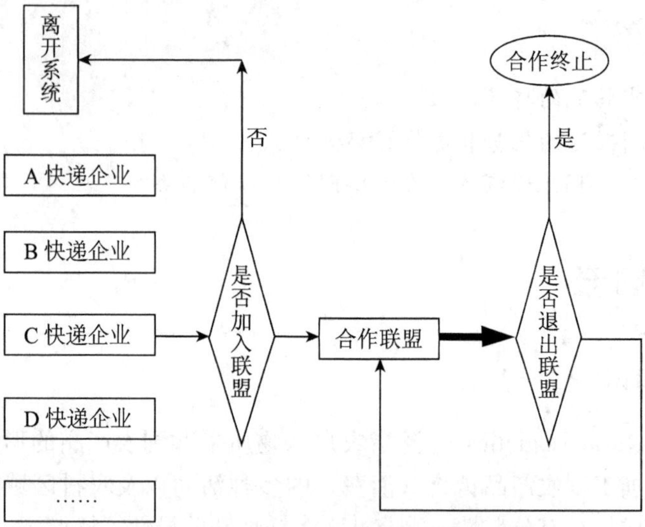

图 5－8　动态末端合作示意

这种快递网络的合作可以开始于各家快递公司在阜阳市的中转中心，集中于一家，由合作联盟的地区经营者上门集中取件，并运输回乡镇营业网点。在网点运营中，在王店镇成立的一种联盟性质的收取件网点，它是各家快递公司服务产品在目前业务量少的地区的抱团延伸，因此各家快递公司可以依然延续自已所提供的产品，或是提供差异化的服务。派件依据各公司所订立标准。客户寄件服务商的选择权在客户，营运中心不干涉。在快递网络运营方面，这种快递企业联盟的形式整合了各个快递公司零散的业务量，发挥了物流货运的规模效益，能够提高网络的效益，降低单位快件成本。

表 5－4 为直营加盟混合模式下韵达加盟点费用统计。

表 5－4　直营加盟混合模式下韵达加盟点费用统计　　单位：元

间接成本		直接成本	
资源（I）	费用（C_I）	资源（I）	费用（D_I）
人员工资	22800	包装材料	600
通信费	3310	燃油费	9855
低值易耗品	2160	车辆使用费	1200
车辆使用费	1200		
房屋使用费	8400		
合计 T_C	37870	合计 T_D	10455

表 5-5 为作业资源信息。

表 5-5　　作业资源信息

作业中心（b_m）	作业名称（h）	资源（I）
交寄中心（b_1）	接单、收件、检查封装、填单据、录入	人员工资（I_1）、通信费（I_2）、低值易耗品费（I_3）、包装材料（I_4）、房屋使用费（I_5）
分拣中心（b_2）	整理快件、扫描分配	人员工资、通信费、房屋使用费
运输中心（b_3）	装卸搬运、公路运输、信息上传	人员工资、通信费、车辆使用费、燃油费
投递中心（b_4）	派件扫描、快件送达、签收	人员工资、低值易耗品、通信费、车辆使用费
客服中心（b_5）	查询、投诉管理	人员工资、通信费、房屋使用费

表 5-6 为直营加盟混合模式下韵达加盟点资源动因及作业动因量。

表 5-6　　直营加盟混合模式下韵达加盟点资源动因及作业动因量

作业中心（b_x）	资源费用（I）	资源动因	资源动因量（Q）
交寄中心	人员工资	人工工时（h）	5840
	通信费	通信时长（h）	12
	低值易耗品费	单证数量（单）	4000
	房屋使用费	占用空间（m^2）	4
分拣中心	人员工资	人工工时（h）	1168
	通信费	通信时长（h）	20
	房屋使用费	占用空间（m^2）	40
运输中心	人员工资	人工工时（h）	1460
	通信费	通信时长（h）	24.3
投递中心	人员工资	人工工时（h）	1898
	低值易耗品	单证数量（单）	1160
	通信费	通信时长（h）	250
	房屋使用费	占用空间（m^2）	20
客服中心	人员工资	人工工时（h）	730
	通信费	通信时长（h）	150
	房屋使用费	占用空间（m^2）	2

3. 末端快递动态合作模式的应用分析

这一部分主要思想是应用作业成本法，得出单一一家民营快递企业在此镇上的一家加盟点的作业成本，并在此区域内模拟应用末端快递动态合作模式，得出作业成本，最后对两个结果进行比较说明。

作业成本法的核心思想是产品消耗作业、作业消耗资源、资源消耗成本。这种做法首先建立资源库、作业中心，后将资源归集到作业中，确定每个作业的成本。作业成本法具有一般的成本核算的功能，同时也能避免只注重作业流程而忽视了作业本身的管理等的问题。

表 5－7 为直营加盟混合模式下韵达加盟点资源动因分配率。

表 5－7　　直营加盟混合模式下韵达加盟点资源动因分配率

资源	作业中心	消耗资源量（Z_{b1}）		资源动因量（Z_1）	资源动因分配率 $R=C_I/Z_1$	作业中心资源成本（元）C_{b1}	作业资源耗费（元）$C_I=\sum_{b=1}^{b=m}C_{IN}$
人员工资	交寄中心	584	h	5840.00h	3.9 元/小时	2280	22800
	分拣中心	1168				4560	
	运输中心	1460				5700	
	投递中心	1898				7410	
	客服中心	730				2850	
通信费	交寄中心	12	h	96.5h	7.25 元/小时	87.05	3310
	运输中心	24.3				176.27	
	投递中心	250				1813.50	
	分拣中心	20				145.08	
	客服中心	150				1088.10	
低值易耗品	交寄中心	4000	单	5160	0.42 元/件	1674.42	2160
	投递中心	1160				485.58	
房屋使用费	交寄中心	4	m^2	26	130.23 元/平方米	520.93	8400
	运输中心	40				2604.65	
	分拣中心	20				5209.3	
	客服中心	0.5				65.12	
合计							36670

(1) 直营加盟混合模式。

以镇上韵达快递为例，该企业年快递派送量为 11100 件，收件量为 500 件。主要服务区域是苗庄村、胡庄村、下寨村以内半径为 3km 区域。运用作业成本法，步骤如下。

第一，建立资源库，包括人员工资、通信费、车辆使用费、燃油费、包装费、低值易耗品费、房屋使用费。各项作业资源及成本如表 5－8、表 5－9 所示。

第二，企业的作业归纳为交寄中心、派送快件、运输（从乡镇到市区中转中心这一段的支线运输)、分拣、客户服务。根据作业流程建立作业中心，并表示所消耗的资源库。

表 5-7 所示通信费用包括电话费、网络使用费、电脑设备折旧及维修费。低值易耗品包括营业场所的水电费、纸张费、日常维护清洁耗费等。

表 5-8　直营加盟混合模式下韵达加盟点各作业中心总成本　单位：元

作业中心 (b)	资源 (I)	资源耗费		作业中心总成本
		间接成本 (C_{bI})	直接成本 (D_I)	$H_b=\sum_{i=1}^{i=x}C_{bI}+D_I$
交寄中心	人员工资	2280		5162.4
	通信费	87.05		
	低值易耗品费	1674.42		
	包装材料		600	
	房屋使用费	2584.62		
分拣中心	人员工资	4560		7309.73
	通信费	145.08		
	房屋使用费	2604.65		
运输中心	人员工资	5700		15731.27
	通信费	176.27		
	车辆使用费		1200	
	燃油费		9855	
投递中心	人员工资	7410		14918.38
	低值易耗品	485.58		
	通信费	1813.5		
	房屋使用费	5209.3		
客服中心	人员工资	2850		4003.22
	通信费	1088.1		
	房屋使用费	65.12		

表 5-9　直营加盟混合模式下韵达加盟点作业中心成本动因量

作业中心	成本动因	成本动因量 (元) Q	作业中心成本 (元) H_b	成本动因率 $P=H_b/Q_b$	作业成本 (元) $U_{Vb}=U_{Vb}\cdot P$
交寄中心	快递单数 (单)	11100	4041.47	0.36 元/单	4041.47
分拣中心	快递件数 (件)	11100	4560.00	0.41 元/件	4560.00
运输中心	运输里程 (km)	5584.5	5876.27	1.05 元/千米	5876.27
投递中心	快递件数 (件)	11000	14918.38	1.36 元/件	14918.38
客服中心	处理次数 (次)	219	4003.22	18.28 元/次	4003.22
合计			33399.34		33399.34

第三，建立作业中心，归集成本库的作用，并计算资源动因分配率和各个作业中心总成本。如表 5－6、表 5－7、表 5－8、表 5－9 所示。表 5－6 确定资源动因和各个作业中心各项资源的资源动因量；表 5－7 确定资源动因分配率；表 5－8 显示了各个作业中心的直接成本和间接成本及总成本；表 5－9 展示各个作业中心资源动因率。

第四，计算公司总成本和单位快件成本。

表 5－10 表示公司年度运营总成本和单位快件成本。

表 5－10　　直营加盟混合模式下韵达加盟点总成本　　单位：元

作业成本 U_{Vb}	直接成本 T_D	总成本 $T_T=\sum_{b=1}^{b=x}U_{Vb}+T_D$	单位快件成本 $P_{P1}=T_T/Q_0$
33399.34	10455	47125.00	4.25

（2）末端动态合作模式。表 5－11 为资源动因及作业动因量。

表 5－11　　资源动因及作业动因量

作业中心	资源费用	资源动因	资源动因量
交寄中心	人员工资	人工工时（h）	584
	通信费	通信时长（h）	28.8
	低值易耗品费	单证数量（单）	4000
	房屋使用费	占用空间（m^2）	4
分拣中心	人员工资	人工工时（h）	1168
	通信费	通信时长（h）	20
	房屋使用费	占用空间（m^2）	40
运输中心	人员工资	人工工时（h）	1460
	通信费	通信时长（h）	24.3
投递中心	人员工资	人工工时（h）	1898
	低值易耗品	单证数量（单）	1160
	通信费	通信时长（h）	740
	房屋使用费	占用空间（m^2）	20
客服中心	人员工资	人工工时（h）	730
	通信费	通信时长（h）	280
	房屋使用费	占用空间（m^2）	2

同样按照作业成本法，对当地同样的服务区域进行分析。根据镇上现有两家快递情况及阜阳市快递量按照总快递量为韵达一家的 3 倍计算。人员工资以及房屋使用费

均按照加盟模式的 2 倍计算。其成本消耗及各个作业中心成本分配率如表 5 - 12 所示。

表 5 - 12　　末端合作模式下农村快递公司费用统计　　单位：元

间接成本 C_I		直接成本 D_I	
资源	费用	资源	费用
人员工资	45600	包装材料	2000
通信费	6700	车辆使用费	9855
低值易耗品	5460	燃油费	1200
房屋使用费	16800		
合计 T_C	74560	合计 T_D	10455

末端合作模式下农村快递公司作业中心成本、总成本如表 5 - 13、表 5 - 14 所示。

表 5 - 13　　末端合作模式下农村快递公司作业中心成本

作业中心	成本动因	成本动因量（Q）	作业中心成本（元）（H_b）	成本动因率 $P=H_b/Q$	作业成本（元）$U_{cb}=U_{cb}\cdot P$
交寄中心	快递单数	37000.00（单）	8969.08	0.24 元/单	8969.08
分拣中心	快递件数	37000.00（件）	14329.30	0.39 元/件	14329.30
运输中心	运输里程	5584.50（km）	11400.00	2.04 元/千米	11400.00
投递中心	快递件数	37000.00（件）	31001.77	1.36 元/件	31001.77
客服中心	处理次数	700.00（次）	7546.45	10.78 元/次	7546.45
合计			73246.61		73246.61

表 5 - 14　　末端合作模式下农村快递公司总成本　　单位：元

作业成本（元）U_{Vb}	直接成本（元）T_D	总成本 $T_T=\sum_{b=1}^{b=x}U_{Vb}+T_D$	单位快件成本 $P_{P2}=T_T/Q_0$
73246.60903	15200	88446.61	2.34

从结果可以看出，在末端动态合作模式下，单位快件成本为 2.34（PP2）元，而在加盟模式下快件成本为 4.87（PP1）元，表示新模式发挥了规模优势，成本节约很显著。如果在考虑末端共赢模式开发新客户的业务，规模效益会更大。

思考与讨论

（1）农村快递物流市场的特点包括哪些？

（2）如何对民营快递企业农村业务模式进行分类？

（3）以某县为例，分析当地农村物流发展状况。

5.5 区域物流

5.5.1 基础知识

区域物流中心（Regional Logistics Center）：全国物流网络上的节点。以大中型城市为中心，服务于区域经济发展需要，将区域内外的物品从供应地向接收地进行有效实体流动的公共物流设施。

聚焦物流：集中再运输，二次分拣。

5.5.2 案例：安徽省“十三五”物流业发展规划

加快发展物流业，对补齐短板、降低成本，促进产业结构调整、转变发展方式、增强安徽综合竞争力等具有重要意义。根据《国务院关于印发物流业发展中长期规划（2014—2020年）的通知》（国发〔2014〕42号）、《国家发展改革委关于印发〈促进物流业发展三年行动计划（2014—2016年）〉的通知》（发改经贸〔2014〕2827号）和《安徽省国民经济和社会发展第十三个五年规划纲要》，结合“调转促”行动计划服务业加快发展工程实施方案，编制本规划。

1. *发展基础*

发展现状：“十二五”以来，安徽省物流业保持较快增长，规模效益不断提升，基础设施日趋完善，园区建设初见成效，市场主体不断壮大，发展环境明显改善，物流业已成为国民经济的重要组成部分。表5-15为“十二五”时期物流业发展主要指标。

表5-15 “十二五”时期物流业发展主要指标

指标	2010年	2015年	年均增长（%）
物流业增加值（亿元）	670	1280	13.8
社会物流总费用与GDP比率（%）	18.1	16.8	〔−1.3〕
物流业从业人员（万人）	170	210	4.3
物流园区个数	38	80	〔42〕
A级以上物流企业（家）	39	119	〔80〕
全省口岸（个）	9	10	〔1〕
海关特殊监管区域及场所（个）	1	5	〔4〕
高速公路总里程（km）	2929	4246	〔1317〕
铁路通车里程（km）	2878	4150	〔1272〕
内河高等级航道里程（km）	1084	1428	〔344〕
5000t级及以上生产性泊位（个）	74	135	〔61〕
港口吞吐能力（亿吨）	4	5	〔1〕
集装箱吞吐能力（万标箱）	30	141	〔111〕
民用机场（个）	4	5	〔1〕

注：表中〔 〕表示五年累计变化。

面临的形势：重大战略拓展新空间；转型升级催生新需求；技术管理创新增强新动力；政策完善营造新环境；资源环境约束提出新挑战。

2. 总体要求

指导思想：全面贯彻党的十八大和十八届三中、四中、五中全会和习近平总书记视察安徽重要讲话精神，牢固树立和贯彻落实创新、协调、绿色、开放、共享的发展理念，围绕安徽各省委、省政府“调转促”等重大决策和战略部署，以提高物流效率、降低物流成本、减轻资源和环境压力为重点，以市场为导向，以改革开放为动力，以先进技术为支撑，着力优化发展环境，着力创新发展方式，着力提升供给质量和效率，推动传统物流向专业化、网络化、智能化、绿色化方向加快发展，推动物流业与现代农业、先进制造业和金融等其他服务业融合发展，加快打造具有安徽特色的现代物流产业体系，为我省培育新的发展动能、增强持续动力、全面建成小康社会提供支撑保障。

主要原则：市场主导，政府引导；创新驱动，转型升级；重点突破，协调推进；深化改革，扩大开放；绿色环保，安全高效。

发展目标：到2020年力争安徽全省物流业增加值比2015年翻一番，超过2500亿元。基本建成布局合理、技术先进、绿色环保、安全有序的现代物流产业体系，将安徽省打造成“一带一路”和长江经济带的重要物流枢纽。

3. 空间布局

按照建设“一带一路”和长江经济带等重大战略规划要求，进一步发挥承东启西、贯通南北的区位优势，依托综合交通运输网络，结合全省生产力布局和城镇化规划，着力构建“一圈、四区、多点”的区域布局和“两纵三横”网状物流通道，加强与沿海、沿边地区合作，加快陆港、航空口岸建设，推动形成层级清晰、功能完整、互联互通的立体化物流体系，全面融入全国物流大循环。

(1) 区域布局。

合肥物流圈：进一步强化合肥作为全国区域性物流节点城市、全国物流园区一级布局城市的核心地位，充分发挥淮南、六安、滁州等重要物流节点城市支撑作用，依托沪陕、济祁、合宁等国家高速公路干线，进一步提升合肥在国家快速铁路网的枢纽地位，高水平建设合肥新桥国际机场、合肥港、合肥国际内陆港、合肥综合保税区等对外开放大平台，大力发展培育电子信息、汽车及零部件、装备制造、新能源、新材料、化工、家电等制造业物流，加快发展商贸物流，培育发展电子商务物流，推进保税物流、物流金融、快递物流等高端物流发展，形成公路、铁路、水运、航空联运一体化的物流体系和通达全球的对外综合运输大通道，把合肥物流圈打造成引领全省物流发展的核心圈层，符合长三角副中心定位、具有国际竞争力的重要物流增长极。

四大物流区域：

芜马物流区。以芜湖、马鞍山为中心，依托长江黄金水道、沿江快速通道、芜宣等发展轴带，重点建设临港产业集聚区，推进芜湖综合保税区、马鞍山郑蒲港区等开放合作，围绕汽车、装备制造、电子信息、新材料等主导产业，充分发挥综合交通优势，大力发展水陆空联运，推动港口物流、空港物流、制造业物流、城乡配送和电子商务物流加快发展，建成服务皖江城市带、面向苏浙沪等沿海省市的全国现代物流中心。

安庆物流区。以安庆为中心，充分发挥沿江高速、宁安高铁和长江黄金水道作用，围绕商贸、化工、机械、有色及新材料、特色农产品等主导产业，加快港口物流园区建设，打造“公铁水航”一体化联运体系，以港口物流、工业物流、农产品物流、城乡配送和农村电商物流为重点，加快建成服务皖西南、联通长江中游城市群的区域物流集群。

蚌埠物流区。以蚌埠为中心，依托京台高速、宁洛高速、京沪铁路干线和淮河航道等交通优势，着力发展多式联运，扩大提升蚌埠（皖北）保税物流中心（B 型）能级，积极谋划蚌埠综合保税区，围绕硅基新材料、生物化工、机械装备、电子和大宗农产品等主导产业，大力发展专业物流，打造服务皖北、面向淮海经济区的现代物流基地。

阜阳物流区。以阜阳为中心，依托京九线、商合杭铁路和高速公路网，充分发挥阜阳机场物流功能，围绕煤电化工、生物医药、机械冶金、食品加工、特色农业等产业，积极构建大商贸、大流通、大市场，推动商贸物流、粮食物流和冷链物流、大宗生产资料物流加快发展，建成服务皖西北、面向中原经济区的重要物流枢纽。

物流节点城市：依托交通区位、主导产业和资源优势，规划建设宣城、池州、亳州、铜陵、黄山、宿州、淮北等物流节点城市，发挥对合肥物流圈及四大物流区域的支撑作用。加强铁路、公路、航空、内河水运和管道等基础设施建设，科学布局物流集散地、物流园区、区域分拨中心和区域物流中心（配送中心），加快构建以城区为中心、以园区为载体、以城市社区和村镇为基础“畅通省内、互联互通、城乡一体”的多层级物流网络。重点打造工业制造型、产业配套型、商贸流通型、交通运输型等物流节点，培育各具特色的物流产业。支持亳州中药材物流、淮北能源化工物流、宿州农产品及深加工物流、铜陵矿产资源物流、宣城机械制造物流、黄山文化旅游物流等特色物流产业发展。

(2) 物流通道。

依托铁路、公路、水运、航空、管道等基础设施，积极打造淮（北）宿（州）合（肥）芜（湖）黄（山）和亳（州）阜（阳）六（安）安（庆）等贯通南北的纵向物流通道，建设提升沿江、沿淮和合（肥）滁（州）六（安）等连接东西的横向物流通道，串连各级物流中心和节点城市，规划建设一批综合物流园区、口岸港区和多式联运中心，提高通道物流承载能力和转运效率，增强面向苏浙沪、长江中游城市群、中原经济区、淮海经济区等国内主要经济区域的物流集聚辐射功能，打造内畅外通、开放型网状物流通道。

4. 主要任务

(1) 加强物流基础设施网络建设。

着力改善交通基础设施薄弱环节，加快构建以综合交通通道为主骨架，快速铁路网、高速公路网、高等级航道网为支撑，航空运输服务覆盖全省的现代综合交通运输网络，推动形成省内相互衔接、互联互通的快速物流通道。优化各种运输方式在线路、节点上的匹配和衔接，促进顺畅衔接和高效中转，提升物流体系综合能力。加强仓库、堆场、接驳、停车场等转运设施建设，改善物流装卸、搬运、分拣设备，提高货物换装的便捷性和兼容性。高标准规划建设物流园区，促进物流资源和物流要素整合集聚，增强物流园区辐射带动能力。加强城市配送中心规划，在城市社区和村镇布局建设共同配送末端网点，优化城市商业区和社区物流基础设施布局，形成层级合理、规模适当、需求匹配的物流仓储配送网络。加快快件分拨（转运）中心等骨干快递设施建设。

(2) 推动物流企业做大做强。

鼓励物流企业通过参股控股、兼并重组、协作联盟等方式做大做强，形成一批技术水平先进、主营业务突出、核心竞争力强的大型现代物流企业集团。鼓励运输、仓储等传统物流企业向上下游延伸服务，推进物流业与其他产业融合发展。鼓励和支持第三方物流企业发展，进一步加快制造企业、商贸企业分离外包物流业务，促进企业内部物流需求社会化。着力引进世界知名和国内龙头物流企业进驻安徽，支持设立区域物流总部、运营中心、分拨中心和转运中心。完善物流企业信用评价指标体系，建立物流企业诚信监督制度，引导我省物流企业健康发展。积极推动物流企业进行国家认证，培育一批符合国家标准的5A级物流企业。

(3) 加快物流现代化标准化建设。

加强物联网等先进信息技术在物流领域的应用，加快企业物流信息系统建设，推进各类物流公共信息平台整合发展和信息共享，推动全社会物流信息资源的开发利用。鼓励物流企业采用新技术和新装备，加快对现有仓储、转运设施、运输工具、停靠和卸货站点的现代化建设和改造，推进港口、码头、货场、物流园区设施现代化。推进物流科技研发基地建设，加快运输、仓储、配送、装卸、冷链等专业物流设施设备的研发应用。完善以物流国家标准和行业标准为主体、以地方标准为补充、以团体标准和企业标准为支撑的物流地方标准体系，加快制定一批有影响力的物流地方标准。加大物流标准实施力度，推进重点物流企业参与专业领域物流技术标准和管理标准制定工作。积极采用适合我省物流业发展的国际先进标准。选择大型物流企业、配送中心、售后服务平台、物流园区、物流信息平台等，开展物流服务标准化试点示范工作。加强重要物流标准宣传培训和推广应用。

(4) 大力发展绿色物流。

大力推行绿色运输、绿色仓储、绿色配送，实现物流绿色低碳发展和节能减排。优化运输结构，合理配置各类运输方式，提高铁路和水路运输比重，大力发展甩挂运输、多式联运、共同配送等先进物流组织模式，着力提高车货匹配，减少返空、迂回运输。鼓励和引导物流企业选用节能环保车辆、新能源汽车等节能环保物流设施设备。引导企业建立逆向物流体系，促进资源循环利用。鼓励包装重复使用和回收再利用，支持开展托盘租赁回收业务。加强危险品运输和仓储管理，强化物流过程的环境风险防范与控制，最大限度减少环境事故。

(5) 推动国际物流发展。

加快推进合肥综合保税区、芜湖综合保税区、合肥出口加工区、蚌埠（皖北）保税物流中心（B型）、安庆（皖西南）保税物流中心（B型）等海关特殊监管区域建设，积极争取设立宣城保税物流中心（B 型），复制推广自由贸易试验区海关监管创新制度，增强进出口货物集散能力，打造国际物流分拨配送中心。大力发展保税物流，加强商务、海关、检验检疫、边防、海事、国税等部门联动，实现保税物流园区仓储运输、信息服务、海关监管、报关退税等一条龙服务。加快跨境电子商务发展，支持省内企业通过电子商务平台在线交易、支付结算、跨境配送，为省内企业“走出去”提供物流服务保障。建立口岸物流联建联动机制，进一步提高通关效率。

（6）实施一批重大项目。

围绕物流业薄弱环节和产业发展需求，重点在制造业物流与供应链管理等十大工程领域，谋划实施一批重大项目。依托省级现代物流重大工程包，建立健全全省物流重点项目库，分类管理、滚动实施。进一步健全项目推进机制，实行项目建设属地负责制，强化部门帮扶企业联系协调机制。进一步加强物流项目推介和招商引资，积极承接现代物流业转移。着力强化要素保障，对入选省重点项目库的物流项目，在资金、用地、规划等方面倾斜支持。“十三五”期间，重点建设 100 个左右投资强度大、产业层次高、带动能力强的物流重大项目，培育一批物流业新增长点。

5. 重点工程

（1）制造业物流与供应链管理工程。

推动物流业与制造业联动发展，围绕安徽省装备制造、矿产能源、冶金建材、生物医药、节能环保、新能源、新材料、煤化工等重点产业基地，大力发展产业配套物流，推动装备制造物流、煤炭物流、化工物流、冷链物流等专业化物流业态发展。支持建设与制造业企业紧密配套、有效衔接的仓储设施和物流信息平台，组织实施一批制造业与物流业联动发展的示范工程和重点项目，促进现代制造业与物流业有机融合。大力发展供应链物流，主动对接制造业物流全过程，积极介入采购物流、厂内物流、配送物流、逆向物流等全供应链环节，为制造企业提供从原材料采购到产品销售的完整供应链服务。

（2）农产品和冷链物流工程。

围绕安徽省具有比较优势的粮食、棉花、蔬菜、肉类、水果等农产品资源，依托大型农产品批发市场和产地集配中心，建设一批规模较大、带动性较强、技术水平较高的农产品物流基地。支持农产品生产基地改造提升物流设备设施，推广机械装卸、自动化拣选、电子交易、智能仓储等设备技术应用，开展集散配送业务。推进产地预冷、初加工、冷藏保鲜、冷链运输等设施建设，形成专业化农产品冷链物流基地。加强冷链物流设施设备信息化改造，构建全流程质量监控和追溯系统。鼓励建设节能型冷库。建设一批面向长三角市场的生鲜农副产品直供基地，整合低温屠宰、低温冷冻、冷链运输、检验检疫、包装加工等设施资源，完善冷链物流网络体系。

（3）电子商务物流工程。

促进电子商务与物流快递协同发展。加强专业化物流园区和功能区建设，优化物流节点设置，形成“分拨中心、配送中心、配送队伍和客户”四级网络节点布局。加快推进城市和重要县、乡镇物流节点建设步伐，与电商产业布局和发展趋势相匹配。鼓励“第三方智慧仓储、第四方智慧物流”等模式创新，大力发展第三方电商物流和仓储配送中心。依托合肥、芜湖国家级电子商务示范城市和中国（合肥）跨境电子商务综合试验区，构建电子商务公共信息服务、网络交易保障服务等基础性应用平台。实现数据交换与共享，提升电子商务物流的服务标准化、流程可视化、送达准点化，提高物流和库存周转率。支持快递企业加强与社区便利店合作设立社区快递代收点。充分发挥合肥国际邮件互换局功能，打造国际快递转运中心和分拨中心。提高电子商务物流配送效率和专业化服务水平。发挥安徽省特色产品优势，大力发展与“一带一路”沿线国家的跨境电子商务物流。

（4）城乡物流配送工程。

加快推进电子商务进农村综合示范工程、“快递向下”服务拓展工程、“新网工程”，加强农产品骨干网络建设，进一步完善城乡配送网络体系，统筹规划、合理布局物流配送节点，搭建城乡配送公共服务平台，积极推进城乡消费品和物资配送网络体系建设。大力发展面向流通企业和消费者的社会化共同配送，鼓励交通、邮政、商贸、供销、出版物销售等开展联盟合作，整合利用现有物流资源，进一步完善存储、转运、停靠、卸货等基础设施，提高共同配送能力。加快推进电子商务与物流快递协同发展，支持连锁经营、物流配送、电子商务等现代化流通方式向农村延伸，加强农村网店建设，进一步发挥农资连锁企业、邮政及供销合作社的网络和服务优势，提升物流服务能力。

（5）物流园区工程。

研究制订全省物流园区建设发展实施方案，结合各地产业需求和区位特点，依托交通枢纽、口岸、国家级和省级开发区、产业集聚区，规划建设一批货运枢纽型、商贸服务型、生产服务型、口岸服务型、综合服务型等物流园区。推进物流园区水、电、路、通信设施和多式联运设施建设，加快现代化立体仓库和信息平台建设，完善周边公路、铁路配套，推广使用甩挂运输等先进运输方式和智能化管理技术，完善物流园区管理体制，提升管理和服务水平，形成各市以大型综合物流园区为核心，若干专业物流园区为辅助的园区布局。开展省级物流园区示范工程，重点支持20个示范园区加快发展，增强园区集聚效应和辐射带动能力。积极申建国家级物流示范园区。

（6）多式联运工程。

科学编制城乡建设规划，加快建设一批公铁联运、铁水联运、陆空联运、江海联运等多式联运基地。加快多式联运设施建设，构建能力匹配的集疏运通道，配备现代化中转设施，建立全省统一的多式联运信息平台，实现货运换装无缝衔接。重点加强芜湖港、马鞍山港、合肥港、安庆港、蚌埠港、阜阳港、凤阳港等港口建设，提升长江、淮河安徽段黄金水道的通航能力，完善水陆集疏运系统，推进大宗散货水铁联运、集装箱多式联运，积极发展干支直达和江海直达等船舶运输组织方式。推进铁路专用线建设，发挥铁路集装箱中心站作用，以合肥、蚌埠、阜阳、芜湖为中心构建与铁路货运站能力匹配的公铁联运网络系统。大力发展公路甩挂运输物流方式，支持各地开展甩挂运输示范工程建设，提高综合运输水平。

（7）物流信息平台工程。

改造提升安徽物流公共信息平台，进一步整合商务、交通、邮政、工商、税务、海关、检验检疫、银行、保险等部门的信息资源，构建形成物流公共管理信息、物流业务信息交换和物流企业信息处理三级架构的覆盖市县的物流公共信息平台。加强北斗导航、物联网、云计算、大数据、移动互联、智能交通、自动识别等先进信息技术在物流领域的应用。积极构建通联各地、覆盖全省、线上线下一体的物流云平台。鼓励物流园区和物流龙头企业搭建面向中小物流企业的信息服务平台，推动实现多种运输方式间信息互联与共享，促进货源、车源和物流服务等信息的高效匹配，有效降低货车空驶率。支持物流企业开发应用内部信息管理系统，形成集物流信息发布、在线交易、数据交换、跟踪追溯、智能分析等功能为一体的综合物流信息平台，提高企业信息化水平。

（8）物流标准化工程。

研究制订安徽省物流业标准化发展规划。重点推进物流安全、物流诚信、绿色物流、物流信息、先进设施设备和甩挂运输、城市共同配送、多式联运等物流业发展急需的重要标准研制，提高物流效率。支持仓储和转运设施、运输工具、停靠和卸货站点的标准化建设和改造，积极发展标准化、厢式化、专业化的公路货运车辆，逐步淘汰栏板式货车，推广托盘、集装箱、集装袋等标准化设施设备，推进管理软件接口标准化，全面推广甩挂运输试点经验。针对危险货物仓储运输、物流装备安全要求等强制性标准，推进物流设备和服务认证，推动行业协会、媒体和社会公众共同监督物流标准实施，加大政府监管力度。推进物流领域检验检测体系建设，支持物流企业开展质量、环境和职业健康安全管理体系认证。

6. 保障措施

深化改革开放；规范市场秩序；加大政策扶持；拓宽融资渠道；强化人才支撑。

7. 规划实施

各地区、各部门要充分认识促进物流发展的重大意义，采取有力措施，确保本规划贯彻落实。

思考与讨论

（1）区域物流规划包括哪些内容？

（2）如何进行区域物流的规划？结合你所在的区域特点，进行物流规划。

（3）发展物流如何处理规划和实施“两张皮”问题？

5.6 全国物流

5.6.1 基础知识

交通枢纽（Traffic Hub）：在一种或多种运输方式的干线交叉与衔接处，共同为办理旅客与物品中转、发送、到达所建设的多种运输设施的综合体。

5.6.2 案例：物流业发展中长期规划（2014—2020 年）

物流业是融合运输、仓储、货代、信息等产业的复合型服务业，是支撑国民经济发展的基础性、战略性产业。加快发展现代物流业，对于促进产业结构调整、转变发展方式、提高国民经济竞争力和建设生态文明具有重要意义。为促进物流业健康发展，根据党的十八大、十八届三中全会精神和《中华人民共和国国民经济和社会发展第十二个五年规划纲要》《服务业发展“十二五”规划》等，制订本规划。规划期为 2014—2020 年。

1. 发展现状与面临的形势

（1）发展现状。

“十一五”特别是国务院印发《物流业调整和振兴规划》以来，我国物流业保持较快增长，服务能力显著提升，基础设施条件和政策环境明显改善，现代产业体系初步形成，物流业已成为国民经济的重要组成部分。

总体上看，我国物流业已步入转型升级的新阶段。但是，物流业发展总体水平还不高，发展方式比较粗放。主要表现为：一是物流成本高、效率低。2013 年全社会物流总费用与国内生产总值的比率高达 18%，高于发达国家水平 1 倍左右，也显著高于巴西、印度等发展中国家的水平。二是条块分割严重，阻碍物流业发展的体制机制障碍仍未打破。企业自营物流比重高，物流企业规模小，先进技术难以推广，物流标准难以统一，迂回运输、资源浪费的问题突出。三是基础设施相对滞后，不能满足现代物流发展的要求。现代化仓储、多式联运转运等设施仍显不足，布局合理、功能完善的物流园区体系尚未建立，高效、顺畅、便捷的综合交通运输网络尚不健全，物流基础设施之间不衔接、不配套问题比较突出。四是政策法规体系还不够完善，市场秩序不够规范。已经出台的一些政策措施有待进一步落实，一些地方针对物流企业的乱收费、乱罚款问题突出。信用体系建设滞后，物流业从业人员整体素质有待进一步提升。

（2）面临的形势。

当前，经济全球化趋势深入发展，网络信息技术革命带动新技术、新业态不断涌现，物流业发展面临的机遇与挑战并存。伴随全面深化改革，工业化、信息化、新型城镇化和农业现代化进程持续推进，产业结构调整和居民消费升级步伐不断加快，我国物流业发展空间越来越广阔。

2. 总体要求

（1）指导思想。

以邓小平理论、“三个代表”重要思想、科学发展观为指导，深入贯彻党的十八大和十八届二中、三中全会精神，全面落实党中央、国务院各项决策部署，按照加快转变发展方式、建设生态文明的要求，适应信息技术发展的新趋势，以提高物流效率、降低物流成本、减轻资源和环境压力为重点，以市场为导向，以改革开放为动力，以先进技术为支撑，积极营造有利于现代物流业发展的政策环境，着力建立和完善现代物流服务体系，加快提升物流业发展水平，促进产业结构调整和经济提质增效升级，增强国民经济竞争力，为全面建成小康社会提供物流服务保障。

（2）主要原则。

市场运作，政府引导；优化结构，提升水平；创新驱动，协同发展；节能减排，绿色环保；完善标准，提高效率；深化改革，整合资源。

（3）发展目标。

到2020年，基本建立布局合理、技术先进、便捷高效、绿色环保、安全有序的现代物流服务体系。

物流的社会化、专业化水平进一步提升；物流企业竞争力显著增强；物流基础设施及运作方式衔接更加顺畅；物流整体运行效率显著提高。

3. 发展重点

（1）着力降低物流成本。

打破条块分割和地区封锁，减少行政干预，清理和废除妨碍全国统一市场和公平竞争的各种规定和做法，建立统一开放、竞争有序的全国物流服务市场。进一步优化通行环境，加强和规范收费公路管理，保障车辆便捷高效通行，积极采取有力措施，切实加大对公路乱收费、乱罚款的清理整顿力度，减少不必要的收费点，全面推进全国主要高速公路不停车收费系统建设。加快推进联通国内、国际主要经济区域的物流通道建设，大力发展多式联运，努力形成京沪、京广、欧亚大陆桥、中欧铁路大通道、长江黄金水道等若干条货畅其流、经济便捷的跨区域物流大通道。

（2）着力提升物流企业规模化、集约化水平。

鼓励物流企业通过参股控股、兼并重组、协作联盟等方式做大做强，形成一批技术水平先进、主营业务突出、核心竞争力强的大型现代物流企业集团，通过规模化经营提高物流服务的一体化、网络化水平，形成大小物流企业共同发展的良好态势。鼓励运输、仓储等传统物流企业向上下游延伸服务，推进物流业与其他产业互动融合，协同发展。鼓励物流企业与制造企业深化战略合作，建立与新型工业化发展相适应的制造业物流服务体系，形成一批具有全球采购、全球配送能力的供应链服务商。鼓励商贸物流企业提高配送的规模化和协同化水平，加快电子商务物流发展，建立快速便捷的城乡配送物流体系。支持快递业整合资源，与民航、铁路、公路等运输行业联动发展，加快形成一批具有国际竞争力的大型快递企业，构建覆盖城乡的快递物流服务体系。支持航空货运企业兼并重组、做强做大，提高物流综合服务能力。充分发挥邮政的网络、信息和服务优势，深入推动邮政与电子商务企业的战略合作，发展电商小包等新型邮政业务。进一步完善邮政基础设施网络，鼓励各地邮政企业因地制宜地发展农村邮政物流服务，推动农资下乡和农产品进城。

（3）着力加强物流基础设施网络建设。

推进综合交通运输体系建设，合理规划布局物流基础设施，完善综合运输通道和交通枢纽节点布局，构建便捷、高效的物流基础设施网络，促进多种运输方式顺畅衔接和高效中转，提升物流体系综合能力。优化航空货运网络布局，加快国内航空货运转运中心、连接国际重要航空货运中心的大型货运枢纽建设。推进“港站一体化”，实现铁路货运站与港口码头无缝衔接。完善物流转运设施，提高货物换装的便捷性和兼容性。加快煤炭外运、“北粮南运”、粮食仓储等重要基础设施建设，解决突出的运输“卡脖子”问题。加强物流园区规划布局，进一步明确功能定位，整合和规范现有园区，节约、集约用地，提高资源利用效率和管理水平。在大中城市和制造业基地周边加强现代化配送中心规划，在城市社区和村镇布局建设共同配送末端网点，优化城市商业区和大型社区物流基础设施的布局建设，形成层级合理、规模适当、需求匹配的物流仓储配送网络。进一步完善应急物流基础设施，积极有效应对突发自然灾害、公共卫生事件以及重大安全事故。

4. 主要任务

（1）大力提升物流社会化、专业化水平。

鼓励制造企业分离外包物流业务，促进企业内部物流需求社会化。优化制造业、商贸业集聚区物流资源配置，构建中小微企业公共物流服务平台，提供社会化物流服务。着力发展第三方物流，引导传统仓储、运输、国际货代、快递等企业采用现代物流管理理念和技术装备，提高服务能力；支持从制造企业内部剥离出来的物流企业发挥专业化、精益化服务优势，积极为社会提供公共物流服务。鼓励物流企业功能整合和业务创新，不断提升专业化服务水平，积极发展定制化物流服务，满足日益增长的个性化物流需求。进一步优化物流组织模式，积极发展共同配送、统一配送，提高多式联运比重。

（2）进一步加强物流信息化建设。

加强北斗导航、物联网、云计算、大数据、移动互联等先进信息技术在物流领域的应用。加快企业物流信息系统建设，发挥核心物流企业整合能力，打通物流信息链，实现物流信息全程可追踪。加快物流公共信息平台建设，积极推进全社会物流信息资源的开发利用，支持运输配载、跟踪追溯、库存监控等有实际需求、具备可持续发展前景的物流信息平台发展，鼓励各类平台创新运营服务模式。进一步推进交通运输物流公共信息平台发展，整合铁路、公路、水路、民航、邮政、海关、检验检疫等信息资源，促进物流信息与公共服务信息有效对接，鼓励区域间和行业内的物流平台信息共享，实现互联互通。

（3）推进物流技术装备现代化。

加强物流核心技术和装备研发，推动关键技术装备产业化，鼓励物流企业采用先进适用技术和装备。加快食品冷链、医药、烟草、机械、汽车、干散货、危险化学品等专业物流装备的研发，提升物流装备的专业化水平。积极发展标准化、厢式化、专业化的公路货运车辆，逐步淘汰栏板式货车。推广铁路重载运输技术装备，积极发展铁路特种、专用货车以及高铁快件等运输技术装备，加强物流安全检测技术与装备的研发和推广应用。吸收引进国际先进物流技术，提高物流技术自主创新能力。

（4）加强物流标准化建设。

加紧编制并组织实施物流标准中长期规划，完善物流标准体系。按照重点突出、结构合理、层次分明、科学适用、基本满足发展需要的要求，完善国家物流标准体系框架，加强通用基础类、公共类、服务类及专业类物流标准的制定工作，形成一批对全国物流业发展和服务水平提升有重大促进作用的物流标准。注重物流标准与其他产业标准以及国际物流标准的衔接，科学划分推荐性和强制性物流标准，加大物流标准的实施力度，努力提升物流服务、物流枢纽、物流设施设备的标准化运作水平。调动企业在标准制修订工作中的积极性，推进重点物流企业参与专业领域物流技术标准和管理标准的制定和标准化试点工作。加强物流标准的培训宣传和推广应用。

（5）推进区域物流协调发展。

落实国家区域发展整体战略和产业布局调整优化的要求，继续发挥全国性物流节点城市和区域性物流节点城市的辐射带动作用，推动区域物流协调发展。按照建设丝绸之路经济带、海上丝绸之路、长江经济带等重大战略规划要求，加快推进重点物流区域和联通国际国内的物流通道建设，重点打造面向中亚、南亚、西亚的战略物流枢纽及面向东盟的陆海联运、江海联运节点和重要航空港，建立省际和跨国合作机制，促进物流基础设施互联互通和信息资源共享。东部地区要适应居民消费加快升级、制造业转型、内外贸一体化的趋势，进一步提升商贸物流、制造业物流和国际物流的服务能力，探索国际国内物流一体化运作模式。按照推动京津冀协同发展、环渤海区域合作和发展等要求，加快商贸物流业一体化进程。中部地区要发挥承东启西、贯通南北的区位优势，加强与沿海、沿边地区合作，加快陆港、航空口岸建设，构建服务于产业转移、资源输送和南北区域合作的物流通道和枢纽。西部地区要结合推进丝绸之路经济带建设，打造物流通道，改善区域物流条件，积极发展具有特色优势的农产品、矿产品等大宗商品物流产业。东北地区要加快构建东北亚沿边物流带，形成面向俄罗斯、连接东北亚及欧洲的物流大通道，重点推进制造业物流和粮食等大宗资源型商品物流发展。物流节点城市是区域物流发展的重要枢纽，要根据产业特点、发展水平、设施状况、市场需求、功能定位等，加强物流基础设施的规划布局，改善产业发展环境。

（6）积极推动国际物流发展。

加强枢纽港口、机场、铁路、公路等各类口岸物流基础设施建设。以重点开发开放试验区为先导，结合发展边境贸易，加强与周边国家和地区的跨境物流体系和走廊建设，加快物流基础设施互联互通，形成一批国际货运枢纽，增强进出口货物集散能力。加强境内外口岸、内陆与沿海、沿边口岸的战略合作，推动海关特殊监管区域、国际陆港、口岸等协调发展，提高国际物流便利化水平。建立口岸物流联检联动机制，进一步提高通关效率。积极构建服务于全球贸易和营销网络、跨境电子商务的物流支撑体系，为国内企业“走出去”和开展全球业务提供物流服务保障。支持优势物流企业加强联合，构建国际物流服务网络，打造具有国际竞争力的跨国物流企业。

（7）大力发展绿色物流。

优化运输结构，合理配置各类运输方式，提高铁路和水路运输比重，促进节能减排。大力发展甩挂运输、共同配送、统一配送等先进的物流组织模式，提高储运工具的信息化水平，减少返空、迂回运输。鼓励采用低能耗、低排放运输工具和节能型绿色仓储设施，推广集装单元化技术。借鉴国际先进经验，完善能耗和排放监测、检测认证制度，加快建立绿色物流评估标准和认证体系。加强危险品水运管理，最大限度减少环境事故。鼓励包装重复使用和回收再利用，提高托盘等标准化器具和包装物的循环利用水平，构建低环境负荷的循环物流系统。大力发展回收物流，鼓励生产者、再生资源回收利用企业联合开展废旧产品回收。推广应用铁路散堆装货物运输抑尘技术。

5. 重点工程

(1) 多式联运工程。

加快多式联运设施建设，构建能力匹配的集疏运通道，配备现代化的中转设施，建立多式联运信息平台。完善港口的铁路、公路集疏运设施，提升临港铁路场站和港站后方通道能力。推进铁路专用线建设，发挥铁路集装箱中心站作用，推进内陆城市和港口的集装箱场站建设。构建与铁路、机场和公路货运站能力匹配的公路集疏运网络系统。发展海铁联运、铁水联运、公铁联运、陆空联运，加快推进大宗散货水铁联运、集装箱多式联运，积极发展干支直达和江海直达等船舶运输组织方式，探索构建以半挂车为标准荷载单元的铁路驮背运输、水路滚装运输等多式联运体系。

(2) 物流园区工程。

在严格符合土地利用总体规划、城市总体规划的前提下，按照节约、集约用地的原则，在重要的物流节点城市加快整合与合理布局物流园区，推进物流园区水、电、路、通信设施和多式联运设施建设，加快现代化立体仓库和信息平台建设，完善周边公路、铁路配套，推广使用甩挂运输等先进运输方式和智能化管理技术，完善物流园区管理体制，提升管理和服务水平。结合区位特点和物流需求，发展货运枢纽型、生产服务型、商贸服务型、口岸服务型和综合服务型物流园区，以及农产品、农资、钢铁、煤炭、汽车、医药、出版物、冷链、危险货物运输、快递等专业类物流园区，发挥物流园区的示范带动作用。

(3) 农产品物流工程。

加大粮食仓储设施建设和维修改造力度，满足粮食收储需要。引进先进粮食仓储设备和技术，切实改善粮食仓储条件。积极推进粮食现代物流设施建设，发展粮食储、运、装、卸“四散化”和多式联运，开通从东北入关的铁路散粮列车和散粮集装箱班列，加强粮食产区的收纳和发放设施、南方销区的铁路和港口散粮接卸设施建设，解决“北粮南运”运输“卡脖子”问题。推进棉花运输装卸机械化、仓储现代化、管理信息化，加强主要产销区的物流节点及铁路专用线建设，支持企业开展纺织配棉配送服务。加强“南糖北运”及产地的运输、仓储等物流设施建设。加强鲜活农产品冷链物流设施建设，支持“南菜北运”和大宗鲜活农产品产地预冷、初加工、冷藏保鲜、冷链运输等设施设备建设，形成重点品种农产品物流集散中心，提升批发市场等重要节点的冷链设施水平，完善冷链物流网络。

(4) 制造业物流与供应链管理工程。

支持建设与制造业企业紧密配套、有效衔接的仓储配送设施和物流信息平台，鼓励各类产业聚集区域和功能区配套建设公共外仓，引进第三方物流企业。鼓励传统运输、仓储企业向供应链上下游延伸服务，建设第三方供应链管理平台，为制造业企业提供供应链计划、采购物流、入厂物流、交付物流、回收物流、供应链金融以及信息追溯等集成服务。加快发展具有供应链设计、咨询管理能力的专业物流企业，着力提升面向制造业企业的供应链管理服务水平。

(5) 资源型产品物流工程。

依托煤炭、石油、铁矿石等重要产品的生产基地和市场，加快资源型产品物流集散中心和物流通道建设。推进晋陕蒙（西）宁甘、内蒙古东部、新疆等煤炭外运重点通道建设，重点建设环渤海等大型煤炭储配基地和重点煤炭物流节点。统筹油气进口运输通道和国内储运体系建设，加快跨区域、与周边国家和地区紧密连接的油气运输通道建设，加强油气码头建设，鼓励发展油船、液化天然气船，加强铁矿石等重要矿产品港口（口岸）物流设施建设。

（6）城乡物流配送工程。

加快完善城乡配送网络体系，统筹规划、合理布局物流园区、配送中心、末端配送网点等三级配送节点，搭建城市配送公共服务平台，积极推进县、乡、村消费品和农资配送网络体系建设。进一步发挥邮政及供销合作社的网络和服务优势，加强农村邮政网点、村邮站、“三农”服务站等邮政终端设施建设，促进农村地区商品的双向流通。推进城市绿色货运配送体系建设，完善城市配送车辆标准和通行管控措施，鼓励节能环保车辆在城市配送中的推广应用。加快现代物流示范城市的配送体系发展，建设服务连锁经营企业和网络销售企业的跨区域配送中心。发展智能物流基础设施，支持农村、社区、学校的物流快递公共取送点建设。鼓励交通、邮政、商贸、供销、出版物销售等开展联盟合作，整合利用现有物流资源，进一步完善存储、转运、停靠、卸货等基础设施，加强服务网络建设，提高共同配送能力。

（7）电子商务物流工程。

适应电子商务快速发展需求，编制全国电子商务物流发展规划，结合国家电子商务示范城市、示范基地、物流园区、商业设施等建设，整合配送资源，构建电子商务物流服务平台和配送网络。建成一批区域性仓储配送基地，吸引制造商、电商、快递和零担物流公司、第三方服务公司入驻，提高物流配送效率和专业化服务水平。探索利用高铁资源，发展高铁快件运输。结合推进跨境贸易电子商务试点，完善一批快递转运中心。

（8）物流标准化工程。

重点推进物流技术、信息、服务、运输、货代、仓储、粮食等农产品及加工食品、医药、汽车、家电、电子商务、邮政（含快递）、冷链、应急等物流标准的制修订工作，积极着手开展钢铁、机械、煤炭、铁矿石、石油石化、建材、棉花等大宗产品物流标准的研究制订工作。支持仓储和转运设施、运输工具、停靠和卸货站点的标准化建设和改造，制定公路货运标准化电子货单，推广托盘、集装箱、集装袋等标准化设施设备，建立全国托盘共用体系，推进管理软件接口标准化，全面推广甩挂运输试点经验。开展物流服务认证试点工作，推进物流领域检验检测体系建设，支持物流企业开展质量、环境和职业健康安全管理体系认证。

（9）物流信息平台工程。

整合现有物流信息服务平台资源，形成跨行业和区域的智能物流信息公共服务平台。加强综合运输信息、物流资源交易、电子口岸和大宗商品交易等平台建设，促进各类平台之间的互联互通和信息共享。鼓励龙头物流企业搭建面向中小物流企业的物流信息服务平台，促进货源、车源和物流服务等信息的高效匹配，有效降低货车空驶率。以统一物品编码体系为依托，建设衔接企业、消费者与政府部门的第三方公共服务平台，提供物流信息标准查询、对接服务。建设智能物流信息平台，形成集物流信息发布、在线交易、数据交换、跟踪追溯、智能分析等功能为一体的物流信息服务中心。加快推进国家交通运输物流公共信息平台建设，依托东北亚物流信息服务网络等已有平台，开展物流信息化国际合作。

(10) 物流新技术开发应用工程。

支持货物跟踪定位、无线射频识别、可视化技术、移动信息服务、智能交通和位置服务等关键技术攻关，研发推广高性能货物搬运设备和快速分拣技术，加强沿海和内河船型、商用车运输等重要运输技术的研发应用。完善物品编码体系，推动条码和智能标签等标识技术、自动识别技术以及电子数据交换技术的广泛应用。推广物流信息编码、物流信息采集、物流载体跟踪、自动化控制、管理决策支持、信息交换与共享等领域的物流信息技术。鼓励新一代移动通信、道路交通信息通信系统、自动导引车辆、不停车收费系统以及托盘等集装单元化技术普及。推动北斗导航、物联网、云计算、大数据、移动互联等技术在产品可追溯、在线调度管理、全自动物流配送、智能配货等领域的应用。

(11) 再生资源回收物流工程。

加快建立再生资源回收物流体系，重点推动包装物、废旧电器电子产品等生活废弃物和报废工程机械、农作物秸秆、消费品加工中产生的边角废料等有使用价值废弃物的回收物流发展。加大废弃物回收物流处理设施的投资力度，加快建设一批回收物流中心，提高回收物品的收集、分拣、加工、搬运、仓储、包装、维修等管理水平，实现废弃物的妥善处置、循环利用、无害环保。

(12) 应急物流工程。

建立统一协调、反应迅捷、运行有序、高效可靠的应急物流体系，建设集满足多种应急需要为一体的物流中心，形成一批具有较强应急物流运作能力的骨干物流企业。加强应急仓储、中转、配送设施建设，提升应急物流设施设备的标准化和现代化水平，提高应急物流效率和应急保障能力。建立和完善应急物流信息系统，规范协调调度程序，优化信息流程、业务流程和管理流程，推进应急生产、流通、储备、运输环节的信息化建设和应急信息交换、数据共享。

6. 保障措施

深化改革开放；完善法规制度；规范市场秩序；加强安全监管；完善扶持政策；拓宽投资融资渠道；加强统计工作；强化理论研究和人才培养；发挥行业协会作用。

7. 组织实施

各地区、各部门要充分认识物流业健康发展的重大意义，采取有力措施，确保各项政策落到实处、见到实效。

思考与讨论

(1) 全国物流规划必须考虑哪些国内外因素？试采用 PEST 进行环境分析？

(2) 全国物流布局的原则是什么？

(3) 如何实现东部、中部、西部物流的和谐发展?

5.7 国际物流

5.7.1 基础知识

国际物流（International Logistics）：跨越不同国家或地区之间的物流活动。

大陆桥运输（Land Bridge Transport）：用横贯大陆的铁路或公路作为中间桥梁，将大陆两端的海洋运输连接起来的连贯运输方式。

转关运输（Tran-customs Transportation）：进出口货物在海关监管下，从一个海关运至另一个海关办理海关手续的行为。

保税货物（Bonded Goods）：经海关批准未办理纳税手续进境，在境内储存、加工、装配后复运出境的货物。

海关监管货物（Cargo Under Custom's Supervision）：进出口货物，过境、转运、通运货物，特定减免税货物，以及暂时进出口货物、保税货物和其他尚未办结海关手续的进出境货物。

通运货物（Through Goods）：由境外启运，经船舶或航空器载运入境后，仍由原载运工具继续运往境外的货物。

转运货物（Transit Cargo）：由境外启运，到我国境内设关地点换装运输工具后，不通过我国境内陆路运输，再继续运往境外的货物。

5.7.2 案例："合新欧"国际货运班列①②

"合新欧"国际货运班列，从合肥北站始发，自新疆阿拉山口口岸出境，途经哈萨克斯坦、俄罗斯、白俄罗斯、波兰到达德国汉堡。"合新欧"班列是目前国内多条亚、欧铁路运营线中具有商业价值的线路之一。

2015 年 6 月 26 日，在"合新欧"开通一周年之际，伴随着一阵清脆而响亮的汽笛声，一列满载着 41 个集装箱太阳能光伏、电子及家用电器、轻纺等产品的国际货运专列从合肥北站驶出，标志着"合新欧"国际货运班列西延至德国汉堡。2014 年 6 月 26 日，"合新欧"首趟国际货运班列从合肥北站成功开通后，每月两列常态化运行，现已开行 24 趟，共发运 1166 个车皮（40ft 标准箱），为合肥市及周边地区的外贸企业提供了一条通往中亚的快速通道。

作为国家"一带一路"节点城市，为增强企业参与"新丝绸之路"建设的积极性和主动性，鼓励更多的企业、更多"合肥造"产品通过铁路线路走向欧洲市场，合肥市政府专门出台支持"合新欧"国际货运班列的有关政策，对承揽外贸货物并通过"合新欧"运输至欧洲的货运代理企业等给予鼓励。"合新欧"班列是目前国内多条亚、

---

① http://mt.sohu.com/20150626/n415697488.shtml.

② http://news.qq.com/a/20160504/018716.htm.

欧铁路运营线中具有商业价值的线路之一，穿越欧亚腹地，中欧班列直抵德国汉堡。从合肥北站始发，自新疆阿拉山口口岸出境，途经哈萨克斯坦、俄罗斯、白俄罗斯、波兰到达德国汉堡，“一站式”运达，中途无货物分拨，运输距离约11000km，运输时间约15天，运输时间相比海运送达时间短，相比空运成本合理，使产销各方实现“按需排产”和“零库存”，降低了供需双方的生产和运营成本；运送时间控制精度更高，运输节拍以小时计算；对货物安全做到GPS全程监控和运踪信息数据化管理；采用专用平板运输载体，时速保持120km/h，是目前国内运行效率最高的运力资源配置，科技含量高。后期将常态化运行，并根据开行情况适时加密。

下一步，合肥市将以“合肥航空港、合肥水运港、合肥国际内陆港、合肥电子港”为开放型经济发展的“桥头堡”，以“合肥综合保税区、合肥出口加工区、合肥空港保税物流中心（B型）”三个海关特殊监管区为经济发展转变的新引擎，依托合肥综合保税区、合肥货运中心的物流集聚效应和功能优势，以区域物流中心、物流信息中心、多式联运中心为发展目标，建立中国华东地区通往中亚、欧洲的重要国际铁路联运物流大通道，全力促进周边生产要素向合肥集聚，带动贸易和产业发展，推动开放型经济转型升级。

2016年以来，“合新欧”国际货运班列持续稳定运行。目前从“合新欧”运营企业安徽新亚欧国际物流有限公司获悉，由于货源充足，2016年4月30日、5月1日和5月2日，“合新欧”国际货运班列首次连发三趟。

“合新欧”开通以来，为合肥市及周边地区的外贸企业提供了一条通往中亚、中欧的快捷通道，赢得了越来越多企业的认可。借助充足的货源，“合新欧”货运市场越做越大。4月30日，安徽新亚欧国际物流有限责任公司发运了今年第三趟中欧班列（合肥—汉堡），共计41个集装箱，运载液晶显示屏、无影灯、皮带运输机、服装等商品。5月1日、5月2日，该公司又连续发运了两趟从合肥到阿拉木图的中亚班列，共计95个集装箱，运载的商品主要有空调、洗衣机、滤清器、冷轧机等，其中一列为TCL空调器（中山）有限公司的专列。

货源充足是“合新欧”国际货运班列形成定期开拔格局的关键。当前由于受到全球经济下行影响，各地对外出口贸易受到一定冲击，铁路货物总量有限，货源供给问题相对突出，缺少持续稳定的供货链条，“合新欧”班列同样面临严峻考验。为此，安徽新亚欧国际物流有限责任公司积极搭建宣传平台，扩大货源吸纳渠道，采取“走出去”的宣传模式，积极开辟国内、国际两条宣传推介路线。国内，该公司首先在安徽省内的铜陵市、六安市和合肥市的重点外贸企业进行推广，以及在江、浙、赣等省的相关城市推广；国外则主要集中在俄罗斯、西班牙、德国、荷兰等国家，加强与国际知名物流企业的宣传推介，促进双边贸易互动，广泛争取中亚、中欧班列进出货源。

思考与讨论

(1) 与其他物流线路相比，建设“合新欧”国际货运班列具有哪些优势?

(2)“合新欧”国际货运班列如何发挥物流功能和提供增值服务?

（3）承接“一带一路”发展战略，“合新欧”国际货运班列如何优化经营策略？

5.8 绿色物流

5.8.1 基础知识

绿色物流（Green Logistics）：指在抑制物流活动各个环节对环境造成危害的同时，实现对物流环境的净化，使物流资源得到最充分的利用。顾名思义，绿色物流是融入了环境可持续发展理念的物流活动。通过改革运输、储存、包装、装卸、流通加工等物流环节，绿色物流可以达到降低环境污染、减少资源消耗的目的。

第一，绿色物流是共生型物流。绿色物流注重从环境保护与可持续发展的角度，求得环境与经济发展共存；通过物流革新与技术进步，减少或消除物流对环境的负面影响。

第二，绿色物流是资源节约型物流。绿色物流不仅注重物流过程对环境的影响，而且强调对资源的节约。

第三，绿色物流是低熵型物流。熵是指在一个封闭系统中，总呈现出有效能量减少而无效能量增加的一个不可逆过程。低熵物流要求物品存放有序、搬运活性高。

第四，绿色物流是循环型物流。绿色物流包括绿色运输、绿色仓储、绿色装卸搬运、绿色包装、绿色配送、绿色物流信息。

5.8.2 案例：贝克出口啤酒

船舶运输是贝克啤酒出口业务的最重要运输方式。贝克啤酒厂毗邻不来梅港，是采用海运的最大优势。贝克啤酒凭借全自动化设备，标准集装箱可在8分钟内罐满啤酒，15分钟内完成一切发运手续。每年，贝克啤酒通过海运方式发往美国一地的啤酒就达9000TEU。之所以选择海运方式，贝克啤酒解释为两个字：环保。欧洲乃至世界范围陆运运输的堵塞和污染日益严重，贝克啤酒选择环保的方式不仅节约运输成本，还为自己贴上环保的金色印记。

5.8.3 案例：A集团绿色物流

1. A集团及其回收现状

A集团是全球大型家电第一品牌，连续13年位居中国最有价值品牌首位。2014年12月31日，世界权威市场调查机构欧睿国际发布2014年全球大型家用电器调查数据显示：A集团大型家用电器2014年品牌零售量占全球市场的10.2%，居全球第一。这是A集团大型家电零售量第六次蝉联全球第一，更首次突破两位数。同时，A集团冰箱、洗衣机、冷柜、酒柜的全球品牌份额也分别继续蝉联全球第一。A集团长期一直坚持环境友好型发展路线，被中国质量认证中心授予“低碳体系（国际标准ISO14064）定点试点企业”。A集团自2000年3月开展自己的电商业务——A商城，A商城作为A集团官方建立的全系列家电一站式销售服务平台，采用虚实融合模式，高度重视物流配送的快速响应性，首推“24 小时限时达，超时即免单”服务，创造网购速度新高。

A 集团全力推进绿色产品科技战略，包括绿色设计、绿色制造、绿色经营和绿色回收。其中，绿色回收日益备受重视，家电产品所使用的材料是无机物，无任何污染且可直接回收，有效解决废旧冰箱回收处置的环保问题。对于产品的回收，A 商城明确自己的流程：首先，对于不合格品的退货，A 商城根据不同的时间段及不同的原因采取不同的措施，如果 15 日内是商品质量问题或商品描述与网站不符，则上门取货，且运费由商城承担，如果是其他原因的退货，运费则由客户自行承担，至于产品的维修，消费者可以选择全国联保网上保修和售后服务电话报修。其次，对于产品生命周期结束的产品，A 商城推出的“以旧换新”服务，填写一张登记表，购买任一款产品，均可享受 250～1000 元的“以旧换新”津贴，A 集团再对回收产品进行合适处理。最后，A 集团还与中国再生资源开发有限公司达成战略合作，双方在 A 集团产品边角废料、残次品及废旧家电回收处理方面开展长期合作，联手打造绿色环保循环经济，更好地为用户服务。中国再生资源开发有限公司作为中华全国供销总社控股的中国最大的专业性再生资源回收企业，通过全国回收网络体系，积极探索资源化利用和无害化处理，为 A 集团商城产品的绿色智能回收贡献自己的力量。

2. A 商城绿色智能回收物流系统构建分析

近年来，家电产品的市场需求变小、家电行业的竞争趋于寡头竞争导致家电产品的销售量增长缓慢，加之《废弃电器电子产品回收处理管理条例》（国务院令第 551 号）的颁布给家电企业带来了短期的成本压力，使 A 商城面临巨大的竞争压力，A 商城对绿色回收也越发重视。通过分析 A 商城的回收现状，发现 A 商城在回收领域存在一定的不足。

第一，A 商城对回收工作的重视程度仍存欠缺。虽然竞争环境的驱使和政府政策的鼓励，A 商城的回收工作有所加强，但相比发达国家家电企业对废旧产品的回收，仍然存在观念落后的问题，具体体现在资金及人员投入不足、回收服务质量较低、回收流程繁杂等。

第二，A 商城回收工作缺乏智能性。目前 A 商城使用的拆解设备、分解技术大多数为国外技术，缺乏自主创新的回收技术。回收物流流程为传统回收流程，较少应用先进的物流技术，包括自动化分拣设备、北斗卫星导航系统及智能视频统计终端等。

第三，A 商城回收工作绿色化程度不足。回收物流自身就是一种绿色运作，回收过程采取绿色化措施能更好地实现绿色目标。A 商城在进行回收运作时，没有过多关注回收过程中的绿色化操作，如废旧产品的回流运输中时常出现空驶现象等。

第四，A 商城回收工作缺乏与其他电商企业的合作，单打独斗致使资源浪费。A 商城的回收工作主要是企业单独进行，信息来源单一，信息不对称造成资源浪费，如 A 商城甚至出现一辆汽车回运一台家用电器的严重浪费现象。

第五，包装物的回收欠缺。A 商城目前尚不涉及对产品包装物的回收，导致包装物的浪费现象严重，一定程度上阻碍回收物流的绿色化运作。

通过分析 A 商城回收工作方面存在的不足，将绿色智能回收物流系统应用到 A 商城中，具体运作流程见图 5-9。

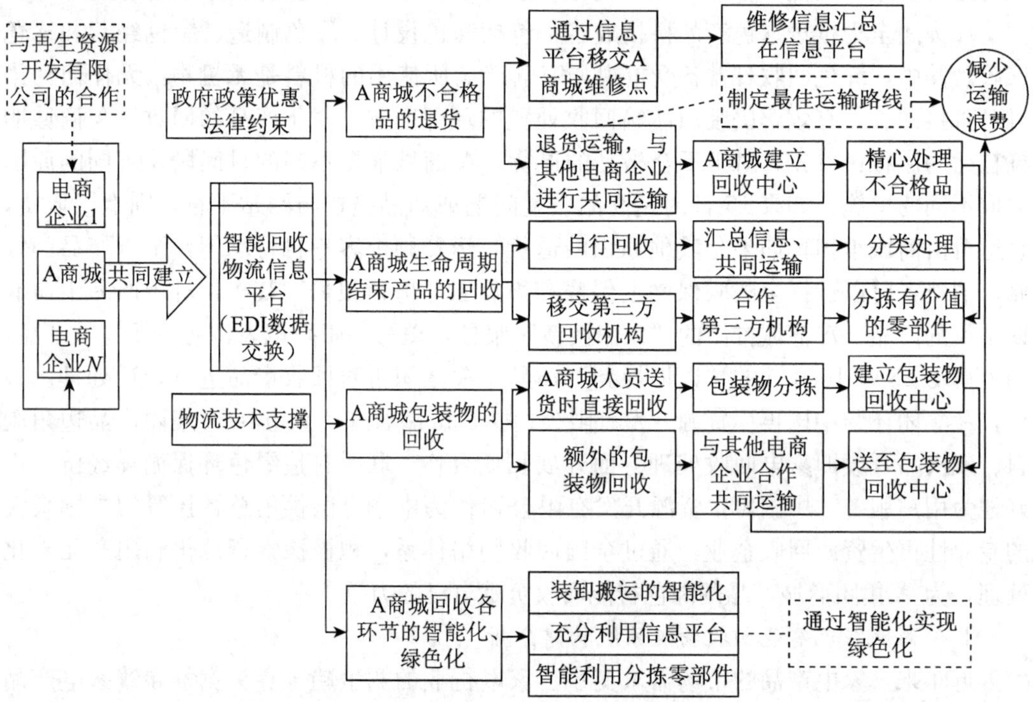

图 5-9 商城绿色智能回收物流系统运作流程

首先，A 商城应提升对绿色智能回收物流的重视程度。加大资金及人员投入，构建一个绿色智能回收物流信息平台，在不涉及集团商业机密的前提下，考虑与其他电商企业在回收领域进行合作，在绿色智能回收物流信息平台上共享回收信息；在退货及生命周期结束产品回收方面，A 商城通过信息平台对回收信息的整合，统一各电商企业的回收信息，使用绿色电动回收车，设计最合理的回收路线，并通过轻量化起重设备和无人环保型搬运小车完成装卸搬运作业。

其次，A 商城增加包装物的回收模块，推进绿色回收。通过手持终端扫描系统和智能视频统计终端相结合，在回收包装物时，扫描包装物，及时将信息传递至智能视频统计终端，对包装物的数量和种类进行分拣，实现包装物的循环利用。

再次，加大投入先进的回收技术，推进智能回收。除了投入使用已有的北斗卫星导航系统/GPS/GIS/CVPS 系统、EDI 技术、RFID 技术等物流技术外，A 商城在分拣设备、技术上应加大创新力度，为绿色智能回收提供技术保障。

最后，深化与第三方回收机构的合作。绿色智能回收物流系统整体运作涉及第三方回收机构，A 商城不仅需要简单地委托专业回收机构进行回收，而且应在废旧零部件、包装材料的循环利用领域开展深入合作，实现绿色回收。

思考与讨论

（1）绿色物流包括哪些内容？

（2）A 集团绿色物流发展有哪些优势和劣势？

(3) 我国应如何推进绿色物流?

5.9 废弃物物流和回收物流

5.9.1 基础知识

废弃物物流（Waste Material Logistics），是指将经济活动或人民生活中失去原有使用价值的物品，根据实际需要进行收集、分类、加工、包装、搬运、储存等，并分送到专门处理场所的物流活动。

农村的固体废弃物种类主要包括农村的生活垃圾，如厨余（废菜、蛋壳、废弃的食品）、煤灰、废塑料、废纸、碎玻璃、碎陶瓷、废纤维、废电池和掺杂化肥、农药等废弃物，农作物秸秆，农用塑料残膜，畜禽粪便废弃物，乡镇企业固体废弃物。处理方式包括回收再利用、焚烧、填埋或堆肥等。

家电行业废弃物主要包括：①消费者使用一定年限后报废不能使用的废旧家电；②家电制造企业在生产家电的时候产生的废弃物；③包装用的纸张、塑料、泡沫等。

回收物流，又称逆向物流（Reverse Logistics）、反向物流、循环物流，是从供应链下游向上游的运动所引发的物流活动。循环物流包括原材料副产品再循环、包装物再循环、废品回收、资源垃圾的收集和再资源化等。原材料副产品再循环是指采掘、加工过程中产生的边角余料和报废产品及副产品的回收和再循环利用，这个过程一般由生产企业完成，不进入社会物流领域。若生产企业规模较小，无法直接回收利用的，也可通过社会物流系统回收。包装物再循环是指某些包装物可由生产厂家回收重复使用，如啤酒瓶、周转箱等；多数包装物如塑料、纸板等可通过社会物流系统回收后用于生产再生塑料和再生纸等。废品回收是指废旧设备、器材经回收后，经过拆解加工，部分零件、材料可直接利用，部分作为再生资源利用。资源垃圾的收集和再资源化是指工业、生活和环境的废弃物经过收集、分类，仍可加以利用，如制造肥料、发电等。逆向物流包括返品处理、再制造、再营销、再循环和垃圾处理五个方面活动。

5.9.2 案例：快递包装回收难[①]

快递包装中的纸箱回收再利用率不高，大多数人是直接扔掉，快递企业只能回收可以二次利用的纸箱，污染重的大量塑料袋、胶带、泡沫填充物回收率更低，这些东西可能送往垃圾处理厂焚烧或填埋，对土壤空气等造成污染；许多小厂家为降低成本，回收再生料生产快递包装，里面可能含有超标的重金属、有毒有机物和致病体。2016年全国产生300亿个快递包裹，疯狂的网购背后是巨大的快递包装“污染”。

据国家邮政局发布的《中国快递领域绿色包装发展现状及趋势报告》显示，2015年全国快递业耗费包装箱约99.22亿个，使用的胶带总长可以绕地球赤道425圈；快递业每年使用的不可自然降解的塑料袋和胶带、排放的二氧化碳，可达2000万～3000

① http://news.feijiu.net/infocontent/html/201612/28/28382396.html [2017-01-11].

万吨。快递包装应如何有效回收利用，已成为一个影响极广的社会问题。针对快递包装回收利用，各快递企业都进行了不少探索，但依然是“覆水难收”。快递行业专家认为，快递包装的回收应当列入城市垃圾分类回收体系，政府应承担起回收利用的主体责任；不仅如此，针对垃圾分类回收，应当尽快制定相应法律法规。实际上，作为快递服务提供者，以及快递包装成本承担者，快递企业十分乐于将快递包装回收：其中一部分可以进行二次利用，即便无法二次利用，还可以当废品卖掉，抵消部分成本。对于数量不可小视的末端散客用户，快递包装如何回收利用？快递企业依然没有找到好办法。如果用二次使用的纸箱包装，很难保证客户不会有意见，而且容易造成包装损坏。另外，快递企业对快递包装回收利用的迫切性，还源于包材价格上涨。实际上，这一问题不仅是对快递企业的一大考验，对于政府、科研机构乃至普通用户，都值得思考。

垃圾分类回收政府应承担起责任。快递行业产生的资源浪费，主要是纸箱和塑料包装物、填充物以及透明胶带。“一种是纸质的，一种是塑料材质，纸质废弃物因为有市场需求，通过垃圾或收废品等渠道都处理掉了，主要的回收难题和污染来自塑料部分。”对于快递包装的处理，首要选择是再利用，对于不能回收利用的部分再进行降解处理。快递包装的回收利用，应以城市为单位进行垃圾分类回收，纳入整个社会公共体系建设中。“日本把垃圾分为17类，严格分类回收，中国只分为可回收和不可回收两类，而且有名无实。”应该将快递包裹纳入城市垃圾分类回收体系中，由政府作为主体，承担快递包装回收责任。政府部门应该针对垃圾分类回收制定相关法律法规。“法律既要约束倒垃圾的人，也要约束回收垃圾的人。”只有这样，才能保证快递包装进入垃圾回收阶段后，得到有效回收利用。

5.9.3　京东、天猫超市争相推出纸箱回收计划①

京东物流推出一项“绿色物流”新举措——“纸箱回收，绿色环保”计划。除了快递纸箱回收，京东物流还推出全降解包装袋、推广电子签收，成立电商行业首家物流包装实验室，致力于环保性包装产品的研发和使用。

京东网购的用户收到交付的商品后，可自愿将京东纸箱交给京东的配送员进行回收再利用。这项计划首先在北京、上海、广州三个城市试行，后续在全国范围内陆续开放。为了顺利落实此次计划，京东前期对配送员进行培训，针对纸箱回收对现有配送系统进行开发和调试。京东在很多配送站辟出专门区域用于纸箱的暂存，还将采取多种形式对积极参与纸箱回收计划的用户提供相应回馈，以号召更多消费者参与这一行动。

针对快递包装回收问题，多个电商企业也推出相应行动。1号店于2014年通过奖励积分兑换商品的形式倡导用户参与“纸箱回收”，回收一个纸箱获赠20个积分。苏宁易购开展“回收包装送云钻”活动，一个订单奖励10云钻用于抵现。北京邮政EMS同城快递推出可复用、可回收的环保包装容器，包装箱回收能攒积分换礼物。菜鸟绿色联盟开始对天猫超市使用的快递纸箱作回收，符合标准的回收箱会贴上专属标签后

① http：//www.chinawuliu.com.cn/information/201609/23/315618.shtml［2017-01-11］.

进行二次使用。

思考与讨论

（1）目前废弃物主要涉及哪些领域？

（2）调查某地农村废弃物的构成及其处理利用状况，并提出优化建议。

（3）京东、天猫超市纸箱回收计划体现了哪些物流学原理？

（4）随着人民生活水平的提高，家具的更新加快，如何对废旧家具进行回收利用日益成为一个新问题，提出解决方案。

（5）如何进行家电产品的回收物流活动？

5.10 物流战略

5.10.1 基础知识

物流战略（Logistics Strategy）：为寻求物流的可持续发展，就物流发展目标以及达成目标的途径与手段而制定的长远性、全局性的规划与谋略。

物流战略管理（Logistics Strategy Management）：通过物流战略设计、战略实施、战略评价与控制等环节，调节物流资源、组织结构等最终实现物流系统宗旨和战略目标的一系列动态过程的总和。

物流资源计划（Logistics Resource Planning，LRP）：以物流为手段，打破生产与流通界限，集成制造资源计划、能力资源计划、配送资源计划以及功能计划而形成的资源优化配置方法。

供应链合作伙伴关系（Supply Chain Partnership，SCP）：是指在供应链内部两个或两个以上独立的成员之间形成的一种协调关系，以保证实现某个特定的目标或效益。建立供应链合作伙伴关系的目的，在于通过提高信息共享水平，减少整个供应链产品的库存总量、降低整个供应链的成本、提高整个供应链的运作绩效。

随着物流的发展，物流日益被推向企业战略的核心地位。企业必须重视物流战略的规划与管理，具体如下：第一，从管理角度发展物流。企业发展物流，必须要从管理角度发展物流。一旦降低生产成本和更新产品无法再取得竞争优势时，物流变成新的利润源泉，降低生产和销售成本，提高服务水平，合理配置和优化社会资源。第二，规划原则：依托总体，协调发展；长期规划，分段实施；面向未来，适度超前；管理创新，服务制胜；一元规划，多元推进。第三，确立物流战略地位。第四，企业物流战略规划与设计。一个企业物流战略通常表现在五个重要层次上，构成物流战略环形图，确立企业设计物流战略的框架。第一，物流战略层：确立物流对企业战略的协助作用，建设两大平台和两大系统，即基础设施平台和信息平台、信息网络系统和物流配送系统。第二，物流经营层：通过顾客服务建立战略方向，物流活动被开发成核心战略。第三，物流结构层：物流系统的结构部分，包括渠道设计和设施的网络战略。

物流渠道设计包括确定为达到期望的服务水平而需执行的活动与职能及其执行者，渠道体系设计需要认真分析与判断在渠道目标的制定、渠道长度和宽度的评价、市场、产品、企业以及中间商因素、渠道成员的选择及职责、渠道合作等影响，同时随着顾客需求变化和竞争者调整，再评价以维持或增强市场地位。

5.10.2 案例：HFDY 物流公司

HFDY 物流公司正式成立于 2002 年，注册资金为 400 万元人民币，坐落于 AH 省 H 国家级经济开发区 GY 路，拥有占地 60 余亩的“HFDY 物流园”，地理位置优越，距离机场 10km、206 国道 600m，距合宁高速、沪蓉高速 5km。HFDY 物流园内集办公大楼、餐饮、宾馆、休闲娱乐、商务综合、货物集散广场公司，具有 AH 省首家的 500m^2 的信息交易大厅，设有滚动发布有关安徽以及全国货源、车源的需求信息的电子显示屏。公司致力于规范运输市场，打造诚信物流园，为所有用户搭建一个公共信息平台，为客户提供了一个公平、公正、透明的市场价格，提供全方位的物流服务。公司本着以人为本，“团结、敬业、诚信、创新”的企业理念，具有广泛的客群关系和全国性的业务网络，具有开拓业务和参与市场竞争的实力。公司的使命是：建一个适合普通旅客的安全、卫生、舒适、实惠的移动之家。公司的服务宗旨是：以人才为核心，以用户为上帝，以科技为本质，以市场为导向，质量至上，诚信经营。

公司从事的主要业务包括运输、配送、货物配载、仓储服务、停车住宿、餐饮娱乐、汽车修理、仓储汽运、货物保险等。公司在早期经营干线专业运输为主，辅助发展区域内配送为辅的运输企业。企业管理人员 30 余人，普通员工 100 多人。公司现有车辆 130 余台，挂靠车辆 80 余台，另可调集社会车辆 150 余台。在上海、合肥、乌鲁木齐、重庆、山东、陕西、甘肃、北京、天津、东北三省等地分别设有办事处和驻厂办，且在全国大部分地区建立了信誉可靠的物流企业对流网络，能安全、完整、准时、可靠地完成客户的物流运输任务。严格管理是公司生存的基石，优质服务是公司一贯的作风，安全运输是公司永恒的承诺，信誉为本是公司不变的追求，公司珍惜每一次重托。公司以互利互惠、相互理解、彼此信任、携手共进为原则与客户合作，在为各个客户完成物流运输任务过程中，本着想客户之所想，急客户之所急，坚决杜绝差错和货损，竭尽所能地以快、好、省的目标，完成物流运输任务，与多家大型企业和供应商紧密合作，赢得了良好的行业信誉，使客户的利益不断增值。

公司先后参与 HFJT 轮胎厂、JH 汽车制造厂、HFLHLH 日化厂、HFABB 变压器厂等大型中、外企业的大型设备、生产原料、成品产品的运输，以及 AHHT 的 QQ 瓜子的湖南、湖北、广东的客户配送，都深受客户的好评。同时，HFDY 物流上海公司承接日本 Toshiba 东芝笔记本电脑的业务，每月多达两万余台笔记本电脑产品移库及内陆客户配送；公司还参与联想电脑、德国 PAPKER“派可汉尼汾”液压系统零部件的配送。这样，HFDY 从参与世界 500 强企业的产品的物流学习到具有国际先进的企业管理理念和物流供应链运作的先进模式，专业的物流人才为客户提供全方位物流解决方案，从而大大提高 HFDY 物流的品牌形象和竞争实力。

物畅其流，传递价值，HFDY 物流有限公司的发展离不开新老客户的长期信任与支持。继往开来，与时俱进，公司不断地完善和创立新的物流服务体系，提高服务质量，极力培养和强化专业人才。诚信为本、追求永恒，为新老客户提供更加优质高效的物流服务。

HFDY物流源遍布全国的配送网络和丰富的管理及操作经验，凭借完善的信息系统，以“经济性、时效性、准确性、专业性和合理性”为原则，根据顾客的需求和所涉及产品的具体特点，采用最佳的运输方式，向顾客提供包括代理采购、接货、验货、装卸搬运、保管、保养维修、加工、产品检验、分拣、拼箱、送货、退货等在内的一体化协同物流服务。HFDY物流配送中心的配送服务覆盖全国各地，客户只要提出需求，可在24小时内适时配送。成立物流配送服务中心，标志着HFDY以最低的物资成本、最快捷的服务、最大限度满足客户个性化的需求。

公司承接全国各地的整车、零担、大件集装箱起重盘货等业务，且代客仓储配送。公司设有江浙沪专线、广东专线、东北专线、京津唐专线、云贵川专线及西北专线，分别专人负责，可以提供高质量的服务。物流园2#楼50余间提供给多家物流、运输、配载配货、零担专线经营户租用，进行货运交易、调车、发车。每个房间都配有多路宽带网络接入端口和IP电话接口，以便经营户更方便地通信联络和掌握信息动向。

HFDY物流公司建有现代大型物流基地，拥有仓储面积5000m^2。现代化的物流基地内拥有完善的消防喷淋系统，安全监测系统以及自动液体装、卸升降操作平台，防湿、通风装置，楼层仓库多功能大型货梯配置和电子地磅，并可容纳150多辆车同时装卸的场地。根据进驻的客户、各运输专线、配载车辆的不同需求，提供多元化仓储及货物分送服务，服务范围包括货物集散、拼车、仓储、暂存、工厂企业产品库存、分拣、包装等服务。

停车住宿：①免费加盟江浙沪、南方、东北、西北、京津唐、云贵川等各专线；②60亩的停车坪可供400余台各类大小车辆停放。车辆放置有序，24小时保安值班，确保停车安全；③为驾驶员提供空调房间住宿；④园内设有男、女浴室，24小时提供热水服务；⑤500m^{2}信息交易大厅，提供货源信息；⑥500m^{2}的空调休息室，提供免费茶水休息；⑦加盟各专线后，公司会以短信息的形式，免费发布各专线货运信息。

餐饮娱乐。公司生活设施齐全，房间宽敞明亮，又有厨房、卫生间、客厅、空调、淋浴、有线电视，还加装了宽带等，可以休闲谈生意；可以洗晒晾衣服。给人的感觉是回家而不是住宿，是实惠而不是昂贵，是安静而不是嘈杂；没有外界干扰，交通方便，设施齐全，自由自在。感受到的是一种家的温馨舒适。配套服务包括：①24小时提供纯净冷热水；②提供专业的合肥旅游线路咨询；③免费提供合肥旅游地图和书报画刊；④免费提供品牌洗发液、沐浴液、牙膏、梳子、一次性纸杯等。

公司优势：①质高价低：同等品质，租金至少比宾馆便宜一半；②安全可靠：所有房子所在的小区都提供24小时保安服务；③居家感受：家一样自在、温馨，既可自己洗衣，也可以吃到丰富的美食；④自由天地：完全私人独立的空间；⑤物超所值：家电家具配套齐全；⑥干净卫生：入住前，均严格执行标准化的消毒和保洁；⑦体面——完全独立的自由空间不受外界干扰；⑧舒适——所有房屋均已备齐包括床铺被褥在内的居家必需用品，您放下行李即可入住休息，就像回到自己家里一样，尽享家的温馨与方便；⑨省钱——在同档次品质前提下，入住 HFDY 宾馆的费用将比同等级宾馆的费用节省 30%～50%，活动的空间却远大于一般的酒店；⑩灵活——因为租期完全灵活，客人可随意安排自己的行程，而不必担心诸如“房租没到期”等棘手的问题；⑪放心——由专业公司统一品牌经营，提供更具人性化的多种贴心服务，解除了一般出租房品质无保证、服务不完善等顾虑；⑫方便——优越的地理位置，身处 H 经济开发区，交通便捷灵活。公司的原则是：踏踏实实地做好每一件事。

公司所属汽车修理厂提供的服务项目包括：①汽车维修保养；②提供 24 小时修理服务；③汽车事故修复；④汽车返新、护理、装潢；⑤半路抛锚救济；⑥现场抢修；⑦预约时间维修、上门接车、修理送回。汽车修理标准包括：①用户上门，热情接待，仔细了解情况，当好参谋，解答疑问，及时办好手续。②严格按财政招标文件价格执行，不乱报项目、虚报工时和冒领材料，不高收费。③认真贯彻执行汽车维修的各项标准和技术规范。在维修设有国标、部标或地方标准的车辆时，严格按照该车型维修手册，使用说明书及有关汽车维修技术资料，在掌握情况的基础上进行维修，对其中特殊的项目和重要的维修过程均留下明晰的记录备查。④严格执行安全操作技术规程，作业范围、工艺要求进行施工作业，不乱拆、乱丢、乱装，不蛮干，尽力做到不损相关机件，项项彻底，当修不漏。⑤根据实际，完善维修过程质量控制。坚持自检、互检和专检的三检制，严格过程检验和维修记录，重要维修环节必须填写检验单。因维修原因造成损失，及时总结经验教训，并给予赔偿。⑥质量保证期内出现维修质量问题，工厂无条件返工重修，并且返工费用由工厂主动承担。如果因维修质量及配件质量造成的机械事故和经济损失，工厂无条件赔偿。

公司业务流程如下。

①接单：公路运输主管从客户处接受（传真）运输发送计划，公路运输调度从客户处接出库提货单证，核对单证。

②登记：运输调度在登记表上分送货目的地，分收货客户标定提货号码；司机（指定人员及车辆）到运输调度中心拿提货单，并在运输登记统计本上确认签收。

③调用安排：填写运输计划；填写运输在途、送到情况，追踪反馈表；电脑输单。

④车队交接：根据送货方向、重量、体积，统筹安排车辆；报运输计划给客户处，并确认到厂提货时间。

⑤提货发运：按时到达客户提货仓库，检查车辆情况；办理提货手续，提货，盖好车棚，锁好箱门；办好出厂手续；电话通知收货客户预达时间。

⑥在途追踪：建立收货客户档案，司机及时反馈途中信息，与收货客户电话联系送货情况，填写跟踪记录，有异常情况及时与客户联系。

⑦到达签收回单：按时准确到达指定卸货地点；货物交接；百分之百签收，保证运输产品的数量和质量与客户出库单一致；将签收货物回执单用 EMS 或传真反馈至本公司。

⑧运输结算：整理好收费票据；做好收费汇总表交至客户，确认后交回结算中心；结算中心开具发票，向客户收取运费。

客户服务中心致力于为客户提供 365 天、24 小时不间断的服务。从业务咨询、信息查询、货物跟踪、问题反馈到妥善处理投诉与索赔等全方位的优质服务。

HFDY 物流的企业文化从源远流长的五千年中国文化中汲取精华，博采众长，融合提炼，自成一家。HFDY 文化倡导民族人文精神，公司成员甘苦与共、同舟共济，相融互补、共同进步。HFDY 文化以战略创新为基础、以理念创新为先导、以组织创新为保障、以服务创新为手段、以市场创新为目标，行胜于言，追求完美，伴随着 HFDY 物流协调、科学发展的全过程。

企业理念：团结、敬业、诚信、创新。

企业目标：打造自己的品牌，让“HFDY 物流”的名字家喻户晓。

市场定位：物流及与物流相关的所有行业。

经营理念：讲究实效、完善管理、提升品质、增创效益。

企业宗旨：为客户提供便捷、高效、个性化的服务。

价值观：双赢。

核心能力：健康、良好的经营理念和坚定的信心。

竞争优势：保证公司的理念、方向可以持续地发展。

持续发展：①近期目标和远景规划，短期战略和长期战略相结合；②保证公司的理念、方向可以持续地发展，没有断档、断层；③挖掘创新型人才，建立启发员工创新的机制，使公司能够引导市场潮流。

网络型：公司所处行业性质与公司的远景目标决定了公司的架构为网络型。

企业精神：HFDY 好比常青藤，四季常绿，每天增长一点点，终会将绿色洒满人间。

道德观和信誉观：团结、合作、参与、和谐；人与人：团结；单位与单位：合作；个人与集体：参与；企业和社会：和谐。

管理理念：制度上的军事化和执行上的人性化。

用人理念：能者居上，人人都要成功。员工要有成功的欲望，这是公司对员工的要求；同时公司相信每个人都有成功的潜在欲望，并培养鼓励员工树立正确的、积极向上的追求；让每个员工都能实现“体现自己价值”的真诚愿望；协助督促员工将自己的愿望和追求落实到日常的工作中去。

工作气氛：重视团队力量。

工作风格：严谨、一丝不苟兼具灵活、创新。

公司的产品是为客户提供高质量的服务，公司持之以恒、努力不懈地提高服务水平，坚持把顾客完全满意度作为评价和改进一切工作的标准。顾客对服务的满意度直接影响着公司的发展前景和对股东的回报。作为物流界的大型企业一员，公司对自己所肩负的责任的定位就是：服务客户最优，回报股东最大。

思考与讨论

(1) HFDY 为客户提供哪些增值服务？HFDY 是怎样实现价值增值的？

(2) HFDY 的业务流程是怎样的？你觉得 HFDY 的业务流程有哪些需要改进的地方？

(3) 通过 HFDY 提供的增值服务，你如何理解物流是企业“第三利润源泉”？

(4) 为了增加企业第三利润源泉，企业应该如何尽最大努力降低企业运营成本？

HFDY 是怎样做的？你觉得物流企业在利润和成本上应该如何权衡？

（5）HFDY 在供应链战略合作伙伴关系上是怎样的？如何建立伙伴关系？

（6）传统物流战略是什么？如何制定物流战略？

（7）如何进行物流战略管理？

5.11 物流法律法规政策

5.11.1 基础知识

物流法：是指调整与物流活动有关的社会关系的法律规范的总称。物流法律关系是指物流法律规范在调整物流活动过程中所形成的具体的权利义务关系。物流法律关系由主体、内容和客体三个要素构成。

物流法的形式见表 5－16。

表 5－16　物流法的形式

形式	制定主体	地位及效力	表现形式	示例
法律	全国人民代表大会及常委会	次于宪法	中华人民共和国××法	《中华人民共和国民法通则》《中华人民共和国海商法》《中华人民共和国对外贸易法》《中华人民共和国产品质量法》《中华人民共和国合同法》《中华人民共和国进出口商品检验法》《中华人民共和国保险法》
行政法规	国务院	次于宪法和法律	××条例、××实施细则等	《中华人民共和国公路货物运输合同实施细则》《中华人民共和国水路货物运输合同实施细则》《中华人民共和国航空货物运输合同实施细则》
规章	国务院及其直属机构	不得与宪法、法律和行政法规相抵触	××规章，××办法等	粮食现代物流项目管理暂行办法（发改经贸〔2008〕413 号）
地方性法规	省/自治区/直辖市人大及常委会	次于宪法、法律及行政法规	××地方××条例、暂行办法等	福建省促进现代物流业发展条例（2010 年 9 月 30 日福建省第十一届人民代表大会常务委员会第十七次会议通过）
国际条约	国际组织、协定参加国	以不与本国法律冲突为原则	公约、换文、协定	《联合国国际货物买卖合同公约》《海牙规则》《维斯比规则》《汉堡规则》《华沙公约》《铁路货物运输国际公约》《国际公路货物运输合同公约》《国际贸易术语解释通则》《跟单信用证统一惯例》
技术标准	受委托机构、行业协会等	源于法律授权/可成为法律技术规范	国家标准、国际标准、企业标准	《联运通用平托盘试验方法》（GB/T 4996—2014）

物流服务：为满足客户需求所实施的一系列物流活动产生的结果。

5.11.2 案例：HC 物流有限责任公司[①]

HC物流有限责任公司，简称 HC公司，由原 HC货运公司于 2002 年 8 月正式改名并迁入 HF市，公司坐落于 HF市 HY路与 DT路交叉路口。公司现在拥有专业的运输车队，各种厢式、平板车 120 余辆及设备专车，承接各地的汽车运输业务。随着公司战略的调整，业务发展在原来单一的省内各地运输路线基础上，陆续开通安徽省到大西北的运输线路，包括合肥—郑州、太原，合肥—西安、银川，合肥—兰州、乌鲁木齐，合肥—天津、北京，西南线路包括合肥—武汉、长沙，合肥—福州、广州，合肥—贵阳、昆明。公司常年从合肥、芜湖、淮南、蚌埠、六安等地发车，并与同行业联网，收发到全国各地的货物。曾一度被客户称为 HF市最快捷、最省心、服务最优质的运输企业之一。

HC公司本着“诚信、友好”的经营理念，凭借专业的运输队伍和质诚的客户服务，为社会各行业提供诚信、安全、快捷的物流服务。在为客户服务的过程中，每条运输线路实行专人负责制，并提供跟踪服务及定时反馈路况信息，直到客户货物安全到达和回单及时签收。

公司经营理念是：

团队精神：双赢互利，追求卓越，力求完美。

团队追求：让顾客更省心，让服务更称心、更快捷、更安全、更精确、更准时。

团队理念：热忱、务实、高效、协作、朝气、执着。

团队宗旨：做人以诚为本，经营以信取胜。

团队信念：深信我们与成功有约，深信相约定会成功。

团队服务承诺：零风险率、昼夜服务、运价低廉、优质服务、安全快捷、信守合同。

团队目标：与世界同步接轨，打造中国运输的民族品牌。

HC公司注重物流法律法规宣传和文化建设，按照相关法律法规处理意外事件。随着道路上车辆日益增多，磕磕碰碰在所难免，异地出险按照规定程序运作。第一，不要移动现场，向当地的交通部门报案。第二，经交警认定，如果责任在对方，则车辆由对方负责修复。如责任完全或部分在己方，则在 48 小时内打电话向自己车辆投保的保险公司报案。第三，保险公司在当地的分公司派人勘察现场，并进行拍照，由当地保险公司定损。定损后将车辆送往当地修理。如果车辆受损不严重，也可以将车辆开回本地后修复。但要保存好事故发生后所产生的所有票据、发票等。第四，在本地保险公司理赔。理赔时需带齐自己的驾驶执照、车辆行驶证、保险单正本、事故证明、事故责任认定书、判决书、损失清单和有关修车费用发票等。第五，有的保险公司因当地没有分公司，在接到报险后，同意车主自行拍摄事故现场照片，并送往当地进行修复。车主需将修车发票保存好，作为回到本地后的理赔证据。

① http：//www. huaichen. com/gsjj. asp［2008－06－30］.

思考与讨论

（1）HC公司从事哪些形式的物流？不同形式的物流需要注意哪些法律法规？

（2）了解不同运输车辆的不同法律法规要求？

（3）如何进行物流法律法规政策知识的普及？

（4）如何进行物流法律法规政策的落实？

5.12 物流公共信息平台

5.12.1 基础知识

物流信息平台（Logistics Information Platform）：以信息资源为基础，以OpenID、UGC、语义等具有Web 3.0特征的技术为支撑，应用大数据、云计算、保密技术等柔性设计人际资源、信息资源、技术资源网络架构，搭建参与主体虚拟交流、互动与协作平台社区，消除信息共享障碍，实现物流信息资源配置的帕累托最优，促进物流信息创新、协调、绿色、开放、共享。

Web 3.0环境下物流信息平台社区的服务特征：

①信息需求聚合与挖掘凸显智能化、多维化。RSS（信息聚合）/Tag（标签）/Wiki（维基）等信息基础聚合设施的发展推动Web 3.0内容与应用聚合平台的构建。面对物流市场信息资源呈几何级数增长，Web 3.0下的物流信息平台社区使用Mashup技术智能多维整合用户需求，建立社区大数据、创建用户个性化信息单元模块，利用语义技术推进信息数据互联互通，并提高信息供给深度、广度、精准度以及信息搜寻与使用的便捷度，通过信息资源协同配置提升体系运营效率，实现Web 3.0环境下物流信息平台社区数字资源最大化。

②信息体验与咨询聚焦人性化、个性化。Web 3.0环境下物流信息平台社区以“人”为本，聚焦用户体验。通过分析企业行为特征、归纳信息搜寻习惯、构建“个人门户”，提供完整的信息体验咨询及快速搜索功能；借助Web 3.0强大的智能化识别系统引导企业利用相关引擎获取信息和服务，增强与政府、中介机构的社区互动，以“去中心化”“个性化”为核心设置个人兴趣咨询模块，将大数据转化为符合平台主体即时需求信息，避免信息冗余、污染、失真、超载等带来的搜索疲劳，实现User-generated Content（用户自主创造内容）到User-generated Application（用户生成程序）的转变。

③信息匹配与推荐强调精准化、弹性化。Web 3.0环境下物流信息平台社区强调精准化、弹性化信息匹配与推荐，通过信息预处理、特征提取、关联性挖掘搭建多维智能匹配模型，衔接企业信息管理模块、信息生产模块、客户反馈模块创造经济与社会效用，同时根据政府、企业、中介机构的个性化需求构建信息推荐弹性模型，开展基于内容相似性、协同过滤、LDA（逻辑设备选址）的弹性化推荐，辅以防错、自动

修复、及时反馈等机制实现物流信息平台社区绿色生态圈的弹性运营。

④信息动态调节与协同共生重视时间化、空间化。Web 3.0 环境下物流信息平台社区包含技术网络、人际关系网络和信息资源网络的三维立体动态演化。一方面，沿空间维协同共生，表现为政府、企业、中介机构之间的相互学习、交流、合作与创新；另一方面，沿时间维动态调节，表现为新技术应用、企业合作生命周期延伸、国家政策调整等，以及空间维和时间维基础上沿信息共享能力维集成优化，发挥协同创新效应，避免平台竞合关系下的利益失衡，推动 Web 3.0 环境下物流信息平台社区走在时代前沿。

图 5-10 为基于 Web 3.0 的物流信息平台社区模型。

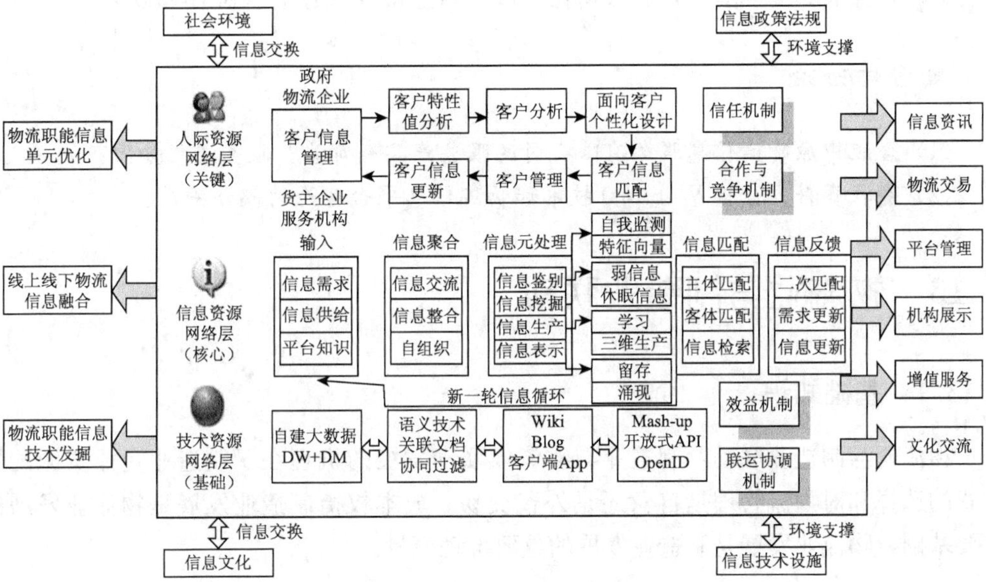

图 5-10 基于 Web 3.0 的物流信息平台社区模型

5.12.2 案例：合肥中原货运信息服务有限公司

合肥中原货运信息服务有限公司，简称合肥中原快运公司，成立于 2000 年 11 月。前期主要从事货运信息服务，随着公司的发展，从 2002 年起公司转型为零担货物运输业务。公司注册资本为 200 万元，经营范围：普货运输、货运信息咨询服务、物流软件开发。公司现有员工 400 余人，公司自置和挂户车辆 60 台。公司目前经营的主要零担货运线路有：①合肥至广州专线，36 小时到达。建立了以广州为中心辐射珠江三角洲的区域配送基地；②合肥至北京，天津专线。36 小时到达，建立了以北京、天津为中心的辐射京津唐地区和东北三省、西北五省区的物流配送基地；③合肥至山东全省专线，建立了以济南为中心，辐射山东省各地级市、县级市的区域配送中心；④合肥至河南全省专线，建立了以省会城市郑州为中心，辐射河南全省各地市县的区域配送中心；⑤合肥至安庆、贵池、铜陵、巢湖、芜湖、宣城、蚌埠、宿州、淮北、六安、淮南、阜阳、黄山、马鞍山、滁州省内配送中心。每日（含节假日）发车，各地级市（黄山除外）基本做到早 8：00 到达。中原公司除提供正常的零担货物运输业务外，

2003 年 10 月正式与中国工商银行签订协议，通过工商银行网上银行为客户办理代收货款业务，保证了资金的安全，加快了付款速度，在全国物流业界处于领先地位。为保证广大客户的货物安全，公司在 2004 年与中国财产保险公司安徽省分公司签订了 500 万元的货物运输预约保险（含抢盗险），从根本上解决了客户的后顾之忧。根据公司的发展需要，公司自主开发了一套《零担货物运输管理系统》软件。总公司各部门、各分公司、办事处都通过互联网络进行业务联系，所有的通知、通报、奖惩、车辆管理、业绩等都通过公司智能办公系统“OA”进行处理，既安全，又高效。所有中原客户只需登录中原公司网站，输入发货的运单号，即可实时查询货物状态。到目前为止，公司各类客户发展到 20000 多户。公司在“IT”行业市场占有率达到 70%以上。

思考与讨论

（1）合肥中原货运信息服务有限公司的服务产品有哪些？服务流程如何？

（2）查找资料，分析 Web 3.0 技术和物流信息平台理论的耦合关系。

5.13 物流业与制造业联动

5.13.1 基础知识

物流业与制造业联动：制造业与物流业联动发展的机理在于制造业企业资源配置方式的选择和对物流管理是自营还是外包交易。成本权衡制造业发展是物流业发展的重要基础，物流业发展是制造业发展的重要推动力量。

5.13.2 案例：安徽徽运物流有限公司

1. 公司简介

安徽徽运物流有限公司（Anhui Huiyun Logistics CO，Ltd.）位于安徽省合肥市经济技术开发区桃花工业园，企业注册资本 3000 万元，是专业从事工业物流服务，为大型工业制造企业提供配套的综合物流服务的民营企业，也是合肥市最早获得国家 AAAA 级综合型第三方物流企业的公司之一。

公司主要业务是为工业生产企业提供全国范围的综合物流服务。目前已发展成为集运输、仓储、包装、装卸搬运、配送、物流方案设计和一体化增值物流服务为主业的综合型第三方物流服务供应商。

公司在合肥市经开区自主建设和运营两个大型工业物流园，分别位于合肥经开区和合肥经开区桃花工业园，总占地面积 231.5 亩，建有 6 栋大型仓库，仓库总面积 20 万平方米。

随着公司业务规模的快速增长，为了加强管理和精细化经营，公司不仅通过了 ISO9001—2008 国际质量体系认证，而且依据更高的管理标准《追求组织的持续成功》(GB/T19004—2011）和《服务业组织标准化工作指南》(GB/T24421)，结合客户需求和公司实际建立和完善企业标准体系和管理体系，不断吸引多方人才，优化公司的业务流程，调整公司组织结构，在主要经营区域建立了30多个网点和办事处，使公司的各项管理和业务公司得到持续改进。

公司2010—2015年在合肥经济技术开发区桃花工业园持续投资3亿元，相继建设完成了占地200亩的大型工业物流园建设，总建筑面积20万平方米的仓库建设。其中一期工程5万平方米仓库、二期工程8万平方米仓库、三期工程3.6万平方米仓库。仓库共配备22台往复式自动升降机和6台连续式升降机，以及6台大吨位快速货梯，全自动消防喷淋、通风、监控和报警系统，多用途叉车100多台。

公司目前拥有各类货运车辆275辆，管理并控制的全国各地货运车辆3000多辆。这些货运车辆构成了公司全国性的货运网络，为客户物流的及时性和保证客户物流高峰需求奠定了基本的车辆保证。

随着公司业务规模的扩大和业务网点的增加，以及全国性物流网络的逐步构建和形成，公司与专业的物流软件开发商共同合作，开发了基于互联网的C/S架构的运输管理信息系统TMS和仓储管理信息系统WMS，并先后根据行业管理先进经验、客户需求、公司管理与控制需求进行了多次优化。为了加强物流信息跟踪，提高物流运作的时效性和透明度，公司与第三方合作，建立了基于GPS和移动信号为基础的物流信息实时跟踪系统。此外，公司建立了内部Office OA办公平台，建立了视频会议和培训系统，公司总部与位于全国的各分支机构实现了实时、透明办公。

未来的徽运，立志成为具有核心竞争力的现代综合物流服务企业，不断创新物流业务，为客户提供更好、更快、更经济的物流服务。

2. 公司部分荣誉

2011年公司被中国物流与采购联合会评审为国家级“AAAA综合型物流企业”和“企业信用评价AAA级信用企业”；

2011年被安徽省经信委、国资委、人社厅、商务厅、省物联、省工商业联合会评为“安徽物流行业十大领军企业”；

2011年被安徽省物流协会评为“安徽省物流行业民营十强企业”；

2011年被合肥市发改委、经信委、商务局评为“合肥经济圈示范企业”；

2012年被中国交通运输协会评为“全国先进物流企业”光荣称号；

2013年3月被安徽省物流与采购联合会授予“物流发展突出贡献奖”；

2015年12月被中国交通企业管理协会授予“2015年度全国交通运输优质服务示范物流企业”。

2015年12月被中国交通企业管理协会授予“全国交通运输行业重点联系物流园区”。

思考与讨论

（1）比较物流业与商贸业和制造业联动发展的异同点。

（2）徽运公司如何推动物流业与制造业联动发展？

5.14 物流业与商贸业联动

5.14.1 基础知识

物流业与商贸业联动（Logistics and Commerce Linkage）：构建高效、安全、通畅的商贸物流服务体系，对促进商贸繁荣、服务民生、推进流通方式升级无疑具有重要的作用。而商贸业的发展反过来又会增加物流需求，从而促进现代物流业的发展。这种商贸业与物流业之间的产业联动能产生外部正效应，有助于优势互补、资源共享，从而实现区域产业的良性互动发展。

5.14.2 案例：合肥羚羊商贸有限责任公司物流分析

1. 合肥羚羊商贸有限责任公司物流现状

合肥羚羊商贸有限责任公司是一家电商公司，其物流运作模式是外包物流，公司的主要物流外包服务商是中通速递。其仓库主要负责货物的仓储、分拣、配货、打包、发出。中通速递为更好地服务客户，在羚羊仓库旁设立了一个小型中转仓，将从合肥羚羊商贸有限责任公司收揽的快件在小仓库进行初步的分拣、分类，以便提高工作效率。

仓库的主要的功能是存储，运作模式也是采用准时制（JIT）库存。先从厂商预定货物，同时在电子商务平台进行预售，当成品入仓时，就可很快地进行出仓准备。这样的准时制库存可以大大提高库存周转率，减少库存积压带来的风险。

合肥羚羊商贸有限责任公司的仓库物流系统是E店宝系统，可以从这个系统中查找仓库商品的库存情况及发出信息，更好地控制商品的库存，以此制定销售策略。

在仓储部工作的员工有三十余人，以女生为主。员工主要负责打单、配货、验货、打包。由于围巾的种类比较多，女生做事比较细心，所以公司都会将配货、拣货、打包的工作分配给女生，男生主要负责上货、验货工作，完善的分工不仅能减少失误，还能提高仓储部门的工作效率。

2. 合肥羚羊商贸有限责任公司物流存在的问题

（1）部门之间分工过细，不利于员工的全面发展。

员工的分工过细，每个人只负责相应的区域工作，超过职责范围内的工作就无法胜任了，这会造成资源的浪费。如仓库的每个区域都有专人负责，流程也是由专人来操作。这样枯燥而单一的工作也会打击人的积极性，使员工产生厌烦和不满情绪。工作之间协调不开，影响总体的工作效率和工作质量。

（2）准时制的弊端。

准时制库存核心内容是存货即浪费，它占用资金、空间和时间，因此理想化的库存策略是准时供货，即生产的原材料并不需要提前购买并储藏在仓库中，而是在需要的时候直接送到工作现场。

合肥羚羊商贸有限责任公司的仓库一般不积压货物，先与厂方订立购货合同，同时将成品放到电商销售平台进行预售，等到开团时间，厂方将产品运至库房，库房从后台直接发货，这样可以减少库存保有率，加速库存周转速度。但是，如厂方未按约定时间到货，就会出现超卖、脱买的情况，风险比较大，此外购买成本也会提高。

(3) 库存的季节性。

例如围巾丝巾本身就存在局限性。在淡季，店铺的接待量较小，订单较少，人员的工作量小，库存的积压也不会很多，就易产生仓库资源浪费、人力资源浪费，仓储成本的增加。

(4) 快递信息沟通不畅。

由于物流外包不是本公司负责，物流的快慢、服务水平都会直接影响买家对产品的评价。如偏远地区，始发快递可能要中转其他的快递，更改快递单号在这其中发件方可能无法掌握其快递信息，买家无法了解快递的配送状况，将直接影响我们处理问题件的速度，从而降低买家的购物体验。

3. 合肥市羚羊商贸有限责任公司完善物流的对策建议

针对产品的季节特征、淡旺季工作量的差异性、分工过细等特征，合肥羚羊商贸有限责任公司应制定相应的工资及绩效补贴，对工作量的多少来进行补贴，这也是相对公平的一种工资制度。在淡季的时候为留住员工，丰富员工的业余生活，提高大家的工作积极性，公司也会定期举办一系列活动。如赛羊会、乒乓球比赛、组织出游活动等，来提升员工彼此之间的了解，增进友谊。为了提升员工的专业技能，提高工作效率，合肥羚羊商贸有限责任公司推出了轮岗制度，每位员工可以到自己感兴趣的部门去学习。如客服部可以申请轮岗到设计运营部去学习美工、运营，仓储部员工可以来客服部去学习淘宝的相关流程。这样不仅提高了员工的综合技能，也为后期突发问题的处理奠定技术基础。

在淡季，为有效利用库存，合肥羚羊商贸有限责任公司会销售一些应季商品，如防晒伞、防晒手套，以提高库存的保有率，增加公司的营业额。

针对物流问题，要与物流协同发展。协同是利用“统一”的观点，处理一个系统的各个部分之间的关系，实现系统在宏观水平上的结构和功能的协作，是任何复杂系统本身所固有的自组织能力，是形成系统有序结构的内部力量。协同物流是近年来基于协同理论发展起来的现代物流模式，它借助协同学中的“竞争—合作—协调”的自组织原理使相对独立的、具有自主自治和自利能力物流单元（企业）能够协作共同组建开放的物流系统，并实现物流信息及资源的共享，相互默契地协同运作，实现共同的最终任务，达到最大限度地降低成本、提高效率和服务水平的目的。合肥羚羊商贸有限责任公司现与中通速递建立的是合作伙伴关系，针对信息不流畅的问题，中通速递实施的是信息共享的方式，给羚羊商贸有限责任公司配备了其查询快件的系统，让公司的员工可以直接通过这个系统来了解最新最全的快件配送情况，与此同时，还在青年电子商务产业园成立专业处理问题件的部门，园区内的问题件都由这个查件部门统一处理。这样的运作方式大大提高了园区的快件处理速度，也提高了物流企业的服务水平，增强了其自身的竞争力，实现了商贸企业与物流业的协同发展。

针对准时制库存的弊端，可以从以下几个方面去改善。首先，在信息交流方面，要与厂方建立高效的信息沟通方式，也可使用供应商管理库存的方式。让厂方及时了解仓库的库存量，做出预测，进行生产，以便保证仓库的库存量能够满足店铺的销售需要，不会出现缺货、超卖的情况。使用这种方法不仅可以减少库存，缩小成本，而且能够降低缺货风险。其次，在人力资源配置上要合理规划。由于准时制有一定的周期性和季节性，在人员招聘上需要提高专业要求，做好专业的技能培训，提高员工的工作效率。在旺季的时候可以招聘些短期工，来满足准时制工作的要求。此外，也要对入库商品的质量进行全面的质量监控，在保证速度的同时也要保证质量，在产品入库时合肥羚羊商贸有限责任公司可以进行抽样检验，批量检查，来控制入库产品的质量。

思考与讨论

（1）物流业和商贸业联动发展具有哪些优势？

（2）合肥市羚羊商贸有限责任公司的物流模式是什么？存在哪些不足，有哪些解决方案？

5.15 物流科技

5.15.1 基础知识

物流科技（Logistics Technology）：在物流活动中所用到的现代技术，包括现代机械技术、现代信息技术、现代识别技术等，其中常提到的有 RF 技术、GPS、车辆跟踪技术和标签识别技术。

5.15.2 案例：安徽洲峰电子科技有限公司

1. 企业简介

安徽洲峰电子科技有限公司是一家专门从事“北斗民用＋互联网”运营的高科技技术企业。本着以北斗卫星定位为基础，以智能位置信息为依托，以物流应用服务为核心，打造“大数据、大平台、大服务”的品牌战略。致力于北斗动态监控管理平台与智能物流综合服务管理平台的研发，为营运车辆提供定位与监控服务，为运输企业提供车后服务金融、交易、管理一体化解决方案。

公司凭借卫星“通导遥”高科技手段，为货运车辆提供“天地一张网”，通过整合货运后市场服务资源，结合智能物流综合服务管理平台，建立全国最大的车后服务市场交易运营平台，为全国数千万车主提供一站式服务。

洲峰电子未来的发展中还将通过开放、创新、合作、共赢，全力拓展货运车联网服务市场，构建货运车辆无车承运人服务体系。

我们相信，洲峰将会推动卫星应用在物流行业的长足发展，与所有物流人一起携手并进，互信，共赢。

2. 发展历程

洲峰人以服务社会、发展智慧物流为已任，励精图治，改革创新，开拓进取，不断发展，取得令人瞩目的业绩。回望历程，展望未来，我们将抓住一切机遇，整合物流资源，实现绿色协调、资源共享的发展要求，为物流行业以及关联行业提供服务，创造价值。

2012 年：安徽洲峰电子科技有限公司成立；组织北斗技术应用的专项研发推广团队。

2013 年：获许“物流运输车辆公共监管服务平台指定运营商”“全国重点运输监控管理示范系统工程”指定安装单位；成立安徽省物流协会北斗卫星应用委员会，并与安徽省物流协会签订战略合作协议；全国发展战略正式拉开帷幕，在 16 个地级市设有分公司及办事处。

2014 年：企业乔迁至合肥市蜀山国际产业园；通过国家工信部认证的“增值电信业务经营许可证”“平台荣获交通部标准资格认证”“北斗终端设备荣获交通部标准资格认证”“筹备建立车辆后市场服务交易结算平台”。

2015 年：成立山东子公司、内蒙古分公司、广西分公司、江西分公司、江苏分公司；参加中央网络安全和信息化领导小组办公室会议；参加工信部“两化融合管理体系贯标工作会议”；与徽商银行、浦发银行、烟台银行达成战略合作、规划面积 35000m^2 的洲峰大厦落户瑶海区物联网科技产业园；公司项目纳入“安徽省‘十三五’发展规划”；公司入选两化融合示范企业。

3. 企业文化

企业宗旨：创造一流的产品，提供一流的平台，实现财富共赢。

经营理念：务实、创新、合作、共生、共赢！

管理理念：用铁一样的纪律，打造铁军团队！

企业目标：争做中国北斗应用第一品牌！

企业使命：因货结缘，解决货源！

合作理念：一切为了共赢！

人才理念：以积极、开明、开放的用人思想广纳四海人才，寻求天下英才，成就天下之事，充分尊重辛勤耕耘的每位员工！

4. 洲峰电子与东港瑞宏签订战略合作协议

2016 年 11 月 9 日下午，安徽洲峰电子科技有限公司与安徽东港瑞宏科技有限公司正式签订了战略合作协议。洲峰电子科技有限公司董事长胡光耀先生和东港瑞宏科技有限公司董事长刘晓田先生共同出席并分别代表双方签订了合作协议。此次协议的签订，标志着双方优势互补、携手共进新格局的开始，同时也预示着洲峰电子在电子税控系统迈出了实质性的关键一步，意义重大！

洲峰电子一直以来以“大力推进互联网＋物流，创新发展智慧物流，让现代物流更好地为人类服务”为宗旨，致力于打造“大数据、大平台、大服务”的品牌战略。其自主独立研发的货缘 App，集车辆加油、保险、金融、维修保养、货车 MTC（人工通道）、车商城、车货匹配等功能于一身，App 将对物流行业资源进行垂直整合，提高行业运营效率，为社会创造巨大的价值。

协议双方就电子税控系统等方面即将展开业务合作。在签约仪式上，洲峰电子董事长胡光耀先生表示，在当前互联网金融深度融合的环境下，希望能够借助双方的战略合作，搭建一个长期合作的平台，做好平台上下游金融服务链条，进一步促进互联网金融有效结合，实现互利共赢。

同时，东港瑞宏董事长刘晓田先生表示，非常看好洲峰电子的运营平台以及强大的市场经济价值，愿意充分发挥其公司的优势，为洲峰电子提供全方位服务，促进双方之间实体经济往来。

最后，在双方高层领导的见证下，洲峰电子董事长胡光耀先生与东港瑞宏董事长刘晓田先生分别代表双方正式签订了战略合作协议。此次成功签约是双方顺应市场需求，利用各自优势，实现协同发展、创新共赢的新里程碑。

此次协议的成功签约，是洲峰电子在互联网金融改革创新、多层次资本化市场条件下迈出的新步伐。未来洲峰电子还将继续努力，争做物流领域的创新领跑者，为物流行业乃至社会经济发展做出更大的贡献。

思考与讨论

（1）物流活动中应用到的技术包括哪些？

（2）查阅相关资料，分析一个洲峰电子物流业务方面的应用实例。

5.16 应急物流

5.16.1 基础知识

应急物流（Emergency Logistics）：针对可能出现的突发事件做好预案，并在事件发生时能够迅速付诸实施的物流活动。应急物流是指为应对严重自然灾害、突发性公共卫生事件、公共安全事件及军事冲突等突发事件，而对物资、人员、资金的需求进行紧急保障的一种特殊物流活动。应急物流具有突发性、不确定性、非常规性、弱经济性等特点。应急物流可以分为军事应急物流和非军事应急物流两种。

应急物流与普通物流一样，由流体、载体、流量、流向、流程、流速等要素构成，具有空间效用、时间效用和形质效用。应急物流多数情况下通过物流效率实现其物流效益，而普通物流既强调效率又强调效益。

物品储备（Goods Reserves）：为应对突发公共事件和国家宏观调控的需要，对物品进行的储存。可分为当年储备、长期储备、战略储备。如果是市场波动产生的应急物流，企业需要预留一定的生产能力和物流能力来应对，在需求高峰时通过其预留的弹性能力来满足。如果是自然灾害或者“人祸”灾害，企业需要全力配合政府主导的应急物流，而不能以企业经济利益为首要考虑因素，生产能力与物流能力应优先满足紧急状况的物质需求，以承担应尽的社会责任。

5.16.2 案例：2016 年“双 11”天猫物流应急预案

每年“双 11”的时候快递包裹都会有爆仓，每一个购物的买家都非常关心自己在“双 11”购物的快递是否能正常到达，那么作为卖家就要考虑“双 11”物流方面的应急预案，整个贯彻起来就是天猫的“双11”活动。

1. 应急预案等级划分

①不可抗因素：重大的自然灾害，电闪雷鸣，地震海啸，交通事故，员工受伤，食物中毒，公司断电、断水等一些无法改变的事情，一一妥善安排，尽量防止该类事件的发生。

②严重的事件：仓库被盗，快递网点扣件，产品寄送违禁物品，发生一些一般交通事故等。

③比较严重的事件：区域快递仓储积压，区域丢件，快件中转丢件等。

④一般事件：客户投诉、快递延误、快件丢失、快件短少，服务质量等。

2. 应急报告程序

①特别严重的事件，采取特别程序，报告领导小组，现场处置，24 小时内处理完毕，并上报给相关的管理部门。

②发生严重的事件，快件被抢劫和偷盗，采取一级预案，报告处置领导小组组长，组长直接处理，12 小时内处理完毕。

③发生较重事件，采取二级处理预案，报告处置领导小组副组长，由副组长处理，8 小时内处理完毕；

④发生一般问题，也是最低一级，客服在全职接待客户的前提下，直接转给售后小组，由组员处理，30 分钟内处理完毕，然后报给副组长事件处理结果。

3. 处理措施

①客户投诉，快递延误、丢失、短少、服务质量和服务态度较差，调查原因，立即安排人员迅速处理，对相关负责网店进行处理，责成立即改正。

②快件积压，调查原因，安排车辆进行派送，以最快的速度将快递送到客户手中，对想换的网点进行处罚，令其改正、自查、更换。

③扣押快件，停止向该网点进行派件，另外向相关部门反馈，节日过后取回快件，迅速安排人员重新对该用户进行快件派送，追究其扣押快件的责任。

④丢失快件，损坏、短少等情况，快件很难到达收件客户手中时，按照《邮政法》相关规定结合快递公司的规定，迅速索取理赔。

⑤内部矛盾，公司人事按照公司的相关规则进行处理。

⑥防止寄送违禁产品，发货过程快递公司实行安全责任制，每一个快件应经过严格的检验，特别是电子烟、手机等类目，电池、液体等，提前安排不要走空运；对公司员工进行安全教育培训；确保每一个快递都安全到达用户。

4. 善后工作

对发生的每个事件进行跟踪处理，检查每一个问题件的落实情况，组织全公司人员对结果处理进行分析和总结，避免再次发生，正面报道、宣传公司的形象。

思考与讨论

(1) 应急物流主要涉及哪些方面?

(2) 应急物流的主要起因有哪些？

(3) 结合一个公司的具体情况，制订应急物流方案。

(4) 如何协调企业经济利益与社会责任的关系？

5.17 物流创新

5.17.1 基础知识

随着环境的持续变化和营销的不断创新，深化物流创新，将压力转变成动力，塑造核心竞争力是物流业发展的必然选择。

1. 即时物流战略

自20世纪80年代中期以后，即时制（Just In Time）管理得到广泛的重视和运用，基本思想是“在必要的时间、对必要的产品从事必要量的生产或经营”。即时制管理是即时制供应、即时制生产、即时制物流的整合体。即时化的物流战略具体表现为即时采购和即时销售两个方面。

第一，即时采购。即时采购的基本思想是在恰当的时间、恰当的地点，以恰当的数量、恰当的质量从上游厂商向企业提供恰当的产品。在即时采购条件下，上游供应商的经营行为对应企业的平准化生产做到同步供应，一方面建立稳固的长期交易关系，保证质量的一致性；另一方面强化对供应商作业系统管理的指导，逐步降低采购成本。因此，在即时采购条件下，企业是与少数供应商形成固定供应关系，甚至是单源供应。但是，在实际运作中，为了防止单源供应导致竞争性弱化，或因意外原因产生生产停滞，一般采用数个供应商作为采购来源，以加强供应商之间的相互竞争，促进供应商不断提高能力。

第二，即时销售。即时销售是生产企业推行物流中心的集约化，即将原来分散在各分公司或中小型物流中心的库存集中到大型物流中心，通过计算机数字化备货（Digital Packing）等技术实现进货、保管、在库管理、发货等物流活动的效率化、省力化和智能化，原来的中小批发商或销售部转为企业销售公司形式专职从事销售促进、零售支持或订货等商流业务，提高销售对市场的反应能力以及对生产的促进作用；同时零售企业的物流中心向分散化、个性化发展，物流系统满足一定商圈内店铺运营的需要，提高商品分拨、配送、流通加工的效率，减少销售损失，提升物流服务的效益。

2. 协同或一体化物流战略

协同化物流是打破单个企业的绩效界限，通过相互协调，创造出最合适的物流运行结构。协同化物流战略主要有三种形式：横向协同物流战略、纵向协同物流战略、通过第三方物流实现协同化。

第一，横向协同物流战略。横向协同物流战略是指同产业或不同产业的企业之间就物流管理达成协调统一运营的机制。前者产业内不同的企业为了有效地开展物流服务，降低多样化和及时配送产生的物流成本，相互之间形成的一种通过物流中心的集中处理实现低成本物流的系统。它在实践上有两种形式：一是在承认并保留各企业原有配送中心的前提下，实行商品类别的集中配送和处理；二是各企业放弃自建配送中心，通过建立共同配送中心，实现物流管理的效率性和集中化。后者不同产业的企业之间的协调物流是将不同产业企业生产经营的商品集中起来，通过物流中心或配送中心实现企业间物流管理的协调与规模效益。一般地，不同产业横向协同物流处理的商品范围比较广，更易被接受，原因在于同产业协同物流是相同类型企业的商品活动集中进行，各企业的经营情况以及商品的流转信息等易被竞争者获得，构成所谓的“企业机密的泄露”，不利于企业经营战略的实施。相反，不同产业企业间的协同物流，相互之间分属不同的产业，不存在直接的竞争替代性，既能保证物流集中处理的规模经济性，又使各企业能维护自身利益以及实施自己的经营战略。

第二，纵向协同物流战略。纵向协同物流战略是流通渠道不同阶段企业相互协调，形成合作性、共同化的物流管理系统。这种协同作业的目标不仅包括物流活动的效率性，而且包括物流活动的效果性。纵向协同物流的形式主要是批发商与生产商之间的物流协作、零售商和批发商之间的物流协作等。批发商与生产商之间的物流协作又分两种形式：一是在生产商力量较强的产业，为了强化批发物流机能或实现批发中心的效率化，生产商自身代行批发功能，或运用自身信息网络，对批发企业多频次、小批量配送服务给予支援；二是在生产商以中小企业为主、批发商力量较强的产业，由批发商集中处理多个生产商的物流活动。零售商与批发商的物流协作也分两种形式：一是大型零售商建立自己的物流中心，批发商经销的商品都必须经由该中心，再向零售企业的各店铺进行配送。批发商数目尽可能减少，零售商要求批发商从原来从事专业商品经营转向多种类经营，零售企业的物流中心订货、收货等手续得到简化。二是中小型零售企业，不是自己建立物流中心，而是由批发商建立某零售商专用型的物流中心，代行零售物流。

第三，通过第三方物流实现协同化。第三方物流是通过协调企业之间的物流运输仓储和提供物流服务，将企业的物流业务外包给专门的第三方物流承担。它提供一种集成物流作业模式，使供应链的小批量库存补给变得更经济，同时创造出比供方和需方采用自我物流服务系统运作更快捷、更安全、更高服务水准，实现成本相当或更低廉的物流服务。从第三方物流协作的对象看，它既可以依托下游的零售商业企业，成为众多零售店的配送、加工中心，也可以依托上游的生产企业，成为生产企业特别是中小型生产企业的物流代理。

3. 高度化物流战略

高度化物流战略包括全球化物流战略、互联网物流战略、绿色物流战略。

第一，全球化物流战略。当今全球化物流的实践，呈现三种发展趋势：①作为全球化的生产企业，在世界范围内寻找原材料、零部件来源，选择一个适应全球分销的物流中心以及关键供应物资的集散仓库，在获得原材料以及分配新产品时使用当地物流网络，推广其先进的物流技术与方法。②生产企业与专业第三方物流企业的同步全球化，例如日资背景的伊藤洋华堂在进入中国市场后，其在日本的物流配送伙伴伊藤忠株式会社也跟随而至，并承担其配送活动。③国际运输企业之间的结盟，国际运输企业之间开始形成一种覆盖多种航线，相互之间以资源、经营的互补为纽带，面向长远利益的战略联盟，使全球物流更便捷，极大地利用全球范围内的物流设施，有效降低运输成本。

第二，互联网物流战略。一方面，企业通过互联网信息工具，进行网上采购和配销，简化传统物流烦琐的环节和手续，使企业对消费者需求的把握更加准确和全面，推动产品生产的计划安排和最终实现基于顾客订货的生产方式（Build to Order, BTO），减少流通渠道各个环节的库存，避免出现产品过时或无效的现象；另一方面，企业利用互联网大幅度降低交流沟通成本和顾客支持成本，进一步增强开发现有市场的新销售渠道的能力。

第三，绿色物流战略。从物流角度看，不仅在物流系统设计或物流网络组织上要考虑企业的经济利益和经营战略的需要，同时要考虑商品消费后的循环物流，包括及时、便捷地将废弃物从消费地转移到处理中心，以及在产品从供应商转移到最终消费者的过程中减少容易产生垃圾的商品。此外，还要考虑如何减少企业物流系统对环境所产生的负面影响。在制定物流体系时，企业不能仅仅考虑自身的物流效率，还必须协同其他企业，集中管理采购、生产和配送活动。

4. 网络仓储

网络仓储是物流发展的一种新形式，包括仓储批发商、仓储协会、综合物流企业和仓储企业联盟等。仓储批发商是指利用仓库网络向仓储企业租赁仓储能力，然后卖给生产企业或第三方物流企业；仓储批发商购买仓储资源数量较多，或利用仓库闲置时以较低成本购进，再以较高的价格出售给其他企业，同时网络仓库为购买仓储的企业提供仓储信息平台服务，实现增值。仓储协会，是指吸引部分仓储企业和其他企业以会员形式加入协会，协会不以盈利为目的，而是为会员单位提供仓库。综合物流企业，是指以仓储网络为依托，提供其他物流服务的企业。仓储企业联盟，是一个系统或区域甚至全国范围的仓储企业建立的仓库网络，可以异地揽收业务，提供同质商品的异地交割，提供物流单据的流通兑换服务等。

5. 物流产业集群

物流产业集群，是指物流企业以物流基地或物流园区或物流中心形式出现于城市物流系统或者区域物流系统，以包括运输、仓储、装卸、搬运、包装、流通加工、配送、物流信息、邮政服务、快递服务等物流业为主导，以其服务的制造业、流通业等上下游企业为重要组成部分，以公路、铁路、水路、航空的枢纽、港口、码头、站场、货运站等物流枢纽设施设备为依托，以科研院所、高等学校、政府部门、金融机构、中介组织、管理部门等为必要支撑机构，在空间上聚集，形成具有一定特色的物流产业群现象。物流产业集群具有成本优势、资源优势、竞争优势、创新优势等，发挥满足物流需求增长、促进区域经济一体化、带动相关产业集群的作用。

5.17.2 案例：平台型物流企业如何创新升级①

“互联网+”物流让物流业打开了无限创新的空间，一些平台型物流企业纷纷通过

① http：//www.chinawuliu.com.cn/zixun/201610/28/316445.shtml［2017-01-12］.

互联网等新技术和工具，整合人力、物力、信息、资金等资源，提供供应链解决方案，促进物流业转型升级，实现结构性“降本增效”。

物流平台商业模式切入点很多，如货主管理工具、运力池调配、专线管理、城市配送等，实施物流业创新驱动发展。

1. 园区互联网化改造要覆盖全环节

“互联网运营场景对于线下而言，最大的运营场景是物流园区。从运输到落地配，这些过程基本都是在园区里发生的，运输环节的降本有20%左右的优化空间。”天地汇执行总裁介绍说，天地汇选择以物流园区为入口做整个“互联网+”的改造，涵盖全部环节，可以降低交易成本，降低运输成本，并且可以解决资金问题。

在整个产业链中，如何实现物流降本增效和高效物流是每一个平台类公司重点思考的问题。天地汇选择基于物流园区的甩挂运输，通过物流园区的甩挂运输车辆高效利用，降低整个成本。目前，天地汇旗下的干线运输产品“天地卡航”已经成为全国最大的干线甩挂运输网络平台之一。

天地汇希望通过物流园区打造一个生态圈，通过互联网改造把物流园区连接起来，通过“甩挂”把车连接起来，通过一套信息系统把整个基于物流园区全网的运力调动和运营体系管起来，打造供应链+大数据驱动的物流生态圈。

2. 大数据应用构建公路物流大脑

传化物流是传统物流企业向现代物流企业转型的缩影。传化物流首次对外公布物流战略，推出连接全行业生态资源、全业务场景、全网智慧协作，整合商流、资金流、信息流、物流的完整兼容生态系统平台——传化网。

传化物流高级副总裁介绍说，传化物流加快构建中国智能公路物流网络运营系统。“传化物流战略概括为‘四个一’，即一张覆盖全国城市物流中心的网络、一套基于供应链整个业务的营运系统、一个行业开放的平台和一个云计算大数据中心。”

传化网为中国170个枢纽建设公路港城市物流中心，打造中国智能公路物流网络运营系统，发展物流大数据，形成中国物流大脑；同时应用互联网、云计算、物联网等技术，供应链、金融、保险等服务手段，贯穿供应链全链条。传化物流高级副总裁说，“我们建立一整套基于供应链的营运系统。货物什么时候运出来，货物具体在什么位置，是否购买保险等，所有与物流相关的数据，营运系统都会可视化。”随着整个EMS（能源管理系统）与车联网结合，相关数据可以迅速地将物流信息反映给货主企业，让货主掌控物流全过程。

思考与讨论

（1）物流创新包括哪些方面？

（2）如何实施物流创新？

（3）举例说明物流创新趋势。

参考文献

[1] 王长琼．物流系统工程［M］．3 版．北京：中国财富出版社，2014.

[2] 董千里．物流工程学［M］．北京：人民交通出版社，2005.

[3] 汝宜红，田源．物流学［M］．2 版．北京：高等教育出版社，2014.

[4] 李瑞雪，大矢昌浩．日本企业物流中心案例精选［M］．北京：中国财富出版社，2015.

[5] 齐二石，霍艳芳．物流工程与管理［M］．北京：科学出版社，2016.

[6] 吴清一．物流系统工程［M］．北京：中国物质出版社，2004.

[7] 周兴建．物流案例分析与方案设计［M］．北京：电子工业出版社，2013.

[8] 沈默．现代物流案例分析［M］．南京：东南大学出版社，2015.

[9] 汪应洛．系统工程理论、方法与应用［M］．2 版．北京：高等教育出版社，2002.

[10] 何明珂．物流系统论［M］．北京：中国审计出版社，2001.

[11] 王之泰．现代物流学［M］．北京：中国物资出版社，1995.

[12] 张庆英．物流案例分析与实践［M］．2 版．北京：电子工业出版社，2013.

[13] 冯耕中．物流管理信息系统及其实例［M］．西安：西安交通大学出版社，2003.

[14] 蒋长兵．现代物流管理案例集［M］．北京：中国物资出版社，2005.

[15] 马士华，林勇．供应链管理［M］．4 版．北京：机械工业出版社，2014.

[16] 刘志学．现代物流手册［M］．北京：中国物资出版社，2001.

[17] 周溪召．物流系统工程［M］．上海：上海财经大学出版社，2004.

[18] 何吉涛，秦廷奎，朱王奇，等．供应链管理：理论、难点与案例［M］．北京：人民邮电出版社，2013.

[19] 程淑丽．物流管理职位工作手册［M］．3 版．北京：人民邮电出版社，2012.

[20] 杨连庆，肖和森．物流企业法律风险手册［M］．北京：中国财富出版社，2012.

[21] 朱占峰．物流工程导论［M］．北京：人民邮电出版社，2016.

[22] 谢如鹤，罗荣武，张得志．物流系统规划与方法［M］．北京：中国物资出版社，2004.

[23] 梁雯．物流信息管理［M］．北京：中国财富出版社，2012.

[24] 崔介何．物流学概论［M］．5 版．北京：北京大学出版社，2015.

[25] 苏雄义．企业物流总论——新竞争力源泉［M］．北京：高等教育出版

社，2005.

[26] 中国物流与采购联合会，中国物流学会．中国物流发展报告（2015—2016）[R]．北京：中国财富出版社，2016.

[27] 中国物流与采购联合会．中国物流年鉴 2016 [M]．北京：中国财富出版社，2016.

[28] 李芏巍，张计划．如何做一名优秀的物流经理 [M]．广州：广东经济出版社有限公司，2016.

[29] 黄滨，石忠佳，刘军飞．物流透明 3.0 [M]．北京：中国财富出版社，2016.

[30] 徐菁，廉丽娜．物流案例分析与实践 [M]．北京：中国社会科学出版社，2015.

[31] 李严峰，杨琦．产业物流与供应链——理论、应用、个案 [M]．北京：经济科学出版社，2005.

[32] 冷韶华，吴国华．物流案例与实务 [M]．北京：清华大学出版社，2015.

[33] 季建华，邵晓峰．物流案例 [M]．北京：高等教育出版社，2008.

[34] 陈明星．金牌物流经理工作指导手册 [M]．广州：广东经济出版社有限公司，2013.

[35] 赵林度，曾朝辉．供应链与物流管理教学案例集 [M]．北京：科学出版社，2008.

[36] 田青，府剑萍．物流工程案例集 [M]．北京：清华大学出版社，2008.

[37] 程国全，柴继峰．物流设施规划与设计 [M]．北京：中国物资出版社，2003.

[38] 冯永华．从零开始学做物流经理——物流经理常备工作手册 [M]．北京：人民邮电出版社，2016.

[39] 沈欣，滕宝红．采购与物流实用工具大全 [M]．北京：化学工业出版社，2016.

[40] 李中凯．物流部规范化管理工具箱——超实用的日常物流工作手册 [M]．北京：中国纺织出版社，2016.

[41] 黄尧笛．供应链物流规划与设计——方法、工具和应用 [M]．北京：电子工业出版社，2016.

[42] 赵林度，王海燕．供应链与物流管理 [M]．北京：科学出版社，2016.

[43] 叶宏谟．企业资源规划——制造业管理篇 [M]．北京：电子工业出版社，2001.

[44] 谢阳群，汪传雷，许皓．微观信息管理 [M]．合肥：安徽大学出版社，2007.

[45] 汪传雷．物流案例教程 [M]．合肥：安徽大学出版社，2007.

[46] 汪传雷．物流运输与包装 [M]．合肥：合肥工业大学出版社，2013.

[47] 汪传雷．国际物流管理 [M]．合肥：合肥工业大学出版社，2014.

[48] 汪传雷，刘宏伟．物流成本管理 [M]．合肥：合肥工业大学出版社，2016.

[49] 汪传雷，谢阳群，梁雯．电子商务 [M]．北京：中国商业出版社，2003.

[50] 秦浩，汪传雷．供应链管理 [M]．北京：中国财富出版社，2012.

［51］刘宏伟，汪传雷．现代物流概论［M］．北京：中国财富出版社，2012.

［52］格温·理查兹．物流与供应链管理工具包［M］．北京：机械工业出版社，2016.

［53］EDWARD H FRAZELLE. 物流战略咨询［M］．任建标，译．北京：中国财政经济出版社，2003.

［54］罗纳德·H. 巴卢．企业物流管理：供应链的规划、组织和控制［M］．王晓东，胡瑞鹏，译．北京：机械工业出版社，2002.

［55］约翰·科伊尔·文武．企业物流管理：供应链视角［M］．陈志杰，译．北京：电子工业出版社，2003.

［56］德博拉·L. 贝尔斯．电子商务物流与实施［M］．赵凤山，译．北京：电子工业出版社，2002.

［57］JOHN J COYLE. 供应链管理：物流视角［M］．9 版．宋华，译．北京：电子工业出版社，2016.

［58］迪特曼．供应链变革：制定和实施集成供应链战略［M］．苏铁军，译．北京：机械工业出版社，2014.

附　录

附录1　国家标准《企业物流成本构成与计算》

前　言

本标准通过建立一套符合我国国情的适用于生产流通企业的物流成本构成与核算体系，使我国企业切实掌握自身用于物流环节的实际费用，帮助企业开源节流，降低物流成本，开发第三大利润源泉。微观企业层面的物流成本统计数据同时也为行业及社会物流成本分析提供了基础，对促进我国物流发展具有积极意义。

本标准由全国物流标准化技术委员会提出。

本标准由全国物流标准化技术委员会归口。

本标准起草单位：西安交通大学管理学院、中国科学院数学与系统科学研究院、中国物流信息中心、中储物流在线有限责任公司、北京华通人市场信息有限公司、中铁现代物流科技股份有限公司、陕西大件汽车运输有限公司

本标准起草人：冯耕中、汪应洛、汪寿阳、李雪燕、石晓梅、何辉、于洋、袁赛薇、刘景福、周涛、徐晓东、陈百宏

企业物流成本构成与计算

1　范围

本标准规定了物流成本计算对象、物流成本构成、物流成本计算思路和方法等内容。

本标准针对企业物流成本计算工作，适用于所有在国家工商管理部门注册的生产流通（包括物流）企业。

2　规范性引用文件

下列标准中的条款通过本标准的引用而成为本标准的条款。凡是注日期的引用文件，其随后所有的修改单（不包括勘误的内容）或修订版均不适用于本标准，然而，鼓励根据本标准达成协议的各方研究是否可使用这些文件的最新版本。凡是不注日期的引用文件，其最新版本适用于本标准。

GB/T18354—2001 物流术语

3　物流成本内涵及计算对象

3.1　物流成本内涵

物流成本指物流活动中所消耗的物化劳动和活劳动的货币表现。即产品在包装、运输、储存、装卸搬运、流通加工、物流信息、物流管理等过程中所耗费的人力、物

力和财力的总和以及与存货有关的资金占用成本、物品损耗成本、保险和税收成本。

本标准中与存货有关的资金占用成本包括负债融资所发生的利息支出即显性成本和占用自有资金所产生的机会成本即隐性成本两部分内容。

3.2　物流成本计算对象

本标准中以物流成本项目、物流范围和物流成本支付形态作为物流成本计算对象。

3.2.1　成本项目类别物流成本

成本项目类别物流成本指以物流成本项目作为物流成本计算对象，具体包括物流功能成本和存货相关成本。其中，物流功能成本指在包装、运输、仓储、装卸搬运、流通加工、物流信息和物流管理过程中所发生的物流成本。存货相关成本指企业在物流活动过程中所发生的与存货有关的资金占用成本、物品损耗成本、保险和税收成本。

3.2.2　范围类别物流成本

范围类别物流成本指以物流活动的范围作为物流成本计算对象，具体包括供应物流、企业内物流、销售物流、回收物流和废弃物流等不同阶段所发生的各项成本支出。

3.2.3　形态类别物流成本

形态类别物流成本指以物流成本的支付形态作为物流成本计算对象。具体包括委托物流成本和企业内部物流成本。其中，企业内部物流成本其支付形态具体包括材料费、人工费、维护费、一般经费和特别经费。

4　物流成本构成

4.1　物流成本项目构成

按成本项目划分，物流成本由物流功能成本和存货相关成本构成。其中物流功能成本包括物流活动过程中所发生的包装成本、运输成本、仓储成本、装卸搬运成本、流通加工成本、物流信息成本和物流管理成本，存货相关成本包括企业在物流活动过程中所发生的与存货有关的资金占用成本、物品损耗成本、保险和税收成本。具体内容如表1所示。

表1　　企业物流成本项目构成表

		成本项目	内容说明
物流功能成本	物流运作成本	运输成本	一定时期内，企业为完成货物运输业务而发生的全部费用，包括从事货物运输业务的人员费用、车辆（包括其他运输工具）的燃料费、折旧费、维修保养费、租赁费、养路费、过路费、年检费、事故损失费、相关税金等
		仓储成本	一定时期内，企业为完成货物储存业务而发生的全部费用，包括仓储业务人员费用，仓储设施的折旧费、维修保养费、水电费、燃料与动力消耗等
		包装成本	一定时期内，企业为完成货物包装业务而发生的全部费用，包括包装业务人员费用，包装材料消耗，包装设施折旧费、维修保养费，包装技术设计、实施费用以及包装标记的设计、印刷等辅助费用

续 表

<table>
<tr><td rowspan="7">物流功能成本</td><td rowspan="3">物流运作成本</td><td>成本项目</td><td>内容说明</td></tr>
<tr><td>装卸搬运成本</td><td>一定时期内，企业为完成装卸搬运业务而发生的全部费用，包括装卸搬运业务人员费用，装卸搬运设施折旧费、维修保养费、燃料与动力消耗等</td></tr>
<tr><td>流通加工成本</td><td>一定时期内，企业为完成货物流通加工业务而发生的全部费用，包括流通加工业务人员费用，流通加工材料消耗，加工设施折旧费、维修保养费，燃料与动力消耗费等</td></tr>
<tr><td colspan="2">物流信息成本</td><td>一定时期内，企业为采集、传输、处理物流信息而发生的全部费用，指与订货处理、储存管理、客户服务有关的费用，具体包括物流信息人员费用，软硬件折旧费、维护保养费、通信费等</td></tr>
<tr><td colspan="2">物流管理成本</td><td>一定时期内，企业物流管理部门及物流作业现场所发生的管理费用，具体包括管理人员费用、差旅费、办公费、会议费等</td></tr>
<tr><td rowspan="3">存货相关成本</td><td colspan="2">资金占用成本</td><td>一定时期内，企业在物流活动过程中负债融资所发生的利息支出（显性成本）和占用内部资金所发生的机会成本（隐性成本）</td></tr>
<tr><td colspan="2">物品损耗成本</td><td>一定时期内，企业在物流活动过程中所发生的物品跌价、损耗、毁损、盘亏等损失</td></tr>
<tr><td colspan="2">保险和税收成本</td><td>一定时期内，企业支付的与存货相关的财产保险费以及因购进和销售物品应缴纳的税金支出</td></tr>
</table>

4.2 物流成本范围构成

按物流成本产生的范围划分，物流成本由供应物流成本、企业内物流成本、销售物流成本、回收物流成本以及废弃物流成本构成。具体内容如表 2 所示。

表 2 **企业物流成本范围构成表**

成本范围	内容说明
供应物流成本	指经过采购活动，将企业所需原材料（生产资料）从供给者的仓库运回企业仓库为止的物流过程中所发生的物流费用
企业内物流成本	指从原材料进入企业仓库开始，经过出库、制造形成产品以及产品进入成品库，直到产品从成品库出库为止的物流过程中所发生的物流费用
销售物流成本	指为了进行销售，产品从成品仓库运动开始，经过流通环节的加工制造，直到运输至中间商的仓库或消费者手中的物流活动过程中所发生的物流费用
回收物流成本	指退货、返修物品和周转使用的包装容器等从需方返回供方的物流活动过程中所发生的物流费用
废弃物流成本	指将经济活动中失去原有使用价值的物品，根据实际需要进行收集、分类、加工、包装、搬运、储存等，并分送到专门处理场所的物流活动过程中所发生的物流费用

4.3　物流成本支付形态构成

按物流成本支付形态划分，企业物流总成本由委托物流成本和内部物流成本构成。其中内部物流成本按支付形态分为材料费、人工费、维护费、一般经费和特别经费。具体内容如表3所示。

表3　　企业物流成本支付形态构成表

<table>
<tr><th colspan="2">成本支付形态</th><th>内容说明</th></tr>
<tr><td rowspan="5">企业内部物流成本</td><td>材料费</td><td>资材费、工具费、器具费等</td></tr>
<tr><td>人工费</td><td>工资、福利、奖金、津贴、补贴、住房公积金等</td></tr>
<tr><td>维护费</td><td>土地、建筑物及各类物流设施设备的折旧费、维护维修费、租赁费、保险费、税金、燃料与动力消耗费等</td></tr>
<tr><td>一般经费</td><td>办公费、差旅费、会议费、通信费、水电费、煤气费等</td></tr>
<tr><td>特别经费</td><td>存货资金占用费、物品损耗费、存货保险费和税费</td></tr>
<tr><td colspan="2">委托物流成本</td><td>企业向外部物流机构所支付的各项费用</td></tr>
</table>

5　物流成本计算

5.1　物流成本表达式

本标准中物流成本计算以物流成本项目、物流范围和物流成本支付形态三个维度作为成本计算对象。物流成本表包括成本项目、范围和支付形态三个维度，具体包括企业物流成本表（主表）（见表4）和企业内部物流成本支付形态表（见表5）。

表4　　企业物流成本表（主表）

编制单位：　　　　年　月　　　　单位：元

<table>
<tr><th colspan="3" rowspan="2">范围及支付形态
成本项目</th><th colspan="3">供应物流成本</th><th colspan="3">企业内物流成本</th><th colspan="3">销售物流成本</th><th colspan="3">回收物流成本</th><th colspan="3">废弃物流成本</th><th colspan="3">物流总成本</th></tr>
<tr><th>内部</th><th>委托</th><th>小计</th><th>内部</th><th>委托</th><th>小计</th><th>内部</th><th>委托</th><th>小计</th><th>内部</th><th>委托</th><th>小计</th><th>内部</th><th>委托</th><th>小计</th><th>内部</th><th>委托</th><th>合计</th></tr>
<tr><td rowspan="9">物流功能成本</td><td rowspan="6">物流运作成本</td><td>运输成本</td><td></td><td></td><td></td><td></td><td></td><td></td><td></td><td></td><td></td><td></td><td></td><td></td><td></td><td></td><td></td><td></td><td></td><td></td></tr>
<tr><td>仓储成本</td><td></td><td></td><td></td><td></td><td></td><td></td><td></td><td></td><td></td><td></td><td></td><td></td><td></td><td></td><td></td><td></td><td></td><td></td></tr>
<tr><td>包装成本</td><td></td><td></td><td></td><td></td><td></td><td></td><td></td><td></td><td></td><td></td><td></td><td></td><td></td><td></td><td></td><td></td><td></td><td></td></tr>
<tr><td>装卸搬运成本</td><td></td><td></td><td></td><td></td><td></td><td></td><td></td><td></td><td></td><td></td><td></td><td></td><td></td><td></td><td></td><td></td><td></td><td></td></tr>
<tr><td>流通加工成本</td><td></td><td></td><td></td><td></td><td></td><td></td><td></td><td></td><td></td><td></td><td></td><td></td><td></td><td></td><td></td><td></td><td></td><td></td></tr>
<tr><td>小计</td><td></td><td></td><td></td><td></td><td></td><td></td><td></td><td></td><td></td><td></td><td></td><td></td><td></td><td></td><td></td><td></td><td></td><td></td></tr>
<tr><td colspan="2">物流信息成本</td><td></td><td></td><td></td><td></td><td></td><td></td><td></td><td></td><td></td><td></td><td></td><td></td><td></td><td></td><td></td><td></td><td></td><td></td></tr>
<tr><td colspan="2">物流管理成本</td><td></td><td></td><td></td><td></td><td></td><td></td><td></td><td></td><td></td><td></td><td></td><td></td><td></td><td></td><td></td><td></td><td></td><td></td></tr>
<tr><td colspan="2">合计</td><td></td><td></td><td></td><td></td><td></td><td></td><td></td><td></td><td></td><td></td><td></td><td></td><td></td><td></td><td></td><td></td><td></td><td></td></tr>
</table>

续 表

成本项目 \ 范围及支付形态		供应物流成本			企业内物流成本			销售物流成本			回收物流成本			废弃物流成本			物流总成本		
		内部	委托	小计	内部	委托	小计	内部	委托	小计	内部	委托	小计	内部	委托	小计	内部	委托	合计
存货相关成本	资金占用成本																		
	物品损耗成本																		
	保险和税收成本																		
	其他成本																		
	合计																		
物流总成本																			

表 5　企业内部物流成本支付形态表（附表）

编制单位：　　　　年　月　　　　单位：元

成本项目 \ 内部支付形态			材料费	人工费	维护费	一般经费	特别经费	合计
物流功能成本	物流运作成本	运输成本						
		仓储成本						
		包装成本						
		装卸搬运成本						
		流通加工成本						
		小计						
	物流信息成本							
	物流管理成本							
	合计							
存货相关成本	资金占用成本							
	物品损耗成本							
	保险和税收成本							
	其他成本							
	合计							
物流成本合计								

5.2　物流成本计算方法

5.2.1　基本思路

5.2.1.1　可从现行成本核算体系中予以分离的物流成本

对于现行成本核算体系中已经反映但分散于各会计科目之中的物流成本，企业在按照会计制度的要求进行正常成本核算的同时，可根据本企业实际情况，选择在期中同步登记相关物流成本辅助账户，通过账外核算得到物流成本资料；或在期末（月末、季末、年末）通过对成本费用类科目再次进行归类整理，从中分离出物流成本。

5.2.1.2　无法从现行成本核算体系中予以分离的物流成本

对于现行成本核算体系中没有反映但应计入物流成本的费用即存货占用自有资金所产生的机会成本，根据有关存货统计资料按规定的公式计算物流成本。

5.2.2　具体方法和步骤

5.2.2.1　可从现行成本核算体系中予以分离的物流成本

对现行成本核算体系中已经反映但分散于各会计科目之中的物流成本，应按以下步骤计算：

第一步，设置物流成本辅助账户，按物流成本项目设置运输成本、仓储成本、包装成本、装卸搬运成本、流通加工成本、物流信息成本、物流管理成本、资金占用成本、物品损耗成本、保险和税收成本二级账户，并按物流范围设置供应物流、企业内物流、销售物流、回收物流和废弃物流三级账户，对于内部物流成本，还应按费用支付形态设置材料费、人工费、维护费、一般经费、特别经费费用专栏。上述物流成本二级账户、三级账户及费用专栏设置次序，企业可根据实际情况选择。

第二步，对企业会计核算的全部成本费用科目包括管理费用、营业费用、财务费用、生产成本、制造费用、其他业务支出、营业外支出、材料采购、应交税金等科目及明细项目逐一进行分析，确认物流成本的内容。

第三步，对于应计入物流成本的内容，企业可根据本企业实际情况，选择在期中与会计核算同步登记物流成本辅助账户及相应的二级、三级账户和费用专栏，或在期末（月末、季末、年末）集中归集物流成本，分别反映出按物流成本项目、物流范围和物流成本支付形态作为归集动因的物流成本数额。

第四步，期末（月末、季末、年末）汇总计算物流成本辅助账户及相应的二级、三级账户和费用专栏成本数额，按照表4、表5的内容要求逐一填列。

5.2.2.2　无法从现行成本核算体系中予以分离的物流成本

对于现行成本核算体系中没有反映但应计入物流成本的费用即存货占用自有资金所产生的机会成本，其计算步骤如下：

第一步，期末（月末、季末、年末）对存货按在途和在库两种形态分别统计出账面余额。

第二步，按照公式存货资金占用成本＝存货账面价值×企业内部收益率（或一年期银行贷款利率）计算出存货占用自有资金所产生的机会成本，并按供应物流、企业内物流和销售物流分别予以反映。

第三步，根据计算结果，按照表4、表5的内容要求填列。

5.3 物流间接成本分配原则

在计算物流成本时，对于单独为物流作业及相应的物流功能作业所消耗的费用，直接记入物流成本及其对应的物流功能成本，对于间接为物流作业消耗的费用，为物流作业和非物流作业同时消耗的费用、为不同物流功能作业共同消耗的费用以及为不同物流范围阶段消耗的费用，应按照从事物流作业或物流功能或物流范围阶段作业人员比例、物流工作量比例、物流设施面积或设备比例以及物流作业所占资金比例等确定。

5.4 物流成本表的填写要求

5.4.1 企业物流成本表（主表）（表4）

5.4.1.1 生产企业和流通企业

生产企业一般应按供应物流、企业内物流、销售物流、回收物流和废弃物流五个范围阶段逐一进行填列。

流通企业一般应按供应物流、销售物流、回收物流和废弃物流四个范围阶段逐一进行填列。

若某阶段未发生物流成本或有关成本项目无法归属于特定阶段的，则按实际发生阶段据实填列或填列横向合计数即可。

对于委托物流成本，若无法按物流范围进行划分的，填列横向合计数即可，若采用不分成本项目的整体计费方式对外支付的，则填列纵向合计数即可。

上述直接填写合计数的，应对合计数内容在表后做备注说明。

5.4.1.2 物流企业

对于物流企业，不需按物流范围进行填列，按成本项目及支付形态填写物流成本总额即可。

5.4.2 企业内部物流成本支付形态表（附表）（表5）

对于运输成本、仓储成本、装卸搬运成本，对应的支付形态一般为人工费和维护费；对于物流信息成本，对应的支付形态一般为人工费、维护费和一般经费；对于包装成本、流通加工成本，对应的支付形态一般为材料费、人工费和维护费；对于物流管理成本，对应的支付形态一般为人工费和一般经费；对于资金占用成本、物品损耗成本、保险和税收成本，对应的支付形态一般为特别经费。凡成本项目中各明细项目有相应支付形态的，均需填写；无相应支付形态的，则不填写。

5.5 勾稽关系

“企业物流成本表”（主表）（表4）中“企业内物流成本”一列中各项成本数值应等于“企业内部物流成本支付形态表”（附表）（表5）中“合计”一列中各项成本数值。

附录2 物流企业信用管理办法

第一章 总则

第一条 为加强社会信用建设，规范物流企业市场行为，增强全社会的信用观念，推进物流企业信用信息公开、共享以及社会化服务，促进经济和社会发展，根据有关法律法规的规定，结合物流企业实际，制定本办法。

第二条 我国境内经工商行政管理机关核准登记的从事物流活动的企业，其信用信息的征集、披露、使用和管理适用本办法。

第三条 本办法所称物流企业信用信息，是指国家机关和有关单位在依法履行职责过程中产生的关于物流企业的信用记录，以及物流企业自身经营活动中发生的与信用有关的信息。

第四条 中国物流与采购联合会（以下简称“联合会”）负责对物流企业信用信息管理工作的指导、组织和协调。

第五条 联合会具体负责企业信用信息的采集、披露、使用、管理工作，并承担物流企业信用信息系统的建立、日常维护和管理。

第六条 依据本办法建立的物流企业信用信息系统，通过计算机网络归集、整合和公布企业信用信息，为物流企业信用评级提供基础信息服务，并为社会提供信息查询服务。

第七条 物流企业信用信息的征集、披露、使用、管理，遵循客观、公平、公正和规范的原则；保守国家秘密和商业秘密，保护个人隐私。

第二章 企业信用信息的征集

第八条 企业信用信息的征集是指联合会对物流企业信用信息进行采集、分类、整理、储存，形成物流企业信用信息系统的活动。

第九条 物流企业信用信息的征集，包括信息提供单位提供和企业自行申报两种方式。

信息提供单位通过计算机网络，及时、准确地向联合会提供真实、合法、完整的企业信用信息。

物流企业可以自行向联合会申报关于本企业资质等级、产品及管理体系认证、商标注册及认定、银行信用等级、企业或者产品获得的合法荣誉以及其他请求记录的信息。物流企业自行申报信用信息，应当向联合会提供原始的证明材料。

第十条 企业信用信息征集的范围：

（一）企业基本情况：组织机构代码、企业名称、法定代表人、企业住所、注册资本、经营范围、经营方式、企业类型、登记注册机关、成立日期、经营期限、税务登记证号等；

（二）企业综合素质：领导层素质、业务人员素质、公司治理结构、公司经营年限、公司组织机构及规章制度等；

（三）企业财务状况：企业资产负债表、企业损益表、企业现金流量表、企业盈利能力、营运能力、偿债能力、发展能力等；

（四）企业管理指标：财务管理、人力资源管理、安全生产管理、质量管理、危机管理等；

（五）竞争力指标：质量水平、技术水平、发展规划及策略、自主品牌建设等；

（六）企业信用记录指标：诉讼记录、质检记录、劳保记录、工商信用等级、纳税记录、银行信用等级、海关信用等级、高管人员信用记录、企业相关公共记录、社会责任实施记录等；

（七）企业获得行政许可以及实施行政许可的相关信息；

（八）所有进入企业信用信息数据库的不良信用记录；

（九）企业同意披露或者法律、法规未禁止披露的其他信用信息；

（十）其他信息。

第十一条　物流企业信用信息的录入、更改、增加、删除，必须以具有法律效力的文书为依据。

第十二条　联合会不得擅自更改企业信用信息。

第三章　企业信用信息的披露

第十三条　物流企业信用信息披露包括物流企业信用信息的公示和物流企业信用信息的查询。

物流企业信用信息公示，是指联合会将信息提供单位所提供的物流企业信用信息经过整合后，按照信用信息管理的有关规定，将重要信用信息予以公布的行为。

物流企业信用信息查询，是指社会公众可以按照信用信息管理的有关规定，通过查询途径获取所需相关的企业信用信息的行为。

第十四条　物流企业信用信息通过联合会网站或者其他方式向社会披露。任何单位和个人均可直接查阅公示信息，或者按照信用信息查询的有关规定，通过联合会网站查询相关的企业信用信息。

第十五条　企业信用信息公示的范围：

（一）企业信用等级记录；

（二）良好信用记录：重大奖励、“重合同守信用”资料、劳动保障信誉等级A级、法定代表人荣誉记录等；

（三）一定期限内的不良信用记录：被吊销许可证、营业执照，偷逃骗抗税，恶意逃废债务，利用合同诈骗，不正当竞争，侵犯消费者合法权益等违法情况及受行政处罚情况；

（四）企业同意披露或者法律、法规未禁止披露的其他信用信息。

第十六条　企业信用信息查询范围包括身份信息、良好信息、提示信息和警示信息。

第十七条　身份信息包括下列内容：

（一）企业登记注册的基本情况；

（二）企业取得的专项行政许可；

（三）企业的资质等级；

（四）行政机关依法对企业进行专项检验的结果；

（五）行政机关依法登记的其他有关企业身份的情况。

前款规定的信息包括登记、变更、注销或者撤销的内容。

第十八条　良好信息包括下列内容：

（一）企业及其法定代表人或者主要负责人受到县级以上行政机关有关表彰的情况；

（二）被评为各级“重合同守信用企业”称号的；

（三）被金融机构评定为“AAA”信用等级的；

（四）被劳动保障行政部门评定为劳动保障信誉等级A级的；

（五）被税务机关评定为A级纳税信用企业的；

（六）行政机关认可在一定期限内免予行政检查的；

（七）联合会认为可以记入的企业信用的其他良好信息。

第十九条　提示信息包括下列内容：

（一）企业因违法行为受到警告、罚款、没收违法所得和非法财物、责令停产停业以及暂扣营业执照、许可证行政处罚的；

（二）企业申请直接关系公共安全、人身健康、生命财产安全行政许可事项时，隐瞒有关情况或者提供虚假材料的；

（三）企业未通过法定的专项或者周期性检验的；

（四）县级以上行政机关和有关单位认为应当通报的企业其他违法行为。

第二十条　警示信息包括下列内容：

（一）企业因违法行为受行政机关吊销许可证、营业执照处罚的；

（二）企业被责令停产停业行政处罚两次以上或在两年内因同一类违法行为再次受到罚款、没收行政处罚的；

（三）企业以欺骗、贿赂等不正当手段取得直接关系公共安全、人身健康、生命财产安全行政许可事项的；

（四）企业因违法构成犯罪，被追究刑事责任的；

（五）拒不履行法院生效判决文书的；

（六）企业其他扰乱市场经济秩序的严重违法行为。

第二十一条　警示信息还包括企业法定代表人和主要负责人的下列内容：

（一）对本企业严重违法行为负有直接责任的；

（二）正在被执行刑罚的；

（三）因犯有贪污、贿赂、侵占财产、挪用财产罪或者破坏其他社会经济秩序罪，被判处刑罚执行期满未逾5年，或者因犯其他罪被判处刑罚执行期满未逾3年，以及因犯罪被判处剥夺政治权利执行期满未逾5年的；

（四）企业法定代表人或者董事、经理对企业因经营不善破产负有个人责任，自该企业破产清算完结之日起未逾3年的；

（五）个人负债数额较大，到期未清偿的；

（六）法律、法规、规章规定不能担任企业法定代表人、主要负责人的其他情形。

第二十二条　属于依法限制企业有关注册登记、对外投资、行政许可以及资质等级评定等方面的提示信息和警示信息，公示期限为2年。法律、法规、规章明确规定限制期限的，公示期限从其规定。公示期限届满，联合会将不再作为信用信息对外公布，但社会公众可以通过查询获得相关信息。

第二十三条　对于企业非故意性的轻微违法行为，经企业书面申请，并经相关行政管理部门审核认可，可以不记入提示信息。

对因违法、失信行为已造成信用缺失的，企业可以通过采取实质性整改措施进行信用修复，经相关行政管理部门审核认可，联合会可以对其缩短网上发布提示信息和警示信息的期限，但提示信息最少不得少于6个月，警示信息最少不得少于1年。

第二十四条　披露企业信用信息应当符合相关法律、法规、规章的规定，对属于国家秘密、商业秘密、个人隐私以及法律、法规、规章规定不得公开的其他内容，不得披露。

第四章　企业信用信息的异议处理

第二十五条　企业和其他利害关系人认为联合会披露的有关信用信息有差异的，可以书面形式向联合会提出异议，也可以直接向信息提供单位提出变更或者撤销记录的申请。

第二十六条　联合会应当自收到异议申请书之日起15个工作日内核实相关信息的准确性。若与提供的原信息不一致的，应当立即予以更正；若与提供的原信息一致的，应当书面告知异议人向信息提供单位申请更正，并同时抄告信息提供单位。

信息提供单位应当自收到异议人更正申请书之日起或者自收到联合会抄告通知书之日起15个工作日内做出相应的处理，并书面答复申请人，同时抄告联合会。联合会按照信息提供单位的书面答复处理。

第二十七条　对信息确有错误以及被决定或者裁决撤销记录的，信息提供单位应当及时变更或者解除该记录。

第五章　企业信用信息的使用

第二十八条　联合会通过联合会网信息系统，为社会提供或者查询信息，实现企业信用信息的互通与共享。

信息提供单位使用企业信用信息应当遵守法律、法规、规章的有关规定，不得滥用。

其他单位和个人查询企业信用信息，按照物价部门核定的价格实行有偿使用。

第二十九条　行政机关和有关单位在日常监督管理、企业资质等级评定以及周期性检验和表彰评优等工作中，应当按照企业信用信息的记录，作为依法管理的依据。

第三十条　行政机关和有关单位对没有任何提示信息、警示信息或者有多项良好信息记录的企业，可以采取相应的激励措施。

第三十一条　行政机关和有关单位对有提示信息、警示信息记录的企业，应当加强日常监督管理，必要时可以实施相关信用监督。

除前款规定外，法律、法规、规章对企业及其法定代表人、主要负责人有限制登记注册、对外投资、行政许可、资质等级评定等规定的，从其规定。

第六章　罚则

第三十二条　企业违反本办法规定，申报信用信息弄虚作假，造成严重后果或者其他不良影响的，由联合会将该行为记入提示或者警示信息。

第三十三条　联合会违反本办法，在采集、披露、使用和管理企业信用信息中出现差错或者失误，对企业造成重大影响或者损害的，承担相应责任。

第三十四条　联合会、信息提供单位的工作人员滥用职权、玩忽职守、徇私舞弊的，由其所在单位或者上级主管机关依法给予行政处分；构成犯罪的，依法追究刑事责任。

第七章　附则

第三十五条　本办法由联合会负责解释，自下发之日起施行。

附录3　物流企业信用评级管理办法

第一章　总则

第一条　为建立物流企业信用制度，增强企业信用意识和风险防范意识，规范企业信用评级活动，保障受评企业的合法权益，促进经济社会的健康发展，根据有关法律法规，结合物流企业实际，制定本办法。

第二条　物流企业是指依法设立、从事物流活动的企业。物流企业信用评级是指按照有关规章和规定程序，由中国物流与采购联合会（以下简称“联合会”）依据采集的企业各类信息和其他外部综合信息，对企业的经营状况、社会信用状况等进行综合评估后，以简单、直观的符号表示企业信用等级的活动。

第三条　物流企业信用评级工作遵循“政府引导、行业自律、公平公正、社会监督”的原则。

第二章　评级对象和方式

第四条　我国境内登记注册的物流企业均可申请信用评级。

第五条　评级方式为委托评级和主动评级。联合会可接受企业的委托，对其开展信用评级；也可主动对企业进行信用评级。

第六条　联合会在对企业进行评级后，在信用资质有效期内，可对企业进行跟踪评级，并根据评级情况调高或调低企业信用级别。

第三章　评级组织机构设立

第七条　联合会吸收信用、金融、经济、财务、管理等方面的专业人才组成信用评级工作组，信用评级工作组对企业信息进行审核、评级，并负责举报信息的处理和评级结果的公示等工作。

第八条　联合会邀请相关部门专业人士和联合会专家组成专家评审委员会，该委员会将在信用评级工作组对企业做出初评后，对评级企业进行复评。

第四章　评级内容和等级

第九条　物流企业信用评级根据客观性、公正性、独立性、科学性的原则设定指标体系，采用宏观与微观、动态与静态、定量与定性、历史与未来相结合的科学分析方法评定企业信用等级。

第十条　联合会信用评级工作组对企业进行信用评级主要考察以下方面内容：综合素质、财务指标、管理指标、竞争力指标、信用记录指标等内容。

第十一条　专家评审委员会逐一听取评级企业情况后，按照评级标准对企业进行信用等级评定。

第十二条　企业信用等级分为三等五级，即：AAA、AA、A、B、C。AAA级表示企业信用等级很好；AA级表示企业信用等级好；A级表示企业信用等级较好；B级表示企业信用等级一般；C级表示企业信用等级较差。

第五章　评级程序

第十三条　企业信用评级工作应由信用行业组织负责组织，实行行业自律。信用评级工作组按以下程序对企业进行信用评级：

（一）向申请企业说明需要填报的表格和提供的资料；

（二）接收申请企业报送的评级相关资料；

（三）评级工作组对申请企业报送的评级资料进行审核，并收集研究与评级企业有关的宏观、行业、地区等信息资料；

（四）对申请企业进行调查了解，核实资料的真实性、准确性，并要求企业补充完善有关资料，形成调查记录；

（五）通过系统对各类数据资料进行综合处理和分析，按照评级标准进行评级，形成信用评级报告；

（六）通过联合会网站对初评企业评级结果进行公示，征求社会公众意见、接受监督；

（七）对有举报的企业评级结果，评级工作组核实举报信息，并进行重新评定；

（八）召开评审委员会复审会议，形成终审评级报告；

（九）向企业反馈终审评级结果；

（十）向企业出具信用评级报告，通过联合会网站向社会公示评级结果，并对企业颁发信用等级证书；

（十一）评级报告有效期为三年，在有效期内对企业进行不定期跟踪监测，根据跟踪监测结果可改变评级结论。

第十四条　评级报告、等级证书在送达企业的同时，联合会备案。

第六章　评级资料

第十五条　企业申报评级资料，应对提交资料的真实性、完整性和系统性负责；评级机构对企业提交的资料，必须认真审核确认。

第十六条　企业申请信用评级，采用在线申请填报和离线纸质申请填报两种方式同步进行，并提交以下附件资料：

（一）企业法人营业执照、代码证复印件；

（二）国税、地税、海关等有关登记证复印件；

（三）最近一次投入资本的验资报告复印件；

（四）企业和法定代表人资质荣誉证书复印件；

（五）其他相关证明文件或材料。

第十七条　评级机构和评级人员负责对企业提交的评级资料保密。

第七章　评级收费及使用

第十八条　联合会开展企业信用等级评定，坚持为行业服务、为企业服务的宗旨，不以盈利为目的。但为建立该项工作的长效机制，企业评级经公示最终确认后，按照每家企业一次1万元的标准收取工本费。所收取的费用主要用于信用信息采集、管理、调查、信用评审、证书制作、评级结果媒体发布等。

第八章 信息披露

第十九条 联合会在门户网站上公示企业申请评级的程序、《物流企业信用信息管理办法》《物流企业信用评级管理办法》及物流企业信用评级流程，为企业提供离线填报系统的下载和在线填报系统的应用。

第二十条 企业信用评级报告的披露，应按照联合会和企业的委托协议规定进行披露。

第二十一条 信用评级结果披露由联合会分次集中向社会公示和公告。

第二十二条 联合会通过门户网站，接受社会监督和查询有关结果信息。

第九章 监督管理

第二十三条 联合会作为物流企业信用评级工作的组织和管理部门，主要负责物流企业信用评级的统筹、协调、指导和监督，不对企业评级后的经营行为负责。

第二十四条 被评价企业弄虚作假骗取信用等级或严重失信行为的，联合会有权取消该企业已评定的信用等级，并在相关新闻媒体上予以公布，并将其不良作为记录在物流企业信用数据库中。

第十章 附则

第二十五条 本办法由中国物流与采购联合会负责解释，自公布之日起试行。

物流企业信用评价指标体系

物流企业信用评价指标主要包括企业综合素质、财务指标、管理指标、竞争力指标、信用记录指标等方面。

一、企业综合素质

主要从领导层素质、业务人员素质、公司治理结构、公司经营年限、公司组织机构及规章制度等方面进行考察。

二、财务状况

①盈利能力：主要从主营业务利润率、净资产收益率两方面进行考察。

②营运能力：主要考察应收账款周转率情况。

③偿债能力：主要考察资产负债率情况。

④发展能力：主要从近三年资本平均增长率、近三年销售平均增长率两方面考察。

三、管理状况

主要从财务管理、人力资源管理、安全生产管理、质量管理等方面进行考察。

四、竞争力分析

主要从质量水平、技术水平、发展规划及策略、品牌建设等方面进行考察。

五、信用记录状况

主要从诉讼记录、质检记录、劳保记录、工商信用等级、纳税记录、银行信用等级、海关信用等级、企业相关公共记录、社会责任实施记录等方面进行考察。

物流企业信用评价等级划分及含义

信用等级	等级分类	评估值	含义
AAA	信用等级很好	90～100 分（含 90 分）	经营处于良性循环状态，盈利水平很高，债务的偿还能力很强；服务质量很好，获得一些优良记录，各项管理规范、健全，信用度很高
AA	信用等级好	80～90 分（含 80 分）	经营处于良性循环状态，盈利水平较高，债务的偿还能力较强；服务质量较好，各项管理较规范、较健全，信用好
A	信用等级较好	70～80 分（含 70 分）	经营正常，盈利水平较高，有一定的债务偿还能力；服务质量较好，有一定社会信誉度
B	信用等级一般	60～70 分（含 60 分）	经营正常，盈利水平一般，债务偿还能力一般，有一定的风险；服务质量一般，信用一般
C	信用等级较差	60 分以下	经营不正常，处于亏损状态，难以偿还债务，风险较大；服务质量较差，有违法、违规行为，信用较差